LOS PADRES
QUE AMAN
DEMASIADO

Laurie Ashner y Mitch Meyerson

Los padres que aman demasiado

Javier Vergara Editor

GRUPO ZETA

Barcelona / Bogotá / Buenos Aires
Caracas / Madrid / México D.F.
Montevideo / Quito / Santiago de Chile

Título original
WHEN PARENTS LOVE TOO MUCH

Edición original
Hazelden

Traducción
Agustina Costa

Diseño de tapa
Raquel Cané

Diseño de interior
Verónica Lemos

© 1997 Laurie Ashner y Mitch Meyerson
© 1999 Ediciones B Argentina s.a.
Paseo Colón 221 - 6° - Buenos Aires - Argentina

ISBN 950-15-1974-0

Impreso en la Argentina / Printed in Argentine
Depositado de acuerdo a la Ley 11.723

Esta edición se terminó de imprimir en
VERLAP S.A. Comandante Spurr 653
Avellaneda - Prov. de Buenos Aires, Argentina,
en el mes de mayo de 1999

A Sylvia Schwab,
que me amó lo suficiente.
L.A.

A mis padres,
que siempre apoyaron mis sueños.
M.M.

Índice

Agradecimientos

Muchas personas contribuyeron a la publicación de este libro; nos sentimos agradecidos con todas ellas:

Susan Schulman, nuestra agente, por creer en este proyecto desde el comienzo y guiarlo hasta su conclusión

Marcie Tilkin, por leer y sostener con entusiasmo nuestro trabajo

Nancy Block, por su estímulo y apoyo inclaudicables

Anita Loneiro, que nos convenció de que este libro debía ser escrito.

Jay y Pat Levinson, que aportaron una idea de conjunto y la inspiración para emprender la tarea

El *doctor Michael Franz Basch,* la *doctora Ann Jernberg* y el *doctor Joseph Walsh,* por su sabiduría y esclarecimiento con respecto a las relaciones progenitor/hijo

Pam Berns, directora de la revista *Chicago Life,* por su constante apoyo a nuestra tarea de escribir.

Y a todas las personas que aceptaron ser entrevistadas para este libro y compartieron sus experiencias más íntimas.

Prefacio

Este libro no tiene el propósito de culpabilizar a los padres. En realidad, han sido ellos quienes nos estimularon a escribirlo y se ofrecieron a compartir con nosotros sus historias de amor y preocupación por sus hijos; todos sus relatos transmitían y reconocían que la tarea de padres había resultado dolorosa y dejado un sabor de frustración.

En un mundo en el que tantos niños son maltratados o abandonados, los padres que aman tanto a sus hijos, que harían cualquier cosa por ellos, parecen ideales. Sin embargo, estos padres comparten una diaria experiencia de daño, ansiedad y dolor emocional, que proviene del modo en que, habitualmente, piensan y se comportan con respecto a sus hijos.

Para los padres que aman demasiado, la preocupación es un compañero constante. El interés acerca de la vida y los problemas de sus hijos puede volverse algo tan torturante, que pueden no comer ni dormir ni pensar en otra cosa.

Nada es demasiado difícil si se trata de ayudar a un hijo. Las expectativas con respecto a sus hijos son tan elevadas, que el resultado inevitable es la frustración continua. Temerosos de que naufraguen si ellos no toman el timón de sus actividades diarias, se convierten en frenéticos pilotos. Consideran como propias las responsabilidades de sus hijos. Descuidan a los amigos, los intereses y hasta al cónyuge para estar en todo momento a disposición del hijo. Entregan tanto que quedan interiormente vacíos y doloridos; pero esto no es suficiente para detener la preocupación y la ayuda constante, que aspira a lograr que los hijos se conviertan finalmente, en aquello que ellos creen que deben ser. Los niños que tienen estos padres esforzados y bien intencionados, es decir, "excesivamente paternales", llegan a ser adultos que se saben amados. Pero que, al mismo tiempo, viven con una carga de ansiedad, culpa y dependencia que puede ocasionarles una discapacidad emocional. Los hijos adultos que se expresan en este libro, revelan una historia de altas expectativas parentales, asociadas con un amor sobreprotector que tuvo un alto costo para todos los implicados.

Nadie se dedica deliberadamente a amar a sus hijos de un modo que, en última instancia, es contraproducente y destructivo. ¿Cómo se llega a esto?

Los esquemas de amar demasiado fueron adquiridos por el progenitor, inconscientemente, durante su propia infancia. En cada uno de estos seres que ama demasiado, existe el recuerdo lejano de alguien que no pudo proveer la aceptación o el amor que, en su momento, necesitó desesperadamente.

Como padre o madre que ama demasiado, quizá te has criado en un hogar donde estabas en contacto con el alcohol, la violencia, el caos o en el que las personas de las cuales dependías, no podían dar respuesta a tus necesidades emocionales o físicas. Quizá los adultos a cargo, eran indiferentes o estaban tan absortos en sus propios problemas que ignoraban esas necesidades; quizá te exigían tanto, que nada les resultaba suficiente. Tal vez te amaban, pero sólo cuando reprimías tus propios sentimientos o cuando, desesperadamente, tratabas de complacerlos de cualquier modo posible.

Todo esto te causó dolor y decepción. Sin embargo, continuaste tratando de conseguir el amor que te negaban, dirigiéndote una y otra vez a la fuente seca. Así te convertiste en alguien cumplidor y responsable. Aprendiste a controlarte en situaciones en las que todos los que te rodeaban parecían descontrolados. Aprendiste a postergar tus propias necesidades. Aprendiste a dar, con la esperanza de que, en algún momento, los demás te devolverían el amor o la aceptación que necesitabas.

Hicieras lo que hicieses, nunca era suficiente. Por último, abandonaste la infancia sintiendo que no eras lo suficientemente bueno. Así fue como nació el propósito de que nunca permitirías que tus propios hijos se sintieran de ese modo.

Por lo general, cuando amamos demasiado a nuestros hijos, no sospechamos que esto se debe más a nuestras propias necesidades, que a las de ellos. Es lo más difícil de comprender, especialmente si somos padres de un niño que tiene problemas. Proveemos amor, dinero, atención, comprensión y ayuda, de un modo casi obsesivo. Dedicamos nuestra vida a la felicidad de nuestros hijos, a solucionar sus problemas. El dolor que produce el fracaso puede ser insoportable. Queremos dar fin al horrible sentimiento de no ser suficientemente buenos —lo bastante buenos para ser *amados*— siendo suficientemente buenos como padres. No es nada extraño que ser padres perfectos de hijos perfectos no dé el resultado esperado.

La obsesión con la vida y los problemas de otras personas, en un grado que rara vez hemos tenido con la vida propia, ha sido llamada codependencia. La codependencia es una compulsión a ayudar y controlar a los demás y a hacer por ellos lo que éstos podrían hacer por sí mismos. Los padres que aman demasiado son personas codependientes, cuyas propias necesidades han quedado insatisfechas, en la medida en que concentraron toda su energía sobre la vida y los problemas de sus hijos.

Si eres es un adulto que ha sido amado demasiado, tal vez no reconozcas a tus padres en esta descripción. Exteriormente, tus padres pueden parecer una fortaleza. Puede ser que compartan muy poco de su pasado contigo. Debido a su devoción, sabes que eres amado. Puedes contar con muchas ventajas por crecer en medio de tanta atención y protección, y te hace sentir terriblemente culpable cuestionar tu infancia, incluso algún detalle mínimo.

Sin embargo, nunca sientes que eres suficientemente bueno. Tus padres esperan mucho de ti y su constante consejo y sobreprotección te humilla y te debilita, aun cuando te hace sentir seguro. El hecho de haber recibido tanto, alimenta tu culpabilidad, especialmente cuando piensas lo poco que has sido capaz de retribuir a tus padres. Eres extremadamente autocrítico y tan perfeccionista, que terminas por no poder *hacer* realmente nada, dado que tu desempeño no sería extraordinario.Has recibido tanto amor y atención, que te asombra que sea tan difícil encontrar amor e intimidad fuera de tu familia.

No estás solo. Cientos de hijos mayores y padres comparten sus experiencias en este libro. A pesar de que los casos de estas historias son situaciones ficticias que no representan a personas concretas, lo central de las mismas ha quedado intacto.

Este libro no se ocupa de culpar a alguien —a ti o a tus padres— por lo que sientes al presente. Se trata más bien, de reconocer y comprender los esquemas que se producen por amar y ser amado en demasía, esquemas que transmiten un legado de dolor, amargura y dependencia, tanto para los padres como para los hijos adultos. Trata sobre el cambio de estos esquemas y la obtención de la libertad para vivir la propia vida.

 **PRIMERA PARTE**

Los hijos que fueron demasiado amados

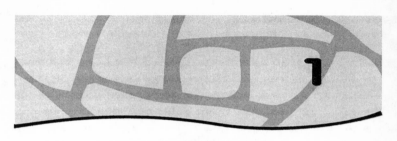

LA BANDEJA DE PLATA

"MERECES LO MEJOR DEL MUNDO."

"Mis padres piensan que el mundo me pertenece. Harían cualquier cosa por mí. A decir verdad, hacen demasiado. La gente piensa que si has crecido en un hogar hermoso, con padres que te aman, tanto como me aman los míos, los problemas no existen. Pero he tenido más problemas en mi vida que cualquier otro. No puedo mantener una relación estable. Me siento culpable de todo, y nada de lo que hago parece lo suficientemente bueno."

JEFF, 26 AÑOS

Al comienzo, ceder parece más fácil que oponerse. Nuestros padres sólo quieren lo mejor para nosotros. Sólo quieren ayudarnos.

Sus constantes llamadas telefónicas lo confirman:

—¿Cómo es que nunca me llamas? —me preguntan—. Estoy tan preocupado por ti. ¿Por qué no nos visitan más seguido?

Se interesan, se preocupan, nos necesitan. Sus consejos nos inundan como una cascada. Cada vez que los visitamos resistimos su embate durante horas.

Con nuestra correspondencia llegan sobres llenos de recortes de diarios. Los títulos dicen: EL VIRUS MORTAL QUE

QUIZÁ SU MÉDICO NO ADVIERTA, O JOVEN SOLTERA ASESINADA EN UN DEPARTAMENTO DEL CENTRO. Garrapateado al pie de la página, con letras destacadas, la preocupación de nuestros padres: "¿Te estás cuidando? Estás muy delgado. Te agotas con ese trabajo que tienes. ¿Por qué no te tomas algún descanso? ¿Por qué no conoces a alguien como la gente y te casas? ¿Por qué quieres vivir solo, en esa ciudad sucia, donde asesinan a la gente?"

En un mundo en el que tantos niños son huérfanos u objeto de abuso o reciben maltrato, nos sentimos avergonzados y desagradecidos porque nuestro mayor problema es que nuestros padres nos aman demasiado.

Si es para ayudarnos, ningún esfuerzo les parece demasiado prolongado o molesto. Si pudieran, nos pondrían un escudo contra el sufrimiento y la ofensa. Si sólo les prestáramos atención, resolverían todos nuestros problemas.

Desde pequeños se nos ha dicho cuánto significamos para nuestros padres y qué importantes son nuestros logros para ellos. Están muy orgullosos de nosotros. Las expectativas que generamos en ellos son aun mayores. Sentimos su juicio, sutil pero invasivo. Merecemos tan sólo lo mejor. ¿Cómo podemos conformarnos con menos?

Aunque nuestros padres nos aman, no necesariamente nos aseguran un hogar que abunde en comprensión, aceptación o tan siquiera un afecto visible. Para algunos de nosotros, las palabras amargas, el mal humor o la exasperación ansiosa, resumen la experiencia diaria con nuestros padres. Pero siempre, en nuestro carácter de hijos, estamos en el candelero. Nuestras vidas se convierten en escenarios donde se desarrolla el drama de las esperanzas y los sueños de nuestros padres.

Si se lo permitimos, se entrometen en nuestras vidas. Nos ahogamos en el surtidor de su atención, su preocupación y su ansiedad. Cuando no podemos ser todo lo que ellos esperan de nosotros, nos atragantamos con el resentimiento, sujetos en las garras de la culpa. Queremos liberarnos de las riñas que se libran en la mesa durante la cena.

—Ámame —nos gustaría decirles—, ¡pero no tanto!

La historia de Kate es ilustrativa acerca de este punto.

—Mi madre me está volviendo loca —admite—. Estoy pasando el momento más duro de mi vida, y ella me hace las cosas más difíciles.

Recientemente, Jim, el esposo de Kate, le pidió el divorcio.

—Desde que se lo conté a mi madre, no he tenido un solo momento en paz. Me llama por teléfono todo el día y me advierte: "¡No dejes que lleve nada de tu casa!" y "¡Asegúrate de conseguir todo lo que te corresponde!" Telefonea a Jim a su oficina para darle un sermón acerca de sus responsabilidades para con la familia.

Le pedí que no me llamara, que me dejara arreglármelas con Jim. No llamó durante uno o dos días, luego comenzó nuevamente. Tiene terror de que tome una decisión por mi cuenta, sin su intervención.

Kate, la menor de los tres hermanos, siempre fue la preferida de su madre.

—Tiene que entender a mi madre —suspira Kate—, simplemente cree que no puedo equivocarme. Tiene más cosas en común con mi hermano, que también se interesa por los libros y la música. Tiene más que ver con mi hermana, que siempre está con problemas y la necesita para una cosa u otra. Pero yo siempre supe, por la forma en que me mira y me habla, que soy *su mascota*. Me imagino que por eso mi divorcio le molesta tanto.

Kate se casó con Jim cuando ella tenía veintiun años.

—Mis padres nos regalaron una enorme fiesta, con todos los chismes. La cuestión era que, en realidad, no lo podían costear. Sólo mi vestido, costó alrededor de mil dólares. Sé que mi padre tuvo que pedir un préstamo para pagarlo, aunque lo niega.

"A decir verdad, Jim y yo queríamos un pequeño casamiento, sólo con nuestros familiares más cercanos, pero mis padres no quisieron saber nada de eso. Insistieron en que habían esperado ese día toda su vida y que no les podíamos negar la felicidad de caminar hacia el altar ante todos sus amigos y familiares. De modo que cedimos. Finalmente, me sentí contenta de haberlo hecho a su manera. Pero Jim nunca los perdonó realmente.

Con el correr del tiempo, creció la tensión entre Jim y la madre de Kate.

—Jim llamaba a mi mamá "El Director". Se quejaba de que siempre estaba en el medio. Mi madre y yo siempre hemos sido muy compañeras. Eso no quita que estemos peleando todo el tiempo, pero siempre hablé todo con ella. Jim no podía entender eso. Me decía que no compartiera toda nuestra intimidad con mi madre, que guardara ciertas cosas para mí. Pero, realmente, mi madre tiene buenas intenciones. Sólo quiere lo mejor para mí.

Después de una pausa incómoda, Kate admite:

—Sé que mi madre interfiere en mi vida. Es que nunca he sido lo suficientemente fuerte para encararla. Recuerdo haberlo hecho sólo una vez. Cuando tenía dieciocho años y estaba por entrar en la facultad; ella insistía en que ingresara a la universidad Brown; significaba mucho que yo fuera a una universidad 'prestigiosa'. Me negué a ingresar a la Brown. Sabía que era realmente una universidad difícil y que mis notas de la escuela secundaria nunca habían sido sobresalientes. Siempre evité las clases complicadas. Si un docente era muy estricto, pedía a mis padres que hablaran y conseguía que me trasladaran a otra clase. Cuando me asignaban una tarea muy ardua, ellos se sentaban conmigo a la mesa de la cocina y la hacíamos juntos. Así que, aunque mis notas parecieran buenas en los papeles, yo no me engañaba. Estaba segura que la Brown no era para mí.

"Mi madre opinaba lo contrario. Para ella, yo era un genio. Había armado en la cocina un 'santuario' con mi cartilla escolar, con los trabajos que había escrito, con docenas de fotos mías, puestas en la pared. Si algún amigo mío quería una gaseosa o alguna otra cosa de la cocina, yo salía disparada para traerla. Creía que me moriría si alguien veía toda esa escenografía ahí colgada.

"De todos modos, dije a mi madre que de ninguna manera me presentaría en la Brown. Una tarde me llegó una carta de la universidad Brown que decía: 'Tenemos el agrado de informarle que su solicitud de admisión ha sido aceptada'. Yo estaba furiosa. Mi madre había hecho la solicitud por mí, había firmado con mi nombre y había escrito mi monografía.

La lucha acerca de la universidad fue la primera batalla que Kate ganó. Pero la facultad que Kate eligió no era todo lo que ella había esperado. Sabiendo lo que su madre pensaba al respecto, se sintió demasiado culpable para disfrutar la victoria, como si disfrutarla fuera una cachetada en la cara de su madre. Peor aún, Kate, que se sentía sola y tenía nostalgia por su hogar, pasó la mayor parte de su primer año, sola en su dormitorio, pidiendo pizzas y mintiendo en las cartas que mandaba a sus padres, acerca de la cantidad de amigos que estaba conociendo.

—Nunca me fue fácil hacerme de amigos —dice Kate—. Mi madre nunca pudo aceptarlo. Es que soy tímida. Odio las fiestas, y en mi facultad había fiestas continuamente. De pequeña, si no me invitaban a una fiesta de cumpleaños, mi madre llamaba por teléfono a la madre del otro niño y con alguna treta, conseguía una invitación para mí. Me sentía muy humillada, pero me obligaba a ir. Desde entonces evito las fiestas.

El segundo año fue todavía peor. Durante ese lapso, Kate cambió tres veces de compañera de habitación, incapaz de llevarse bien con ninguna de ellas.

—Cuando llegó abril, nadie me hablaba. Nunca reconocí nada de esto ante mis padres. ¿Cómo podrían entenderlo? Siempre me dijeron que era hermosa, maravillosa. Se negaban a escuchar otra cosa que no fuera esto. Todo esto explotó dentro de mí una noche:

"Habla tu maravillosa y hermosa hija, le dije por el teléfono con un sollozo. No paran de decirme que soy extraordinaria. Bueno, ¿cómo es que todos me odian excepto ustedes?

—Mi madre echó toda la culpa a la universidad que yo había elegido. Tuve que escuchar un montón de 'yo te lo dije'. Mis notas fueron de mal en peor. No había nadie que me ayudara. Sentía que la vida era muy injusta. De modo que, hacia el final del segundo año, abandoné.

Kate regresó a su hogar sintiéndose culpable y temerosa de tener que enfrentar a su madre.

—Sentía que era una gran frustración para mis padres. Ellos esperaban que yo brillara en la universidad. Sabía que mi fracaso estaba matando a mi madre. ¿Qué les contaría a sus amigos?

Se matriculó en una facultad de la ciudad; allí conoció a Jim.

—Al principio, era tan fácil estar con Jim —recuerda Kate—. No discutíamos por nada. Parecía estar interesado por todo lo que yo pensaba o sentía. Siempre me preguntaba sobre mis cosas, como si yo fuera la persona más fascinante del mundo.

"Nos casamos un día después de mi graduación. Desde el comienzo, Jim se sintió herido por el hecho de que yo confiara más en los consejos de mi madre que en los suyos. Decía que yo hacía más por complacer a mis padres que todo lo que nunca había hecho por él.

"Nunca fui el tipo de esposa que se desvive por comprender lo que le pasa al marido. Jim se quejaba de que yo no me interesaba por su carrera. A decir verdad, cuando Jim me contaba lo que pasaba en su oficina, yo me aburría.

"Al principio, cada vez que Jim y yo teníamos una pelea, yo corría a la casa de mis padres. Sabía que allí estarían de mi parte. Aunque supiera que yo lo había provocado, después de estar quince minutos en la casa de mis padres, me convencía de que yo estaba en lo cierto y que Jim estaba equivocado.

Jim sentía que tenía que actuar para los padres de Kate y que nada de lo que lograra sería suficiente. La desconfianza mutua que Jim y la madre de Kate sentían, permaneció escondida bajo una tensión creciente, hasta que Kate quedó embarazada de su hija Cara.

—Mis padres compraron un ajuar completo para el bebé, un juego de dormitorio, una cantidad de juguetes que llenaba una habitación y todo tipo de cosas que realmente no necesitaba. Jim se puso totalmente loco. No podía entender qué lo ponía tan mal conmigo. Yo no había pedido a mis padres todas esas cosas. Sólo lo hicieron porque se les ocurrió, como hacían siempre. Dijo que él quería comprar algo para nuestro bebé, que mis padres se lo habían arruinado. Yo no tuve coraje para decirle a mi madre que se llevara todo de vuelta. Lo conservamos, y eso fue un verdadero foco de conflicto entre nosotros dos.

"Cuando estaba en el octavo mes de embarazo, despidieron a Jim de su trabajo. Durante días dio vueltas por la casa, deprimido, diciendo constantemente que estaba asustado y que se sentía un fracasado. Una mañana, directamente se puso a llorar. Yo me sentía tremendamente incómoda. Estaba totalmente absorta en mi embarazo; para ser honesta, me resultaba arduo de por sí, ocultar el enfado que me producía que lo hubieran despedido. Todo lo que quería era que dejara de hablar sobre eso. Cuando traté de cambiar de tema, salió de la casa dando un portazo.

"Después del nacimiento de Cara, pasé más tiempo que nunca con mi madre. Cara lloraba durante horas enteras. Yo no me tenía confianza para hacer las cosas correctamente, de modo que llamaba a mi madre, que acudía de inmediato.

"Cuando Cara tenía alrededor de un año, tuvo una fiebre muy alta. Me puse histérica, aun cuando nuestro pediatra me dijo que no me preocupara, que aquello era normal en los bebés. Esa tarde, mamá nos llevó a la sala de emergencias. Ella tampoco confiaba en el médico.

"Estuvimos en el hospital durante horas. Ninguna pensó en llamar a Jim. Cuando llegué a casa, allí estaba, caminando de un lado a otro. Había tratado de comunicarse conmigo todo el día y al no encontrarme, entró en pánico. No podía aceptar el hecho de que no le hubiera telefoneado.

"—¿Habrías sabido qué hacer? —le pregunté. Se quedó mirándome, incrédulo y durante varias semanas apenas me habló.

"Cuando Cara tenía cinco años, mi madre comenzó la campaña para convencerme de que la niña debía ir a una escuela privada, en lugar de la escuela pública del barrio. Yo sabía que Jim no estaría de acuerdo con la idea. A espaldas de él, mi mamá y yo llevamos a Cara a una entrevista con la directora de la escuela privada. Por supuesto, Cara no pudo mantener el secreto. Contó a Jim todo sobre la simpática señora que había conocido en una simpática escuela. Jim estalló. Después de eso, no hicimos más que pelear.

"Las cosas empeoraron aún más. Jim me llamaba mocosa malcriada, prendida a las faldas de su mamá. Yo lo acusaba de ser un padre descuidado, más interesado en ahorrar dinero que en la educación de Cara. Una noche Jim hizo su maleta y se marchó, diciendo que estaba harto de mí y de mi madre.

"Hoy, Jim dice que nunca lo amé realmente, que sólo quería que él me amara —confiesa Kate—. Culpa a mi madre por la mayor parte de nuestros problemas; yo creo que no es verdad. Ella simplemente quiere ayudar. Sé que se preocupa por mí más de lo que nadie nunca podría hacerlo. Pero su amor está comenzando a resultarme como un peso atado al cuello. Ha tratado de protegerme toda mi vida. No puedo enfadarme con ella, a pesar de que últimamente me está volviendo loca. Le debo demasiado.

Las primeras experiencias de Kate fueron las típicas de una niña criada en un hogar donde el drama de las vidas de los niños se convierte en la obsesión de los padres. Nada era más urgente para la madre de Kate que los problemas de sus hijos. Ella condujo el navío de Kate por las agitadas aguas de las responsabilidades de su hija, aterrorizada de que Kate naufragara si no contaba con su ayuda y su consejo.

Cuando la madre de Kate se introdujo en la trama de la vida de su hija, lo hizo por amor y con el deseo de ser una madre responsable. Sin embargo, la madre de Kate era "excesivamente maternal" y amó demasiado a Kate.

¿Qué significa amar demasiado? Consideremos con más detenimiento las características de padres como los de Kate, en relación a aquellos que aman de modos más saludables:

- Los padres que aman, conceden a sus hijos tiempo, atención y afecto y satisfacen sus necesidades emocionales y físicas. Los padres que aman demasiado se inmiscuyen en la vida cotidiana de sus hijos, como si éstos fueran prolongaciones de ellos mismos.

- Los padres que aman están decididos a hacer, como tales, lo mejor posible, en tanto que reconocen que la perfección es imposible. Los padres que aman demasiado son "excesivamente paternales" y sobreprotegen a sus hijos, en un esfuerzo por disipar la ansiedad acerca de ser "buenos" padres o para resarcirse de las privaciones de su propia infancia.

🐚 Los padres que aman estimulan la independencia y el crecimiento, en tanto que marcan límites apropiados, creando de este modo un entorno seguro para sus hijos, en el que pueden explorar y promover su autonomía. Los padres que aman demasiado desalientan la independencia de sus hijos, buscan controlar sus pensamientos y acciones y desean inconscientemente modelarlos de acuerdo con la imagen de sus más altas expectativas acerca de sí mismos.

🐚 Los padres que aman aceptan que sus hijos tengan fortaleza y debilidades. Crean una atmósfera en la que se enjuician las acciones y en la que se propicia la autoestima. Los padres que aman demasiado juzgan inconscientemente a los hijos que no pueden alcanzar sus rígidas expectativas. Ellos hacen *por* sus hijos, en lugar de hacer *con* ellos, temiendo que fracasen si no cuentan con su ayuda.

🐚 Los padres que aman se comunican con sus hijos de un modo franco, abierto y honesto, creando una atmósfera de seguridad y confianza. Los padres que aman demasiado crean inseguridad y desconfianza, comunicándose con sus hijos de un modo sinuoso, buscando, inconscientemente, manipularlos o controlarlos.

🐚 Los padres que aman escuchan a sus hijos y deponen el deseo de satisfacer las necesidades emocionales o materiales de éstos. Los padres que aman demasiado, inconscientemente dan, para satisfacer sus propios deseos insatisfechos o esperanzas no cumplidas, con poca consideración hacia las necesidades reales de sus hijos.

🐚 Los padres que aman propician las cualidades y la fortaleza interna de sus hijos. Los padres que aman demasiado están más preocupados por lo externo y comparan ansiosamente a sus hijos con otros niños.

Los padres que son "excesivamente paternales" con sus hijos pueden ser ricos o pobres. Solteros, casados o viudos. Pueden trabajar 64 horas por semana o permanecer la mayor parte del tiempo en el hogar. La capacidad para ser "excesivamente paternal" no se da en función de la riqueza. Ni tampoco tiene mucho que ver con el tiempo que se pasa con los niños, sino más bien con las horas pasadas meditando, pensando y preocupándose por ellos. "Ser excesivamente paternal" no significa, necesariamente, malcriar a los niños, aunque éste puede ser el resultado. Es una desmesurada implicación, de intenso contenido emocional, todo ello asociado con una necesidad de controlar al niño. Estimula una dependencia mutua, tan potente como dolorosa.

A veces, el exceso de atención por parte de los padres, que a partir de ahora llamaremos "exceso parental", está reservado a un solo niño de la familia. Puede ser el primero. También puede tratarse del más pequeño. Otras veces es el hijo que muestra un talento especial, pero también puede estar destinado al niño "problemático", que tiene poca habilidad en general. Cuál será el hijo seleccionado tiene más que ver con las necesidades de los padres que con las del niño.

La madre de Kate tenía muchas de las características de un progenitor que ama demasiado. Ofrecía "regalos" de tiempo, atención y cosas materiales, con poca consideración por lo que Kate verdaderamente necesitaba o quería. Buscaba controlar la vida de Kate, invalidando los deseos de su hija y estimulando su dependencia. Ofrecía a Kate una imagen tan elevada de ella misma, que, cuando los demás no pudieron amarla o reconocerla en la medida en que lo hacían sus padres, su vida se convirtió en una serie de frustraciones.

El amor de un progenitor construye las bases de la temprana autoestima de un niño. Sin el cuidado, el interés y la aprobación de nuestros padres, crecemos con sentimientos de carencia y de falta de sentido; el amor propio no se desarrolla. Por lo tanto, parece lógico que cuanto más amor recibimos de nuestros padres (más atención, interés y protección), tanto más fuerte será nuestro sentido del propio valor. Para Kate, resultó lo contrario. Como la mayoría de los niños que fueron amados demasiado, la ansiosa dirección que Kate recibió de su madre durante toda su vida, hizo poco para reforzar su autoestima. De hecho, su propia valoración quedó ligada a la aprobación materna. Kate se sentía más segura cuanto más complacía a su madre. Cuanto más la controlaba ésta, tanto más pasiva se volvía.

Nada en la historia con sus padres la había preparado para implicarse emocionalmente en una relación o para asumir la responsabilidad de mantenerla. A la luz de sus experiencias de juventud, no es sorprendente que ella y Jim enfrentaran problemas, en las primeras etapas de su relación. Cuando Kate conoció a Jim, todo lo que tenía para aportar a la relación eran sus nociones, algo esquemáticas, extraídas de sus padres, acerca del significado de amar y ser amado. Los abrumadores sentimientos de ansiedad de Kate cuando Jim lloró en su presencia y su falta de disposición para dar respuesta a sus necesidades son pruebas de su ausencia emocional en la relación. Kate buscaba en Jim alguien que la mantuviera y la cuidara sin pedirle demasiado a cambio. Kate se da cuenta ahora que aunque se casó con Jim y tuvo un hijo con él, nunca tuvieron una real intimidad. La dependencia que Kate tenía con su madre y la cercanía de su relación dejaron poco espacio para Jim.

No todos los hijos se someten al control de sus padres de tan buen grado como lo hizo Kate. Muchos se rebelan, sólo para ceder y retornar cada vez que la culpa se hace demasiado grande. Pero, se rebelen o se sometan, cada uno paga un alto costo por haber sufrido este "exceso parental".

Cuando nuestros padres nos ven como un espejo donde mirar la imagen de sus más altas expectativas; cuando se introducen en la trama cotidiana de nuestra vida, librando batallas por nosotros y resguardándonos del dolor; cuando nos prestan más atención de la que necesitamos o deseamos; cuando se apropian de nuestras responsabilidades, recibimos un mensaje confuso que da confusos resultados. Aprendemos a sentirnos especiales y a merecer atención pero no aprendemos a identificar qué queremos y, en consecuencia, a pedirlo. Aprendemos a guiarnos por los demás pero tememos tomar la iniciativa o confiar en nuestros propios instintos. Aprendemos a manipular a los demás para recibir su atención pero no sabemos comunicar mensajes claros y directos a las personas. Sabemos cómo "quedar bien" en nuestras relaciones pero tememos mucho abrirnos a una verdadera intimidad.

Desde nuestros comienzos, llegamos a la adultez con un estilo particular de conducta y cierto bagaje de creencias sobre nosotros mismos. Las siguientes características son típicas de los hijos adultos que, como Kate, tuvieron "exceso parental". Si has crecido en medio de una atención sofocante, un interés excesivo o expectativas irreales y elevadas, las siguientes características también pueden estar presentes:

Tienes problemas con la intimidad y las relaciones

Nuestras relaciones con los demás están condenadas a dos actitudes extremas: o tenemos necesidad de los demás o sentimos un deseo inconsciente de tomar distancia de las personas que se aproximan. En ambos casos, entramos en la adultez con un sentimiento de que las necesidades de cercanía de las otras personas (o las propias) son abrumadoras.

Deseamos la intimidad y sin embargo, le tememos. Aprendemos de nuestros padres que, de la mano del amor pueden llegar altas exigencias de rendimiento. ¿Y si no podemos alcanzar lo que espera quien nos ama? Si dejamos que alguien se acerque a nosotros y no somos todo aquello que éste espera de nosotros, ¿no nos sentiremos sofocados?

Comenzamos a apartar a los demás de nuestras vidas tanto si nos volvemos extremadamente necesitados y dependientes como si mostramos desapego o arrogancia. Cualquiera sea nuestra táctica, el resultado es el mismo: imploramos la intimidad pero tenemos muchísimo miedo de experimentarla verdaderamente.

Te desvives por la aprobación de los demás

Los hijos adultos que han sido objeto de "exceso parental", a menudo se convierten en personas complacientes, sensibles a las necesidades de los demás y preocupados por "quedar bien."

De niños, medíamos nuestro valor por medio de la cantidad de aprobación que recibíamos de nuestros padres. La aprobación, rara vez provenía del interior. Nuestra autoestima se volvió dependiente del elogio y del reconocimiento de nuestros padres. Con poco o ningún "sentido del yo" —percepción interior de quiénes somos, sin el agregado de nuestros logros o aptitudes—, transferimos a nuestra vida, esta dependencia de los demás.

Estamos constantemente esperando que los demás nos hagan sentir bien y vivimos para obtener su aprobación; éste es un camino de tránsito peligroso. La mayor parte del tiempo no conseguiremos la aprobación que anhelamos. La mayoría de la gente no se interesa por nosotros tanto como lo hicieron nuestros padres. Ésta es la realidad, y nunca deja de producirnos frustración.

Tienes un omnipotente sentido de culpa, incluso cuando no eres responsable

"¡Me siento culpable de todo!" es una exclamación frecuente en los hijos que han tenido "exceso parental". Estos niños se dan cuenta tempranamente de que sus padres harán lo imposible para satisfacerlos. Parte de esta satisfacción es material: dinero, ropa, comida y techo. Otra parte, la mayor, se presenta en la forma de atención: una eterna vigilancia que pronto se vuelve sofocante. Estos niños desarrollan un sentimiento de deuda hacia los padres que los aman tan desmesuradamente.

Si ésta fue nuestra experiencia, el único modo que conocemos para devolver el amor recibido de nuestros padres, es ser un buen chico. Sentimos que nunca debemos enfadarnos con ellos, que han hecho tanto por nosotros. Aprendemos a suprimir los sentimientos negativos, en la medida en que éstos pueden herir a nuestros padres. Sentimos que tenemos que conseguir cosas para ellos, complacerles y hacerles sentir orgullosos de nosotros. Cuando no podemos, nos invade la culpa.

Sientes que la vida es injusta

El niño que ha tenido "exceso parental", desde su temprana infancia descubre que el mundo no siente la admiración y la confianza en su dotes que recibía regularmente en el hogar. La frustración y la inseguridad hacen su aparición.

Pocos de nosotros podemos estar a la altura de las esperanzas y expectativas de nuestros padres. Desafortunadamente, comenzamos a dudar de nuestros logros. Nuestros padres nos decían que éramos capaces de tanto... que sólo teníamos que extender el brazo y tomar lo que la vida nos ofrecía. Cuando el mundo no es tan maravilloso como ellos nos prometían, la vida nos parece injusta.

Tienes dificultades para confiar en otras personas

La confianza es un tema problemático para los hijos de padres que los amaron demasiado. O no confiamos en nadie o nos volvemos desoladoramente ingenuos para detectar las verdaderos motivaciones de los demás, creyendo cualquier cosa que nos digan, hasta que nos frustramos amargamente.

¿Por qué resulta tan complicada la confianza? Nuestro sentido básico de confianza o desconfianza se modela en la temprana infancia. Tomamos decisiones en forma consciente o inconsciente; en ellas se refleja si el mundo es un lugar seguro para nosotros.

Las madres y los padres que han sobreprotegido a sus hijos, generalmente se dejan llevar por su ansiedad en lo relativo al bienestar del hijo. Si los padres detentan demasiado control o toman todas las decisiones por sus hijos, éstos reciben un mensaje indirecto: "Tus decisiones no son suficientemente buenas; no puedes confiar en ti mismo". Si sus padres los sobreprotegen y sienten que les llenan la cabeza de advertencias, acerca de cómo ciertas personas y cosas que los rodean los pueden dañar, crecen con el convencimiento de que no pueden confiar en los demás.

Este generalizado sentimiento de inseguridad se aloja en el centro de nuestra personalidad y permanece con nosotros mientras crecemos. Más tarde, nuestra confianza puede sufrir otra sacudida cuando comenzamos a interactuar con nuestros pares. En nuestra temprana infancia, nuestros padres nos hacían saber que éramos especiales y que merecíamos una atención constante. Cuando conocemos personas que no pertenecen a nuestra familia, nos damos cuenta de que lamentablemente el resto del mundo no siempre comparte esa postura. ¿En quién podemos confiar, entonces? Este núcleo básico de desconfianza se proyecta hacia el mundo para crear un entorno todavía más amenazador. Desconfiamos de las personas y de las oportunidades, temiendo la crítica, el rechazo y el daño físico.

Necesitas sentir que te controlas

Sentirte "bajo control" es extremadamente importante. Debido a que los hijos adultos, que han recibido atención excesiva de sus padres, cuentan con una larga experiencia de ser controlados por ellos, a menudo se vuelven rígidamente controlados, en un esfuerzo por mantener una defensa ante los demás.

De pequeños, dependemos totalmente de nuestros padres. En un desarrollo normal, se nos permite cierto vuelo, para comprobar nuestro poder en situaciones nuevas. Recogemos algunos éxitos y algunos fracasos. Aprendemos de nuestros errores.

Los padres sobreprotectores, sin embargo, no permiten que corramos riesgos. En su afán de protegernos, se implican en demasía en la trama cotidiana de nuestra vida. Para amortiguar cualquier daño posible, nos alejan de los desafíos, que podrían acarrearnos un fracaso o una frustración.

Como resultado de ello, podemos sentirnos desamparados en la adultez. A modo de defensa, necesitamos sentir que tenemos el control y, consecuentemente, podemos resultar muy controladores de los demás. Con frecuencia ejercemos nuestro control de una forma pasiva y contenida. Nos retiramos, evitamos, rechazamos o nos rebelamos contra las personas que tienen autoridad sobre nosotros. La falta de confianza que la mayoría de nosotros tenemos por nuestros jefes, los maestros de nuestros niños o el gobierno, es un reflejo de esto. Para nosotros es difícil "jugar en equipo". Nos sentimos mejor trabajando en forma independiente, cuando podemos controlar todo.

Ya que aflojar el control siempre ha significado ser sofocado, dominado y sobreprotegido, esperamos la misma respuesta de todos los demás. El estilo de personalidad rígido y controlador que adoptamos nos da una ilusión de afirmación y fortaleza pero también crea distancia y conflicto en nuestras relaciones.

Tienes dificultades para llevar a cabo un proyecto del principio al fin

Los niños que han sido abrumados por las expectativas irreales de los padres, con frecuencia se convierten en soñadores con proyectos, planes y excelentes intenciones que nunca se llevan a cabo. De algún modo nunca terminamos nada de lo que comenzamos.

Esto es comprensible. Crecer contando con una atención y una dedicación especiales es una bendición y al mismo tiempo una maldición. Por una parte, recibimos protección y consuelo de nuestros padres. Por la otra, aprendemos a ser rescatados de cualquier consecuencia desfavorable, si no acabamos lo que hacemos.

Nuestros padres completaron nuestra tarea escolar, suavizaron nuestras discusiones, nos consiguieron trabajo, nos consiguieron amigos y "tiraron de los cordeles" para ayudarnos. No es un misterio que esperemos que las cosas sean resueltas mágicamente por alguien. Comenzamos proyectos y aguardamos a ese genio que nunca más respondió a nuestro llamado. Es posible detectar a los hijos que han recibido excesiva atención, por sus papeles, cajones y agendas, que desbordan de poemas inacabados, listas de cosas para hacer, ideas y planes que nunca se llevaron a cabo.

La dilación se adueña de nosotros cuando internalizamos el mensaje de que no podremos lograr nada por nosotros mismos de un modo apropiado y que necesitamos estar constantemente protegidos. También ocurre esto cuando internalizamos expectativas tan elevadas, que emprender cualquier tarea aparece como la partida hacia el fracaso. Al presente, jugamos sobre seguro. Evitamos las tres R: riesgo, rechazo y responsabilidad. Por eso difícilmente terminamos lo que empezamos.

Tienes tendencia a ser autocrítico

"Me siento emocionalmente abatido cada vez que me equivoco", dice un adulto que ha tenido exceso parental. Los adultos que de niños han sido amados en demasía, más tarde se convierten en los peores autocríticos. Se sienten constantemente juzgados por los demás, muy a menudo por sus padres. Nada de lo que logran es suficientemente bueno.

¿Por qué, después de haber recibido tanto y ser alabados tan a menudo, somos tan autocríticos? De niños estábamos en el centro de la escena. Creíamos que las esperanzas y los sueños de nuestros padres descansaban en nuestras manos.

En la infancia, internalizamos gran cantidad de mensajes sobre lo que "se debe" recibidos de nuestros padres. Debemos ser médicos o abogados. Debemos tener notas altas en la facultad. Debemos ser conocidos. Debemos ser felices siempre. Bien pronto no necesitamos que nuestros padres nos digan lo que debemos ser, ni, correlativamente, lo que no debemos. Una voz en la cabeza, llamada el "crítico interior", nos habla constantemente y perpetúa un constante estribillo de fondo negativo y doloroso.

Ya adultos, embellecemos los mensajes de crítica que recibimos de niños: "No puedes hacer eso, déjame a mí", se convierte en "Me amarán sólo si tengo éxito. Tengo que parecer perfecto y ser perfecto en todo lo que hago o de lo contrario soy un fracaso".

Un crítico interior obstinado, nutrido de pensamientos negativos, subvierte nuestra autoestima, alimenta nuestra depresión, y nos lleva a evitar a las personas y las oportunidades.

En tu subconsciente sientes que debes gozar de "derechos especiales"

En el restaurante, eres el primero en devolver un plato que no te parece perfecto, en quejarte por un servicio deficiente, en exigir una mesa mejor. El niño que ha sido demasiado amado entra en la adultez con el sentimiento, a menudo subconsciente, de que merece sólo lo mejor.

De niños, recibíamos un tratamiento especial y pronto nos acostumbramos a él. Cuando recibimos en bandeja de plata todos los privilegios, los objetos y la atención, comenzamos a creer que éste es el modo en que funciona la vida.

Cuando iniciamos relaciones, esperando inconscientemente que los demás nos traten de la misma manera, nos exponemos a una gran frustración. Cuando entramos a un sitio y nadie nos atiende, nos sentimos defraudados. Cuando no conseguimos el trabajo que queremos o el sueldo que pedimos, nos sentimos indignados.

A medida que crece nuestro desconcierto, buscamos relaciones que nos cuiden tal como lo hicieron nuestros padres. Podemos elegir una esposa excesivamente nutricia y sacrificada, que responda a nuestras expectativas. Estas relaciones desiguales, con frecuencia terminan con resentimiento y conflicto.

Tienes dificultad para divertirte y gozar del momento

"¿Por qué excitarse?" se pregunta el adulto-niño. Cuando éramos niños, recibíamos aprobación cada vez que reprimíamos las emociones y actuábamos en forma controlada. Los estallidos de emoción eran amenazadores o embarazosos para los padres.

Ahora, tenemos miedo de nuestras emociones y esperamos ser criticados por ellas. Persiste en nosotros un sentimiento de falta de alegría y dificultad para soltarnos en el momento preciso, aun en las mejores ocasiones. La vida es un asunto serio. Los hijos que tuvieron exceso parental tienden a vivir la vida intelectualmente, analizándose y analizando a los demás.

Tienes dificultad para tomar decisiones

"Ni siquiera puedo elegir mis propios vestidos —confiesa una mujer—. Le pido opinión a mi madre. Pienso que cuando haces esto a los treinta años, es bastante triste."

Tomar decisiones, aun cuando se trate de las cosas más simples, causa ansiedad e inseguridad en un niño que ha tenido exceso parental. Se busca la "bendición" de los demás, aunque la mejor opción esté a la vista.

Los padres que aman demasiado, en un intento de ser protectores y devotos, tienden a ayudar, tomando decisiones en nombre del niño. Esta forma de cuidado sobredimensionado puede resultar costoso.

Cuando nuestros esfuerzos para tomar decisiones son saboteados por el celoso deseo de ayudarnos de nuestros padres, aprendemos en forma indirecta que nuestras propias decisiones no interesan realmente. Nunca llegamos a confiar en nuestra propia intuición ni en nuestro juicio.

Si ésta fue nuestra experiencia de niños, nos volvemos muy ambivalentes de adultos. Miramos alrededor para que alguien nos rescate y se haga cargo de nuestras decisiones. Frecuentemente buscamos un cónyuge que desempeñe el papel de nuestros padres. Como consecuencia, podemos encontrarnos en el rol de un niño, en nuestras relaciones de adultos.

Temes al éxito

Los niños que han tenido "exceso parental" llegan a ser adultos subocupados. Comienzan tarde en la vida, luego de un período de andar a la deriva. A menudo, sabotean su propio éxito. "Cuanto más alto subes, más grande es la caída" es su racionalización de las oportunidades perdidas. Su mayor temor es que si tuvieran éxito, los demás exigirán una continuación y ellos no serían capaces de escribirla.

Es una realidad de la vida que los demás tengan expectativas con respecto a nosotros. Pero para las personas que han pasado su tiempo saltando las vallas de las enormes expectativas de los padres, la menor sugerencia de hacer algo más, se convierte en un equipaje demasiado pesado para llevar.

Otra razón para temer el éxito radica en que significa asumir la propia responsabilidad. Si has tenido exceso parental, sumado a todo el amor que recibías estaba el mensaje de que siempre te cuidarían. Es fácil rendirse ante el llamado a ser siempre protegido por tu familia.

El éxito requiere riesgo y, muy a menudo, independencia. Transformarse en un ser independiente y exitoso puede resultar como volar en un trapecio sin usar red. Si quitamos la red de seguridad de nuestros padres y nos separamos emocionalmente de ellos, tememos estrellarnos. ¿Aprendimos en algún momento a levantarnos por nuestros propios medios, sin auxilio? Mejor alejarse de ese peligroso trapecio y de los riesgos del éxito.

Puedes tener problemas de alimentación

La bulimia, la anorexia y la obesidad, son comunes entre las personas que han tenido exceso parental. La predisposición a desarrollar problemas de alimentación es la consecuencia de la utilización del alimento para satisfacer las necesidades emocionales.

Cuando los padres se involucran en nuestra vida, crecemos con poco espacio emocional para nosotros mismos. Nuestras fronteras no se respetan. Nunca alcanzamos un sentido real de la autonomía o la independencia. No sabemos dónde termina lo nuestro y dónde comienza lo ajeno.

La sobreprotección y la atención ansiosa, puede llegar a ser tan intensa e invasiva que nos sentimos violados. A veces, las expectativas que nuestros padres tienen de nosotros se hacen intolerables. Sin respeto, sin reconocimiento de nuestras verdaderas necesidades, crecemos con un ansia enorme de ser escuchados, de ser confirmados en lo que somos.

La vida se torna una ficción destinada a evitar la ansiedad de estar cerca de los demás. Uno de los modos de apaciguar nuestros miedos es obsesionarnos emocionalmente con la comida. Concentrarse en la comida es un modo de arrebatar el control de manos de los padres dominantes. También puede ser un intento de construir un escudo y esconderse. Cuando tenemos sobrepeso o perdemos tanto peso que producimos ansiedad en las personas que nos miran, los demás son mantenidos a cierta distancia.

Amas demasiado a tus padres

Leer este libro quizá te haga sentir incómodo. Puede provocar tu enfado, tu ansiedad y la necesidad de proteger a tus padres. Puedes querer justificarlos, protegerlos o defenderlos; dar explicación de su conducta y perdonarlos, porque los amas y lo que lees, salpica su imagen.

Consideremos con más detenimiento, por un momento, esta urgencia de defender a nuestros padres. Tendemos a verlos débiles, frágiles, deprimidos, confusos o infelices. ¿Por qué nos aferramos a esta imagen de nuestros padres? Es cierto que, a veces, no son felices. Obviamente, no siempre son perfectos en todo lo que hacen. Pero de ahí, a que sean tan débiles o necesitados como los vemos... Son personas que han llevado adelante una familia durante veinte años o más, han trabajado, han criado a sus hijos, han tenido amigos y planeado vacaciones, se han levantado cada mañana y sobrevivido durante más tiempo del que podemos siquiera entender. Según la noción media de cualquier persona, serían considerados fuertes, competentes y vitales. No obstante, los vemos indefensos y nos precipitamos a protegerlos.

Si cuestionar la relación con tus padres te hace sentir culpable y perplejo, ten en cuenta lo siguiente: puedes revalorizar la relación con ellos; no tienes por qué darle fin. Puedes preguntarte por qué, cuando no estás a la altura de las expectativas de tus padres, te sientes enfadado y deprimido y, a pesar de todo, continuas amándolos profundamente. Podrías sondear por qué te sientes tan ansioso cuando transgredes las "normas de la familia" y no obstante, conservas los estrechos lazos con tu madre y tu padre. Puedes llegar a un acuerdo entre tu sentimiento de culpa y tu constante necesidad de aprobación por parte de tus padres, sin incurrir en deslealtad. Puedes aprender a retribuir su amor, sin amarlos hasta el punto de dejar de saber quién eres. Y puedes darles la libertad de hacer lo mismo.

El primer paso será verlos con más realismo. Son más fuertes de lo que piensas. Tú has tenido una participación importante en el hecho de haber sufrido exceso parental; también eres responsable. La dependencia es mutua. Tus padres han experimentado tantos problemas por amarte demasiado, como los has experimentado tú por haber retribuido tanto amor.

Hacen falta dos para que sea posible una relación, pero sólo es necesario uno para que la relación comience a cambiar. Nuestros padres son lo suficientemente fuertes para sobrevivir cuando examinamos la relación con ellos y el significado de ésta para ambas partes.

Quizá no te sientas reflejado en todas las características mencionadas. Pero si puedes identificarte con algunas, ten la seguridad de que no estás solo. La mayoría de los que fuimos amados demasiado en nuestra infancia compartimos, en cierta medida, estos rasgos.

Sobrevivir a la infancia, aun en la mejor de las familias, es una tarea difícil y exigente. A veces, los mejores de los padres pueden socavar, sin quererlo, la fortaleza y la seguridad que esperaban infundir en los niños que tanto aman. Otras veces, nuestra propia necesidad puede mantenernos atados a ellos, mucho después del momento en que deberíamos estar valiéndonos por nosotros mismos. Ésta es la ocasión en que necesitamos apoyo para cambiar. Sólo al explorar cómo y por qué fuimos amados demasiado, comenzamos a recuperarnos y a cambiar.

Este libro no es una invitación a ser desagradecido o a culpar a nuestros padres por habernos dado tanto. Tampoco a nosotros mismos. En cambio, trata sobre la aceptación de quienes somos, la comprensión y el cambio, de todos nosotros.

2

EL NIÑO MIMADO-DESVALIDO

"Te hemos dado todo."

*"Todos los meses llegan con el correo los cheques de
mi papá. Se los devuelvo, pero continúa enviándolos.
Mis amigos piensan que estoy loca; que debería aceptar el dinero. Es difícil de explicar, pero cada cosa que
me da tiene muchas implicaciones. Me daría todo lo
que yo quisiera en el mundo, excepto la libertad de
ser yo misma."*

KAREN, 21 AÑOS, SECRETARIA

No hay palabra más cargada de ambivalencia y obligación, teñida de problemático resentimiento que "gracias",
cuando la dirigimos a nuestros padres. Murmurar: "Gracias,
mamá y papá," arrastrando los pies y desviando la mirada,
nos hace sentir tan expuestos como un niño de cinco años.

¿Por qué ocurre esto? Somos bien conscientes de lo que
les debemos. Nadie es más merecedor de nuestra gratitud que
nuestros padres, que tanto nos aman. Para ellos, amor ha sido
sinónimo de "dar". No pudieron dar lo que no tuvieron, pero
nada los detuvo cuando se trató de que tuviéramos todo aquello que ellos creían que necesitábamos.

Podemos buscar por todas partes, que no encontraremos a nadie que quiera de tan buen grado, hacer y proveer lo que necesitamos. Aun así, es difícil decir: "Gracias".

¿Somos maleducados o desagradecidos? ¿O nos han dado demasiado?

Si bien la mayoría de los padres dan a sus hijos su tiempo, su atención y bienes materiales, los padres que aman demasiado dan demasiado. ¿Qué significa dar demasiado? Tracy, una profesora de escuela secundaria de treinta y cuatro años, cuenta una historia que ejemplifica cómo es la vida para un niño que está rodeado de seres generosos que aman y dan demasiado:

—Mi madre, realmente nunca tuvo muchas cosas en su vida —comenzó diciendo Tracy—. No era el tipo de persona que se embarcara en obras de caridad o que saliera a pasar la tarde con las "chicas". Sus "cosas" éramos nosotros.

"Si yo estaba aburrida, ella dejaba lo que estaba haciendo para llevarme al zoológico o al cine o a hacer compras. Nunca me dijo: '¿Por qué no llamas a una amiga?'

"Nunca toleró la idea de dejarnos con una niñera, de modo que mi hermano Mark y yo, siempre salimos con ella y con papá. Nunca hicieron planes para un sábado por la noche, sin preguntarnos primero qué haríamos nosotros, para incluirnos en la salida. Nunca fueron de vacaciones sin nosotros.

"Nuestros amigos transformaron la casa en una guarida. Hacíamos un desastre y mi madre se apresuraba a arreglarlo todo. No es que ella no gritara por ese motivo; lo hacía, pero no tenía efecto. Mi madre no podía estar enfadada con nadie más de dos minutos. Nos gritaba y al mismo tiempo, se disculpaba por haberlo hecho.

—Dicho así, parece la infancia perfecta, ¿no? —Tracy ríe y luego se queda pensativa—. Desde afuera parecía. Puedes ser un niño perfectamente malcriado sin necesidad de tener mucho dinero. Nunca fuimos ricos; vivíamos cómodamente y nunca me faltó nada de lo que necesitaba.

"Lo gracioso, es que nunca pedí nada. Era mi madre la que decía: 'El año próximo irás a la escuela secundaria, así que necesitas vestidos nuevos', o 'Tú también debes tener esos tejanos que usan todos los niños'. Ella era la que necesitaba vestidos nuevos, pero solía decir: 'nunca voy a ningún sitio. ¿Para qué quiero vestidos nuevos?'

Tracy se volvió completamente dependiente de su madre, sin sentir ninguna frustración. Su mamá estaba ahí para ocuparse.

—Yo era una chica tranquila, y eso realmente le preocupaba. A la hora de cenar, los cuatro nos sentábamos a comer, y mi hermano, Mark, daba vueltas haciéndose el payaso, mientras yo, en silencio, comía algo de mi plato. Entonces sentía los ojos de mi madre sobre mí. '¿Qué te pasa Tracy? ¿Por qué no comes?'

"Yo contestaba que no me pasaba nada, pero ella preguntaba otra vez y cien veces más, hasta que yo gritaba: '¡NO ME PASA NADA! ¿POR QUÉ NO ME DEJAS EN PAZ?' y me iba corriendo a mi habitación.

"Al rato estaba junto a la puerta. Yo sabía que ella vendría. En nuestra casa no estaba permitido que los niños nos sintiéramos mal. Se sentaba en mi cama y allí se quedaba hasta que me sonsacaba qué era lo que me preocupaba. Entonces me decía que mis profesores estaban equivocados, que mis amigos habían estado mal, que mi mejor amigo se había portado mal conmigo. Todos aquellos con quienes yo estaba enfadada, habían hacho algo malo. Estaba convencida de eso. Nada era por mi culpa. Debo reconocer algo: siempre conseguía que me sintiera mejor.

"Años después, cuando hice terapia, acostumbraba quedarme callada y mirar el suelo; esperaba que el terapeuta me sonsacara qué me pasaba. Luego, esperaba que me dijera que yo había estado muy bien y que los demás se habían portado mal. Como eso no ocurría, me ponía furiosa.

"Mi madre siempre decía: 'Tracy, sabes que tu papá y yo te daríamos la luna si pensáramos que eso te haría feliz'. Sin duda lo hubieran hecho. Nadie en mi vida puso en juego tanta energía para tratar de hacerme feliz como lo hizo mi madre. Le daré un ejemplo perfecto. Un día yo estaba aburrida y comencé con la letanía acerca de cuánto querría tener un trabajo de algunas horas después de la salida de la escuela. Fui a una tienda y rellené una solicitud, después abandoné la búsqueda y me lamenté algún tiempo más. Fue mi madre la que terminó yendo a todas las tiendas del barrio para alabar las dotes de su hija. Finalmente, consiguió que me contrataran en un comercio de cámaras fotográficas.

—El empleo me duró alrededor de un mes— recuerda Tracy sonriendo avergonzada—. Era aburrido quitar el polvo de las lentes de las cámaras y elegir paquetes de copias, así que un día, cuando llegó la hora de entrar, sencillamente no aparecí. Eso fue todo. Así es como manejé muchas cosas. Simplemente me hago humo y dejo que se imaginen lo que quieran. O mi madre llama por teléfono.

Cuando Tracy terminó la escuela secundaria, continuó viviendo en su casa. Sus padres nunca hicieron nada para que ella se marchara; más bien la desalentaron cada vez que mencionó el tema.

—Conseguí un trabajo de profesora de escuela secundaria; el sueldo no era muy bueno pero me encantaba tener los veranos libres. El rector, que esperaba que yo me quedara después de clase para entrenar en deportes y tomara parte en las comisiones de docentes, me odiaba porque yo no lo hacía. Me pagaban sólo por estar hasta las tres de la tarde; para mí, ése era el momento de marcharme.

"Sin embargo, no disparaba para casa por algo especial. La mayor parte del tiempo sentía que me iba a tontas y a locas. No era para encontrarme con ningún hombre, o al menos, nadie que me gustara realmente. Hasta mis mejores amigos comenzaron a estar demasiado ocupados para encontrarse conmigo. Me quejé de que nunca me llamaban, y me dijeron: '¿Por qué no nos llamas tú de vez en cuando?; no puedes estar siempre esperando que seamos nosotros quienes te llamemos y hagamos los planes.' Pero yo nunca he servido para planear algo. Antes de que me diera cuenta, llegaba el fin de semana y yo terminaba sentada en casa, mirando televisión.

"Tenía veinticinco años y sentía que mi vida no había comenzado realmente. Aunque no hacía gran cosa, siempre estaba agotada. Comencé a pensar que si dejaba la casa de mis padres y me mudaba a la ciudad, las cosas cambiarían.

"Un fin de semana tomé el tren hacia el centro y comencé a caminar, tratando de encontrar un apartamento acorde a mi presupuesto. Hacer algo así sin la ayuda de mi madre me resultó difícil, pero no podía dejar que ella viniera conmigo. Ésa iba a ser mi gran jugada para conseguir la independencia ¿verdad? Bueno, al final del día, estaba agotada. Todos los apartamentos ya me parecían iguales. Me sentía tan confundida, que finalmente alquilé un lugar.

"Reconozco que era un apartamento horrible; un verdadero nido de cucarachas. La pintura descascarada colgaba del techo y una gran mancha de óxido color naranja en el lavatorio del cuarto de baño. Pero estaba cansada de buscar, así que entregué el depósito y firmé el contrato.

"El día siguiente, mis padres fueron a la ciudad para ver el nuevo apartamento y se volvieron locos. Mi madre dijo: '¡No puedes vivir así!' '¡Esto es lo que puedo pagar!' Le grité yo.

"Mi padre nos acompañó a ambas, que en ese momento estábamos histéricas, hasta el coche. Recorrió la ciudad y aparcó junto a uno de esos edificios distinguidos, de buen tono, en la parte elegante de la ciudad.

"Entré y pensé: '¡Vaya!, es estupendo'. Hasta tenía piscina y solárium. Ya podía imaginarme viviendo en un lugar así.

"Sabía que aquello costaba más de lo que yo podía pagar, pero no dije una sola palabra. Mis padres anunciaron: 'Aquí es donde debes vivir'. Entonces me mudé; cada mes recibía un cheque de mis padres para ayudarme a pagar el alquiler. Era casi gracioso. Yo, que trataba de largarme por mi cuenta, terminaba, a los veinticinco años, recibiendo un subsidio de mis padres."

Tracy a punto de cumplir sus treinta años, visitaba regularmente a su médico, quejándose de un agotamiento constante y de problemas estomacales. Éste no halló ninguna causa orgánica y le recomendó que hiciera psicoterapia. Tracy estaba furiosa.

—Inmediatamente encontré otro médico. Para mí, la terapia era para las personas que habían sufrido maltrato o que tenían problemas emocionales. No podía creer que alguien pensara que yo necesitaba terapia.

Fue su hermano, Mark, quien finalmente convenció a Tracy de que viera a un terapeuta.

—Éramos compañeros; mi hermano me conocía mejor de lo que yo creía. Visto desde afuera, parezco alguien que ha recibido muchas cosas buenas en la vida. Tengo un hermoso apartamento y un trabajo aceptable. Funciono y sobrevivo, pero simplemente estoy cumpliendo con lo que debo hacer. Estoy todo el tiempo deprimida. Nada me interesa realmente. Todo me parece más de lo mismo.

"Me resulta duro de admitir, pero estoy sola. No soy feliz y, sin embargo, no sé qué me podría hacer feliz. La gente me pregunta qué es lo que me gusta y yo no sé. Me quejo de mi vida, pero no puedo cambiarla.

"Sé que soy una gran frustración para mis padres. Después de todo lo que invirtieron en mí, lo menos que podría hacer es ser feliz. Para ellos es terrible verme deprimida todo el tiempo y haciendo terapia, aunque sean ellos los que la están pagando. Me llaman por teléfono para darme todo tipo de sugerencias. Puedo imaginarlos, sentados juntos en casa, preocupándose por mis problemas y diciendo: '¿Cómo podemos conseguir que pase algo bueno en la vida de Tracy?'

"Su última idea fue que abriéramos juntos, en familia, una tienda concesionada de comidas rápidas. Estaban dispuestos a invertir los ahorros de toda su vida en esto. Mi padre dijo: 'Te mandarás, Tracy. Nosotros no intervendremos. Sólo queremos verte feliz'. Pero no pude hacerlo. En este preciso momento no tengo la energía necesaria.

Resulta difícil comprender cómo Tracy, una niña que recibió la atención de sus progenitores a raudales, que trataron de hacerla feliz por todos los modos posibles, se convirtió en una adulta deprimida y agotada y que terminara buscando una terapia.

Los padres de Tracy la consintieron, creyendo que liberándola de la necesidad y la frustración, crearían una base sólida para la niña que amaban. ¿Qué anduvo mal?

Para la madre de Tracy, ser un progenitor que ama, implica un interminable ciclo de comida, limpieza, conducir el coche, organizar, escuchar, mimar y consentir a un niño. Hasta cierto punto, esto es así. Pero los padres de Tracy dieron demasiado.

Tracy aprendió con rapidez las reglas del juego. Bastaba una mínima expresión de desesperación, a veces ni siquiera
eso, para que tanto la madre como el padre, instintivamente,
corrieran a socorrerla. Ella no era feliz, y sus padres trataban
de resolver sus problemas. Necesitaba un trabajo o un piso y
ellos lo proveían. Asumían las responsabilidades de Tracy y
se apropiaban de ellas.

En la escuela primaria, donde los niños aprenden las
lecciones más definitorias a partir de sus errores, Tracy regresaba cada día a su hogar para escuchar las convincentes
razones de su mamá, acerca de que debía culparse a los demás por las equivocaciones o frustraciones que ella tenía. La
madre de Tracy no podía soportar que ella estuviera perturbada e intentaba racionalizar la pena de Tracy, como un modo
de amarla y protegerla.

¿Qué producían en Tracy todos esos regalos? Aburrimiento, intranquilidad y expectativa; pasaba la mayor parte
de su tiempo esperando que ocurriera algo que la hiciera feliz. Llegó a creer que no tenía ninguna razón para asumir la
responsabilidad por su propia vida.

Debido a que Tracy estaba tan acostumbrada a que alguien se anticipara a sus necesidades, vagaba a la deriva,
cansada y bostezando, sin ninguna ambición real ni más energía que la necesaria para tomar lo que le daban. Tenía la seguridad de saber que siempre podía depender de sus padres,
por lo cual les estaba agradecida. Hasta podía confiar en ser
rescatada de sus propias decisiones. Como tantos niños a
quienes se les ha dado demasiado, aprendió a cambiar la libertad y la confianza en sus propios logros por el camino más
fácil de la dependencia de sus padres.

Pero el resultado de esta dependencia era un núcleo
de inseguridad. Tracy comenzó a evitar todas las tareas que
pudieran exponerla a ser vista como alguien con pocas aptitudes. Quedaba paralizada cuando tenía que tomar una
decisión, no podía fijarse un objetivo, encontrar un trabajo
más gratificante, ni siquiera llamar a un amigo para proponer una salida.

La agotadora pasividad con la que Tracy enfrentaba la
vida, era, en realidad, miedo más que fatiga física. Era una

defensa para contrarrestrar el creciente sentimiento de su propia incapacidad.

Tracy es el compendio del niño mimado-desvalido: un fenómeno que crean la mayoría de los padres que, muy insensatamente, ofrecen demasiada ayuda, cantidades excesivas de amor, atención, dinero, tiempo. Sus padres le dieron todo aquello que estuvo a su alcance, privándola de algo fundamental: la sensación de ser competente, la autoestima, el impulso para emprender algo, para no abandonar, para confiar en ella misma. Tracy nunca tuvo la oportunidad de reunir los recursos que le permitirían obtener un sentimiento de realización para alcanzar sus objetivos y de dominio sobre su vida. Sus padres, con las mejores intenciones, se interpusieron en su camino.

Darse y esforzarse para criar a un niño es responsabilidad de los padres. Pero cuando los padres se anticipan continuamente a las necesidades y deseos de sus hijos, de modo que éstos reciben como cosa corriente lo que no necesitan y no han pedido, están dando demasiado. Nos referimos a hijos que han superado ampliamente la infancia (una etapa de total dependencia, cuando esta suerte de "lectura de la mente" es apropiada.) Los padres que dan demasiado continúan anticipando y concediendo automáticamente los deseos de sus hijos, incluso una vez que ya ha pasado completamente el momento en que esto era necesario o deseable.

Los niños que crecen en estos hogares reciben diariamente una andanada de bienes materiales y servicios, que sus padres determinan "necesarios". Nunca llaman la atención de su madre o su padre. No necesitan hacerlo. No piden ni negocian por juguetes, ropa o dinero. Apenas tienen que preguntar. Se establecen pocos límites y se niegan pocos deseos. Los padres dicen sí cuando realmente quieren decir no y hacen por sus hijos lo que éstos serían capaces de hacer por sí mismos.

Los padres que dan demasiado, a menudo sienten que conocen las necesidades de sus hijos mejor que nadie, especialmente sus propios hijos. Tales padres saben qué es lo mejor, y lo mejor es asegurarse de que sus hijos no se arriesguen en cosas en que podrían fracasar o sentirse frustrados. Una corriente constante de ayuda y guía va más allá de cualquier insinuación hasta el punto que los pensamientos de los hijos rara vez sean estimulados, tenidos en cuenta o respetados.

Tales padres creen que cuanto más dan y guían, tanto más "aman" a sus hijos y más felices los harán. Amor es el alimento que preparan, el dinero del que se desprenden, las noches en la mesa de la cocina haciendo la tarea escolar de sus hijos con ellos y las cosas materiales con las que los sorprenden. Es todo aquello que pueden hacer para allanar el camino de sus hijos.

Pero con todo lo que dan, ¿Acaso obtienen sus hijos alguna vez lo que realmente necesitan? Aquellos de nosotros que crecimos de un modo similar al de Tracy no siempre tenemos la respuesta. Sabemos que nuestros padres nos amaron. Sabemos que tuvimos alimento, techo, atención y contacto con ellos. Nos vemos como niños que han tenido una infancia feliz, gracias a lo mucho que nuestros padres nos dieron.

Pero para alcanzar la totalidad de nuestro potencial, necesitamos algunas cosas que nunca tuvimos. Esto es:

- 🖤 Aceptación y confirmación de quiénes somos realmente
- 🖤 Respeto y tolerancia de nuestros verdaderos pensamientos y sentimientos
- 🖤 Libertad para explorar y tomar nuestras propias decisiones
- 🖤 Alimento de nuestras fortalezas y aceptación de nuestras limitaciones
- 🖤 Sostén de nuestra creatividad
- 🖤 Sentimiento de la realización de nuestros objetivos
- 🖤 Sentimiento de que prestamos una contribución
- 🖤 Sentimiento de dominio o control de nuestras vidas
- 🖤 La posibilidad de compartir nuestros sentimientos de pérdida, pesar o ira

Es posible que nuestros padres nos hayan dado "todo" y que sin embargo nos privaran de estas cosas. Ésta es la esencia del niño mimado-desvalido.

Hay un tiempo para que nuestros padres nos nutran y nos mimen: los primeros años de vida. No hubiéramos sobrevivido si habríamos estado forzados a bastarnos por nosotros mismos. Pero a medida que crecemos, la tarea de nuestros padres debe ser el estímulo de nuestra independencia y la reducción de nuestra necesidad de ellos. Si continúan mimándonos, sin pretenderlo nos enseñan muchas cosas: a confiar en el talento de los demás en vez del propio; a ser pasivos en lugar de activos; a mostrarnos ansiosos o deprimidos para que alguien nos auxilie. Tal como un hombre lo describió: "Cuando la marcha se pone ardua, mis padres se ponen en marcha".

El desarrollo de la autoestima está directamente relacionado con nuestro dominio de los trabajos y los resultantes sentimientos de ser competente en ellos. Michael Franz Basch, notable psiquiatra autor de *Understanding Psychotherapy*, escribe: "La verdadera autoestima, el sentimiento genuino de que uno mismo es digno de ser nutrido y protegido, capaz de crecer y desarrollarse, se desprende de sentirse competente... nadie puede dar a otro la sensación de ser competente; uno debe lograrla por sí mismo".

La competencia parte de la sensación de tener suficiente habilidad para lograr lo que nos proponemos. Los padres que aman demasiado, en el intento de facilitar la vida de sus hijos, sabotean inadvertidamente las oportunidades de que ellos elaboren ese sentimiento de ser competentes. En la medida en que rescatan a sus hijos, tomando el control y aportando las soluciones, también los privan de las herramientas necesarias para construir un sentimiento de dominio de su propio mundo.

La experiencia infantil determina en gran medida el desenvolvimiento posterior de nuestra vida y la formación de la persona que somos en el presente. El sentimiento de ser competente en la infancia se convierte en la autoconfianza del adulto. Desafortunadamente, la experiencia de salir airosos por mérito propio, sin "apuntadores" ha sido muy escasa para nosotros, de modo que el camino hacia la autoconfianza resulta casi imposible. Como contamos con pocos recursos para manejar la frustración, debido a toda una historia de ser rescatados de ella por nuestros padres, nos convertimos en adultos que evitan los desafíos. Andamos errantes por la vida, buscando que otros nos den dirección, excitación, bienes materiales, guía y consejo. Aunque tengamos logros importantes —y muchos niños que tuvieron exceso parental *tienen* éxito—, nunca sentimos que son suficientes. Necesitamos la aprobación y la bendición de los demás para sentirnos bien con nosotros mismos.

Dada nuestra historia, no es sorprendente la tendencia a confundir "amor" con el deseo de otra persona de ayudarnos o controlarnos, porque estamos acostumbrados a esto. Buscamos a aquellos que asumirán de buen grado las responsabilidades de nuestra vida. Éstas, pensamos, son las personas que verdaderamente nos "aman".

Pero, ¿qué es realmente amar? M. Scott Peck, en *The Road Less Traveled*, define el amor como el deseo de expandirse con el propósito de nutrir el crecimiento espiritual propio o de otra persona. Lo atrayente de esta definición es el énfasis puesto en el crecimiento como resultado de lo que damos a otra persona. Pero no todo lo que se da facilita el crecimiento, asevera Peck. A veces, lo que verdaderamente nutre el crecimiento espiritual de la otra persona es retener lo que fácilmente podríamos proveer, especialmente cuando la persona que amamos es capaz de lograr por sí misma lo que necesita. Peck lo denomina donación reflexiva, que incluye tomar la decisión meditada y algunas veces dolorosa, de no dar cuando esta acción poeda inhibir el crecimiento y propiciar la dependencia.

Nunca aprendimos a definir el amor de este modo. Era muy doloroso para nuestros padres contener su afán de dar y ser testigos de nuestras frustraciones o de nuestra infelicidad, aun cuando fuera por nuestro bien. El camino que tomamos nos llevó a la dependencia de nuestros padres; en cuanto a su aprobación, atención, opiniones, y, a veces, su sostén económico.

Las personas que durante la infancia sufrieron privaciones, se asombran de cómo alguien puede lamentarse de haber recibido demasiado: "¿De qué se queja esa gente? ¡Habría sido estupendo tener padres que me quisieran así!"

Los niños que fueron demasiado amados saben de qué se trata. La objeción no es de que nuestros padres nos amaran. Es que había algo más que amor detrás de tanta generosidad. Algunas veces este dar, poco tenía que ver con nosotros o con nuestras necesidades.

No estamos hablando de los padres que dan de un modo apropiado, movidos por un afectuoso interés o de aquellos que dan por el placer que obtienen a cambio. Nos referimos a los padres que dan una y otra vez hasta quedar agotados, a los que a menudo oyen de sus propios hijos, preocupados e incómodos con el hecho de recibir tanto; "¡Por favor, basta!" pero no se detienen. Estos padres dan demasiado porque *necesitan* hacerlo. Son movidos inconscientemente por sus propias necesidades insatisfechas, excluyendo todo lo demás.

Cuando alguien nos da repetidas veces, puede ocurrir que comencemos a sentirnos incómodos, porque sentimos que tanta generosidad está calculada para engendrar en nosotros un sentimiento de deuda. A menudo, los niños perciben que detrás de lo que reciben está oculta una relación, una especie de acuerdo tácito, de cosas que deben hacer o incluso de modos de ser. Veamos la historia de Tony:

—El divorcio de mis padres fue muy amargo —comenzó Tony—. Mi madre juró que si papá la dejaba, nunca le permitiría vernos, ni a mí ni a mi hermana. Papá amenazó con conseguir una orden del juez y traer a la policía si era necesario y afirmó que nadie lo separaría de sus hijos.

Finalmente, las cosas se arreglaron, y Tony y su hermana Lori, vieron a su papá un fin de semana sí y otro no.

—Es llamativo, pero no recuerdo haber tenido tanta cantidad de ropa y juguetes antes de que mis padres se divorciaran —comentó Tony—. Nunca nos había faltado nada pero tampoco éramos unos consentidos. Recuerdo muy claramente que nunca íbamos, en familia, a un restaurante, a menos que se tratara de un lugar de comidas rápidas. Pero todo cambió desde que mi padre se marchó de casa. Cada vez que íbamos a ver a papá, nos llevaba a cenar a algún restaurante caro. ¿Te imaginas? Dos niños, uno de cinco y otro de siete cenando en alguno de los más caros restaurantes de la ciudad. Realmente tiraba su dinero. Nosotros siempre pedíamos hamburguesas, porque no conocíamos otra cosa.

"También había obsequios esperándonos en la casa de papá cada vez que íbamos. No eran tonterías, sino cosas como un equipo de música o un televisor. Mi madre se ponía furiosa cada vez que llegábamos con eso a casa."

Igual que muchos niños cuyos padres se divorcian, Tony tenía la esperanza de que sus padres se reconciliarían. Cuando su madre volvió a casarse, los pedidos secretos tantas veces formulados en sus oraciones, se hicieron trizas. Y bien pronto sus padres se enredaron en una competencia acerca de quién podía dar más a los hijos.

"Cuando papá nos llevaba de vacaciones en Navidad, mamá comenzaba a planear un viaje más largo y mejor para la primavera. Si papá nos llevaba al circo, mamá nos llevaba a un espectáculo sobre hielo. Ambos nos daban dinero. Lori y yo nunca pedíamos nada. Simplemente lo teníamos.

"Todas las cosas que mis padres nos compraban —admite Tony con mirada pensativa—, me imagino que intentaban compensar el divorcio. Sin embargo, no era así. Cuando llegaba mi cumpleaños abría una increíble cantidad de regalos y pensaba que aquello era estupendo. Pero luego me daba vuelta y veía a mi madre que me observaba. Había en sus ojos algo que realmente no puedo explicar. Yo quería darle las gracias, de todo corazón, pero tenía un gusto amargo en la boca.

"¿Curioso, no? Tanto mi padre como mi madre, más de una vez me dieron algún sermón acerca del valor de un dólar y que no debía pensar que todo lo que tenía era algo natural. Mi padre acostumbraba a contarnos cómo había tenido que trabajar desde los doce años para vivir. Ambos decían todo esto; después me llenaban de dinero.

"Quizá mis padres sentían temor de que quisiéramos a uno más que al otro, pero ¿Cómo podía entenderlo? Donde vivíamos, la mayoría de los niños tenían que discutir con sus padres para conseguir unos dólares más para ir al cine. Nunca conté a mis amigos cómo eran las cosas para mí, aunque estoy seguro de que se daban cuenta. Todos los veranos conseguía algún trabajo, no porque lo necesitara, sólo porque quería ser como todos los demás.

Cuando Tony creció, peleaba con frecuencia con sus padres. "No recuerdo por qué peleábamos. Simplemente, dejamos de llevarnos bien. Me irritaba todo lo que hacían. Una noche, después de una enorme riña con mi padre sobre alguna tontería, se apareció con una nueva cazadora de cuero para mí. '¡Así solucionas todo tú!' le grité y entré corriendo a la casa.

"Yo quería que me respetara. Él me regalaba una cazadora de cuero. Después de eso me llamaba mocoso desagradecido. Comenzó a ignorarme; a mí me vino muy bien.

"Mi hermana, Lori, no se preocupaba por nada de esto. Pensaba que yo estaba loco. Aprovechaba a mis padres todo lo que podía. Recuerdo una gran pelea entre mamá y papá, cuando éste compró un coche para Lori; por sus 'dulces dieciséis'. '¡Es muy joven para tener su propio coche!' le gritó mamá. 'Realmente no te interesa lo que les ocurra. Para ti es fácil porque en realidad no tienes la responsabilidad de educar a tus hijos'.

"Esto hirió mucho a mi padre, y yo sentí una especie de pena por él. Pero, en realidad, mamá había estado planeando durante meses comprar un coche para Lori justo en ese cumpleaños. Papá, simplemente le había ganado de mano.

"¿Sabe qué es hoy mi hermana? Un incordio que no para de quejarse. Nunca ha tenido un trabajo. Un amigo íntimo no le dura más de un mes. Lori piensa primero en ella; después en los demás. Maneja a mis padres para que hagan todo por ella. Si no puede conseguir lo que quiere de mi madre, lo consigue de mi padre. Nadie parece darse cuenta del daño que le están haciendo. Y si se dieran cuenta, creo que no les importaría. Y yo soy el malcriado desagradecido. Pero no quiero tocar el dinero de ellos. Mi hermana es feliz con tantos regalos.

A primera vista, parecería que los padres de Tony y Lori dan tanto a sus hijos para satisfacer sus necesidades y hacerles la vida más agradable después del divorcio. Y parecería que fuera el "amor" la fuerza que les anima cuando tratan de que a ninguno de ellos les falte nada, aunque la familia ya no volverá a vivir bajo el mismo techo.

Pero si se considera con más detenimiento, aparecen una cantidad de cuestiones pendientes y de juegos de manipulación destinados a satisfacer las necesidades de los padres y no la de los hijos.

Cuando los sentimientos de pérdida y abandono afloran, como sucede en un divorcio, trastornan nuestro equilibrio y exacerban los sentimientos de culpa y autocrítica. Intentamos retomar el control haciendo una enumeración de los recursos disponibles. En el caso de los padres de Tony, el recurso elegido fue el dinero. El padre, invitaba a Tony y a Lori a cenas en sitios caros y compraba obsequios que sus hijos no necesitaban ni deseaban, sólo para compensar sus propios sentimientos de inseguridad y desamparo. Como ya no vivía con ellos, él temía, muy comprensiblemente, perder los lazos íntimos que tenía con sus hijos. El nuevo matrimonio de su ex mujer intensificó estos miedos, agregando el temor de ser reemplazado por otro hombre que viviría diariamente con sus hijos y que inexorablemente ejercería influencia sobre ellos. Contraatacó con regalos, cenas, vacaciones y gastos exagerados.

La madre de Tony, amenazada por los intentos de su ex marido de ganar la lealtad de sus hijos, intentó "doblar la apuesta". Cada regalo se convirtió en una puñalada dirigida al ego de su ex marido.

Ninguno de los progenitores de Tony intentaba conscientemente utilizar o explotar a sus hijos en la batalla que libraban. Sin percibirlo, todas las personas tratan de cubrir como pueden sus necesidades insatisfechas. Los padres de Tony les daban demasiado porque necesitaban asegurarse de que no serían olvidados o reemplazados después del divorcio. Ambos, tenían sentimientos de abandono e inseguridad. El agradecimiento de sus hijos por los obsequios que recibían, les hacía sentir en su sitio y necesarios.

Tony no podía comprender las cuestiones pendientes que se ocultaban detrás de los obsequios de sus padres y recelaba de ellos. Todo el dinero y los objetos materiales que le daban le hacían sentir incómodo, porque intuía la necesidad que ellos tenían de herirse mutuamente. También podía percibir su desesperación. Tony se sentía mal porque no podía dar a ninguno de ellos lo que necesitaba. El resultado era una profunda amargura. La combinación pasividad-agresividad y francos ataques a que los sometía , era un modo de castigarlos por todo el dolor que había debido soportar.

Sin embargo, la diferencia de reacción de Tony y Lori ante la generosidad de sus padres era significativa. Lori aceptaba los regalos y pedía más. Tomaba y se complacía con toda la atención recibida, pero las consecuencias serían de largo alcance para ella.

La experiencia de crecer en una familia que mostraba su amor regalando dinero y objetos materiales, enseñó a Lori que la felicidad era buscar y conseguir cosas. Su seguridad dependía de cuánto podía conseguir.

En las familias en las que se pone un gran énfasis en adquirir posesiones, muchos niños comienzan a determinar su propio valor en relación a la cantidad y calidad de objetos que poseen. Los niños que llevan tejanos de diseño, se "sienten" más valiosos que sus amigos con prendas de rebajas. "Te amamos, por eso te damos estas cosas" es el enunciado de una errónea creencia de que el amor se demuestra por la cantidad de objetos materiales que podemos proveer y que la felicidad deriva de lo que poseemos. El vacío dentro de la familia se mitiga comprando más "juguetes". El resultado a largo plazo es que los niños que han sido mimados de este modo se transforman en adultos que buscan seguridad y felicidad fuera de ellos mismos. Siempre que se sienten interiormente inseguros tratan de controlar el sentimiento adquiriendo más posesiones.

Lori y Tony eran diferentes, pero ambos encontraron difícil ser agradecidos con sus padres y decir: "Gracias". A menudo éste es el caso cuando se da demasiado a los niños. Estos hijos están más enfadados que malcriados, porque sienten que son manipulados con regalos, en vez de ser respetados y valorados por lo que realmente son.

Así como los padres de Tony y Lori obsequiaban para vengarse recíprocamente y "comprar" la lealtad de sus hijos, hay muchas otras razones por las que los padres dan en demasía. Dar, ayudar y obsesionarse con los hijos puede ser la respuesta a una cantidad de necesidades parentales. Algunas de las más extendidas son las siguientes:

Dar para incrementar la autoestima. Una persona que es insegura y que nunca se siente suficientemente buena, puede tratar de compensar este sentimiento, demostrando que es un padre o una madre como "es debido". "Soy una buena persona, vean todo lo que hago por mis hijos" es lo que muchos padres están tratando, inconscientemente, de demostrar cuando dan demasiado.

Dar para compensar privaciones infantiles. "No quiero que mis hijos sufran como yo sufrí" es una frase muy repetida por muchos padres. A veces, los niños crecen sintiendo una culpa tremenda por la razón opuesta: que nunca sufrieron o que nunca tuvieron que esforzarse y no se sienten merecedores de lo que tienen.

Dar para aliviar la culpa y el malestar. A veces, las frustraciones de los hijos conducen a los padres a recordar sus propias penas y fracasos. En ese caso, cuentan con pocos recursos para manejar su malestar pero pueden evitar la misma frustración en sus hijos haciendo por ellos lo que estos podrían hacer por sí mismos con un poco de esfuerzo extra. En un nivel inconsciente, los padres sienten que el hijo heredó su debilidad y su falibilidad y les resulta más difícil aceptarlo en el hijo que en ellos mismos: "Me siento culpable cada vez que me hieres. Me siento culpable cada vez que me equivoco contigo. Déjame compensarlo".

Dar para llenar el vacío interior. Dar demasiado es típico en los matrimonios que han fracasado en la satisfacción de las necesidades de alguno de los cónyuges, pero que permanecen unidos "por el bien de los hijos". Usualmente, un cónyuge se siente abandonado por el otro y entrega una cantidad absurda a los hijos, con la creencia inconsciente de que esto evitará que los niños también lo abandonen. Concentrándose en los hijos, se quita de escena el matrimonio.

Dar para compensar la ausencia del otro progenitor. Uno de los padres puede ser alcohólico, violento, egoísta, enfermo o indiferente con el hijo. El otro puede sentirse culpable y temer que el hijo crezca con problemas emocionales si esta falta no es compensada. Se desvive intentando llenar ese hueco y da demasiado. El niño, que de todos modos siente la pérdida de un progenitor, debe cargar además con el sentimiento de culpa generado por recibir demasiado de la otra parte, aunque esto en realidad no contribuye a evitar la pena.

Dar demasiado para compensar la propia ausencia. Los padres que están profundamente involucrados en sus carreras y dedican poco tiempo a sus hogares, a menudo caen en esta trampa. Para compensar esta ausencia constante, compran obsequios para sus hijos, los consienten o se someten a cualquiera de sus deseos, sin considerar lo extravagantes que pueden ser. La culpa es un gran motivador de una generosidad exagerada, porque dando se alivian los sentimientos del propio egoísmo.

Dar para cambiar la conducta del niño. Siempre que el hijo está enfadado o alterado, el progenitor que ama demasiado se hace presente con algo que equivale a una prenda de paz: dinero, un coche, la promesa de ropa nueva, permiso para salir toda la noche. Cualquier cosa que evite la inminente conmoción. Los arranques emotivos son muy amenazadores para la necesidad que los padres tienen de controlar. El hijo aprende a cambiar su conducta a partir del soborno. En el peor de los casos, también aprende a manipular para conseguir más sobornos; el resultado es que se le da demasiado.

Está claro que los padres que dan demasiado, con frecuencia lo hacen para satisfacer sus propias necesidades. La primera percepción de estas necesidades produce un gran malestar. En estos casos es reconfortante para los padres aferrarse a la fantasía de ser sobrehumanos e infalibles. Nos pesa cuando nuestros padres se muestran necesitados y buscan llenar sus carencias emotivas a través de nosotros. Al mismo tiempo, nos esforzamos para darles todo aquello que pensamos que necesitan porque los amamos y dependemos de ellos para que a su vez nos amen.

Nos sentimos incapaces porque nada de lo que hagamos alcanzará para que nuestros padres experimenten la plenitud o la realización de sus inquietudes emocionales. No podemos eliminar su pena, ni reconfortarlos por las pérdidas y frustraciones que han sufrido, pero continuamos intentándolo. Nada de lo que hagamos es suficiente. Aun cuando lleguemos a abandonar nuestro propio yo y a comportarnos del modo en que intuimos que nuestros padres quisieran.

Escuchemos a varios adultos que recuerdan qué recibieron de sus padres y qué necesitaban sus padres de ellos.

Ted: "Dado que mi padre quería que fuera médico, siempre había dinero para la facultad de medicina. Sin embargo, en realidad yo quería ser artista. Por lo menos cinco de mis profesores de arte trataron de tener una conversación seria con mis padres acerca del talento que yo tenía. Pero nunca había dinero para las lecciones de arte o para los materiales que yo necesitaba. Estaban ahorrando dinero para mi futuro, el que ellos habían elegido para mí; ése sería mi futuro, no importaba cómo.

"Hoy soy médico, y una parte de mí está agradecida a mis padres por empujarme a esta profesión. Existe también otra parte de mí que, mientras hago la recorrida en el hospital, con la minuciosa apariencia de 'el doctor,' se pregunta: '¿Quién soy realmente?'

Sharon: "Estaba cursando la facultad, fuera de casa; un día tuve una gran discusión por teléfono con mi padre acerca de un tipo con el que estaba saliendo. No paraba de burlarse de él, porque era bajo y algo obeso; eso me pareció tan mezquino de su parte que me puso muy mal. Sabía que él me provocaba para que yo reaccionara, de modo que finalmente dejé que dijera lo que quisiera; no pensaba responder. Cuando se dio cuenta de que yo estaba furiosa, me dijo: 'Mira, tengo un cheque para ti'. No dijo: 'Lo siento'. O '¿Por qué estás tan callada?' Simplemente: 'Aquí tienes dinero'. Eso me puso tan mal que le dije: 'Olvídalo. No me envíes nada. No lo quiero'.

"Él envió el cheque de todos modos, pero yo lo devolví. Usted supondrá que aquí él abandonaría el intento, sin embargo cuando mi primo fue a su casa a pasar el fin de semana, hizo un esfuerzo especial para verlo y entregarle el dinero. Mi primo lo trajo a mi dormitorio; no tuve más remedio que reírme. Estaba atrapada. ¿Qué podía hacer? ¿Decirle a mi primo que se quedara con el dinero y provocar una discusión familiar? Lo tomé y al mismo tiempo lo perdoné, a pesar de lo que había dicho y de cuánto me había herido.

"En esos días fuí a verlo; me dio unas palmaditas y me llamó 'nenita de papá'. Por dentro, estoy a punto de explotar. No tiene idea de quién soy realmente. ¿Pero cómo podría tenerla? Sigo siendo la que se vende en la primera oportunidad.

Joel: "Cuando ahorré el dinero para comprar un coche, mi padre y yo visitamos todas las tiendas de coches usados de la ciudad. Finalmente, encontré un descapotable con un gran equipo de música, que se ajustaba a mi presupuesto. Volvimos allí tres o cuatro veces, sólo para verlo, hasta que finalmente dije: 'Éste es el que quiero'.

"Mi padre estaba en el salón con el vendedor y me llamó para que firmara los papeles. No sé por qué, pero después que firmé, comencé a leerlos. Algo no andaba bien. Miré a mi padre y dije: '¿Éste es el coche que yo elegí?' Estaba casi ruborizado. 'Es un buen coche, un vehículo confiable.' ¿Pero era el que yo había elegido? Quería saberlo. 'Es el que debes tener. ¿Para qué insistías en que yo te acompañara si no pensabas tener en cuenta mi consejo?'

"Aunque no era él quien iba a pagar, me había embaucado para que comprara algo que yo no quería y se sentía libre de culpa sólo porque había pasado tanto tiempo buscando conmigo.

Tuve que usar durante casi dos años un coche que él había elegido y que yo odiaba, que ni siquiera tenía radio. Era confiable, de acuerdo. Tan confiable que no me daba una buena excusa para sacármelo de encima.

"Mi padre se salió con la suya en todo este asunto; era algo que él realmente necesitaba. En cambio yo conseguí dos años de enfado conmigo mismo por no ser suficientemente fuerte para enfrentarlo o al menos para arreglármelas solo.

Hay algo que está claro en estas historias; es el impreciso límite entre "dar" y "controlar". Ambas ilustran alguno de los diferentes modos en que los padres dan a sus hijos con el objeto de controlarlos y modelarlos para satisfacer sus propias necesidades. Los hijos se convierten en lo que los padres necesitan que sean. Cumplieron con las reglas de la familia y fueron premiados por alguien que se preocupó por ellos, los ayudó, los guió, los aconsejó y les dio todo. A cambio, ellos quisieron cuidar a estas personas que les dieron tanto, incluso si esto significaba que nunca se cuidarían a sí mismos.

El resultado de una infancia de mimo y privación es una expectativa pasiva de que los demás habrán de darnos lo que necesitemos, asociada a la de que cuando lo hagan, satisfaremos muchas de sus necesidades; esto puede implicar nuestro compromiso. La consecuencia es una cantidad de contradicciones en nuestras vidas:

Sentimos que tenemos el derecho de que los demás hagan cosas por nosotros y cuiden de nosotros. Cuando eso ocurre, nos sentimos incómodos, comprometidos, sofocados e inclinados a apartarlos de nuestro camino. Los encontramos, simplemente, demasiado necesitados.

Creemos que somos especiales y, algunas veces, hasta mejores que los demás.

También nos sentimos incapaces y nos convertimos en las personas más autocríticas sobre la faz de la tierra.

Odiamos cuando las personas tratan de controlarnos. Cuando no podemos controlar a los demás, nos sentimos fuera de control.

Producimos rechazo en los demás cuando somos extremadamente dependientes de ellos y también cuando nos volvemos reservados y arrogantes.

Continuar tomando todo lo que nos dan nuestros padres nos conduce a elaborar racionalizaciones y a mantenernos a la defensiva. Sentimos una enorme culpa por esto.

Estamos consagrados a nuestros padres. Cuando estamos con ellos luchamos, reñimos, nos acongojamos y huimos.

Protestamos cuando ellos nos sobreprotegen pero llegado el momento los sobreprotegemos.

No sentimos que necesitemos ayuda para resolver nuestros problemas, porque se supone que no debemos tenerla. Sólo la necesitamos para montar la escenografía de la familia "perfecta" detrás de nosotros.

No nos vuelve locos sentirnos tironeados en direcciones opuestas. Estas contradicciones son el resultado de haber tenido exceso parental, de haber recibido demasiado. Por este motivo no podemos estar en paz con nosotros mismos. Pero cuando comenzamos a examinar los esquemas de nuestra propia vida y el modo en que se desarrollaron, empieza a despertar la conciencia necesaria para cambiarlos.

3

BUENA IMAGEN

"¡SONRÍE PARA MAMÁ Y PAPÁ!"

"Mi madre y mi hermana gritaban su disputa en la mesa. Mi madre chillaba de tal modo que estaba perdiendo el color. Justo en ese momento sonó el teléfono; ella levantó el auricular. Con una radiante sonrisa en la boca, dijo: 'Hola, Mary. ¿Cómo estás? No, no estoy ocupada. Justo estaba pensando en ti'. Su voz era dulce como la miel. La miré azorada. ¿Cómo podía cambiar tan súbitamente? Ella nos enseñó que aunque nos sintiéramos muy mal, nunca debíamos permitir que un extraño lo supiera."

JILL, 21 AÑOS, ESTUDIANTE

Michael creció en un museo. "Teníamos divanes en los que no se permitía a nadie sentarse, tapices que no debíamos tocar. La mitad de la casa estaba debajo de gruesas protecciones de plástico. Era un cuadro real de comodidad", dijo riendo.

En el hogar de Michael, nadie podía acercarse a una pieza de adorno de la casa. Todo estaba allí para ser mostrado. "La gran mesa de nogal del comedor sólo se utilizaba una vez por año, en la cena de Navidad, cuando teníamos invitados. Era la única oportunidad en que utilizábamos la porcelana y la platería 'buena'. Las otras noches, nos apretujábamos en la pequeña cocina, comiendo en tandas, usando platos desconchados y botes de mermelada en lugar de vasos."

Nada en el hogar de Michael estaba nunca suficientemente limpio para su madre. "Se ponía a llorar cuando veía pisadas con barro dentro de la casa", recuerda. Hasta mi padre se ganaba una reprimenda si dejaba un vaso sobre una mesa de mamá. Una huella digital en un armario de la cocina o una mancha de jabón en los azulejos del baño la volvían loca.

"Yo no paraba de asombrarme cuando empecé a conocer las casas de mis compañeros de facultad. Allí la gente no se quitaba los zapatos para andar por la casa, pisaba las alfombras a las que acababan de pasarle la aspiradora y los suelos recién encerados. Eso estaba prohibido en mi casa."

Uno podría preguntarse: ¿Qué tiene de malo un hogar limpio, bien organizado y agradable? Nada. Pero la obsesión de nuestros padres de que todo estuviera impecable, rara vez terminaba en los suelos encerados y en los armarios inmaculados de la cocina.

Quizá nada es más importante para los padres que aman demasiado que el aspecto que su familia, y especialmente sus hijos, tienen ante los demás. Cuando el padre de Michael se hizo cargo de la totalidad del distrito escolar, en una batalla que se prolongó mucho más allá de los días de escuela secundaria de su hijo, Michael aprendió lo vital que era para sus padres la buena imagen ante los pares, los vecinos, los maestros y otras amistades.

"Mamá y papá querían que yo fuera el muchacho más popular de la manzana, recuerda Michael. Se suponía que todos tenían que quererme. Si se hacían treinta fiestas de cumpleaños en segundo grado y sólo me invitaban a veitinueve, quedaban anonadados porque no había sido invitado a esa fiesta. Querían saber qué había hecho a ese niño para que me odiara de tal modo."

Y la popularidad no era suficiente. Los padres de Michael dejaron claramente sentado desde el primer día de parvulario que los estudios superiores eran esenciales. "Mis padres no fueron a la universidad. Ambos crecieron durante la Depresión y nunca tuvieron esa posibilidad. Hasta que tuve veintitres años, cuando un día a mi tío se le escapó el secreto, no supe que mi madre no había completado la escuela secundaria. Cuando tenía dieciséis años lo dejó y se empleó en una librería. Pienso que ambos querían que sus hijos tuvieran las posibilidades que ellos nunca habían tenido. Comenzaron a hablarme sobre la universidad mucho antes de que comenzara la escuela secundaria. La presión era tremenda."

Pero Michael no era exactamente un estudiante modelo. Sus padres contrataron una sucesión de maestros particulares cuando comenzó a tener problemas en la escuela, en cuarto grado. "No era nada serio; simplemente, que leía con lentitud. Para decir la verdad, realmente, nunca me gustó estudiar. Me costaba quedarme quieto y sentado en la escuela. Estaba mucho más interesado en el futbol y en pasear con los amigos. Aunque me estaba poniendo en forma para llegar a ser un buen atleta, eso no era suficiente para mis padres. Consideraban que también debía ser el número uno de mi clase. Cuando comencé a tener problemas con la lectura, contrataron un maestro particular que venía a casa todos los días después de clase; me obligaba a sentarme y leer en voz alta durante una hora y media. Mi madre se sentaba y escuchaba, hasta que el maestro le dijo que su presencia me ponía nervioso."

Aunque Michael mejoró sus aptitudes para la lectura, sus padres continuaron contratando profesores particulares, porque querían ayudarlo a evitar problemas futuros en el colegio. Pero los problemas escolares de Michael continuaron. "Para mí resultó muy fácil conseguir la ayuda de estos profesores. Utilizaba como excusa el hecho de que mis padres me presionaban. 'Si no saco la mejor nota en este trabajo, no me dejarán salir nunca más', me quejaba. Después de ver mis padres estaban muy pendientes de mí, la mayoría de mis maestros me creía. Me resultaba sencillo conquistarlos. Quizá yo estaba seguro de fracasar si trataba de hacer el trabajo por mí mismo. No lo sé. Pero mis padres se habrían muerto si hubieran sabido quién estaba sacando realmente todas esas notas fantásticas."

Cuando por fin Michael ingresó al colegio secundario, tenía muy buenos antecedentes académicos. Escasamente se apoyaban sobre sus propios esfuerzos. "Dije a mis padres que me quedaba paralizado en los exámenes y no podía concentrarme. Yo suponía que esto explicaría las pobres notas que conseguía cuando no tenía a alguien sentado a mi lado para ayudarme. La verdad era que nunca abrí un libro mientras duró el colegio secundario.

"Mis padres me llevaron al psiquiatra que trató de ayudarme a superar mi 'angustia de examen'. Mi padre se entrevistó con el consejero guía de la escuela secundaria para asegurarme privilegios especiales. Recibí mucha ayuda extra. Todo fue fantástico, hasta que llegó mi año 'junior'."

Ese año la profesora de inglés de Michael le devolvió un examen trimestral. Con grandes letras rojas, llevaba escrito en la parte superior, allí donde debería estar la nota: "Véame."

—Este trabajo no es tuyo —dijo la profesora, sin escuchar las frenéticas excusas de Michael.

A la mañana siguiente, los padres de Michael fueron al colegio y se encontraron con la profesora. "Les mostró una pila de papeles que yo había escrito en clase. Eran espantosos. Mi padre todavía insistía en que yo había hecho el examen. Yo estaba sentado allí y me sentía un tonto. Por supuesto que no lo había escrito. Nunca escribí ningún examen en toda la secundaria, pero era imposible que yo admitiera semejante cosa. De modo que juré una y otra vez que el examen era mío. Dije que las cosas que había hecho en clase eran pobres porque la profesora me ponía nervioso."

La profesora no se dejaba convencer. El padre de Michael estaba furioso. "Terminé sintiendo pena por ella. Mi padre estuvo tan duro que la hizo llorar. Yo estaba tan avergonzado que quería esconderme debajo de la mesa. Luego se reunió con la regente. Como no obtuvo resultado positivo con ella, fue a ver al director. Debido a que si la profesora no cedía, mi nota bajaría en todo el semestre, mis padres no aflojaban. Contrataron un abogado y entablaron juicio al consejo directivo de la escuela.

"El juicio fue noticia en la ciudad en que vivía. Cuando los periodistas comenzaron a llamar a mi casa y mi padre comenzó a darles entrevistas, pensé que me moría."

Por las noches, Michael no podía descansar, aguijoneado por la culpa. "Simplemente no podía decirle a mi padre lo que realmente había ocurrido. Él repetía que me tenía mucha fe. ¿Cómo podía comenzar ahora a decir la verdad cuando toda mi vida había sido una mentira tras otra?"

Los padres de Michael aumentaron la presión con una demanda al distrito escolar. Esperaron su día en el juzgado con una paciencia sin límites.

Cuando Michael estaba en el primer año de la universidad, su tía finalmente persuadió a los padres de que abandonaran el caso.

—No tengo idea de qué magia utilizó con mi padre —suspira Michael con cansancio—. Sólo vivía para el juicio. Probablemente habría llevado el caso ante la Corte Suprema, si hubiera podido.

Cuando los padres de Michael la emprendieron contra el distrito escolar, para luchar contra una injusticia de la que había sido objeto su hijo, lo hicieron por amor. Tenían grandes esperanzas en el éxito de Michael. Dedicaron tiempo, energía y dinero para asegurar que él lo consiguiera.

Pero los padres de Michael lo amaban demasiado. Sus expectativas con respecto a él, tenían que ver más con sus propios sueños, que con la capacidad de Michael. Lo que comenzó como un deseo de dar apoyo a su hijo en las dificultades que enfrentaba en la escuela fue creciendo y se transformó en una obsesión.

Michael se desarrolló en un ámbito donde no le estaba permitido fracasar. Cuando sus padres se enfrentaron con las dificultades, relativamente menores, referentes a la lectura, rápidamente lo escudaron ante la frustración y el desconcierto, proveyéndole un círculo de "asistentes" para que lo guiara constantemente y lo mantuviera ajeno al fracaso.

Pero, ¿a quién estaban tratando de proteger realmente los padres de Michael? Aunque todo lo que hacían parecía dirigido a Michael, en realidad, eran llevados con fuerza por sus propias necesidades. Su ayuda obsesiva para que Michael mantuviera una imagen adecuada era, en gran medida, el producto de sus inseguridades acerca de ser buenos padres. Si Michael pudiera ser el primero de su clase, ellos serían número uno como padres. Bajo la tremenda inversión en el éxito escolar de Michael, estaba el temor de que si él fracasaba, ellos serían juzgados como malos padres. Michael debía ser perfecto en todo sentido para que los temidos juicios negativos no tuvieran asidero.

La popularidad de Michael, sus notas y sus logros deportivos se convertían en las conquistas de sus padres. Inconscientemente, veían a Michael como una extensión de ellos mismos. Tenían escasa percepción de los sentimientos y las necesidades de su hijo, porque estaban cegados por los propios. Un ejemplo de esto fue la determinación de llevar a los tribunales el conflicto de Michael con su profesora. La humillación de su hijo ante sus actos era algo secundario. Era más importante realizar los propios sueños a través de Michael.

Éste creció en medio de tremendas presiones. Nunca se sintió estimulado para que resolviera sus propios problemas porque sus padres inmediatamente se involucraban en cualquier dificultad que tuviera. Cada vez que él fallaba, ellos enviaban el escuadrón de rescate. Aunque los padres de Michael tenían buenas intenciones al querer que su hijo superara sus problemas de lectura, sus intentos de rescatarlo saboteaban la independencia de Michael y reforzaban su dependencia. Inconscientemente, los padres fomentaban que Michael dependiera de la ayuda de los demás, protegiéndolo de los riesgos de permitir que las aptitudes corrientes de éste pusieran en peligro sus sueños de futuras realizaciones universitarias y profesionales.

Los jóvenes aprenden pronto a adaptarse a su medio. Michael percibió que sus padres temían su independencia y, consecuentemente, tenía la idea de que fracasaría si trataba de hacer la tarea escolar por sus propios medios. En lugar de correr el riesgo de fracasar y defraudar a sus padres, se convirtió en un experto manipulador. Embaucó a otras personas para que hicieran el trabajo por él, mientras los contemplaba pasivamente. Fue el modo en que Michael se adaptó al rígido sistema familiar. Hizo lo que la mayoría de los niños hacen cuando su éxito es la obsesión de los padres. Encontró una solución creativa para el problema de mostrar una buena imagen siempre, y sobrevivió.

Aunque Michael no fracasó cuando quiso dar a sus padres el éxito escolar que ellos le pedían, no pudo engañarse a sí mismo. Sus estrategias pudieron haber ayudado a que él recuperara el control que estaba en manos de sus padres, pero toda su vida vivió con el miedo de ser descubierto. Su autoestima sufrió enormemente cuando se dio cuenta del fraude de sus antecedentes académicos. El examen trimestral con la leyenda "Véame" cruzada a lo ancho del margen superior, significó que sus catastróficas expectativas cobraran vida.

Es muy posible que los padres de Michael sospecharan desde el comienzo que el trabajo convertido en un asunto tan relevante tuviera un autor desconocido. ¿Por qué, entonces, se aferraron tan obstinadamente a su postura, hasta el punto de iniciar una demanda para probar que Michael había sido acusado falsamente de engaño?

La negación era un hábito para los padres de Michael, así como la manipulación y las mentiras lo eran para Michael. De admitir la verdad, hubieran permitido la entrada de la cruda realidad. No sólo Michael no era un buen estudiante; además era un joven capaz de engañar. Sus profesores, sus compañeros de clase, los vecinos, los amigos, todos lo sabrían. Probablemente, los padres aparecerían seriamente cuestionados por la producción de tal espectáculo.

A sus ojos, esto era inaceptable. Mejor negar todo, que admitir que su hijo era simplemente de un nivel tan "normal", falible e imperfecto como ellos. Sólo en la medida que la negación se prolongara podían estar contentos.

Para los padres de Michael era posible continuar con su negativa porque el hijo buscaba celosamente los caminos para protegerlos de la verdad. Sin embargo, ¿qué hacen estos padres cuando los fracasos de su hijo los enfrentan de un modo tan ostensible que no pueden negarlo? La historia de Susana es un caso de este tipo.

—Mi tío cuenta una historia sobre mi madre que sería divertida si hubiera ocurrido en otra familia —dice Susan riendo suavemente.

"Yo tenía alrededor de tres meses cuando ella leyó en una revista un artículo sobre niños precoces. Decía que de bebés, estos niños dotados pueden darse vuelta en su cunas por sí mismos varios meses antes que los otros. Bien, yo no me daba vuelta ni mostraba signos de estar particularmente dotada. Mi tío jura que, después de leer ese artículo, mi madre pasaba media hora cada día dándome vuelta una y otra vez, pensando que me enseñaría a hacerlo."

Susan creció bajo la avalancha de las grandes expectativas de su madre. Recuerda haber sido comparada con otros niños y presionada para sobrepasarlos. Pero, de pequeña, nada molestó más a Susan, que ser comparada continuamente con su prima Melissa.

—Mi madre siempre estaba en una reñida competencia con mi tía —confiesa Susan.

"Todo lo que mi prima Melissa tenía, también debía tenerlo yo. Teníamos la misma edad y asistíamos a la misma escuela. Constantemente me arrastraban a tomar lecciones de ballet, de piano, de bastonera, sólo porque Melissa tomaba estas lecciones. Mi madre venía a observarme y a darme indicaciones desde las gradas. Yo lo hacía todo mal, un verdadero fiasco. Melissa, por supuesto, era fantástica; esto resultaba un verdadero martirio para mi madre."

Ella trató de que Melissa y su hija congeniaran pero, como era de esperar, la cuestión terminó en un odio mutuo. "No conseguía que mi madre comprendiera que nunca sería como Melissa. Para empezar, Melissa era pequeña y delicada, y yo era alta y de huesos grandes. Melissa siempre estaba charlando y riendo; nunca se tomaba las cosas en serio. Yo era callada y tímida. Melissa tenía muchísimos amigos y era la chica más popular de nuestra clase. Yo tenía un par de amigas, pero ninguna de nosotras tenía cabida en la multitud que seguía a Melissa. En sexto grado, cuando comenzamos a ir a fiestas con chicas y muchachos, ellos se peleaban por bailar con Melissa y sus amigas. A mí ni siquiera me hablaban. Junto a Melissa, yo no existía para nadie. Estoy segura de que yo era un estorbo para ella."

Aunque Susan tenía muchas dotes personales, empalidecían en comparación con la popularidad de Melissa, al menos a los ojos de su madre. "Yo era mucho mejor estudiante que Melissa, porque ella siempre estaba haciéndose la tonta. Mi madre se sentía feliz con mis notas, pero nunca pudo entender por qué yo no era más popular. Me azuzaba con esto todo el tiempo. Me decía que tenía mucho más para ofrecer que Melissa. Me rodeaba con sus brazos y lanzaba una andanada de consejos, como: 'Debes sonreír más. ¿Cómo esperas que las personas te noten si nunca sonríes? Quítate el pelo de los ojos. Ponte la camisa dentro de la falda. ¿Por qué no hablas más alto? Nadie te puede oír. Y trata de no parecer tan aburrida'."

La madre de Susan trataba de orquestar la vida social de su hija. "Una vez la pesqué en la cocina, discutiendo quién podría ser un buen ligue para mí, con un par de chicas que habían venido a estudiar conmigo. Yo recién estaba en el octavo grado, pero ella ya estaba preocupada. Me sentí mortificada; quería matarla. Me juré que nunca le hablaría nuevamente, pero no podía mantenerme enfadada con ella. ¿Cómo podría hacerlo cuando me decía que todo lo hacía por mí, porque quería que yo fuera feliz? Sabía que era verdad. Dejé que las cosas siguieran su curso, como con tantas otras que hizo para interferir en mi camino."

La madre de Susan tenía la firme esperanza de que las cosas cambiarían para su hija cuando ésta comenzara la escuela secundaria. Y así fue, pero no del modo que su madre esperaba. "En la escuela secundaria, había muchos más muchachos. Me hice amiga de un grupo de chicas que realmente me gustaban. No eran, precisamente, las chicas más populares de la escuela pero con ellas me sentía cómoda y aceptada. Mi madre las odiaba a todas. Las culpaba de lo que ella llamaba, mi "caída". Yo siempre había sido una estudiante con las mejores notas; ahora habían bajado. Dejé de vestirme del modo en que mi madre quería e iba al colegio con tejanos sueltos y camiseta o jersey, como el resto de mis amigas. Dejé de tratar de ser parte del público de Melissa. Llegaba a casa y comía lo que encontraba en la nevera. Comencé a aumentar de peso. Para mi madre ésa fue la gota que colmó el vaso. No pudo soportarlo. Comenzó a hablar con mi padre acerca de mudarnos a otro barrio, a los suburbios. Decía que la escuela a la que iba me estaba arruinando la vida. Hacia junio de mi primer año, estábamos a punto de cambiar de casa."

El verano anterior a la mudanza de la familia, la madre de Susan se embarcó en la tarea de rehacer completamente a su hija, decidida a que la experiencia de ésta en los suburbios fuera diferente de la que había tenido en la ciudad.

—Ésa era la gran oportunidad de mi madre —dice Susan, con una mueca.

"Me llevó de compras, diciendo: '¡El cielo es el límite!', mientras yo recorría y elegía un nuevo guardarropas. Me llevó al médico para comenzar una dieta que me ayudara a perder el peso que había ganado. Pagó al mejor peluquero de la ciudad para que cortara y diera estilo a mi pelo."

Todo el verano, los consejos de su madre se derramaron como una cascada sin interrupción. Susan, contenta de haberse librado del espectro de Melissa, decidió escucharla. "Comencé por adaptarme a la idea de que podía rehacerme y comenzar la nueva escuela secundaria, como si fuera una persona totalmente diferente. Pensé: 'Quizá mi madre tenga razón, después de todo'."

Susan comenzó su segundo año en la nueva escuela con grandes esperanzas. Pero el edificio más grande, los profesores impersonales y los salones de clase llenos de caras extrañas, la intimidaron. Se sintió más sola de lo que nunca había estado, pero era demasiado tímida para acercarse a los demás. Caminaba por los corredores de la nueva escuela, sola, con la sensación de que nada había cambiado realmente para ella, después de todos los esfuerzos de sus padres.

—Admito que estaba realmente deprimida por el giro que habían tomado las cosas —dice Susan, sacudiendo lentamente la cabeza—. Allí en la escuela, por un momento, realmente creí que las cosas cambiarían para mí. Pero, mire, por fuera podría parecer perfecta; por dentro, era un caos. Recién a los veinte años me di cuenta de que estaba bien ser lo que era, y que no tenía que ser todo lo que mi madre quería que fuera. Hasta ese momento, me sentí muy mal.

La mayor parte de su infancia, Susan luchó entre la independencia y la complacencia. Estuvo continuamente bombardeada por mensajes potentes y directos, acerca de que tal como era no era suficientemente buena. Su madre trató de ponerle un "envase" acorde a sus altas expectativas. Tenía poca empatía con los verdaderos sentimientos de su hija y con su creciente timidez una reacción ante la constante comparación con su popular prima Melissa.

Como era de esperar, Susan se rebeló cuando alcanzó la adolescencia. Expresó su creciente rabia interior por medio de una conducta pasivo-agresiva, tal como subir de peso, estudiar menos y vestirse de la manera descuidada que ella sabía que irritaría a su madre.

El fracaso de Susan para ser como su madre necesitaba que ella fuera, se hizo tan evidente que perturbó todo el sistema familiar. Su creciente independencia amenazó la tremenda necesidad que aquélla tenía de controlarla; una necesidad caracterizada por un frágil concepto de sí misma, basada en gran medida en los logros de su hija.

La madre de Susan recuperó el control forzando a la familia a mudarse a un nuevo barrio. Racionalizaba que todo era por el bien de su hija, pero en realidad, más que aceptarla como era, estaba "arreglándola" para que recuperara su buena imagen. Sin embargo, la familia metió los problemas y las pertenencias, todo junto, en las cajas de la mudanza. Nada cambió realmente para Susan en su nuevo barrio. Aprendió que vivir respondiendo a los "deberías" de su madre era una empresa de alto costo.

Aunque los detalles difieren de una historia a otra, Michael y Susan comparten una experiencia de vida: ambos fueron criados en ámbitos donde no les estaba permitido fracasar o, al menos, tener un problema. Debido a que sabían que mostrar una buena imagen era tan importante para sus padres, trataron con todas sus fuerzas de lograrlo.

Para progenitores como los de Michael y Susan, es crucial que sus hijos alcancen objetivos y se desempeñen bien. Es esencial que sean bien vistos. Es cierto que la mayoría de los padres disfruta los logros de sus hijos y los estimula para que tengan éxito. Pero si nuestros padres nos aman demasiado, nuestros éxitos y fracasos les producen mucha ansiedad.

Si los demás no nos admiran ellos se preocupan. Si nuestro talento pasa inadvertido, se inquietan sobremanera. Quieren arreglar todo lo que esté mal y hacer que tengamos nuevamente una buena apariencia. Es una mutua conspiración familiar. Somos los guardianes de los secretos de la familia, escondiendo lo que realmente pensamos y sentimos. Sonríe para mamá y papá, pon buena cara para nosotros.

De niños aprendimos que cuando no sonreíamos, nuestros padres no están felices.

—¡No puedes hacer eso! —nos reprenden nuestros padres—. ¿Te parece bonito? O, si no: —¡No digas esas cosas! ¿Qué pensarán los demás?

Cuando estamos jaraneando y riendo, nos piden que nos quedemos quietos y dejemos de hacernos los tontos.

Reclamamos por nuestra independencia, y nos miran con sorpresa.

—Sé lo que quieras ser —nos dicen—, pero, ¿necesitas hacerlo saber a todo el mundo? Te amamos tal como eres pero, la tía Sally, ¿tiene que enterarse de que te ha ido mal en matemáticas?

Todo esto por un amor y un apoyo incondicional.

De niños, teníamos la tendencia de modelar nuestra personalidad para adaptarnos a nuestro entorno. Si nuestro entorno nos da sostén, nos nutre y es flexible, somos libres para expresar nuestra propia individualidad. Si nuestro entorno es rígido, exigente y nos condiciona, nos vemos forzados a modificar nuestra conducta para cumplir con las necesidades de los demás. Sustituimos nuestro verdadero yo por uno falso, que resulta más aceptable para nuestros padres, de quienes necesitamos desesperadamente su amor y aprobación. En resumen, comprometemos a quien somos realmente y nos convertimos en lo que nuestros padres necesitan que seamos.

El falso yo es un disfraz, una mascarada. Aun así es muy convincente. Engaña a muchas personas. Nos engaña a nosotros mismos.

Un falso yo puede tomar distintas identidades: "la víctima", "el callado", "el alocado", "el rebelde", "el crítico". Para el niño que ha tenido exceso parental, "el Sr. Perfecto y la Sra. Perfecta" son una adaptación común del falso yo, que están íntimamente ligados al "Sr. y la Sra. Incomprendidos", una figura deprimida y frustrada. Todas estas máscaras tienen algo en común: el intento de cubrir partes del yo que se sienten inaceptables.

Para comprendernos es necesario comprender nuestro pasado. ¿Dónde aprendemos a rechazar partes de nuestro yo? ¿Cómo desarrollamos un falso yo protector? Para responder estos interrogantes, debemos echar una mirada a los primeros años de nuestra vida.

Desde el momento del nacimiento hasta los tres años, los niños pasan de un estadio en el que no perciben fronteras entre ellos y su madre, a uno en el se reconocen a sí mismos como separados y completos, con aptitudes y rasgos de personalidad únicos. Esta operación es llamada separación e individuación; es al mismo tiempo un proceso físico y emocional.

Los padres pueden propiciar o impedir este proceso. Si se da a los hijos aceptación y apoyo la mayor parte del tiempo, se sentirán seguros para compartir su verdadero yo con el mundo. El aprendizaje podría sintetizarse de este modo: "Es bueno ser uno mismo" y "me aman por lo que soy".

Sin embargo, cuando los padres aman demasiado, sienten una gran ansiedad por el proceso de separación. Las necesidades del niño entran en conflicto con las del progenitor. Entre estas últimas, las de control, que son amenazadas por la espontaneidad o la individualidad del niño. El progenitor tiene una compulsión constante de detener esta conducta indeseable y ejercer un control mayor. En consecuencia, el naciente sentido del yo se ve amenazado.

Obviamente, el hecho de que nuestra conducta puede ser modelada y controlada por los demás, a veces es algo bueno. No todos nuestros impulsos infantiles, son saludables ni contribuyen a nuestro bien. Sin embargo, el poder que nuestros padres tienen de dar forma a nuestra conducta, con el objeto de convertirnos en seres civilizados y capaces de vivir en sociedad, es el mismo que puede ser utilizado para robarnos la autonomía y forzarnos a responder a exigencias basadas en expectativas no realistas.

Retirarle el amor es la herramienta más poderosa y destructiva para modelar la conducta de un niño. El miedo más potente en cualquier ser humano es el de ser abandonado. En nuestros primeros años, el abandono es equivalente a la muerte. La falta de amor puede ser vivida como abandono. Los niños harán cualquier cosa para evitarlo, aun al precio de poner en riesgo lo que son. Como defensa contra este miedo, intentarán responder a las expectativas de sus padres. Si se les pide que no lloren, tratarán de no hacerlo. Si se les pide que no contesten a sus padres, aprenderán a reprimir sus sentimientos. Si se sienten más amados cuando no cometen errores, aprenderán a portarse perfectamente para ser amados.

Aunque a los tres años podemos darnos cuenta de que somos algo separado de nuestras madres, la separación y la individuación continúa durante toda la vida. Nuestro sentido del yo es fortalecido o debilitado por nuestras experiencias. Las emociones naturales y los impulsos serán reprimidos de algún modo. Si fuimos principalmente apreciados por nuestras aptitudes y habilidades especiales más que por ser sólo lo que somos, aprendemos a negar partes de nuestro yo que no son "tan bonitas" como para merecer un aplauso. Aprendemos a "mostrar buena imagen".

"Mostrar buena imagen" no es una muestra de autoconfianza. Es una defensa, una máscara que esconde quiénes somos y qué sentimos realmente, que tiene sus raíces en los deseos y las exigencias internalizadas de nuestros padres. Cuando de adultos nos ponemos la máscara, nos estamos defendiendo de ser heridos íntimamente, debido a la dolorosa evocación de la primera herida que sentimos de niños, cuando no éramos completamente aceptados por las personas que necesitábamos y amábamos profundamente. Hay adultos que hoy pueden describir los incidentes de su pasado, cuando el recurso de hacerse de un "falso yo" aceptado por sus padres produjo un efecto que nunca olvidaron:

Kevin: "Cuando éramos pequeños nunca se nos permitió usar tejanos. De acuerdo con mi madre, no eran apropiados. Discutíamos por cada prenda que me ponía. Bajaba la escalera vestido para la cena del Día de Gracias, y ella me miraba y decía:

—¡Oh, Kevin; sube ahora mismo y cámbiate la ropa. Esos pantalones no son para tí! Supongo que no quieres hacerme pasar vergüenza delante de la tía Judy.

"Cuando crecí, comencé a negarme, y mi padre intervenía: 'Vamos, Kevin. Hazlo por mí. No querrás que tu madre se enferme'. Era absurdo que mi ropa fuera realmente a enfermarla. Pero siempre usaba lo que ella quería.

Joe: "Estaba en Spring Break y decidí visitar a mi padre que estaba en la oficina. Me hizo hacer una recorrida, presentándome a todo el personal.

—Éste es mi hijo, Joey —decía; está trabajando en la tesis para graduarse— decía una y otra vez a quien encontraba.

"Esto tal vez sea irrelevante para la mayoría, pero debe entender a mi padre. No le bastaba ser Joey a secas. Tenía que ser el Joey que estaba logrando o creando algo importante. De otro modo no era aceptable.

Sandy: "Mis padres no me permitían que yo escribiera que tenía epilepsia en la ficha sanitaria del colegio. Mi caso era muy leve y estaba controlado por la medicación, no obstante, no querían que alguien lo supiera. Decían que todos me tratarían de un modo diferente. Pienso que se estaban protegiendo a sí mismos o que estaban avergonzados de haber engendrado a un niño con una 'tara'. Siempre me pregunto qué hubiera pasado si hubiera tenido un ataque en el colegio. ¿Quién habría sabido qué hacer en ese caso? Es duro creer que mis padres corrieran semejante riesgo, pero lo hacían."

Kim: "No podría creer qué pasó en mi casa cuando decidí que quería trabajar en vez de ir a la universidad. Primero le di la noticia a mi madre. Ella se encerró en el dormitorio; más tarde oí que se lo contaba a mi padre. Era como si estuviera diciendo: 'Oh, Stanley, nuestra hija ha muerto. ¿Qué hicimos para merecer esto?' Aún pasaron dos años más en los que mi madre le contaba a sus amigos que yo había presentado la solicitud de matrícula en diferentes universidades. Me encontré a mí misma diciendo lo mismo a mi familia y mis amigos, cuando yo sabía perfectamente que no volvería a la universidad."

Todos estos adultos aprendieron de niños la importancia que tenía para sus padres el hecho de mostrar una "buena imagen". Al mismo tiempo que aprendían atarse los cordones de los zapatos, a cerrar la cremallera de la cazadora y a escribir prolijamente sus nombres en sus cuadernos, aprendían a esconder sus errores a los ojos de los demás. Su autoestima se hizo dependiente de su desempeño. Si *hacían* las cosas bien, eran *buenos*.

Cuando no podían ser buenos, recurrían a sus estrategias de supervivencia: evitar, ocultar información, mentir, apaciguar y disimular los verdaderos sentimientos. Éste fue el modo en que se protegieron.

"Sin embargo mis padres nunca me presionaron realmente, puede pensar el lector. "Naturalmente, yo era un niño bueno. Si alguien me presionó, fui *yo* mismo. Mis padres sólo me decían que hiciera lo mejor posible."

De hecho, puede ser que no recordemos ningún mensaje directo de nuestros padres acerca de mostrar "buena imagen", pero las palabras no siempre son necesarias.

Quizá tus padres te dijeron que lo que realmente habían ansiado en su vida era tener hijos, que tenerte fue un hermoso milagro y que para ellos eras la persona más importante del mundo. Eso parece el mejor cumplido, pero representa una pesada carga para ti. ¿Y si fracasas en traerles toda la felicidad que tu nacimiento se supone que les produciría?

Ser la fuente principal de alegría para tus padres es una responsabilidad demasiado grande.

Aun siendo pequeños podemos percibir si nuestros logros sostienen a nuestros padres, aunque nada nos digan al respecto. Quizá diste tus primeros pasos, tropezaste y, al mirar hacia arriba, viste una ansiosa determinación en la cara de tu padre. Quizás había una súbita mirada de frialdad y desapego en la cara de tu madre, cada vez que no podías hacer lo que ella deseaba, que se convirtió en el elemento motivador más poderoso. Cuando gritaste: "¡Déjenme sola, puedo hacerlo yo misma!" tus padres miraron con ansiedad por encima de tu hombro, temerosos de que no pudieras hacerlo bien. Nuestra experiencia de nosotros mismos nos llega gracias a la imagen que nos devuelven nuestro padres, como si fueran espejos. Introyectamos sus juicios. Si en sus ojos veíamos ansiedad cuando se trataba de ver qué buenos éramos o cómo aventajábamos a otros niños o si habíamos satisfecho sus esperanzas, llegamos a la conclusión de que había en todo ello algo para ponerse muy ansioso. Llegamos a la conclusión de que si hacíamos cosas "malas", éramos malas personas. No entendíamos que podíamos ser personas buenas y amables, que ocasionalmente cometíamos errores o no complacíamos a quienes nos rodeaban.

Dada nuestra historia, no es sorprendente que muchos de nosotros desarrollemos una necesidad insaciable de alabanza, reconocimiento y aprobación. Nuestro verdadero yo se muere por ellos. Continuamos mirándonos en el espejo de las caras de los demás para reasegurarnos de que estamos bien. La ansiedad de nuestros padres está dentro de nosotros, internalizada, desgastándonos continuamente. La vida se vuelve una tarea seria y agotadora.

Cuando la felicidad de nuestros padres parece depender de nuestros logros, nos hacemos expertos en el oficio de ocultarles nuestras deficiencias. Nos habituamos a dar respuestas convencionales ante las indagatorias. Tener "buena imagen" se transforma en una estrategia de supervivencia. Una mujer recuerda que, al ver de improviso a su madre, que caminaba por la acera en dirección a ella, giró en una esquina, tan precipitadamente, que casi la atropelló un camión. "La semana anterior había ido a esquiar con mis amigos y me había roto un brazo, explica. Había estado evitando a mi madre desde mi regreso; no me resultó nada fácil. Se habría puesto frenética si me hubiera visto el brazo escayolado. Me habría arrastrado a ver a todos los especialistas de la ciudad. Pienso que habría preferido que me aplastara el camión a tener que vérmelas con la ansiedad y las críticas de mi madre."

Mostrar "buena imagen" es algo que se extiende a la mayoría de nuestras relaciones. Reaccionamos del mismo modo ante otras "figuras parentales" que encontramos en nuestra vida. No podemos enfrentar a nuestro profesor, nuestro jefe, nuestra suegra, o a alguien que detente autoridad con la horrible verdad de que somos seres humanos falibles e imperfectos. Los hijos que fueron demasiado amados se transforman en adultos que:

- 🐚 Se sienten ofendidos pero lo ocultan
- 🐚 Reprimen los normales sentimientos de enfado y resentimiento
- 🐚 Dicen que todo está bien aunque no lo esté
- 🐚 Nunca piden ayuda cuando la necesitan (excepto quizás a su familia)
- 🐚 Se sienten obligados a ser siempre perfectos o a tener razón
- 🐚 Se vuelven muy críticos acerca de su cuerpo, corte de pelo, salud y características físicas
- 🐚 Quedan paralizados por el miedo de cometer errores
- 🐚 Creen que serán rechazados si la verdadera persona interior queda expuesta ante los demás.

Sin embargo, mostrar "buena imagen" también tiene su rédito. Es frecuente que los hijos que fueron excesivamente protegidos por sus padres encuentren su sitio en las artes creativas, actúen para los demás a la perfección, con el corazón en la boca y una apariencia de tranquila objetividad en la cara. Son grandes profesores y conferencistas, y hasta muy buenos vendedores. ¿Quién puede presentar mejor un producto que alguien que ha aprendido tan bien a disimular las fallas y poner en primer plano los mejores rasgos?

Pensemos en la mujer que acude a una entrevista con el fin de obtener un puesto de trabajo para el que no está preparada, y lo obtiene mostrando una gran seguridad en sí misma a pesar de sus nervios. O en el hombre que en una reunión parece tan inteligente y preocupado que impresiona a los demás asistentes, que no se dan cuenta de que él está pensando en otra cosa y no oye nada de lo que se dice.

Los niños que aprendieron a ocultar su falibilidad al resto del mundo, encuentran que el ámbito de los negocios es más sencillo que la vida en el hogar. Las miradas de sus padres eran mucho más penetrantes que las de los actuales colegas. Convencen a los demás de sus destrezas y habilidades con una sofisticada artesanía, digna de envidia. La máscara que llevan dice: "Aquí todo está bien; todo está bajo control".

Nadie sospechará nunca que detrás de la máscara de confianza y control se esconde la mayor parte de lo que realmente somos. Todo este esfuerzo produce agotamiento y una cantidad de consecuencias psicosomáticas. Los adultos cuyo éxito fue la obsesión de sus padres, a menudo se asombran de tener constantes dolores de cabeza y de espalda, insomnio, hipertensión y fatiga crónica. Esto se debe a la ansiedad que han internalizado con la exigencia de mostrar una buena imagen a los demás, asociada con el deseo de impedir que sus padres se sientan defraudados.

El impulso de proteger a los padres con una "buena imagen", está tan firmemente instalado en nosotros, que tendemos a presionarnos aún más, alentando expectativas más grandes de las que nuestros padres tuvieron. Aprendemos a disimular nuestros sentimientos y a revelar sólo lo que se espera de nosotros. Algunos nos inclinamos por el alcohol y las drogas, buscando la aparente ayuda que nos dan para escapar de nuestra situación agobiante. Vamos por la vida como guerreros, vistiendo siempre nuestra armadura.

En nuestra vida personal es donde sufrimos más esta necesidad de "estar bien". Tomemos la historia de Kathy. Kathy es una joven de treinta y seis años, alta y rubia, de ojos claros y suaves y una sonrisa que muestra confianza; parece más una modelo que la médica exitosa que realmente es. "No puedo entenderlo —murmura con risa incómoda—. Mis amigos me dicen que soy muy afortunada. Mi profesión marcha muy bien; el trabajo que hago me gusta mucho. Pasé varios años en la facultad de medicina estudiando y luego varios años más devolviendo el dinero del préstamo estudiantil. Ahora, puedo relajarme y comprar casi todo lo que quiero. Ésta debería ser la época más feliz de mi vida, sin embargo me siento muy mal...

"En realidad, lo que quiero —admite Kathy—, es un marido y un par de niños. Pero simplemente parece que no puedo conectarme con nadie. Conozco a muchos hombres. He tenido tantas citas que la semana pasada, cuando una amiga me ofreció arreglarme una salida con un hombre que ella conocía, no pude contener la risa porque otra amiga me había arreglado una cita con el mismo tipo, una semana atrás. Pero nada parece funcionar."

Lo que más intriga a Kathy es que los hombres que realmente le interesan se alejan cuando la relación parece que empieza a ser significativa para ambos. "Salgo con un hombre durante un tiempo y pienso que todo es fantástico. Comienzo a creer que éste es mi hombre. El paso siguiente es que me dice que no está listo para una relación. Seis meses más tarde, me entero de que se va a casar con otra."

Ron es un hombre que salió con Kathy. Dice sobre ella: "Es toda una dama. Muy divertida y asombrosamente aguda. Kathy realmente lo tiene todo. Pero entre nosotros había algo que no funcionaba.

¿Qué faltaba según Ron? "Nunca sentí que estuviera realmente allí cuando estábamos juntos. Quizá me intimidaba, no sé. Pero nunca entendí qué quería de mí. La verdad es que no me necesitaba."

Con una sonrisa de complicidad Ron explica: "No es que quiera a una débil mujercita que dependa de mí en todo. Me aburriría. Pero me gusta que me pidan consejo de vez en cuando. A la mayoría de los hombres les pasa. Me gusta pensar que las otras personas se equivocan de vez en cuando. Me encanta ver una mujer con el pelo desarreglado y los zapatos gastados. Kathy era demasiado perfecta. No conectábamos. Quizás esto suene algo tonto, pero nunca pensé en Kathy como alguien a quien abrazar con ternura".

Ron no pudo ver la vulnerabilidad de Kathy. Ella, que era tan "atractiva" y tenía tanto para ofrecer a un compañero, ocultaba completamente sus sentimientos.

El pasado de Kathy lo explicaba. "Mi madre era una mujer muy depresiva. No me refiero a mal humor o un poco de tristeza. Tenía el tipo de depresión que hacía necesario internarla".

La madre de Kathy, en realidad, fue internada varias veces durante la infancia de Kathy. "El día que mi madre volvía a casa, mi padre me llevaba aparte y me decía: 'Kathy, no quiero que llores nunca delante de mamá. Ahora que vuelve a casa, todos tenemos que tratar de hacerla feliz y no molestarla con nuestros problemas'. "

Así fue como el padre censuró sus emociones. Aprendió a no llorar, a no mostrar sus sentimientos, aunque se sintiera muy triste. Dado que su excelente trabajo en la escuela era algo que hacía feliz a su madre, Kathy trabajó duramente. Los estudios fueron su vía de escape; además hicieron posible la alabanza de sus padres. Aunque se sintió amada por ambos, no podía evitar sentir un vacío interior y el temor de que si fracasaba, sus padres dejarían de amarla.

Kathy se transformó en una niña tranquila, capaz y responsable, que nunca tenía emociones súbitas. A los treinta y seis años era una exitosa y competente profesional. Pero sus amigos y amantes sentían que nunca podían estar realmente cerca de ella.

Ése es el problema de mostrar "buena imagen". Es la antítesis de la intimidad. Tendemos a creer que los demás nos amarán si les regalamos un impecable envase de realizaciones. Lo peor es que esperamos que los demás también sean perfectos o al menos inclinados al constante automejoramiento. Proyectamos sobre amigos y amantes el mensaje de mostrar "buena imagen" que era para nuestros padres. Esperamos de los demás el mismo afán de perfeccionamiento que nos guió en la vida.

"Todas tienen algo, dijo un hombre, cuando se le preguntó por qué no se había casado nunca. Casi siempre hay algo que, sencillamente, no puedo tolerar." Somos rápidos para descubrir el talón de Aquiles de nuestro amante y desencantarnos. El reclutamiento prosigue mientras vamos descartando a los postulantes.

Definitivamente, necesitamos amor. ¿Por qué nunca podemos encontrar la persona indicada? Tenemos tanto para ofrecer. ¿Cómo es que cuando encontramos personas que parecen adecuadas, éstas se van, a pesar de nuestras aptitudes y atributos?

Lo que no llegamos a detectar es qué hace amable a una persona a los ojos de otra. Aunque parezca difícil de creer, es la carrera en la media, la perpetua mala administración de nuestra chequera, ese salpullido que nos brota cuando debemos hablar en público; aquellos detalles que nos muestran sensibles y expuestos y, por lo tanto, dignos de amor.

Por el contrario, continuamos mostrando una "buena imagen" y terminamos enmarañados con preguntas que en principio parecen incontestables. "¿A qué se debe que aunque consiga todo lo que me proponga, que gane bien, que las personas me alaben mucho o me hagan cumplidos, me siento tan vacía por dentro? ¿Por qué me siento siempre como si algo faltara en mi vida?"

Siempre que recibimos admiración y elogio por nuestros logros (y nos esforzamos de modo de recibirlo en cantidad), sentimos un vacío interior. Es como si estos reconocimientos tuvieran poco que ver con lo que realmente somos. Son meros aplausos para el "show" que hemos montado en toda nuestra vida. Añoramos obtener reconocimiento por nuestro verdadero yo, nuestros pensamientos, sentimientos y miedos más íntimos. Añoramos ser valorados por lo que somos, no elogiados por lo que hacemos.

Echemos una rápida mirada a la diferencia entre elogio y valoración. El elogio es un reconocimiento de nuestra conducta basado en las expectativas de otras personas o de las normas sociales que dictaminan cómo debemos ser. El sistema de valores impuesto está basado exclusivamente en nuestra conducta, no en nuestro yo interior.

La valoración, sin embargo, es un reconocimiento de nuestra experiencia interna o "verdadero yo", por parte de otra persona. La experiencia incluye el sostén de nuestros pensamientos, sentimientos, temores y sueños.

Si hemos crecido elogiados por el hecho de que mostrábamos "buena imagen", en lugar de valorados por lo que éramos realmente, nuestra autoestima sólo podía apoyarse en nuestros logros. Comenzamos a creer que o bien debemos sobresalir de modo brillante en cada cosa que emprendemos o bien perder la admiración de los demás, es decir su amor. Necesitamos tener logros y ganar elogios con el objeto de sentirnos seguros. Nuestra "buena imagen" se convierte en una sobrecompensación defensiva, que oculta nuestras imperfecciones, ya que creemos erróneamente que éstas nos hacen indignos de ser amados.

Una y otra vez, repetimos el drama infantil de tratar de convertirnos en el niño que elogiaban nuestros padres. Aun cuando podemos "parecer bien" ante el resto del mundo, si no estamos complaciendo a nuestros padres nunca nos sentiremos del todo cómodos con eso. Podemos ser odontólogo, pero nuestros padres querían un médico; contable, pero ellos querían un abogado; padre de dos niños, pero nuestros padres querían tres. Una parte de nosotros quiere gritar: "¿Nunca tienen bastante?" Sin embargo, permanecemos en silencio. Les amamos demasiado para tomar el lugar de nuestro verdadero yo y hacerles saber cuánto nos ha dolido su actitud.

Pocas personas comparten con nuestros padres sus expectativas acerca de nosotros. Menos todavía pueden vivir a la altura de ellas. La mayoría, nos amaría con mucho gusto, a pesar de nuestras imperfecciones. La admiración no es amor; y cuanto más perfectos nos ven los demás, tanto menos dispuestos para el amor nos ven.

Si fuiste un niño a quien amaron demasiado, tal vez nunca te permitieron expresar verdaderamente tus sentimientos y emociones. Creciste sintiendo que tus padres necesitaban que tuvieras siempre "buena imagen". Desarrollaste lo que pedían tus padres, porque ése era el modo en que te asegurabas su amor. Tenías muchos elogios cuando conseguías tener éxito, pero nunca la valoración suficiente de tu realidad interior.

Si escondes tus sentimientos porque crees inconscientemente que está "mal visto" mostrar tus emociones, los demás pueden pensar que eres un poco reservado. Echa una mirada a esta lista de sentimientos humanos normales. ¿Cuáles reprimes tú temiendo que no "está bien" que te permitas sentirlos?

Ira	Ansiedad	Malicia
Cariño	Competitividad	Dependencia
Desaliento	Disgusto	Desconfianza
Envidia	Impaciencia	Furia
Generosidad	Vacilación	Desesperanza
Hostilidad	Ineptitud	Impaciencia
Soledad	Pérdida	Necesidad
Apertura	Amor	Pánico
Jovialidad	Orgullo	Rabia
Sensualidad	Sexualidad	Mezquindad
Timidez	Ensimismamiento	Tontería
Ternura	Debilidad	Preocupación

Estos sentimientos te hacen vulnerable. Tú crees —una vez más de un modo inconsciente— que vulnerabilidad significa debilidad y que mantener bien guardado lo que sientes es fortaleza. Recuerdas qué ocurría cuando estabas enfadado resentido, tenías pereza o celos, te sentías embarullado, solo o asustado frente a tus padres; ése no es un recuerdo feliz.

Todos sentimos estas cosas porque somos humanos. Pero para asegurar el amor de tus padres, te transformas en un niño como es debido: responsable, capaz, comprensivo y bien educado. En otras palabras, tratas de dar una "buena imagen".

La única esperanza de suprimir ese vacío interior es dejar a un lado la buena imagen y empezar a ser, sencillamente. Debes dejar de sentir que sólo serás aceptado si eres afortunado, competente y controlado. Debes dejar de preguntarte: "¿Cómo me verán?", y preguntarte en cambio: "¿Cómo me sentiré?". Necesitas creer que si muestras la verdadera persona que llevas dentro, incluyendo tus defectos, serás aceptado.

Éste es un proceso que lleva tiempo. Aunque no puedes cambiar de la noche a la mañana la "buena imagen" por otros comportamientos, puedes ser más consciente de ti mismo. Puedes permitir a los demás que vean qué hay detrás de tu máscara. Sólo así comprobarás que eres aceptado por la totalidad de tu persona, incluidas tus humanas imperfecciones.

4

DERECHOS ESPECIALES:
NACIDOS PRÍNCIPE Y PRINCESA

"QUEREMOS QUE TÚ TENGAS TODO
LO QUE NOSOTROS NUNCA TUVIMOS."

"Interiormente, tengo el convencimiento de que las personas deben hacer algo por mí, prestarme una atención especial, apreciarme y dejar lo que estén haciendo para hacerme feliz cuando me siento mal. Deben ser capaces de leer mi mente."

LINDA, 34 AÑOS, PROFESORA

A cierta distancia y si uno entrecierra un poco los ojos, Steve puede pasar por Richard Gere. Moreno, de estatura mediana, de cuerpo trabajado y atlético, tiene un aire de poder contenido. Una especie de tensión, de repliegue en sí mismo, lo rodea. Las personas que podrían acercarse, a menudo pasaban sin detenerse porque tomaban su aspecto como una muestra de arrogancia.

"Eso es parte del problema —admite Steve con una sonrisa franca y amistosa, que aparece tan súbitamente como se evapora la imagen previa—. Realmente soy un tipo simpático. Pero la timidez me impide expresarme."

La timidez disfrazada de arrogancia está lejos de ser una ventaja en la actividad de cara a la gente en la que Steve se sumerge todos los días durante diez horas. Dos años antes,

Steve se debatía sin saber qué hacer con su vida. El próximo mes abrirá su tercer restaurante, y sus activos netos superan el millón de dólares. Y ya están en marcha los trabajos para abrir dos restaurantes más.

"Anduve a la deriva probando diferentes actividades —comienza Steve—. Durante un tiempo vendí seguros. Después, hace unos años, me presenté a examen pensando que podría ser un gran agente inmobiliario. Pero para eso era necesario ante todo ser un buen vendedor; no ganaba buen dinero, entonces lo dejé.

"Ésos fueron mis emprendimientos más estables. También conduje una limusina durante un tiempo; algo que habría matado a mis padres si se hubieran enterado. Pienso que ellos preferirían mantenerme durante el resto de mi vida antes de saber que tengo que ganarme la vida como chófer o asando hamburguesas en la plancha de algún bar. Siempre me ha parecido que el mensaje de mi padre era que yo, en ciertos trabajos, era mejor que otros. Sé que esto suena espantoso; no es algo que él haya dicho en voz alta alguna vez, pero yo lo oía de esa manera. Aun así, si mi compañero de la secundaria no hubiera venido con la idea del restaurante y la tecnología para ponerlo en marcha, yo estaría ahora mismo conduciendo la limusina."

Un día, Steve estaba en una tienda de discos, en la sección de ediciones antiguas, buscando una foto de los Beatles, cuando vio y reconoció a Neal. "No nos habíamos visto durante años. No éramos grandes amigos en la escuela secundaria, pero fue tan bueno encontrarnos de improviso, que fuimos a tomar un café para hablar de los viejos tiempos. Comenzó a hablar sobre su sueño de entrar en el negocio gastronómico. Había estado investigando algo y tenía un local en mente. Escuchándolo, parecía un emprendimiento fantástico."

Neal dijo a Steve que le faltaban 20.000 dólares para poder comenzar. Dijo que estaba buscando un socio, que tuviera buenos antecedentes para conseguir crédito y cierta cantidad de dinero en metálico. ¿Steve, quizás?

Steve aceptó. El día siguiente por la noche, presentó la idea a sus padres. "Para ser francos, no podía hacer el negocio sin contar con mi padre. Creo que en ese momento yo tenía unos

28 dólares en el banco. El único crédito que siempre tuve era con él. Pero, para ser honestos, no me sentía avergonzado de pedir a mi padre el metálico. Él ya había dado a mi hermano menor el adelanto para su casa y rescataba a mi hermano mayor, una vez cada año, cuando éste se quedaba corto de dinero. Me imaginé que ahora me tocaba a mí."

Así fue como Steve se se presentó en el despacho de su padre, sin llevar cifras concretas ni detalles específicos; sólo la firme convicción de que este restaurante era todo lo que quería hacer con su vida. Su padre lo escuchó atentamente; después preguntó: "¿Qué sabes sobre el negocio gastronómico? ¿Y qué sabes sobre este Neal, al que no has visto durante años?"

En realidad, no sabía nada. Su padre lo miró con la misma expresión que había tenido cuando Steve, a los once años, había dejado su bicicleta afuera, bajo la lluvia. Ése era el indicio que necesitaba Steve para comenzar a rogar.

"Tiene que entender a mi padre —explica Steve—. Es socio en uno de los mayores estudios de abogados de la ciudad. Otro de los socios es un consejal, así que tiene muchas conexiones. Cuando se trata de negocios, para él todo es números y lógica. Pero no es inescrupuloso. Todos lo quieren y lo consideran un hombre estupendo. Mamá siempre nos recuerda que trabajó muy duro para darnos lo mejor. Sé que él me ayudaría a despegar si le pidiera, si le dijera cuánto lo necesito en lo que podría ser mi gran despegue. Créame, si hay alguien que quiere que yo tenga éxito, ése es mi padre"

El padre de Steve estuvo de acuerdo con estudiar el negocio. Durante las dos semanas siguientes, Neal fue todas las noches a la casa de Steve y escuchó con avidez a su padre mientras hablaba sobre préstamos, licencias, funciones gerenciales y acuerdos societarios. "Fue Neal y mi padre quienes hicieron la mayor parte del trato. Yo intentaba prestar atención y seguirlos, pero en medio de las complicadas explicaciones de mi padre, sobre temas como líneas de crédito e informes de flujo de fondos, se me ponían los ojos en blanco. Mi madre entró y aportó algo de sus conocimientos. Un par de veces me quedé dormido de verdad en la silla mientras ellos arreglaban los detalles."

La actitud de su padre de "hacerse cargo", no era nada nueva para Steve.

—En realidad, me recordó viejos tiempos —rió Steve.

"Por alguna razón, me vino a la memoria un día de Acción de Gracias, hace algunos años, cuando me estaba mostrando la manera de trinchar un pavo en la cocina, un trabajo de hombres en nuestra casa. Yo estaba haciendo un desastre; no conseguía hacerlo como él me mostraba. 'Así no se hace' —me dijo, quitándome el cuchillo de las manos—. Déjame; yo lo haré'.

"Era así cada vez que hacíamos algo juntos. Yo comenzaba a forcejear; entonces él lo hacía por mí. Hoy, tengo treinta y tres años y todavía no sé como trinchar un pavo; tampoco tengo gran deseo de aprender."

En otro hogar, el padre y la madre habrían ayudado a su hijo la primera vez se las veía con algo nuevo. Luego, le habrían dicho con amabilidad y firmeza: "Ahora, depende de ti; tú lo puedes hacer". El niño gana confianza a medida que aumenta su habilidad para enfrentar nuevos desafíos. Pero en la casa de Steve, la frustración del hijo llamaba a los padres a rescatarlo.

Aunque ésa no era su intención, el padre de Steve le había enseñado que podía contar con sus recursos. Las experiencias de Steve con su madre reforzaron esta situación. Cada mañana lo saludaba con una retahíla de recordatorios acerca de cepillarse los dientes, lavarse el pelo, comer los huevos, tomar la vitamina, ponerse la cazadora, llevar el bocadillo, prestar atención al profesor, hacer los deberes de la escuela.

—Ella no podía evitarlo —dice Steve—; no creía que yo pudiera hacer algo si ella no me lo recordaba.

Con la madre de pie detrás de él, mirando ansiosamente por encima de su hombro, dirigiéndolo para que no cometiera ningún error, Steve se fue haciendo callado y reservado, y por añadidura, holgazán. Recuerda en especial una escena: "Yo estaba en mi habitación, luchando con una monografía sobre la historia de la Guerra de Secesión, que debía entregar el día siguiente. En realidad, quizás la estaba copiando de una enciclopedia. Mi madre vino a ayudarme, porque ¡Dios no lo quiera! podía tener dificultades. De cualquier manera, quince minutos después yo estaba abajo, mirando televisión, y ella arriba, pasando el trabajo en limpio. Mi madre hizo más monografías que nadie en la casa".

Como estudiante, Steve era un desastre; eso desesperaba a su madre, que constantemente lo regañaba por la cuestión. "Pero algo me salvaba —dice Steve con una sonrisa ganadora—. Yo era muy guapo. En serio. Ella tenía grandes satisfacciones cuando yo era pequeño y la gente la paraba en la calle, simplemente para mirarme y decirle que yo era precioso. Todavía lo menciona. No quiero ser engreído, pero soy el más guapo de la familia. Aunque ella tuvo especial cuidado en decir que amaba a todos su hijos por igual, todos se daban cuenta de la verdad. Para ella, yo era especial, sobre todo porque era lindo. Eso no me parecía mal. Me sentía contento de que ella estuviera orgullosa de algo mío.

"Pero siempre estaba preocupada de que me ocurriera algo. No me dejaba jugar al hockey ni tocar la pelota de fútbol. ¿Sabe qué pienso? Que tenía miedo que me cayera y me estropeara la cara.

Steve admite que parte de él incorporó esta imagen de su madre, de que él era un niño especial. No le fue fácil hacer amistad con los otros niños, especialmente durante la adolescencia. "Tenía una discusión con alguien, y todo se terminaba. Yo pensaba que no tenía por qué aguantar el mal humor de cualquiera. Me decía que aquél era un pelmazo y nunca más le hablaba. La única persona con quien realmente fui compinche, fue con mi vecino, Mike, que me seguía a todas partes y hacía todo lo que yo quería. Con él lo pasé muy bien."

Cuando Steve se graduó en un programa de dos años del colegio del barrio, comenzó a compartir un apartamento con Mike. Durante tres años, fueron compañeros de cuarto, mientras Steve entraba y salía del negocio de los seguros, el de propiedades, el de la limusina, siempre descontento con el dinero que ganaba. "Me habría muerto de hambre si no hubiera sido por las ocasionales entregas de mis padres. Pero me parecía que no pasaba nada en mi vida hasta que encontré a Neal en la tienda de discos y decidí abrir un restaurante."

El contrato del nuevo restaurante se firmó con el nombre del padre de Steve. Él avaló los papeles del banco, y su dinero permitió que Steve fuera socio pleno desde el comienzo. Sus conexiones aceleraron la obtención de la licencia para la venta de licores, que hizo posible que Steve y Neal abrieran el local.

Empezaron en la primavera. "Sabíamos que saldríamos adelante luego del segundo mes. La gente vino y siguió viniendo. Neal sabía lo que estaba haciendo; sólo necesitaba una inyección de dinero de alguien como mi padre. En cuanto a papá, es asombroso que pudiera continuar con su práctica de abogado, pensando en las horas que pasó en el restaurante desde que abrió.

"Al principio, para mí fue un montón de dolores de cabeza y de trámites engorrosos. Traté de que Neal se encargara de mi parte. Le fastidié con las vacaciones y con turnos extras, cuando un gerente renunció. Con la firma de mi padre en casi todo lo que teníamos, yo sabía que él no podía protestar demasiado.

Pero entonces, Steve comenzó a cambiar. Aunque significaba largas horas de trabajo duro, administrar un restaurante era la mayor responsabilidad que había tenido en su vida. Era una responsabilidad que él empezaba a reclamar porque, por primera vez en su vida tenía la sensación de haber concretado algo.

"Aquello de que nuestros empleados recurrieran a Neal cada vez que tenían una duda, comenzó a molestarme. Por supuesto; al principio yo no sabía las respuestas. Acostumbraba a consultar con mi padre cada decisión que tomaba . Pero después de un año, más o menos, aprendí mucho y me sentí tan capaz como Neal."

De un día para otro, los constantes consejos de su padre comenzaron a crisparle los nervios. Discutían con frecuencia. Steve insistía en que sabía lo que estaba haciendo y que quería que lo dejara solo. Pero todavía su padre continuó haciendo de apuntador, dando indicaciones y manteniendo una mirada sobre todo.

En un par de años, Steve y Neal estaban firmemente establecidos en un negocio que rendía jugosas ganancias; ahora planeaban su próximo emprendimiento. Pero por la noche, mucho después de cerrar el restaurante, Steve daba vueltas en la cama, deprimido e incapaz de dormir. "Quizá, finalmente estaba descubriendo que sabía hacer algo, pero el éxito me dio la conciencia de que no tenía con quien compartirlo. Es decir, mis padres estaban fascinados pero, para mí, el hecho de que tuviera tan pocas amistades era como una bofetada en la cara. Con los años, invertí casi tanto en amistades, como en otras cosas."

El punto de inflexión para Steve ocurrió la noche de la inauguración de su segundo restaurante. "Hicimos una fiesta enorme, muy elegante, con una multitud de gente de muy buena posición. Neal invitó a muchísimos amigos, mientras que yo tenía a mis padres y unas pocas personas a quienes consideraba conocidos, más que amigos. Estuve de mal humor toda la noche porque muchas de las personas que había invitado no aparecieron. Me decía que debían estar celosos de mi éxito pero aun así aquello me sacaba de las casillas. Ni siquiera tenía una amiga para mi propia fiesta. Esa noche me sentí bastante solo, pensando que por primera vez en mi vida había trabajo duramente, y que merecía el éxito. Pero había muy pocos amigos y ningún enemigo para verlo."

Sentado con sus padres, mientras observaba a Neal rodeado por una multitud de amigos, Steve se acordó con tristeza de Mike. Su amistad había acabado un par de años atrás, después de una discusión en la que casi habían llegado a los puños. Todo había comenzado por una muchacha.

En aquel tiempo Mike y Steve compartían un apartamento; un día poco después del mediodía, Joanne, la amiga de Mike, llamó a la puerta. Steve, que tenía su día fiesta en el restaurante, respondió y la invitó a entrar. "Mike había hablado maravillas de esta chica durante años, pero yo nunca le había prestado mayor atención. Esa vez, sin embargo, empezamos a hablar. Mike no aparecía, y como nos dio hambre, mientras lo esperábamos, fuimos a buscar algo para comer."

La comida se convirtió en cena, una cosa condujo a la otra, y Steve terminó llevando a Joanne de regreso a su casa, donde pasó la noche.

"Aquello no significó nada para mí. A decir verdad, una noche con ella ya me parecía bastante y a la mañana siguiente me sentí contento de estar nuevamente en mis cosas.

Pero supongo que para ella esa noche juntos fue algo más que para mí, porque comenzó a llamarme todos los días y a dejarse caer por el apartamento. No se lo mencioné a Mike. Quiero decir; ella no era novia permanente ni nada por el estilo, de modo que lo ocurrido no tenía importancia."

Un día Mike regresó a casa más temprano que de costumbre. Steve estaba sentado en el sillón, mirando fútbol y tomando cerveza, cuando levantó la cabeza y vio a Mike que lo fulminaba con la mirada. "Tenía la cara roja, como si hubiera venido corriendo hasta casa. 'Has estado viendo a Joanne —me dijo—. Era una afirmación, sin duda, de modo que no podía negarla. 'Bueno, no pasa nada, le respondí. Ella se ha tomado las cosas en serio.'

"Mike entró en su habitación aullando por encima del hombro: '¡Eso es exactamente lo que pensaba que dirías! —Corrí detrás de él gritando—: Mira, hombre, yo no hice nada. ¡Por Dios; fue ella quien me buscó!'

"No respondió; cuando vi que estaba haciendo las maletas, perdí el control. Le grité: 'No puedes dejarme con el contrato, lo sabes'. No pude evitarlo. Fue lo primero que me vino a la mente. Desde que tenía algún dinero, me parecía que todos estaban tratando de conseguir algo y de sacar alguna ventaja. Lo amenacé con recurrir a un abogado. 'Ve por él', me respondió airado, y corrió escaleras abajo. Alcancé a decir: 'Olvídate, hombre', pero no se volvió.

"Todo este lío no es por una chica tonta, pensé en ese momento. Es por envidia. Tengo un restaurante y él no tiene nada.

"Bueno, no hablamos nunca más. Pero, sabe, si hoy supiera dónde está, lo llamaría. Hasta iría de rodillas, para disculparme. Recordaríamos una cantidad de años...

—Esos tiempos locos en que crecíamos siendo vecinos —suspira Steve—. ¿Sabe una cosa? Hoy Mike se pondría realmente contento por mí.

Steve se sentía deprimido y solo en un momento de su vida en el que podría haber estado más contento que nunca.

Un síntoma común de los hijos que han sido amados demasiado es que, a pesar de los logros que alcanzan en la adultez, no sienten mucha alegría. En realidad, "la falta de alegría" es una depresión suave; un enfado vuelto hacia adentro, que surge cuando se intenta encontrar respuestas a preguntas como: ¿Por qué no me aprecia la gente? ¿Por qué, si lo tengo todo, no soy feliz?

La depresión de Steve dio lugar a sentimientos crecientes de furia y resentimiento que a el mismo le pasaron inadvertidos. ¿Dónde estaba la felicidad que se suponía que sentiría cuando finalmente tuviera éxito?, se preguntaba. ¿Dónde estaban todas las personas que se suponía que lo felicitarían y buscarían su compañía? ¿Dónde estaba la diversión prometida? ¿No se la había ganado? ¿No tenía derecho a ella?

De los niños mimados-desvalidos, llegamos a los adultos "con derecho especiales". El psiquiatra J. Murray dio, por primera vez, esta denominación a las personas que esperan que todas las cosas les caigan de arriba. Desde entonces varios teóricos han explorado las raíces psicológicas de ese sentimiento: esas expectativas inconscientes, proyectadas, de que el mundo nos prestará atención, nos rescatará, nos dará aprecio y perdón y nos amará. La mayor parte de ellas proceden de la realidad de nuestra experiencia con nuestros padres.

Steve se sentía con derecho a muchas cosas importantes. Por ejemplo, a utilizar los servicios de sus padres y sus conexiones para iniciar un negocio. Se sentía con derecho a ser dejado en paz una vez que tuviera el éxito asegurado. Con derecho a trabajar menos horas y a dedicar menos esfuerzos que su socio Neal. Con derecho a traicionar a su mejor amigo, sin merecer reproches, cuando se acostó con una chica que no le interesaba, pero de quien su amigo estaba enamorado. Se sentía con derecho a estar rodeado de amigos en la fiesta de inauguración y al tipo de amistad que sólo se consigue con cuidado y aceptación mutua.

¿Cómo se le ocurrió a Steve la idea de que merecía todas estas cosas? Las actitudes de Steve, sus sentimientos y su conducta son típicas de un hijo que ha tenido exceso parental.

El sentimiento de tener un derecho especial, parte del hecho de tener a otros que hagan las cosas por nosotros, que nos provean de todo, que nos adulen, que nos consientan hasta el punto de alimentar esas expectativas. La madre y el padre de Steve consideraban su deber utilizar todos sus recursos para resolver los problemas de sus hijos. Y cuando llegaban los problemas de Steve, se tratara de trinchar un pavo o de abrir un restaurante, no solamente aportaban la solución, se *transformaban* en la solución.

Sobre todo, Steve asumía el papel del desamparado para conseguir que su familia satisfisciera sus necesidades. Siempre resultaba. Además sus padres le transmitieron el mensaje de que él era un niño especial del que se esperaba que tuviera grandes logros. Sin embargo, nadie le dijo que en realidad tenía que *hacer* cosas para conseguir sus objetivos. De hecho, cuando trataba de hacer algo, tanto su padre como su madre se lo arrancaban de las manos y lo hacían por él.

La combinación de dos mensajes contradictorios: "Eres especial y por lo tanto deberías lograr grandes cosas en tu vida" y "Para hacer las cosas bien, necesitas mi ayuda", construye un firme fundamento para sentirse con derecho a casi todo durante toda la vida, sin tener que hacer demasiado por ello.

Lo ocurrido cuando Steve decidió que quería ser socio en un restaurante, es el ejemplo clásico de estos tipos de mensajes conflictivos. Inmediatamente, Steve buscó la ayuda de su padre. Lo interesante es que aunque el padre de Steve era un hábil abogado y podía descifrar para Steve, contratos y acuerdos llenos de cuestiones legales, sabía muy poco sobre los detalles cotidianos de la administración de un restaurante, un conocimiento que su hijo había llegado a adquirir. No obstante, Steve, tan acostumbrado a depender de su padre, también delegó esas decisiones en él, como lo hace un ejecutivo cuando delega tareas rutinarias en un ayudante entusiasta.

Como Steve contaba con su padre, su madre y su socio para elaborar los detalles de la apertura del restaurante, su aporte se hizo superfluo. La discusión que definía su futuro arreciaba a su alrededor, mientras él dormía en una silla. La mayor parte de su vida había sido un observador pasivo y había dejado la responsabilidad de tomar decisiones en quienes lo rodeaban, aparentemente mucho más fuertes que él. Ahora, le asustaba tomar decisiones y se dormía como forma de escape.

¿Por qué dedicarían los padres de Steve tanto tiempo y energía a los problemas de Steve, hasta el punto de transformarse en expertos en el negocio de la restauración? Una respuesta obvia es que ellos amaban a su hijo y querían ayudarlo a que triunfara. Una respuesta menos obvia es que los padres de Steve necesitaban que él dependiera de ellos.

Cuando Steve no quiso más la ayuda de su padre, éste, por su parte, no quiso dejar el restaurante y continuó dándole consejos y sugerencias que ahora ofendían a Steve. Subconscientemente, su padre "necesitaba" un hijo que le trajera problemas para resolver. Tanto el padre como la madre de Steve eran *llamados*, realmente, por los problemas. Esta atracción es característica de la mayoría de los padres que aman demasiado y encaja perfectamente con su propia historia infantil.

No cualquiera se transforma en un progenitor que ama demasiado. Es típico que padres como los de Steve se críen en familias en las que sus necesidades emocionales de afecto, amor y aceptación fueron negadas o insuficientes. Sus propios padres pueden haber sido indiferentes, exigentes, alcohólicos o violentos, física o emocionalmente. Sobrevivieron adoptando un papel particular en sus familias: ser los responsables, los que resolvían problemas, los que concertaban la paz. Este papel les dio un sentido de control y valor propio. Siendo "útiles" y tomando sobre sí responsabilidades que, en verdad, no les competían, buscaron obtener de las personas que nunca podrían darlo, el amor que necesitaban desesperadamente.

Desafortunadamente, estas tácticas de supervivencia eran precursoras de toda una vida de codependencia; una obsesión por hacer las cosas "bien" para todos aquellos a quienes querían, ejerciendo un desprendimiento, amor y control exagerados. Como adultos con hijos propios, continuaron el mismo papel familiar de su infancia, al cual eran tan adeptos: ser quienes cuidan y rescatan. El exceso parental que experimentan sus hijos es inevitable ya que sus identidades han quedado encapsuladas en esta función: la de resolver problemas y ayudar. Si no tienen un problema para resolver o alguien a quien ayudar, se sienten ansiosos, descontrolados e inútiles. En el extremo, la necesidad de ser necesitados es arrolladora. Cuando llega el momento del despegue, los padres que aman demasiado no pueden concretarlo.

La experiencia de tener a nuestra disposición a las personas que amamos para resolver nuestros problemas y liberarnos de cualquier malestar, tiene ramificaciones de largo alcance. A pesar de que Steve recibió prácticamente todo, nunca consiguió lo que realmente necesitaba: motivación para adquirir el convencimiento de sentirse competente, el que se da a partir de la experiencia y el incentivo para hacer las cosas por sí mismo. Entre tanto, ver durante toda una vida que sus pequeños problemas se transformaban en la obsesión de sus padres, le dejó un sentimiento de soberbia.

Si la mayoría de nosotros viera esta actitud en los demás la llamaría engreimiento. Exteriormente, la persona soberbia parece sentirse superior a los demás y muy pagada de sí misma. Pero en ella se esconde la desesperación.

Alice Miller, en *Drama of the Gifted Child*, indica que a menudo la soberbia es el modo en que las personas combaten la depresión causada por un sentimiento de incapacidad:

> La persona "soberbia" es admirada en todas partes y necesita esta admiración; por supuesto, no puede vivir sin ella. Debe sobresalir en todo lo que emprende que, por otra parte, es bien capaz de hacer (no lo intentaría sin esta premisa). Además, se admira a sí misma por sus cualidades: su belleza, agudeza, aptitudes y por sus éxitos y logros. No permitan los hados que algo de esto le abandone, porque entonces la catástrofe de una depresión aguda es inminente.

El sentimiento de tener derechos especiales es una defensa contra los sentimientos de inferioridad y vergüenza. Para evitar estos sentimientos, simulamos justamente lo opuesto. Sobredimensionamos nuestro yo para convencer a los demás de que estamos bien y de que nos deben conceder las alabanzas y la admiración que necesitamos. Una cantidad de expectativas proyectadas son forzadas a entrar en un mundo hostil. Steve, que creía que tenía derecho a un tratamiento especial por parte de los demás, aunque poco para dar a cambio, en última instancia encontró que tales expectativas lo conducían a la frustración y a la depresión, cuando comprobó que el mundo no le prestaba atención, ni le apreciaba, perdonaba ni amaba como lo habían hecho sus padres.

El sentimiento de tener derechos especiales, como ocurría con Steve, en cierta manera, es algo que aqueja a muchos hijos ya adultos que tuvieron exceso parental. Quizá no se sientan precisamente con "derechos especiales", pero la quejosa sensación de que merecen mucho más de lo que obtienen de la vida, es evidente en la rápida desilusión que sufren con sus amigos, sus relaciones íntimas y en el trabajo.

Las personas que inconscientemente se sienten con derechos especiales y hacen muchas de las cosas que se enumeran a continuación, vuelven locos a sus amigos, amantes y compañeros de trabajo:

❦ Apenas escuchan los problemas que cuentan otras personas, esperando el momento de endilgar los propios.

❦ Hacen una relación de las cosas que otras persona deberían ser y los modos en que deberían actuar antes de poder considerarlos seriamente sus amigos o amantes

❦ No acaban las tareas o las hacen mal, ya que responden a la lógica de que hay otros a quienes pagan para que recojan lo que ellos dejan por ahí

❦ Van de "pobres" y esperan que los demás satisfagan sus necesidades o las de sus hijos o que paguen sus facturas.

❦ Juzgan a su amigo/amiga o cónyuge, por el dinero que gana o por el que está dispuesto a gastar

❦ Toman la cuenta en un restaurante; no para pagarla, sino para ver cuánto debe pagar cada uno y evitar que les hagan trampa

❦ Simulan ser "inútiles" o estar "demasiado ocupados" cuando se enfrentan con tareas triviales que ellos piensan les han sido dadas injustamente, como limpiar el sumidero de la bañera, vaciar el lavaplatos o cambiar el rollo de papel higiénico

🖤 Son ciegos ante el polvo que se acumula sobre las mesas, los platos que se apilan en el fregadero y los objetos extraños que se descomponen en la nevera, suponiendo que las personas con quienes viven en algún momento limpiarán

🖤 Dan una cantidad de excusas, bastante buenas, para no quedarse a trabajar fuera de hora o en sábado o en proyectos extras

🖤 Acusan a los demás de que no las ayudan cada vez que alguien lo necesita

🖤 Ponen cara triste para que los demás pregunten qué les pasa

🖤 Llegan tarde sistemáticamente para que los demás tengan que esperarlos

🖤 Gritan con impaciencia para que los demás los ayuden a buscar las cosas que no pueden encontrar en sus cajones, armarios y ficheros, aduciendo que han buscado durante horas, cuando en realidad apenas han mirado

🖤 Se apropian de la butaca del pasillo en los aviones y en los teatros, porque tienen "piernas largas" o claustrofobia y por lo tanto siempre tienen derecho a un asiento mejor que el de la persona con quien están

🖤 Ordenan una mesa para cuatro en el restaurante cuando sólo son dos

🖤 Piden prestado y se olvidan de devolver

🖤 Rompen o arruinan accidentalmente algo que pidieron prestado a un amigo y luego se ofenden cuando tienen que pagarlo

🖤 Inventan una lista de razones por las que deberían estar furiosos con la persona que está enfadada con ellos

🖤 Solicitan habitación para uno en la universidad, en un seminario o en un viaje de negocios, aun cuando tengan que falsificar un certificado médico para conseguirla porque, sencillamente, no pueden dormir con extraños.

La lista podría continuar. Los hijos que han sido amados demasiado ponen mucha energía en juego para hacer valer sus derechos, pero defenderlos no es precisamente el objetivo. El punto es que, inconscientemente, cabalgan en la mejor posición sin siquiera darse cuenta; después se sienten ofendidos y furiosos cuando los demás, sintiendo que se han aprovechado de ellos, lo señalan.

Si te reconoces como un hijo que ha tenido exceso parental, te podrás ver reflejado en alguna de esas actitudes y conductas. Tal vez encuentres que tienes expectativas inconscientes de que los demás sean más fuertes, te den más y sean muy sensibles a tus necesidades. Quizás te sientas frustrado porque otras personas te defraudan muy a menudo. Puede ser que sientas que estás continuamente buscando la relación "correcta", el trabajo perfecto o los amigos que realmente te comprendan. Tal vez no te sientas precisamente con "derechos especiales", pero quizás un poco solo, vagamente defraudado con tu vida presente e incapaz de poner tu dedo en la llaga.

Hay quienes te dicen que esperas demasiado de la vida, que apuntaste demasiado alto. Pero tú crees que todas tus fantasías se harán realidad, que las cosas te saldrán bien siempre y que las mereces automáticamente; esta creencia forma parte del equipaje que arrastras de tu hogar parental al tuyo, y esto te produce frustración cuando la realidad no responde a esas expectativas.

Tal vez te preguntes dónde adquiriste estos sentimientos de tener derechos especiales, especialmente si te criaste en un hogar donde el presupuesto familiar era restringido y te faltaban muchas cosas materiales. El sentimiento de ser digno de una consideración y una atención especial por parte de los demás, no está limitado a los hijos de familias adineradas o a los "malcriados". Nos ha pasado a nosotros mismos si nuestros padres nos vigilaron, nos auxiliaron, nos sobreprotegieron, nos controlaron o se enredaron en nuestros problemas más pequeños.

Ésta, nuevamente, es la esencia del niño mimado-desvalido, que consigue la mayor parte de lo que quiere pero poco de lo que necesita. Convencidos de que cualquier trauma de la infancia causará toda una vida de problemas, los padres que aman demasiado se desviven por proteger a su hijo. El niño tendrá una vida más fácil de la que tuvieron ellos

y si lo pueden evitar, nunca conocerá la frustración, la enfermedad, la pérdida, la añoranza o la infelicidad. Desde muy
pequeños se convierten en el centro de su vida. Se trata de
"Su majestad el bebé", palabras con las que Freud se refirió a
este fenómeno.

Han crecido oyendo que sus padres ven en ellos seres
talentosos, inteligentes, hermosos y encantadores. Sobrees-
timaciones debidas a sus propias necesidades. El mensaje "Tú
eres muy especial" se convierte en "Yo soy muy especial." Y
"Eres mucho mejor que los demás" se convierte en "Soy
mucho mejor que los demás", en un proceso que los psicólogos denominan internalización. El mensaje global "Significa-
cas todo para nosotros y te mimamos porque mereces un trato especial", es internalizado mediante la repetición constante
y luego proyectado al resto del mundo.

Nos convertimos en adultos que siempre queremos más
de lo que tenemos. Este querer exacerbado se supone que nos
llevaría a lograr más o a tratar con más ahínco. Pero con demasiada frecuencia nos sentimos con derechos especiales, y
éstos nos llevan a sabotear nuestro propio éxito.

Cuando crecemos con "derechos especiales" y expec-
tantes, algo muy destructivo está en vía de realizarse. Esa
experiencia tendrá efectos futuros sobre nuestra facultad de
pensar, nuestra capacidad para la intimidad y nuestra habilidad para mantener una amistad. Consideremos cada una de
estas consecuencias en forma separada, comenzando con el
modo en que el sentimiento de tener derechos especiales interfiere nuestra facultad de pensar. La falta de disponibilidad para utilizar las destrezas cognitivas, que observamos
en muchos adultos que han tenido exceso parental, se desprende de una temprana dependencia de los padres, que siempre tenían soluciones listas cuando ellos tenían un problema.
Estos adultos aprendieron a preguntar a los demás, en lugar
de pensar por sí mismos.

Una mujer se dio cuenta de que esto era cierto en su
caso cuando dijo a su jefa que quería ser tenida en cuenta para
una promoción, aquélla le respondió que en realidad veía en
ella pocas habilidades para la supervisión. "Yo era siempre la
primera en pedir tareas más creativas, pero cuando conseguí

una y llegó el momento de poner manos a la obra, entré en pánico —admite la mujer—. Terminé delegando grandes trozos del proyecto en otras personas del apartamento, diciéndoles que estaba muy ocupada con cosas más importantes. A veces, hasta me convenzo a mí misma. Pero nada está más lejos de la verdad. Me gané la antipatía de muchas personas al hacerme cargo de proyectos en los que realicé muy poco trabajo. Pero como era mi proyecto, todavía pienso que lo merecía."

Toda una vida como niño "especial" nos convence de que aquello que emprendemos debe ser "especial" o perfecto. Esto resulta paralizante. "No lo intenté y fracasé" es mucho más fácil que "Trabajé todo lo que pude y fracasé".

El derecho especial es un modo de racionalizar la huida de la responsabilidad. Ésta dispara sentimientos de miedo e incapacidad. En consecuencia, muchas personas que han tenido exceso parental no dan más que lo que estrictamente se les pide. No les preocupa demasiado que aquello que entregan a sus profesores o más tarde a sus jefes sea un trabajo bien hecho; sólo les preocupa resolver el momento. Hacen lo que se les pide o aquello por lo que creen que se les paga; no van más allá de eso. Evitan tareas que desafíen su habilidad para pensar y analizar.

Las habilidades analíticas se oxidan con la falta de uso. Para el adulto que ha tenido exceso parental en la infancia, los formularios de impuestos, las hipotecas, las pólizas de seguro y hasta un manual de instrucciones, resultan confusos. Completar formularios o escribir informes, son experiencias agotadoras, a menudo postergadas una y otra vez. La mayoría entrega una redacción que produce crispación en aquellos que la reciben. Todo esto es sintomático de un sentimiento de gozar de derechos especiales para recibir una respuesta que está fuera de ellos.

Necesitamos reconocer que dependemos de otros para que éstos piensen por nosotros; esto está en el núcleo de nuestro sentimiento de tener derechos especiales. En nuestra vida, nuestros padres fueron quienes tomaron las decisiones y quienes leyeron las indicaciones (todavía lo hacen si les pedimos). Cuando estábamos frustrados y las cosas parecían demasiado difíciles, recurríamos a ellos y nos respondían. Muchas veces nos arrancaban las responsabilidades de nuestras manos, las cumplían por nosotros, y luego nos decían que habíamos hecho un trabajo espléndido. No resulta llamativo que llegáramos a ser adultos con una vacilante confianza en nosotros mismos y el terror de que al tomar una decisión propia quede al descubierto nuestra incapacidad.

Esto no significa que carecemos de inteligencia o que estamos condenados al fracaso de por vida. Tenemos el don de reunir personas a nuestro alrededor que tienen lo que nos falta. Un hombre muy exitoso, sobreprotegido en su infancia por un padre muy dominante, admitió el secreto de su éxito. "Yo no tenía ninguna habilidad en especial, excepto la de encontrar otras personas que sí las tenían y la de convencerlas de que trabajaran para mí." Todo iba bien hasta que una de estas personas decidía pedir un papel más destacado o una participación mayor en lo que había ayudado a crear. Entonces, este hombre exitoso se plantaba, discutía y defendía sus derechos especiales.

La tendencia a esperar que las cosas y las personas vengan a nosotros, piensen por nosotros, subvierte nuestra confianza y nuestra seguridad en nosotros mismos. Si no utilizamos nuestro cerebro y habilidad para dirigir nuestra vida, quedamos anclados en la infancia, en la que los padres, profesores y otras personas, compensaban nuestra reticencia a usar la cabeza y pensar por nosotros mismos.

Los sentimientos de tener derechos especiales también interfieren en el camino de nuestras relaciones personales. Con el tiempo reconocemos que nuestras relaciones tienen poca duración, que rara vez se prolongan más allá del destello inicial de entusiasmo de las primeras semanas.

Valerie, una mujer de unos treinta años, ejemplifica la manera en que el sentimiento de tener derechos especiales puede ser culpable de la destrucción de una relación. Valerie se sintió abatida después de terminar una relación; ella había confiado que se consolidaría en un compromiso serio. En cambio, la relación tuvo su etapa de efervescencia y luego murió. "Revisé lo ocurrido y me di cuenta de que Gary era la persona indicada. En aquel momento, sin embargo, todo lo que podía ver eran sus fallas."

Valerie admite que ningún hombre la había tratado tan bien como lo había hecho Gary. "Algunas veces era tan dulce. Me traía flores, iba a buscarme al trabajo, escuchaba mis problemas."

Había otras cosas de Gary que molestaban a Valerie. Para empezar, miraba demasiados partidos de fútbol en los fines de semana, cuando Valerie quería que él jugara al tenis con ella. Además, hablaba mucho sobre su trabajo, y esto le resultaba aburrido a Valerie. Era sólido, responsable y seguro, pero Valerie quería que en un hombre hubiera excitación.

"Siempre he querido un hombre capaz de sorprenderme, del tipo de los que planean encuentros románticos o un fin de semana especial en el campo", confiesa Valerie.

¿Sugirió Valerie algunas de estas cosas a Gary? "Yo creo que si tienes que decir a un hombre qué hacer para ser romántico, eso le quita todo el placer a la cuestión. Si alguien te ama realmente tiene que saber qué es lo que te hace feliz. Además, yo quería un hombre que tomara el control de la relación, que me mostrara cosas nuevas; no a la inversa."

El cumpleaños de Valerie fue el momento decisivo en su relación con Gary. Pasó la tarde de mal humor, en silencio y aburrida. "La semana anterior, Gary me preguntó qué quería hacer para mi cumpleaños y yo le respondí: 'Sorpréndeme'. Bueno, me llevó a ese restaurante tailandés. Yo estaba esperando ir a algún romántico restaurante francés. Es decir, un lugar con luces suaves y vinos caros. ¿Y sabes qué me compró? Un maletín. Reconozco que era hermoso, y muy caro, pero en absoluto podía ser un presente personal."

Desde la óptica de Valerie, después de esa velada, poco quedaba de bueno en Gary. Discutían con frecuencia. Gary era siempre quien recomponía todo y se disculpaba cuando Valerie, con terquedad, pasaba días sin contestar sus llamadas.

Un fin de semana Valerie necesitó pedir prestado un coche para visitar a su hermana, que vivía en una ciudad cercana. Gary le dejó el suyo. "Lo llevé de vuelta a su casa el domingo por la noche, tarde; a la mañana siguiente me llamó furioso. Le había devuelto el coche con el depósito vacío. Gary se había quedado dormido y, como tuvo que detenerse en una gasolinera cuando iba a su trabajo, llegó tarde a una reunión importante. Me dijo que yo sólo pensaba en mí misma. Actuó como si yo fuera un delincuente o algo así. Le dije que lo lamentaba, pero él continuó vociferando; yo corté la comunicación.

"Así, tontamente, se terminó todo. Yo simplemente no quise llamarlo, pensando que debía disculparse por el modo en que se había excedido conmigo. Continué pensando en todo lo que me molestaba de él, tonterías como que no fuera bastante alto o que estaba comenzando a echar un poco de vientre o que sus amigos no eran muy excitantes.

Valerie admite que fue criada en un hogar donde sus padres le dieron todo. Ella y su hermana eran el centro; todo giraba en torno de ellas. "Mis padres siempre habían criticado a Gary. Cuando les dije que había reñido con él, me señalaron que era inmaduro por no aceptar mis disculpas. Un hombre terco, que permanece enojado por algo tan banal, no tiene pasta de buen marido, según mi madre."

El silencio entre Gary y Valerie duró dos semanas y media, al cabo de las cuales Valerie lo llamó con la excusa de que había dejado algo en el apartamento y que quería recuperarlo. Cuando lo vio esa noche, Gary le dijo que había conocido a alguien. "Dijo que no había podido manejar aquello de que nada de lo que hacía estaba bien. Agregó que había tenido tiempo para pensar sobre la forma en que se había desvivido para hacerme feliz, pero que nunca nada era suficiente. Me deseó suerte y que encontrara a alguien que pudiera lograrlo, porque él, definitivamente, no podía."

Al principio, Valerie tomó con filosofía el rompimiento, sintiendo que, después de todo, Gary quizá no fuera la persona indicada para ella. Pero un mes después, después de varias citas desastrosas con otros hombres, Valerie se dio cuenta de que echaba de menos a Gary más de lo que ella sería capaz de admitir. La soledad, la depresión por haber perdido a Gary y el sentimiento de que nunca encontraría a la persona indicada ni se casaría, condujeron a que Valerie examinara sus expectativas acerca de las relaciones.

Valerie, como muchas otras personas que fueron demasiado amadas, llevó a sus relaciones un catálogo de "derechos especiales". En una relación, se sentía con el derecho especial de ser cuidada por un hombre. Éste siempre debía estar a su disposición. Debía ser conquistada e invitada a cenar. Él no debía tener problemas con su trabajo ni de otro tipo. Debía poner su necesidad de mirar fútbol detrás de la necesidad de jugar tenis de Valerie.

Dado que pedir perdón era difícil para Valerie, se sentía con el derecho especial de ser totalmente perdonada después de una disculpa. Un hombre que la amara de verdad debería consentir su egocentrismo y no enfadarse nunca con ella. Se sentía con el derecho especial de que quienes la amaban tenían que leer su mente. Gary debía ser capaz de saber intuitivamente qué quería ella y proveerlo. El acto de comunicar sus necesidades dañaría su sentimiento de tener derechos especiales. Y, finalmente, se sentía con el derecho especial de no tener que considerar su propia responsabilidad en los problemas que se produjeran en la relación.

En esencia, Valerie, que buscaba amor desesperadamente, ponía a distancia a cualquiera que se acercara demasiado a su convicción de tener derechos especiales y sus rígidas expectativas. Como muchos hijos que fueron amados demasiado, nunca tuvo que hacer nada para atraer la catarata de atención que recibía de sus padres. Valerie se dio cuenta de que su padre se anticipaba a la mayoría de sus deseos, que la mimaba para demostrarle amor. Ahora, anhelaba un hombre que se anticipara a sus necesidades y que la sorprendiera con excitantes aventuras, para aliviar su aburrimiento, tal como había hecho su padre. Dado que pocos hombres podían leer su mente, el descontento afloraba con rapidez.

En tanto que hijos adultos con exceso parental, a menudo imaginamos que tenemos dentro de nosotros una tremenda riqueza de amor y devoción, que compartiríamos si encontráramos esa persona especial que finalmente sería "el único" o "la única". Estos "dones" interiores sólo pueden ser ofrecidos a la persona que puede gratificar nuestras necesidades ampliamente y con entusiasmo. Para nosotros —como para la Bella Durmiente— el príncipe verdadero, o la princesa, vendrá y despertará nuestro amor y nuestra pasión.

Nada podría ser una mejor vía de escape de la intimidad que los sentimientos de tener derechos especiales, dado que nadie puede realmente concretar las altas expectativas que traemos a las relaciones. Comenzamos cada relación con la esperanza de que finalmente ésta será "la relación", pero pronto percibimos los defectos de la otra persona. No es el príncipe o la princesa que habíamos esperado; no es más que otro ser humano, demasiado crítico, demasiado débil, demasiado pobre, demasiado pesado o demasiado necesitado. Sus defectos más que su persona, se convierten en el centro de nuestra atención.

Como otras situaciones mencionadas anteriormente, ésta también se originó en la infancia. La consecuencia de haber sido el centro de la atención y de haber sido siempre rescatado por nuestros padres es el desarrollo de un yo soberbio, que se siente con derechos especiales. Llegamos a creer que nuestras necesidades están primero, que somos más importantes que los demás.

Adquirimos una sensación de poder a partir del tipo particular de atención que nos dedicaron nuestros padres y de la forma de satisfacer nuestras necesidades sin que tuviéramos que pedirlo. Comenzamos a pensar que si deseamos algo, eso ocurrirá con poco esfuerzo de nuestra parte. Tales expectativas casi siempre se vuelven contra nosotros. La ilusión y la expectativa de que los demás lean nuestras mentes, originan conductas muy pasivas y bastante irreales.

La amistad es otro ámbito en el que nuestros sentimientos de tener derechos especiales corren sin freno. Jack, un vendedor de veinticinco años, ejemplifica los problemas que podemos tener con nuestras altas expectativas y actitudes críticas hacia nuestros amigos.

Jack pasa mucho de su tiempo solo. "Los amigos que tuve en la facultad se han casado y ahora están en sus propias cosas. No consigo interesarme seriamente en sus bebés o sus nuevos jardines o sus cocheras."

En cuanto a sus amigos en el trabajo, Jack rara vez toma la iniciativa de encontrarse con ellos algún fin de semana. Siente que son ellos quienes deben llamarlo, y éstos rara vez lo hacen. A veces, Jack se permite admitir que está solo. Tiene un amigo íntimo, Ryan, con quien a veces pasa las noches de los sábados, pero últimamente siente que esta relación también se está terminando. "Ryan es bastante aburrido, si vamos al caso. Todo lo que le interesa es su música o las mujeres. Piensa que es un gran guitarrista, pero lo he escuchado y es bastante patético. Salimos a cenar y mientras estoy tratando de hablarle, los ojos se le van detrás de todas la mujeres que pasan. ¿Cómo puedes tener una conversación con alguien así?"

Jack siente que es una víctima. Parece no encontrar el tipo de amigos que comparten sus intereses y satisfacen sus necesidades.

¿Qué dice la gente sobre Jack? Las personas que lo conocen lo ven arrogante. Se quejan de que está a la defensiva, siempre listo para discutir sobre cualquier cosa que alguien diga. "Jack siempre tiene razón —explica un hombre que lo conoce bien—. Tiene que ganar todas las discusiones. Nadie se siente escuchado por él. Pienso que disfruta cuando hace que otras personas se sientan tontas. Y siempre se está quejando de algo. Piensa que todos tienen que darle lo que necesite, ir adonde él quiera ir, hablar sobre las cosas que a él le interesen, como los coches."

Las personas como Jack, empecinadas en salir bien paradas en todas las discusiones, ganan las batallas y pierden la guerra. Esta conducta siempre tiene el efecto de que los demás se mantienen a distancia. La amistad debe ser una calle de doble dirección. Requiere tolerancia, aceptación de sus limitaciones y empatía con sus necesidades.

Jack no aportaba ninguna de estas cualidades en sus relaciones con los demás. Se crió en un hogar donde no era estimulado a desarrollar demasiada empatía por los demás. La empatía se puede definir como la capacidad de ponerse en el lugar de otra persona y, de este modo, apreciar cómo piensa y siente. Jack, hijo único, estaba firmemente situado en el centro de la atención de su familia. Lo más importante era lo que él sentía, pensaba y, sobre todo, necesitaba.

En la terapia, se pidió a Jack y a los miembros de su grupo de apoyo que hicieran una lista de los rasgos que más les molestaba de sus amigos. Como verán, la relación resultó bastante extensa:

- 🕮 Nunca están cuando los necesito
- 🕮 Son insensibles
- 🕮 Actúan como imbéciles
- 🕮 Tienen que salirse con la suya
- 🕮 Hablan demasiado
- 🕮 Nunca quieren ir a un lugar nuevo o diferente
- 🕮 Fanfarronean con sus trabajos
- 🕮 Fanfarronean con sus relaciones
- 🕮 Fanfarronean con su dinero
- 🕮 Fanfarronean con sus hijos
- 🕮 Se lamentan de que no pueden tener hijos
- 🕮 Piensan que lo saben todo
- 🕮 Nunca consiguen tener una cita
- 🕮 Dan fiestas aburridas

La lista podría haber continuado pero, habiendo llegado a este punto, todo el mundo estaba riendo a carcajadas y fue imposible seguir. ¿Cómo habían hecho para conseguir amigos tan espantosos?

Si nos educaron como a Jack, estamos listos para percibir las fallas o debilidades de las otras personas. Aunque sean nuestros amigos, los encontramos llenos de defectos: problemas financieros, falta de trabajo, dificultad para concertar citas, enfermedades, infertilidad, es decir, todos los aspectos de su vida. Pero sobre todo, criticamos el modo en que nos tratan. Inconscientemente, sentimos que tenemos derecho a tener amigos más fuertes, más generosos, y más sensibles de lo que somos nosotros; que puedan satisfacer nuestras necesidades. Nos defraudamos de las personas con demasiada rapidez. Ansiamos amigos más excitantes, personas que verdaderamente nos comprendan, y, sin embargo, no salimos a buscarlas; esperamos pasivamente que ellas nos encuentren. Mientras tanto, continuamos solos.

Los terapeutas de grupo utilizan una técnica con las personas que se sienten con derechos especiales en sus relaciones con los demás. Consiste en lo siguiente: durante varias semanas, el terapeuta asigna a esta persona el papel de "rey" o "reina". Los demás miembros del grupo le entregan pequeños presentes cuando comienza cada sesión. Sin embargo, no se permite a nadie hablar directamente al "rey" o "reina". Además, este personaje debe sentarse a cierta distancia del resto y no se le permite participar del grupo. Mientras se desarrolla la conversación, no se permite que el "rey" o la "reina" hablen o tomen parte de la misma.

Al principio, las personas se divierten mucho con este papel. Hay mucha risa y arrogancia cuando el "rey" o la "reina" se sienta aparte en su trono. Pero después de varias sesiones, cambia el panorama. La persona comienza a sentirse dolida por no poder participar o hablar a los demás. La mayoría de los que han tomado parte en este ejercicio admiten que se han sentido solos y piden que se revoque su "nombramiento" y volver a formar parte del grupo.

Por medio de esta actuación, las personas comienzan a sentir el costo de ser reservados y de sentirse con derechos especiales, de un modo que no siempre es tan obvio en la vida real. Cuando nos sentimos con derechos especiales, nos alejamos de los demás de modos sutiles. Esto nos aísla de los demás, de un modo bastante cercano al del "rey" que es separado de los demás integrantes del grupo, que le dan regalos, pero que nunca se relacionan con él como se relacionan con los demás. Sentirse con derechos especiales limita nuestra capacidad de amar porque el amor exige que quitemos las fronteras entre nosotros y los demás y actuemos como iguales.

Comprender la conexión entre nuestra pretensión de derechos especiales y la falta de intimidad en nuestra vida es crucial para romper el ciclo que conduce a la soledad y la falta de alegría. Una crisis vital como la pérdida de alguien a quien ahora creíamos no amar o algo menos grave como otra noche de sábado vacía, nos lleve a reconsiderar nuestras expectativas en relación a los demás, es probable que experimentemos una cantidad considerable de dolor emocional en las primeras etapas del cambio. Es difícil derribar las defensas que nuestros padres nos dieron, aquéllas que dicen que las frustraciones de nuestra vida son el resultado de las imperfecciones de los demás.

Pretender que se tienen derechos especiales es un hábito. Si intentas enfrentarlo, estás tratando de deshacer un esquema con el que has vivido quizá treinta o cuarenta años. Aunque hayas reflexionado sobre tu conducta, puede resultar difícil acabar con ella, porque la conciencia sola, no es curativa. Sin embargo, cuando se renuncia a la pretensión de tener derechos especiales, se abre la puerta a la intimidad, a relaciones más saludables y duraderas y a la alegría de dar.

¿Recuerdas a Steve, el empresario gastronómico que se sentía deprimido y solitario en medio de tanto éxito? Hoy en día se relaciona formalmente con una mujer en un vínculo que tiene indicios de ser duradero y satisfactorio para ambos. Ha recorrido un largo camino desde la solitaria preocupación por sí mismo en que lo hundió la creencia de tener derechos especiales y está encontrando tanto recompensa como desafío, con una relación saludable e íntima.

Él es el primero en admitir que no ha sido fácil. "En la época que conocí a Kris, había comenzado a plantearme cuál había sido mi responsabilidad en varias relaciones que había tenido y que no habían funcionado. Había conocido un par de mujeres; más tarde me di cuenta de que eran maravillosas. Sin embargo dejé que esas relaciones se diluyeran, y pasaba todo mi tiempo buscando a alguien mejor, cuando podía haber sido feliz.

"Una noche, cuando conocí a Kris en el restaurante la vi tan hermosa y tan elegante que pensé que nunca podría llevarla a mi cama."

Un año de terapia había dado a Steve una considerable conciencia de su pretensión de tener derechos especiales y del modo en que esto lo alejabaiaba de las personas que conocía. Pero cuando empezó su relación con Kris, Steve descubrió que aun contando con esa conciencia, romper con un esquema de conducta de toda la vida era muy difícil; una tarea de cada día.

"Kris es muy cálida y generosa, pero al mismo tiempo es una dama muy segura, reconoce. En tanto que otras mujeres en mi vida cedían ante mí, Kris pelea por lo que quiere.

"He aprendido mucho en nuestra relación. Más de una vez Kris vuelve a casa de su trabajo y necesita contarme algo que ocurrió ese día. Tiende a dar muchos detalles. Un par de veces me sorprendió distraído y sin prestarle atención, aunque yo movía la cabeza asintiendo y negando, como corresponde. Realmente se puso fuera de sí.

"Pero por primera vez no me encuentro en muchas situaciones como ésa. Antes, si una mujer se enfadaba conmigo, yo simplemente me decía que ella era demasiado sensible. Ahora, me doy cuenta de que si quiero que Kris me preste atención, yo debo hacer lo mismo con ella. Esto puede parecer poco profundo para algunas personas, pero es algo que me costó mucho ver. Pienso que siempre me será difícil interesarme por los detalles cotidianos de la vida de los demás, incluso de aquellos que amo. Nunca tuve esa experiencia de niño; siempre estuve en el centro de la escena.

"Con Kris, aprendí que dar puede resultar realmente satisfactorio. La sorprendo con regalos todo el tiempo; cosas pequeñas, pero que me hacen tan feliz a mí como a ella. Nunca tuve la menor idea de que dar hacía tan bien hasta que Kris y yo estamos juntos.

"Kris no es perfecta —admite Steve—. Se enfada y se ofende. También puede resultar bastante descuidada en mi casa. Pero en lugar de marcharme cuando discutimos o ponerme a la defensiva si me acusa de ser egoísta, la escucho y trato de encarar las cosas.

"Mi expectativa de que los demás deben prestarme la máxima atención, escucharme y hacer las cosas por mí, probablemente nunca desaparezca —confiesa Steve—. Resulta más fácil dar que tomar, pero la idea de que yo debería ser el primero en recibir no desaparece sin más. Tengo que estar atento continuamente. Todavía representa un gran tironeo ver si puedo manipularla para que haga algo para mí, como ver las películas que yo quiero o pasar nuestro tiempo con mis amigos en lugar de los de ella. Pero en lugar de ofenderme cuando cedo ante ella, miro el conjunto de nuestra relación y veo que Kris aporta mucho a mi vida."

Para Steve, bien vale la pena asumir el costo de un compromiso.

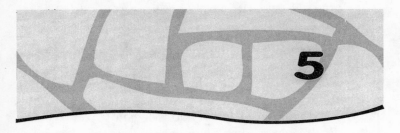

5

EN BUSCA DE UNA ESTRELLA

"TÚ PUEDES CONSEGUIR ALGO MEJOR."

"No busco algo especial. Simplemente, alguien que sea inteligente. Independiente. Guapa. Delgada. Sensual. Elegante. No me ofendería si también tuviera algo de dinero."

TOM, 39 AÑOS, CONSULTOR DE MERCADO

A las nueve de la mañana de un sábado de diciembre, Carole cierra de un portazo su armario y se acomoda su leotardo. Mirándose en el espejo endereza la vincha y arranca para el gimnasio donde está por comenzar la clase de aeróbica.

El club donde va es el más exclusivo de la ciudad. La pista de atletismo, de recorrido de casi medio kilómetro, se jacta de ostentar una superficie especial para reducir el daño físico, cuya colocación ha costado una fortuna. Un costoso equipo Nautilus brilla en los salones de culturismo y la piscina, de tamaño olímpico, está dividida en cuatro sectores anchos para realizar prácticas.

Desde la mañana el club está atestado de gente. Hombres y mujeres, que pueden ser vistos desde todas partes a través de los cristales que van desde el suelo al techo, trabajan sus cuerpos sin ninguna timidez. Es un lugar para ver y ser visto. Aquí a nadie le sobra un kilo. Por todas partes se ven músculos bien marcados, vientres chatos y salud resplandeciente.

Carole hizo dieta durante meses antes de ingresar al club. Descartó una cantidad de cosas que le hubiera encantado hacer, para pagar la altísima cuota mensual de socia. Pero no está aquí para lograr un cuerpo perfecto. Esta mañana ha venido buscando algo que comienza a pensar que nunca encontrará: una relación duradera con un hombre. Dado que por la mañana temprano es el momento en que los hombres vienen al club para hacer ejercicios, Carole, que nunca ha sido madrugadora, puso su despertador a las seis de la mañana y luchó para dejar la cama y ponerse el chándal.

Pero esta fría mañana de diciembre está deprimida por la perspectiva de otra Noche Vieja sin una compañía especial. Ayer, Carole cumplió treinta y un años. Durante el refrigerio en el restaurante del club, pica una ensalada César y murmura: "Pasé la etapa de 'la vida de soltera es fantástica' hace bastante tiempo. Puedo sobrevivir sola, pero nunca calculé que lo haría toda la vida. No tiene sentido fingir que no me importa no estar casada. Mis amigos me dicen que deje de preocuparme por eso, que ya llegará." Sacude la cabeza; el largo pelo negro cae sobre los hombros. "Me estoy poniendo mayor. Quiero tener hijos. Todas mis amigas están casadas, y estoy empezando a creer que nunca encontraré la persona indicada. Los hombres que encuentro son unos pelmazos."

Equilibrada, inteligente y voluntariosa, Carole considera que tiene mucho que ofrecer a un hombre. Por empezar tiene una buena educación. Está licenciada y doctorada. Es licenciada en arte, especializada en pintura. "Tenía poco sentido del rumbo cuando era más joven —dice—. Estaba en los años superiores de la escuela secundaria, deambulando y preguntándome qué estaba haciendo allí. ¿Qué significa todo esto? Me imagino que un día encaré a mis padres y les dije: 'Está bien, ¿Qué tengo que hacer con mi vida?' Estaba desesperada por que alguien me dijera para qué servía, qué me haría feliz, y dedicarme a eso.

"Mis padres me estimularon para que hiciera algo creativo. No eran prácticos. Para ellos, una mujer se casa y un día deja de trabajar, de todas maneras. Pintar era mi pasión, así que fui a Bellas Artes y traté de que esa pasión fuera mi carrera.

"Era buena pero nada extraordinario. Creo que nunca gané más de 6.000 dólares por año. Mis padres eran mis mejores clientes. Sus paredes todavía están cubiertas con mis pinturas; las compraron para que yo no me desalentara.

"No se me ocurrió que durante años seguiría sola, soltera, o que tendría que pagar un alquiler o una factura de electricidad más altos o pensar sobre cosas como planes de retiro. Diez años atrás, no estaba preocupada por nada de esto, de modo que 6.000 por año no estaba mal. No pasaría hambre. Tenía un bonito apartamento. Era un condominio, en realidad; mis padres lo compraron como una inversión.

Con una sonrisa irónica Carole admite: "Recordando, me doy cuenta de que mis padres, en realidad, me estaban subsidiando. Podrían haber encontrado muchas mejores inversiones que un estudio en los suburbios. Pero yo no quería discutir. Estaban esperando que el hombre apropiado llegara a mi vida y se hiciera cargo de la tarea de cuidarme."

Por entonces, el matrimonio no era importante para Carole. Estaba disfrutando el placer de su libertad. A los veintidós años, su estilo de vida la hacía sentirse muy adulta y hasta liberada. "Pensaba que liberación quería decir ganar tu propio dinero durante unos cuantos años, tener tu propio apartamento y acostarme con unos cuantos hombres; una aventura que podría recordar cuando estuviera casada y establecida. Así fue como lo sentí. No estaba tratando de ser la 'Mujer del año de profesión independiente'."

Un fin de semana de verano, en un festival al aire libre donde Carol estaba exponiendo sus pinturas, conoció a Mike. Era auxiliar en el departamento de promociones de una radio que estaba haciendo una transmisión en vivo desde el predio ferial. Se detuvo durante un descanso para mirar las pinturas de Carole y charlar un rato.

Cuando Carole miró a Mike, su primer pensamiento fue que él era terriblemente atractivo. Alto, de hombros anchos, con el pelo largo, al estilo vikingo, que parecía casi blanco al sol.

De inmediato hubo sintonía. Mike, descubrió Carole, era una compañía divertida y excitante. Sus bromas de improvisado comediante le hacían morir de risa; debía pedirle que parara para poder respirar nuevamente. Era muy romántico y afectuoso; a menudo le traía flores sin ninguna razón en especial. Tomaban baños de bubujas juntos, a la luz de las velas, con copas de vino y un barco de juguete navegando en la bañera, al que dieron el nombre de "el barco del amor". Pasaron muchas horas juntos, simplemente hablando, contentos por la mutua compañía. Los amigos de Carole suponían que estaba enamorada. Después de todo, ¿qué más podía querer Carole? Sin embargo, dos años después de conocerse, Carole cortó abruptamente la relación.

El problema para Carole era que Mike no era "materia para matrimonio". "Iba muy de prisa hacia ninguna parte, explica Carole. Al principio no me di cuenta, pero Mike era todo charla y nada de acción. Se movía de una estación de radio a otra, deseando ser un *discjockey* pero en realidad haciendo el mandadero de algún pez gordo. Se imaginaba que si conocía a suficiente cantidad de gente alguien le daría una oportunidad.

"Yo quería casarme con alguien que estuviera establecido, que no estuviera todavía buscando su lugar en la vida. Siempre había imaginado a mi esposo como alguien con una carrera sólida, muy estable, muy exitoso.

Era una idea que Carole había heredado de sus padres. Las desventajas de Mike se hacían luminosamente visibles cada vez que Carole lo llevaba a visitar a sus padres. "Ellos siempre eran bastante simpáticos con él, pero mi madre decía: 'No puedes meterte en serio con este muchacho, ¿no es cierto? Puedes conseguir algo mucho mejor'. Les mentí. Les dije que no éramos más que buenos amigos. Aun así, no perdieron oportunidad de desmerecerlo.

"Era un poco patético. Mike trataba con tanto ahínco de gustar a mis padres. Nunca se dio cuenta que para ellos, él no existía. Fue bueno que no se diera cuenta, porque le hubiera herido terriblemente."

Durante los dos años que Mike y Carole pasaron juntos, los padres de Carole no dejaron de insinuarle que debía terminar su relación con Mike. Si no iba en serio, ¿por qué continuaba viéndolo? "¿Qué podía decirles? ¿Qué continuaba viéndolo porque lo pasábamos muy bien en la cama? Eso fue lo más cerca de la verdad que pude estar. Ellos continuaban insistiendo sin cesar. Me estaba haciendo mayor, me recordaba mi madre, con su tono de disculpa estilo sólo-te-lo-digo-por-tu-propio-bien. Tendría cada día más difícil encontrar un hombre. Si todo el mundo sabía que yo estaba con Mike, otros hombres no me invitarían a salir.

"Traté de decir a mi madre que ya no estaba en la escuela secundaria. No todo el mundo sabía que estaba saliendo con este tipo y, de saberlo, no les importaría. Algunas veces directamente perdía la paciencia y le pedía que callara. Pero después, cuando volvía a casa pensaba sobre lo que ella me decía. No podía evitarlo, y ella lo sabía. Yo estaba convencida que ella sólo quería lo mejor para mí; obviamente, el hecho de que ella no tuviera una buena opinión de Mike embotó la relación, al menos para mí."

"Mike y Carole comenzaron a pelear cada vez más. Todo en él irritaba a Carole. Trató de que Mike cambiara. Le parecía que él no estaba poniendo suficiente empeño para echar a andar en su carrera y así se lo dijo. Mike repuso que ella estaba haciendo mucho menos que él con la venta de pinturas en las ferias de arte, pero eso no alteró el curso de pensamiento de Carole.

Carole se dio cuenta de que Mike no cambiaría. Era muy obstinado para seguir su consejo. De hecho, encontró absurda su sugerencia de que encontrara un "trabajo en serio". ¿Qué importaba el dinero si él se levantaba e iba a trabajar cada día? Trabajaba duro. En algún momento se le abriría una puerta. Estaba seguro. Debía ser paciente y tener confianza en él.

Carole se quedó mirándolo con disgusto. Era un soñador. Sólo podía empeorar. Era el momento de ponerse en movimiento. Necesitaba algo más que un compañero de juegos. Dejaría la pintura y conseguiría una maestría en algo —cualquier cosa— que le diera algún dinero y el acceso a un mundo nuevo, de gente que realmente tuviera todo montado. Para facilitar la ruptura de la relación con Mike, decidió matricularse ese mismo día en un curso de periodismo para graduados.

Su padre, algo confuso, accedió a pagar la cuota cuando Carole fue aceptada en el curso para graduados de la universidad local. Su hija, seguramente, no necesitaba un segundo título, razonó, cuando pronto se casaría, tendría hijos y se quedaría en la casa con ellos. Pero si Carole quería ser periodista, él la ayudaría con gusto.

La madre de Carole también estaba preocupada. Cuando Carole tenía veinte años, su objetivo de tener una carrera de algunos años, vivir en su propio piso y luego casarse, complacía a la madre, que había hecho exactamente lo mismo cuando era joven. Pero, ¿por qué no se había casado Carole todavía? Era una chica tan guapa. Ya era tiempo.

Mike se mostró poco inclinado a alentarla cuando ella le contó sus planes. "Por encima de todo, me pidió que me olvidara del curso para graduados y que me casara con él. Le pregunté qué nos esperaría estando juntos, cuando él estaba en una estación de radio alguna que otra noche, trabajando prácticamente por nada."

"'Tendríamos amor —dijo él—. ¿O es algo demasiado barato para ti ahora?' "

Carole se mantuvo firme. En una pelea que duró toda la noche, Mike le gritó que las prioridades de ella eran las de una irremediable malcriada. Carole le respondió a los gritos que al menos ella tenía algún objetivo. "Se puso espantoso. Me dijo un montón de cosas horribles. Que podía oír las palabras de mis padres saliendo de mi boca y que un día yo lo lamentaría, cuando comenzara a pensar por mí misma. Después empezó a llorar. Me revolvió el estómago. Quería gritar: 'Por Dios, pórtate como un hombre'. No pude esperar que se marchara."

Carole admite que echó de menos a Mike después que rompieron. Lo extrañó mucho. Pero el curso para graduados le obligó a mantener su mente ocupada en otras cosas. "Mis padres fueron mis salvadores en esos días. Alquilé mi estudio y volví a casa. Fue idea de mis padres. Consideraron que yo estaría muy ocupada estudiando y asistiendo a clase, para cocinar o cuidarme. Me permitieron ir y venir a mi antojo. La relación era más estrecha que nunca.

"Mike siempre pensó que mi relación con mis padres era infantil, porque los llamaba todos los días, les confiaba mis cosas y no tomaba decisiones sin hablar con ellos. Simplemente, no podía entender qué es tener una buena relación con los padres. Su padre era un hombre egoísta, en mi opinión. Estaba forrado de dinero, pero no era capaz de dar a su propio hijo algo para que tuviera un piso mejor o se comprara ropa. Mis padres nunca me harían eso. Siempre me dijeron: 'Nadie te amará tanto como tus padres'. Y creo que tienen razón. Una familia debe estar unida. ¿Por qué no podría depender de ellos?"

Un año y medio más tarde, Carole se graduó. El socio de su padre la ayudó a conseguir un trabajo en una empresa de relaciones públicas. "Pensé que sería interesante, pero pasaba mucho tiempo sentada frente al teléfono, contándoles historias a los periodistas. Mis pagas no eran muy excitantes, tampoco."

Deprimida con su carrera, Carole se concentró más que nunca en su vida social. Ingresó al club de gimnasia, tomó clases de baile, hizo trabajo de voluntaria, fue a fiestas para solos y solas. "Durante los siguientes cinco años, pasé por un montón de hombres. Fue deprimente. Nada me llegaba. Hubo algunas relaciones. Una duró casi cinco semanas; realmente pensé que me había enamorado. Pero después me di cuenta de que no funcionaría. Le iban bien las cosas, pero todavía era un niño, egoísta e inmaduro."

A los treinta y un años, Carole intuye el creciente desconcierto de sus padres. "Mire, invirtieron conmigo todo este dinero, y no tienen nada que mostrar a cambio. Tengo un doctorado y un trabajo, pero ellos quieren tener las fotos de sus nietos en la billetera. Eso sería algo para mostrar."

Si pudiera Carole les daría esos nietos. Por ese motivo pasa buena partre de su tiempo en el club, en fiestas y en funcioness de caridad, mirando. Siempre mirando.

Hace unos días, Carole estaba en un restaurante con un amigo y cuando levantó la cabeza vio a su antiguo novio, Mike, parado en la barra; su brazo rodeaba la cintura de su esposa embarazada.

Carole fue a saludarlos, y ambos, Mike y su mujer, la saludaron con calidez. Se enteró que Mike era jefe del departamento de promociones de una importante emisora y que le iba bien. Charlaron sobre viejos tiempos y viejos amigos.

—Me gustaría decir que su esposa era horrible o antipática —admite Carole—, pero, en realidad, parecía muy dulce. No quitaba los ojos de encima de Mike, como si fuera el hombre más maravilloso del mundo.

—¿Y Mike?

—Él parecía feliz —dijo Carole pensativamente—. En realidad, parecía estar realmente bien.

A la distancia, todo el mundo parece estar bien. Eso se dijo Carole a sí misma cuando pensó en Mike y su esposa, obviamente felices de estar juntos, comenzando una familia propia. Él no había sido la persona indicada para ella en el pasado, y el hecho de que encontrara a alguien y se casara, no lo convertía ahora en la persona adecuada.

Sin embargo, algo en todo esto le dolía. Aparentemente todos los que conocía eran personas que no iban con ella. Muy grueso. Muy bajo. Demasiado arrogante. Demasiado sensible. Demasiado aburrido. Demasiado violento. Un malcriado. Un tarambana. Un descontrolado. Un ambicioso.

Mike, que era sensual, romántico y afectuoso, había estado muy cerca de ser todo lo que ella quería. Pero no satisfacía todas sus expectativas; especialmente las que tenían que ver con la profesión y el sueldo que el hombre con quien se casara debían tener. Aun cuando lo amara, un futuro "pinchadiscos" muerto de hambre, no encajaba.

Le ponía furiosa la insinuación de que ella era demasiado delicada o exigente cuando se trataba de encontrar a alguien a quien amar o de continuar amando a alguien que había conocido. Sus expectativas podrían ser elevadas pero, ¿qué podía hacer? ¿Acomodarse al primero que se presentara? Podría ser frustrante, pero iba a continuar buscando hasta que encontrara a la persona indicada, aunque esta búsqueda no acabara nunca.

La autora de *Perfect Woman*, Collete Dowling, escribe sobre esta búsqueda, a la que llama "comprar una estrella". Considera que esto implica mucho más que buscar a una persona que nos cuide. A menudo, es la búsqueda de la perfección en la otra persona.

En la raíz de esta búsqueda, hay agudos sentimientos de incapacidad personal. "El deseo de un amante perfecto está conectado a un profundo sentimiento de inferioridad y a la necesidad de compensar ese sentimiento", escribe Dowling. Aunque los buscadores de una estrella señalan los defectos en el amante, defectos que hicieron que la relación nunca llegara a más, son a menudo las desventajas que perciben en sí mismos las que producen esta rápida percepción de los demás como "no del todo buenos". Buscan en un amante a alguien que les complete.

"'¿Qué puede hacer él por mí?' es la pregunta oculta y dominante para una mujer que siente su insuficiencia, dice Dowling. Si piensa que él tiene lo suficiente para compensarla por lo que a ella le falta, el 'amor' es posible."

Los hombres también pueden ser buscadores de una estrella, siempre tratando de encontrar a la 'mujer perfecta'. Esta mujer debe aumentar su autoestima y reflejar una imagen más perfecta de ellos mismos.

Los hijos adultos que tuvieron exceso parental se convierten en ávidos buscadores de una estrella; tienen buenas razones para ello. En su historia ha habido pocos elementos que estimularan un sentimiento fuerte del yo o sus capacidades; esto potencia la necesidad de alguien que los complete.

Consideremos a Carole por un momento. Como la mayoría de los hijos adultos que fueron demasiado amados, Carole ha sido sutilmente estimulada para que dependiera de sus padres. La premiaron durante toda su vida cada vez que no tenía confianza en sí misma e insistieron en que ella debía dar más crédito a los juicios de sus padres que a los propios.

Los padres de Carole habían depositado tremendas expectativas en ella; especialmente en relación al estilo de vida que un marido podría aportar. La animaron a que encontrara una persona que fuera satisfactoria para ellos, que aportara una fortuna y bienes materiales, que la cuidara y más aún. Decían: "Eres tan especial... tienes tanto que ofrecer... Puedes encontrar algo mejor... No te quedes con tan poco", hasta el punto de que prácticamente nadie podía ser aceptable. En medio de estas expectativas, Carole trajo a Mike. Fue juzgado de acuerdo a normas que pocos mortales podrían alcanzar.

Podemos argumentar que los padres de Carole actuaron guiados por su amor y su deseo de que ella tuviera lo mejor. Eso es cierto, pero también que otra emoción más profunda que el amor estaba en juego. Allí estaba el miedo.

Oculto en la oferta de un piso hecha por sus padres, en la reticencia de éstos para verla estudiando para el doctorado y en las constantes críticas a Mike, había un miedo inconsciente de que Carole no se bastara a sí misma. Mike, que quería ser pinchadiscos y daba poca importancia a un ingreso insuficiente y horarios irregulares, se convirtió pronto en una amenaza para todas sus expectativas puestas en el futuro de Carole.

Cualquier amenaza a la felicidad de su hijo se transforma en una obsesión para un padre que ama demasiado. El miedo generalizado de los padres de Carole era que ella sufriera privaciones. Sólo pensarlo les resultaba intolerable. En las familias como las de Carole, en las que sus miembros están tan vinculados, ocurre que cuando se percibe que un hijo está sufriendo o corre un riesgo, el progenitor también sufre o corre peligro. Existe muy poca separación emocional.

Para rescatar a Carole —y a sí misma—, su madre tomó instintivamente el control. Utilizando una combinación de mensajes críticos, tanto sutiles como directos, hizo todo lo posible para que Carole reconsiderara su relación.

Carole internalizó los miedos de sus padres. Comenzó a creer que no se arreglaría sola. Le atemorizaba un futuro de complicada independencia y separación de sus padres. Era esencial encontrar a la persona indicada, que fuera bastante fuerte, rica y estable, que completara las piezas faltantes en ella y aliviara sus temores.

Carole rara vez pensó en el amor y el matrimonio en términos de una sociedad igualitaria o de una oportunidad de crecimiento mutuo. No cuestionaba si se sastifarían las necesidades de Mike; sólo importaba que él satisficiera las de ella. Sobre todo, ella quería un proveedor; alguien de quien pudiera depender, que la cuidara de una forma tan completa y amorosa como sus padres lo habían hecho.

Dadas estas expectativas, no es extraño que Mike no estuviera a la altura de la situación. Años más tarde, Mike volvió a evaluar los objetivos de su profesión y encontró un lugar en una emisora que se adecuaba mejor a sus deseos. Hizo lo que hacen la mayoría de los seres humanos en el comienzo de la adultez: probarse a sí mismos y separar lo posible de lo inalcanzable. Cuando sucedió eso ya era muy tarde para Carole. Sus expectativas sobre el tipo de hombre con quien debía casarse no le daban la paciencia para esta clase de proceso o incluso para creer en algo así. Tenía poca flexibilidad cuando se trataba de amar y ninguna confianza real de que Mike pudiera tomar el timón de su vida para conducirla por una senda que fuera realizadora y práctica al mismo tiempo. Miró a ese hombre dispuesto a luchar y triunfar en una carrera que le atraía y lo tildó de soñador.

Esto no quiere decir que Carole no debería haber considerado el tema económico cuando pensaba en un matrimonio con Mike. El dinero es una consideración muy realista que no debe ser desestimada cuando dos personas piensan hacer vida en común. Pero, ¿se habría casado Carole con Mike si éste hubiera tenido dinero?

Carole confió muy poco en los hombres que conoció después de Mike, incluyendo a varios que tenían una posición desahogada. Encontró defectos en todos ellos. Es posible que Mike la asustara con su inestabilidad financiera pero, a decir verdad, nadie era suficientemente bueno para ella. Ninguno de estos hombres fue capaz de calmar sus miedos sobre el futuro.

Toda una vida sumergidos en expectativas y miedos que tienen que ver más con las fantasías de nuestros padres que con nuestra realidad nos conduce a vastas consecuencias en nuestras relaciones con los demás. Las expectativas de nuestros padres se han transformado en las nuestras. Los ideales y las opiniones de nuestros padres son internalizados por nosotros y más tarde proyectados sobre nuestros amigos y nuestros amantes. Ya sea que hayan sido mencionadas en forma sutil o directa, sus expectativas sobre nuestro futuro compañero, forman en gran medida nuestra imagen de aquél que sería bueno para nosotros; una imagen que no siempre nos tomamos el trabajo de cuestionar.

Conocemos a alguien y hacemos un rápido balance de lo que vemos, con la actitud lineal de "tanto ves tanto recibes," que no da cabida a las flaquezas de nadie. Queremos algo más que posibilidades en la persona con quien nos casemos. Queremos asegurarnos. Queremos alguien más fuerte que nosotros, alguien de quien podamos depender. Que alguien nos quiera bien no es suficiente. A menudo, sólo la "perfección" brinda esta sensación de seguridad.

Dado el nivel de nuestras expectativas, no es raro que encontremos algo criticable en casi todas las personas con quienes nos involucramos, algo que será utilizado como motivo de rechazo. Un hombre de treinta y seis años me habló sobre un "sistema de descarte por tantos en contra" que había diseñado como una agenda para encontrar a la mujer "indicada". "El primer tanto en contra es que ella fume. El segundo que sea gorda; el tercero que espere que yo la llame cada noche. Con el tercero está eliminada." Tenía una larga lista de tantos en contra. El problema era que muy pocas mujeres pasaban la prueba.

Una mujer de treinta años me explicó algo parecido: "Yo siempre pensé que quería un hombre mayor, que fuera económicamente seguro y muy maduro. Conocí varios hombres así, pero no alcanzó. Eran seguros y estables, pero yo no sentía ninguna reacción química, ninguna chispa. Necesito alguien que también sea creativo. Un hombre emprendedor, capaz también de escribir poemas o canciones románticas. O un verdadero artista, cuya afición sea realizar negocios arriesgados y lucrativos con propiedades. ¿Por qué nunca puedo encontrar un hombre así?"

A veces buscamos en los anuncios clasificados. Una mujer escribió: "Mujer hermosa, de éxito, sofisticada pero sencilla, treinta años; busca caballero solo, de éxito, veintiseis a cuarenta y cinco años, de alto nivel y valores tradicionales. Generoso, creativo, adinerado, bondadoso. Guapo pero modesto. Capaz de equilibrar un amor apasionado con éxito espectacular".

Respondieron dos hombres. "Dos vividores", suspiró la mujer.

Algunas veces, encontramos a alguien que pensamos que quizá nos convendría, pero las altas expectativas están allí, y las escenas que siguen pueden ser muy tristes. Algunas personas que fueron niños con exceso parental, encuentran que la vida ha llegado a ser un ejercicio para tratar de cambiar a un compañero posible en lo que ellos esperan que sea, a menudo por medio del regaño, la insistencia, la manipulación, la amenaza, el ruego, la privación o tratando de controlarlo. El resultado final es una amarga frustración.

Antes de que podamos permitirnos amar a alguien, él o ella debe pasar por cientos de pruebas. El objetivo consciente del buscador de la estrella es encontrar a alguien que pase estas pruebas y por fin enamorarse. La meta inconsciente, sin embargo, es encontrar un "espejo"; alguien que nos defina y nos diga quiénes somos. ¿Por qué necesitaríamos esto? Porque tenemos un sentido bastante difuso de nuestra identidad. En la infancia, necesitábamos que nuestros padres "reflejaran" la imagen de nosotros mismos con el objeto de ganar un sentido de integridad y separación. Pero más de una vez, fracasan y no son "espejos" adecuados porque nos ven como extensiones de sus necesidades y deseos. Como consecuencia de ello, conseguimos un sentido muy frágil de nuestra separación. Rara vez nos sentimos completos como personas. Nuestro sentimiento de integridad depende de la posibilidad de vincularnos con alguien más fuerte.

La dimensión de la falta de esa imagen reflejada de nosotros mismos vivida durante nuestra infancia determina la magnitud de la "estrella" que tendremos que encontrar, aquélla que nos haga sentir lo suficientemente completos para amar. Puede parecer que nunca hay nadie bastante atractivo, inteligente o rico para amar o para reflejarnos un sentimiento de la propia valía y completarnos.

El amor que tenemos por nosotros mismos determina cuánto amor tenemos que dar a los demás. Aun con todo lo que nuestros padres nos dieron, es posible que no pudieran ayudarnos a conseguirlo. Si tenemos un pasado lleno de expectativas imposibles de satisfacer, una sobreprotección sofocante y el rechazo de nuestro verdadero yo, de la misma manera modelaremos nuestras expectativas de amor.

Enfrentaremos la perspectiva de amor con prevención y hostilidad. Nos sentiremos con derecho a amar pero sin merecerlo realmente ni abrirnos para recibirlo.

Mientras no tomemos la decisión de trabajar arduamente en el tema de nuestra autoestima y fijemos como primer objetivo aprender a amarnos a nosotros mismos, estaremos buscando indefinidamente un sentido de integridad que nadie nos puede proporcionar.

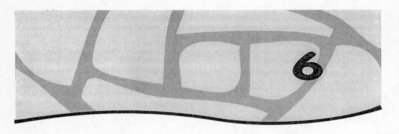

EL TEMOR A LA INTIMIDAD

"NADIE TE AMARÁ TANTO COMO NOSOTROS."

"Cuando supe que la relación con mi novia habitual se estaba volviendo demasiado seria, quise huir de la ciudad.

"Ya me ha ocurrido antes. Muchas veces. Si dejo que se acerquen demasiado y comiencen a depender de mí, me siento como si estuviera ahogándome.

"En cuanto oigo que una mujer habla sobre 'relación' y 'necesidades', corto los lazos. Necesito mi libertad."

JIM, 37 AÑOS, AGENTE DE BOLSA

Hay una historia acerca de una mujer que anhelaba dormir con John Lennon. Pensaba en él todo el tiempo. Estaba segura que era el único hombre que podría hacerla feliz.

Una noche se encontró en un bar con un cantante que se parecía un poco a él. Pensó que era fantástico, y pasó la noche con él. A la mañana siguiente le dio un beso de despedida pensando: "És magnífico pero no es John Lennon".

Conoció a muchos hombres más que le hicieron recordar a John. Así fue de uno a otro en una serie de romances, siempre de corta vida, siempre decepcionantes. Cuando terminaba la relación, sus amigos decían: "¿Qué pasa esta vez?". Ella suspiraba y decía: "Era magnífico, pero no era John Lennon".

Una noche en Nueva York, encontró a un amigo de John Lennon. Después de una maravillosa semana juntos, ella le dijo que la cuestión no daba para más. Después de todo, el era magnífico, pero no era John Lennon.

Ese hombre le presentó a John. Congeniaron de maravillas, y resultó ser la noche más maravillosa de su vida. Por fin, sola con John Lennon.

Cuando llegó la mañana siguiente, ella se marchó sola a su casa, sin pesar. "Era magnífico —dijo—, pero no era John Lennon."

A todos nos ha pasado por lo menos una vez. La persona "indicada", con todas las cualidades que ansiábamos, por fin llegó a nuestra vida. Sin embargo, después de un par de meses, el señor o la señora Indicada ya no nos parece tan maravilloso. Queríamos una persona elegante pero ahora la preferimos madura. La queríamos estable pero ahora soñamos con alguien no convencional.

Salimos corriendo para las fiestas, entregamos dinero a los servicios de concertación de citas, escribimos anuncios clasificados, rogamos a nuestros amigos que nos presenten a una persona. Lo último que se nos ocurre es que tal vez tengamos miedo a la intimidad. En realidad, parecería que lo único que verdaderamente queremos en el mundo es una relación.

Pero el temor a la intimidad es una epidemia entre los adultos que han tenido exceso parental en la infancia. Este temor es el responsable de un montón de peleas y de amores que nunca terminan en una real intimidad o compromiso.

Bajo las altas expectativas que no podemos satisfacer están las ansiedades de un niño que fue amado demasiado y que por sobre todo quiere estar seguro.

¿Qué es lo que tememos? Tememos ser "fagocitados". Ser abandonados. Quedar expuestos. Éstos son los riesgos que corremos en la intimidad. Considerando nuestra historia, no resulta extraño que los temamos tanto.

Veamos cada uno de estos miedos uno a uno.

Miedo a ser fagocitado

A veces, los niños que tuvieron exceso parental se transforman en adultos que temen inconscientemente que si se permiten ser amados por alguien, serán fagocitados por las necesidades de la otra persona y perderán su libertad, autonomía e identidad individual.

Ron se sintió así en su relación con Chrissie, aun cuando ella era hermosa e inteligente y poco exigente con él. "Lo pasamos bien juntos, pero nunca sentí que estuviera realmente enamorado, creo que sabes a qué me refiero. Nunca quise que ella se habituara a salir todos los sábados por la noche, o algo por el estilo. No quería crear una situación en la que no pudiera salir con otra persona si así lo deseaba."

Chrissie tenía un taller de artes gráficas y hacía rotulaciones y señalizaciones para pequeñas empresas. "Cuando el trabajo no iba bien, algo que ocurría frecuentemente, ella se moría de hambre. Yo acostumbraba a pensar que si me casaba, ella ascendería en su posición en el mundo, en tanto que yo descendería. Sin embargo, en muchos aspectos ella me atraía mucho."

Durante el año que salieron, Ron hizo todo lo posible para mantener a Chrissie a distancia. "Sabía que ella se estaba enamorando de mí; yo no quería eso. Me enviaba tarjetas todo el tiempo. Si había algo que me gustaba, ella sintonizaba con mi gusto. Era como un camaleón.

"Después del primer mes aproximadamente, nunca la llevé a ningún sitio —admite Ron—: "Nos sentábamos en su piso, mirábamos televisión y hacíamos el amor."

Chrissie parecía contenta con esta situación. Ron agrega: "Su disponibilidad en la cama me atraía mucho: cualquier cosa que se me ocurriera a ella le parecía bien. Ella me pedía que le contara mis fantasías sexuales. Cuanto más perversas eran, tanto más disfrutaba ella. Luego, las llevábamos a la práctica.

"Una noche, me pidió que actuara una de sus fantasías. Yo estuve de acuerdo pero, después de un minuto, le dije que no quería continuar. Ella estaba como pegada a mí; eso me estaba poniendo loco. Me levanté y encendí la televisión. Quince minutos más tarde, me vestí y me marché; le dije que estaba cansado."

A veces, Ron no llamaba a Chrissie durante dos semanas o más. "Ella no decía nada; cuando yo volvía a su vida, por aburrimiento o por lo que fuese, ella se conducía como si nada hubiese ocurrido."

Tres o cuatro veces, Ron rompió la relación. "Una vez me dije que aquello era para bien y que no volvería a dejarme enredar. Un mes más tarde, estaba muy caliente. Fui a su apartamento tarde por la noche. Quizá podría decirse que la seduje. Al principio trató de que me marchara, pero finalmente cedió."

Más tarde, cuando se marchó esa noche. Ron tuvo que admitir que en verdad no se sentía muy culpable. "Para ser honesto, todo lo que sentí fue una sensación de poder; como que podía conseguir de ella lo que quisiera. Me contó historias de sometimiento con su último novio. Me dijo que él era cruel y que sólo le interesaba acostarse con ella; que ella lo aceptaba porque era mejor que nada.Ella me confiaba todo esto porque pensaba que yo la entendería y que nunca la trataría de ese modo, sin embargo consiguió alimentar mi sentimiento de que ella no era nada especial, que no era lo mejor para mí. En lugar de sentir simpatía, llegué a la conclusión de que yo tampoco tenía por que darle nada. Ella se conformaba con migajas."

"¿Parezco una porquería? Lo fui, es cierto. Ésa es la peor parte del asunto. Siempre creí ser un tipo sensible que nunca haría daño conscientemente a otra persona. Tenía esta imagen de mí mismo; la de alguien honesto, realmente cuidadoso con los sentimientos de los demás. Es gracioso como pude conciliar todo esto con la forma en que traté a Chrissie, como si aquello no fuera una tremenda contradicción."

A medida que pasaba el tiempo, Ron se dio cuenta de que Chrissie se había enamorado de él, y que él, al mantenerla a distancia, le hacía daño aunque ella nunca dijera nada. Eso era lo peor, porque la idea de que Chrissie sufriera en silencio lo ponía furioso. "Me recordaba a mi madre, la mártir."

La madre de Ron, alguien que ama demasiado, todavía compra los calcetines y la ropa interior a su hijo de treinta y ocho años. "Cuando estoy en la casa de mis padres y dejo la sala para ir al cuarto de baño, ella me grita: '¡Ten cuidado!' ¿Qué diablos me puede pasar en el camino hasta el cuarto de baño?

"Mi madre se deja caer por mi piso a cada rato y da vueltas recogiendo mis cosas y diciendo: '¿Dónde has conseguido esto? ¿Cuánto has pagado?' Nada podía ser más barato que lo que ella había conseguido para mí si yo le hubiera pedido. Una vez la sorprendí revolviendo en mi cesta del lavadero. No hay límites para ella en mi apartamento."

Desde la infancia, Ron puso una valla para protegerse de la sofocante sobreprotección de su madre. A veces la apaciguaba, pero mayormente, sólo la evitaba. Cuando se negaba a contarle algunos aspectos de su vida, sólo lograba ponerla fuera de sí. "Después de todo lo que he hecho por ti, ¿por qué no puedes hablarme de vez en cuando y darme una pequeña alegría?", preguntaba. Ron se encerraba en su habitación. Él sentía que debía tratar de dar a su madre lo que ella necesitaba, pero que no podía hacerlo. Cuando veía la expresión ansiosa en la cara de su madre, sentía que se ahogaba. Nada despertaba más su sensación de culpa que ver a su madre sufriendo permanentemente.

Las relaciones de Ron con su madre cambiaron poco con los años. "Todavía me trata como si tuviera diez años, se queja. Me llama y me pregunta cómo estoy. Si se me escapa que tengo dolor de cabeza o algo por el estilo, se me echa encima con miles de preguntas e indicaciones. Qué si tomé una aspirina y de qué tipo, que si sé que las aspirinas no son buenas para el estómago, que debería ver a un médico, que tiene una amiga cuyo esposo tiene un tumor cerebral de casi tres kilos y el único síntoma es dolor de cabeza, que si le prestara atención y me tranquilizara no tendría dolores de cabeza.

"Sé que hace esto porque me quiere. Nadie tiene que explicármelo. Pero es interminable."

Eventualmente, los dolores de cabeza y la tensión constante llevaron a Ron a hacer terapia. "La primera vez que mi terapeuta me dijo que tenía problemas con las mujeres, no comprendí. Le contaba sobre mi relación con Chrissie; pensé que como la terapeuta era mujer, estaba tratando de crucificarme."

La terapeuta de Ron le pidió que escribiera una lista de los adjetivos que usaría para describir a las mujeres. Después de pensar un poco, Ron decidió ser honesto. Escribió lo siguiente: "Manipuladoras y controladoras. Frágiles y emotivas. Sofocantes. Dependientes. Muy necesitadas".

Esto, suponía Ron pintaba con precisión cómo eran la mayoría de las mujeres. Era una buena señal de por qué Ron echaba a correr despavorido cada vez que se encontraba involucrado en una relación.

De muchas formas, la lista reveló en pocas palabras la percepción que Ron tenía de su madre. Las dificultades de Ron con su madre se desprendían del hecho de que, en relación a él, ella tenía poco respeto por las fronteras. Entendemos por fronteras las normas que definen dónde terminan los otros y comenzamos nosotros, tanto física como emocionalmente.

Cuando somos pequeños, no hay límites entre nosotros y nuestra madre. Nuestra relación es completamente simbiótica y creemos que "mamá soy yo". Una de las tareas del crecimiento es separarnos de nuestros padres y establecer un sentimiento de la propia identidad. El objetivo es construir fronteras saludables entre nosotros y los demás, lo suficientemente permeables para permitir la entrada de las otras personas, sin miedo de perder nuestra identidad. Una vez establecidas fronteras saludables, podemos sentirnos necesitados sin miedo a ser fagocitados. Podemos amar y dar sin sentir que los otros se harán tan dependientes de nosotros que nos sofocarán.

Si nuestros padres respetan saludablemente nuestra intimidad y nos nutren y protegen sin abrumarnos con su necesidad de excesiva cercanía, crecemos sin temores de que otras personas nos atrapen, nos traguen o invadan nuestro espacio.

En la relación entre Ron y su madre, las fronteras eran confusas. Ella tenía un sentido escaso de dónde terminaba su territorio y comenzaba el de su hijo. Lo sobreprotegía, se entrometía en su vida y lo invadía tanto que Ron se sentía violado. La madre de Ron no podía dar un paso al costado para permitir que Ron se separase de ella de un modo saludable, debido a su propia necesidad de mantener una relación simbiótica con su hijo.

De niño, Ron no contaba con recursos para plantarse y decir: "¡Ya está bien! Necesito espacio para ser yo mismo, para hacer las cosas a mi manera". El único modo que conocía para resguardarse de su sofocante madre era empleando medios muy indirectos. En su proximidad caminaba con cuidado, llevando una máscara de estudiada indiferencia, temiendo revelar demasiado de sí mismo. A veces, se mostraba con ella frío, insensible, hasta grosero. Creía que ése era el modo de tener algún control. De esta forma, intentaba adiestrar a su madre en el respeto de sus fronteras.

Es muy difícil desarrollar fronteras saludables sin la cooperación de nuestros padres. Éstos deben estar dispuestos a dejarnos ir, aunque nos nutran y protejan. Dado que Ron fracasó cuando quiso establecer la distancia adecuada con su madre, proyectó sobre todas las demás mujeres la experiencia tenida con ella. Desarrolló rígidas fronteras a modo de defensa. Sus sentimientos de falta de control sobre esta relación primaria lo condujeron a una sobrecompensación defensiva y a una necesidad de distancia excesiva con todas las mujeres. Su novia, Chrissie, no era una mujer excepcionalmente necesitada pero, para Ron, todas las mujeres eran demasiado necesitadas, frágiles y dependientes y proyectó esta creencia sobre Chrissie. Si se acercaba demasiado, estaba seguro de que, debido a sus necesidades, ella lo tragaría y que no quedaría nada de él. Cuando ella parecía demasiado atraída, él no la llamaba durante dos semanas. Cuando Chrissie actuaba afectuosamente y con amor, él abusaba de ella, ya sea usando su cuerpo y despreciándola o siendo frío y egoísta.

Al igual que Ron, muchos hijos adultos que han sido demasiado amados temen la vulnerabilidad de las personas. Una persona necesitada es una amenaza porque, interiormente, estamos muy necesitados. Si fuimos sobreprotegidos sin cesar o nuestros padres nos dieron demasiado, entramos en la vida adulta esperando que nos cuiden siempre. Si tenemos que dedicar parte de nuestro tiempo a otra persona, ¿podremos acaso satisfacer nuestras propias necesidades? La totalidad del concepto de dar puede resultar extraño, como un lenguaje que nunca hemos aprendido.

Algunas veces nosotros mismos damos lugar a ser fagocitados. Cuando percibimos que la otra persona se siente atraída por nosotros y vulnerable, comenzamos a distanciarnos de ella debido a nuestros miedos inconscientes. Nuestra súbita frialdad la desestabiliza y le produce ansiedad. Intenta atravesar nuestra barrera, preguntando: "¿Qué pasó? ¿Hice algo malo?" Nos sentimos súbitamente culpables y, debido a que la culpa nos hace sentir incómodos, nos irritamos. Nos encogemos de hombros con indiferencia y decimos: "No pasa nada. ¿Por qué estás preguntando continuamente?" Y la otra persona no deja de preguntar y nosotros de evadir la respuesta y poner todavía mayor distancia.

De este modo, les incitamos a que nos traguen. Si fuéramos abiertos y honestos y dijéramos: "Estoy comenzando a sentirme muy cerca de ti; no estoy seguro de estar preparado para esto ni de estar cómodo", existe la posibilidad de que entienda. Por el contrario, debido a que no siempre nos damos cuenta de que la cercanía de los demás nos despierta un miedo inconsciente de ser deglutidos, utilizamos las viejas defensas para resguardarnos de las personas. Nos volvemos evasivos e imprecisos, intentando distanciar a los demás, reteniendo información o reprimiendo las emociones. Esto prepara el terreno para aquello que tememos, que es ser fagocitados, porque produce preocupación en las personas que amamos y, por consiguiente, se vuelven más invasivas. Entonces huimos buscando a alguien "más fuerte".

Las relaciones exigen sensibilidad y apertura. También requieren que cedamos algo de nuestra libertad. Esto puede resultar aterrorizador para los adultos a quienes nunca se les permitió establecer una frontera en las relaciones primarias con sus padres, cuando eran niños.

El matrimonio recrearía el tipo de situación de la que el adulto ha luchado tanto para liberarse. Un hombre explica por qué nunca quería casarse: "Estoy muy habituado a satisfacer mis gustos. ¿Qué pasaría si a ella no le gusta el esquí? ¿O si odia el jazz? ¿Y si no me quedara tiempo para mí mismo?" Veía el matrimonio en términos de libertad perdida, de compromisos que tendría que asumir. Lo veía como algo donde naufragaría su libertad, en lugar de una oportunidad para el crecimiento y la realización mutuas.

Nos sentimos más atraídos por las personas que no activan nuestro miedo de ser fagocitados. Una mujer que soportó durante toda su infancia un padre entrometido y dominante, admite que sus relaciones más íntimas ocurren siempre con hombres que viven en otras ciudades o en otros países. Su último amor reside en París, donde lo encuentra durante las vacaciones. Esta relación le resulta estimulante, aunque sólo se vean una vez por año. "Espero que algún día Peter vuelva de regreso a Estados Unidos pero, si no lo hace, no me importa. Lo amo. Hoy día muchas personas tienen relaciones maravillosas aunque vivan en diferentes ciudades."

Tiene razón. Tienen relaciones. Pero no tienen intimidad, y por una buena razón: le temen.

Cualquier vínculo con personas inaccesibles calma el miedo a la fagocitación. Algunos de nosotros tenemos fantasías con un amante del pasado. Esta persona era la indicada. Nadie puede borrar su recuerdo. Éramos demasiado inmaduros, egoístas o tontos para darnos cuenta de cómo la amábamos en aquel momento y por eso se fue. Como sucede en la vida a veces, nos llegan noticias de ella en algún momento y esto alimenta nuestro sueño de volver a estar juntos. El problema es que ahora la persona añorada está casada y con tres niños. O vive a 5.000 kilómetros. O vive en el mismo edificio que nosotros pero nos ha hecho saber de mil modos que no existe la menor posibilidad de que volvamos a tener una relación. Pero nos obstinamos en seguir revolviendo las cenizas. Ésta es la única persona que nos podría hacer felices y por ella rechazamos a cualquiera que se acerca a nuestra vida. Protegemos un espacio vacío, por si esta persona quisiera volver a ocuparlo.

Una relación como ésta es tentadora porque incluye amor sin compromiso y por lo tanto sin peligro de ser fagocitado. También nos evita enfrentar el hecho de que tememos la intimidad. Después de todo, estamos enamorados.

Es frecuente que cuando tememos ser engullidos, las personas que más nos atraen, aquellas a las que permitiríamos una mayor cercanía, son las que nos intimidan, nos resultan reservadas, inaccesibles o están en lo suyo. Al comienzo hay algo muy atractivo en esta circunstancia. Como creemos que la sensibilidad y la apertura es una debilidad, confundimos la indiferencia y el egoísmo con fortaleza. Sintiéndonos lo suficientemente cómodos como para arriesgarnos a intimar con personas como éstas, nos sentimos heridos cuando nos mantienen a distancia. Pero mientras estas personas nos hacen sentir a salvo, la verdad es que tienen muchas cuestiones pendientes con la intimidad. La relación rara vez resulta satisfactoria para ninguna de las partes.

Miedo al abandono

El miedo al abandono es el de perder a alguien que nos ama. Algunas veces hay cierto fatalismo en esto, como: "Cada vez que amo realmente a alguien, me deja". Es como si el acto mismo de amar a una persona disparara alguna energía negativa en el universo que provocará su pérdida.

Para impedir el abandono, algunos nos aferramos a la otra persona, le damos demasiado demasiado pronto o tratamos de volvernos invalorables para ella de modo que nunca nos deje. "Siempre me enamoro en la segunda cita, confiesa un hombre de veintitrés años. No consigo disimularlo, tampoco. La llamo por teléfono constantemente, le hago regalos, le envío tarjetas, me dejo caer por su casa, procuro satisfacerla a pleno en la cama. Tengo miedo de dejarla sola más de un día. Pienso que si no estuviera allí, con ella, se olvidaría de mí.

"Por supuesto, la mayoría de las mujeres se van, admite. Las aterrorizo; excepto a las más necesitadas. Pero no lo puedo evitar. Cada vez que una mujer me deja, mi padre y mi madre se sientan conmigo y me dicen: 'De todas maneras, no te habría hecho feliz'. Crecí pensando que todos me dejarían excepto mis padres. Ellos siempre estarán allí, no importa qué pase."

Los miedos de abandono de este hombre se convertían en una profecía que se cumple por su propia naturaleza. Inconscientemente, montaba las situaciones de modo que sus miedos se confirmaran, una y otra vez, aferrándose a alguien con todas sus fuerzas. Frecuentemente, elegía una compañera con un acentuado miedo de ser engullida y ponía en acción todas las defensas de ésta.

Los miedos de abandono destruyen nuestra paz mental. Nos preocupamos sin cesar: ¿Podemos realmente depender de alguien? ¿Podemos estar lo suficientemente seguros del amor de alguien? Si el miedo de ser rechazado, despreciado o dejado de lado está instalado en nuestro subconsciente, es probable que no. Tenemos miedo de tener esperanzas. Una mujer de cuarenta años confiesa: "Cuando me peleo con mi novio, puedo estar furiosa un momento y olvidarme de todo un minuto después. Pero él no lo deja pasar tan rápidamente. Dice que necesita tiempo para calmarse, para poder sentir amor y afecto nuevamente. Verlo apesadumbrado es algo que no puedo soportar. Dice que lo enloquezco porque no me relajo y le doy algo de espacio. Pero, sólo sucede que no puedo dejarlo que se marche solo y se sienta mal conmigo. Hasta que no sepa que todo está bien de nuevo me siento terriblemente mal, como si tuviera un enorme agujero en el estómago".

Esta mujer nunca aprendió que las personas pueden enfadarse sin que esto signifique abandono. En su casa no estaba permitido que nadie mostrara sentimientos de enfado. El enorme agujero que siente en el estómago es una somatización de su miedo de ser abandonada. Este miedo consiste en sentirse incompleto cuando no se tiene la presencia o la aprobación de la otra persona. El vacío interior sólo parece llenarse cuando ella vive una relación íntima.

El sentimiento de no ser una persona entera o completa a menos de estar ligado a alguien tiene que ver con la dificultad que tuvimos (y todavía tenemos) para cortar los lazos restrictivos con nuestros padres. Algunas veces, atendiendo sus propias necesidades, nuestros padres se aferran a nosotros con demasiada fuerza y socavan nuestros esfuerzos para separarnos y convertirnos en seres humanos autónomos. Cuando éramos pequeños, nuestros intentos de separación se encontraban con el miedo y la ansiedad: "¡No te acerques al agua; las piscinas están llenas de bacterias!"; "No sueltes mi mano; te perderás!"

Cuando nos aventuramos a salir, no recibimos el empático apoyo necesario para hacernos menos dependientes. Teníamos un sostén físico y psicológico que hizo posible que nos sintiéramos físicamente seguros aunque estuviéramos emocionalmente desamparados. Internalizamos la ansiedad de nuestros padres, los mensajes no verbales que nos transmitían constantemente.

Incluso hoy, las muestras de independencia y autoafirmación son vistas con desaprobación o depresión por parte de ellos, e interpretadas como abandono emocional por la nuestra. El desamparo, sin embargo, encuentra atención. La conducta que se adapta estrictamente a los deseos de nuestros padres, encuentra "amor". A menudo tomamos sin cuestionamientos el camino seguro de la complicidad y la dependencia. Este camino parece ser más seguro.

La responsabilidad de cuidarnos a nosotros mismos termina aterrorizándonos. Nos volvemos ansiosos y temerosos ante el mero hecho de pensar en separarnos de los demás. Buscando fundirnos con otro; sólo nos sentimos totalmente vivos en una relación de intimidad. Sólo la aprobación de otra persona nos puede hacer sentir fuertes y seguros. Estos sentimientos nos llevan a aferrarnos a la otra persona y a ser extremadamente dependientes y exigentes, porque la posibilidad de la afirmación nosotros mismos pone en movimiento nuestros miedos de abandono.

A veces nuestro padres nos aman demasiado, no con la modalidad de sobreprotección sino siendo demasiado controladores. Esto también puede conducir al miedo al abandono. Aunque nuestros padres no son el único origen de la imagen que tenemos de nosotros mismos, la que llevamos hoy dentro de nosotros, nuestro sentimiento de identidad está modelado principalmente por las personas que estuvieron más cerca en nuestra temprana infancia. Vimos en ellos nuestras ideas más tempranas acerca de quiénes somos. Si nuestros padres eran extremadamente controladores e inclinados a tomarnos sólo como ellos querían que fuéramos, nos mirábamos en un espejo que nos devolvía una imagen defectuosa de nosotros mismos. Si nos veían como un apéndice de sí mismos o como una posibilidad de concretar por fin sus deseos, pueden habernos dejado poco espacio para elaborar nuestra individualidad o unicidad.

Padres como éstos pueden abandonar emocionalmente a sus niños volviéndose fríos o deprimidos cuando sus hijos no pueden o rechazan ser lo que aquéllos quisieran. Pueden proporcionar una cantidad de servicios y objetos materiales a sus hijos, pero no una convalidación esencial ni un compromiso verdadero con sus vidas. Esto puede ser devastador. Estos niños crecen con una incapacidad de reconocer su propia fortaleza, sintiendo que si no tienen alguien que los controle —alguien a quien complacer— no tienen una dirección. El resultado es un tambaleante sentido de la identidad personal que, en vez de crecer, necesita de una relación íntima para sostenerse y reforzarse.

El resultado es que sin una relación íntima, nos sentimos solos y abandonados. Buscamos a otras personas que reemplacen a nuestros padres en aquello de darnos un sentido de identidad. Cuando amamos a alguien, tememos el abandono porque tememos perder nuestro sentido del yo, aquél que creemos haber ganado en nuestra relación con esa persona.

Lo triste de este tipo de relación es que al recibir una inyección de autoestima creada por la aprobación de la persona a la que te aferras, quedas en una posición muy precaria. Basar la seguridad interior exclusivamente en la realimentación externa es un montaje que habrá de defraudarnos toda la vida. El control de nuestra vida está en manos de otras personas; esto produce nuestro resentimiento. Nuestra seguridad, basada como está en los caprichos de los demás —aun de aquellos que nos aman—, nunca es algo absoluto o permanente porque proviene de alguien fuera de nosotros mismos.

En tanto que aferrarnos a los demás es un recurso frecuente para apaciguar nuestros miedos de abandono, éste no es el único camino. Las personas que temen el abandono pueden evitar las relaciones por completo, por miedo a involucrarse y luego ser abandonadas o rechazadas. Como defensa, tales personas quizá sean reservadas y arrogantes; sin embargo, de este modo ellas mismas disponen inconscientemente las cosas para ser abandonadas. También pueden establecer rígidos parámetros de lo que esperan de la relación como un modo de protegerse a sí mismas y encontrar que nadie puede cumplir con sus requerimientos.

Consideremos la historia que nos cuenta Janet sobre su relación con Hal. Se conocieron en noviembre y salieron casi todos los fines de semana. Pero en diciembre, un sábado por la noche cuando Janet suponía que se encontrarían, telefoneó a Hal para preguntarle a qué hora pasaría a buscarla y no lo encontró. Fue a la casa de él, tocó el timbre y advirtió que las luces estaban apagadas. Preocupada, se quedó sentada toda la noche en el coche, aparcado frente a casa de Hal.

A la madrugada, Hal llegó con otra mujer. Janet se marchó furiosa. Al día siguiente fue a la casa de Hal y le acusó de dejarla plantada.

Hal se quedó mirándola con franco asombro.

—No habíamos hecho ningún plan para anoche —respondió él irritado y preocupado.

—Bueno yo suponía... —comenzó Jane, pero calló en mitad de la frase. La expresión en la cara de Hal hizo que se sintiera una tonta.

Peor aún, él se negó a responder ninguna pregunta sobre quién era la mujer con quien había estado, diciendo que era impertinente que sólo por preguntar.

Después de esto, Hal estuvo frío con Janet. La vez siguiente que estuvieron juntos, ella trató de que no se notara que estaba dolida pero no consiguió quitar la aspereza que asomaba en su voz. La velada fue horrible; cuando Hal llevó a Janet a su casa y ella lo invitó a pasar, él se excusó diciendo que estaba muy cansado.

Janet apenas durmió esa noche. A la mañana siguiente, todo parecía más claro. No dejaría que el malhumor de Hal la afectara. Tendría una conversación seria con él sobre su relación.

Ese día, le envió un par de globos con gas en forma de corazón, atados a una botella de vino, segura de que él la invitaría a su casa para compartirlo. Él la llamó para agradecerle, pero algo en su voz no sonaba muy complacido. Dijo a Janet que tenía un millón de cosas para hacer, pero que si ella quería ir a su casa después de las ocho, él la esperaría.

Esa noche Janet fue franca con Hal. "Le pregunté sobre el futuro de nuestra relación. Él repondió como si no comprendiera qué estaba preguntando. Dijo que lo pasaba bien con ella y que pensaba que yo también me divertía. Así había sido desde que se habían conocido. ¿Qué más quería? ¿Por qué no se daban un tiempo y esperaban a ver qué sucedía?"

Janet estaba enfadada. "Hay algo que aprendí: a mi edad no tengo el tiempo para esperar que un hombre se decida si quiere una relación o no. No puedes pasar un par de años con cada tipo que se acerca y después descubrir que no hay nada."

A todo esto, Janet admitió que sólo había pasado seis semanas con Hal; en total cinco salidas, para ser exactos. Aun así, sentía: "Un mes y medio es bastante tiempo. No soy una terapeuta. No quiero pasar años curando a un hombre de su fobia a los compromisos. Pienso que Hal estaba dando largas. Me dolió, pero dejé de verlo".

La necesidad de controlar en una relación, de seguir un programa, a menudo enmascara el miedo al abandono. Janet se impacientó con el deseo de Hal de tener más tiempo para dejar que las cosas se dieran poco a poco entre ellos. La idea de dar a Hal aún más tiempo del que ella ya había invertido intranquilizó a Janet.

En realidad, la necesidad que tenía Janet de que un hombre se ajustara a su programa de relaciones era una autoprotección. Un mes y medio a veces parece una eternidad a las personas como Janet, que fueron demasiado amadas. A menudo existe la necesidad de precipitar las relaciones con los demás. Presionados por las prisas, no es la pasión lo que manda sino los miedos inconscientes de abandono. Queremos que la otra persona esté segura, ahora mismo, antes de invertir nuestro propio ser en una relación. Queremos estar seguros de no anticiparnos.

Miedo de quedar expuestos

La creencia de que si dejáramos que nos conozcan tal como somos posiblemente no nos amarían, hace que muchos de nosotros nos mantengamos en guardia. Para Denise y Alan, comprometidos y con planes para casarse dentro de un mes, tal creencia significó casi el fin de su relación.

Denise descubrió accidentalmente la verdad sobre Alan. "Estaba en la cola del banco cuando un metro más adelante vi a una mujer que me resultaba vagamente familiar —explica Denise—. Al principio no la reconocía, cuando entonces recordé. Era la esposa de uno de los compañeros de Alan, a quien había conocido fugazmente en la fiesta de Navidad."

Denise abordó a la mujer cuando ella salía del banco y se presentó. Charlaron unos minutos sobre los planes de casamiento de Alan y Denise. Cuando estaban despidiéndose, la mujer se volvió a Denise y le preguntó: "A propósito ¿encontró algo Alan?

Denise se quedó mirándola. "Pensé que no había oído bien —le dije—: '¿Encontrar qué?'"

La mujer miró a Denise con extrañeza, y dijo: "No quiero ser indiscreta; sólo me preguntaba dónde estaría trabajando Alan en estos días."

Súbitamente, Denise sintió claustrofobia. Farfullando algo que sonó como: "Está bien... me alegro de haberla visto", salió por la puerta giratoria. ¿Qué diablos está diciendo esta mujer?, se preguntó. Ansiosa y preocupada, corrió las ocho manzanas hasta su casa.

Esa noche, Alan llegó a buscarla a las siete en punto, como de costumbre, y Denise lo recibió en la puerta. Le contó la extraña conversación que había tenido en el banco. Alan se puso blanco. Incapaz de soportar la mirada de Denise, le contó la verdad. Había perdido su trabajo hacía unas tres semanas. Había tenido mucho miedo de contarle lo ocurrido. En realidad, había tenido mucho miedo de contarlo a cualquiera. Así que todos los días a las siete, salía de su casa, con su traje y su maletín, como lo había hecho cada día en los dos últimos años.

Mirando hacia atrás, Denise vio cosas que habrían despertado su curiosidad de no haber estado planeando su casamiento y prestando atención sólo a ese tema. El hecho de que Alan le dijese que no lo llamara al trabajo —cosa que ella rara vez hacía, de todas maneras— porque estaba trabajando en un proyecto que exigía muchas reuniones y resultaba difícil encontrarlo. Las llamadas de amigos que lo buscaban, que ella había recibido por la tarde y que terminaron de una forma extraña y brusca cuando les dijo que lo llamaran a la oficina. Las noches en que parecía ansioso y evasivo cuando le preguntaba cómo le había ido ese día.

Denise no está enfadada porque Alan ha sido despedido. Ella cree que él tiene talento y está segura de que encontrará otro empleo aun mejor que el anterior. Está anonadada por el hecho de que Alan haya podido guardar semejante secreto nada menos que a ella. "Si realmente me ama, ¿cómo es que no tiene la confianza para decírmelo? —se pregunta—. ¿Cómo pudo guardar eso adentro y dejar que me enterara por la esposa de uno de sus compañeros, nada menos? Estaba tan avergonzada que creí que me moría. Pero eso no importa. Lo que importa es que no puedo confiar más en Alan. La verdad es que nunca me confió demasiado sus cosas, y ahora todo me produce suspicacia. ¿Qué otra mentira me habrá dicho?"

Lamentablemente, muchas. Alan nunca había sido ayudante del presidente, sino uno de los dos auxiliares de aquél. El jefe sobre el que protestaba cada día con Denise, dejaba en claro cotidianamente que no apreciaba demasiado a Alan o su capacidad. Mientras hacía todo lo posible por parecer un alto ejecutivo de una gran empresa, Alan nunca estuvo seguro de sí mismo y de su futuro, como hizo creer a Denise.

¿Por qué mentía Alan? Él se encoge de hombros y explica: "Estaba por casarme. Había unos futuros suegros que esperaban que yo mantuviera a su hija. Todos estaban pendientes de mi desempeño. Pienso que no habría soportado que me miraran si les contaba la verdad. Pensé que encontraría rápidamente un nuevo trabajo y que nadie se enteraría".

A veces tenemos miedo de contar la verdad porque nos parece demasiado terrible. El miedo de ser descubierto puede producir desde una tonta mentira hasta una bola de nieve. Las mentiras que Alan contó a Denise no son el indicio de un carácter débil o de una patología, más bien muestran un miedo sintomático y bien instalado a quedar expuesto.

Los hijos que fueron amados demasiado son especialmente proclives a la compulsión de ocultar lo que perciben como fracasos personales o debilidad, o a mostrar sinceramente sus problemas, como le ocurrió a Alan. Subyace el miedo de que la verdad real —el yo real— es tan horrible, tan inaceptable, que los demás, seguramente, se sentirían apenados por ellos o, peor aun, los rechazarían, si alguna vez aquél quedara expuesto continuamente. En lo más profundo de ellos mismos, nada de lo que obtuvieron o lograron es demasiado bueno. Todo "fracaso" es magnificado.

En el extremo, la compulsión a ocultar la verdad puede ser la causa de que la vida completa de una persona se transforme en un mentira. Una joven, por ejemplo, que había sido rechazada en una universidad que aceptó a sus dos mejores amigas, se apareció en el campus, en la tercera semana de septiembre, diciendo que había recibido una aceptación especial y una beca académica completa. Se mudó a un dormitorio, compró libros de texto y concurría a las clases todos los días. Sospechando del modo en que esta amiga podría haber recibido tal distinción, sus dos amigas llamaron a la oficina de registro. La joven no estaba matriculada, ni aparecía en ninguna lista de alumnos.

Un joven tenía una hermana mayor que sufría una aguda depresión; ella estaba viviendo en una casa de régimen abierto, después de varias hospitalizaciones. Para él, esto era la enorme mancha familiar. Nunca contó a nadie esta parte de su vida. Por el contrario, decía que su hermana estaba viviendo en Europa. Lo que es peor, rompía relaciones antes de que llegaran a ser demasiado serias, diciéndose a sí mismo que no estaba preparado para casarse. "Toda mi vida viví con el miedo de que alguien me señalara con el dedo y dijera que en mi familia la enfermedad mental era hereditaria —explicó—. ¿Y si esto fuera verdad? Estaba muy asustado por la posibilidad de dejar embarazada a alguna mujer y transmitir esos genes, o lo que fuese, a un niño. Estaba seguro de que algún día la verdad me alcanzaría. De modo que, realmente, nunca me comprometí con nadie; me decía que no necesitaba una relación."

Aunque estos ejemplos son extremos, el hijo adulto que fue demasiado amado, frecuentemente busca la seguridad de una imagen más fuerte. Su verdadero yo, habitado por fallas y debilidades humanas, no parece demasiado bueno.

A veces, una persona con estas características conoce a alguien que desea y quiere proyectar una imagen más estimulante y por lo tanto más atractiva. Sobreprotegida por padres demasiado ansiosos por el bienestar de su hijo como para permitirle algún riesgo o aventura, la persona crea una imagen exótica muy diferente de la realidad, capaz de producir cierta impresión, mediante la distorsión de la verdad. Una mujer cuenta una historia sobre su novio, al que conoce desde hace dos años. Cuando vio una foto de un purasangre en su agenda, preguntó: "¿De quién es este caballo?" —Él respondió—: De mi familia. Tenemos caballos de carrera desde que yo era pequeño". Seis meses después, ella lo acompañó al hipódromo; allí se encontraron de improviso con los padres de él.

—¿Cuál es el caballo de ustedes? —preguntó la mujer inocentemente al padre de su amigo.

—No tenemos caballos —le respondió éste mirándola sorprendido—. Eso es demasiado caro.

Su novio no perdió en aplomo.

—¿Qué es lo que te hizo pensar que teníamos caballos? ¿Acaso yo dije eso? Debes haber entendido mal.

Mientras que el miedo a quedar expuesto no conduce necesariamente a inventar mentiras sobre nosotros y los demás, a menudo nos lleva a mantener una distancia con las demás personas, al no poder compartir nuestros sentimientos reales con ellos. ¿Qué ocurriría si nos expusiéramos ante alguien y descubriera que somos inseguros? ¿O depresivos? ¿O no siempre tan inteligentes? ¿O incapaces de coordinar? Parece menos arriesgado desempeñar nuestro papel de fuertes y ocultar nuestras debilidades.

Cubrimos nuestros defectos percibidos como si fueran horribles secretos. Si echamos un vistazo a estos defectos o a alguno de los sucesos de nuestra vida que tememos exponer antes los demás, a menudo vemos que no es el suceso o el sentimiento mismo lo espantoso, sino el significado que le damos. Este significado lo aprendimos de nuestros padres.

Cuando los padres aman demasiado, frecuentemente están absortos contemplando lo atractivos que son sus hijos en comparación con otros niños. Que sus niños "hagan buena cara" ante sus pares, los vecinos, los profesores y los parientes es vital para ellos. Existen gruesos códigos que establecen qué deben ser sus hijos, con quién se deben relacionar, cuáles deben ser sus planes para el futuro. Ansiosos por complacer a sus padres y asegurarse su amor, los hijos aprenden a "encajar" en esós esquemas. Pueden abandonar la esperanza de ser realmente aceptados o comprendidos alguna vez; rechazan su verdadero yo y buscan llamar la atención por medio de sus logros. Así empieza una hipersensibilidad para detectar fisuras en su imagen.

Los hijos que fueron demasiado amados, se convierten en adultos que creen que ganarán el amor o la estima de los demás, mostrando una "buena imagen" u ocultando los defectos percibidos. Es lo que han hecho más de una vez con sus padres. Las defensas que desarrollamos desde niños para ocultar nuestro verdadero yo ante nuestros padres, continúan en uso más adelante en la vida.

La vinculación entre el miedo a la exposición y el miedo al abandono es obvia. La creencia es: "Si permito que sepas quién soy realmente, me abandonarás". Los hijos adultos que tuvieron exceso parental son excelentes para ocultar aspectos vulnerables, pero nunca les abandona el miedo de que si las personas se acercan demasiado se darán cuenta de la verdad: que somos humanos y que, como todo el mundo, no somos competentes en algunos aspectos. Como defensa, nos ponemos nuestra máscara, nos volvemos superficiales, nos protegemos y reprimimos nuestras emociones.

La consecuencia de ocultar nuestro yo verdadero es la distancia de las demás personas. El miedo a exponernos ante los otros, el que nos impide compartir nuestros sentimientos, prácticamente garantiza que nuestras relaciones serán superficiales. Las personas perciben que no les permitimos que nos vean tal como somos. O piensan que somos invulnerables y, por lo tanto, inalcanzables. Podemos fabricar u ocultar la verdad porque queremos evitar el rechazo pero, por dentro, quizás estamos en verdad aterrorizados por la cercanía que podría producirse si no fuéramos rechazados. Nuevamente, el miedo a quedar expuestos, se basa en nuestro miedo a la intimidad. Revelar nuestros "secretos" nos pondría en un lugar demasiado cercano para ser cómodo pero, no hacerlo, significa que nunca nos sentiremos completamente amados por lo que realmente somos.

La creencia de que el abandono, el ser engullido o el quedar expuesto es el resultado natural de la intimidad, puede llevarnos a poner una valla ante los demás, sin saber siquiera que lo estamos haciendo. El sutil arte de poner distancia entre nuestras vidas y las de las demás personas, incluye las siguientes conductas:

Hablar demasiado. La necesidad de confesar todos nuestros pensamientos y opiniones a los demás se construye sobre la falsa creencia de que éste es el modo de construir la intimidad con ellos. Creemos que si no estamos hablando, la relación se diluye.

Por supuesto, en nuestra familia se exigía que reveláramos cada pensamiento y acción que emprendíamos. El mayor reproche de nuestros padres era que no les contábamos lo suficiente. Hablábamos, y nos escuchaba una audiencia ávida. Rara vez, nuestros padres revelaban algo a cambio. Todo era acerca de nosotros.

Ceder el centro de la escena a los demás puede ser difícil, después de haber crecido bajo los reflectores, con una audiencia que difícilmente se aburría. Pero la intimidad tiene que ver con compartir. Cuando hablas demasiado, no prestas atención. La intimidad sólo se da cuando dos personas comparten sus pensamientos y sentimientos. Hablar tanto que la conversación sea una calle de dirección única, impide que eso se concrete. La persona que recibe este desborde de palabras se siente insignificante en lugar de cercana.

Existen otras razones por las que las personas que han tenido exceso parental hablan demasiado. La ansiedad nos mantiene constantemente hablando, porque el silencio suena a hueco o nos hace sentir expuestos.

A veces, hablamos demasiado para controlar la relación por medio del control de lo que se dice. Quizá tengamos miedo de oír los pensamientos y sentimientos de otra persona. Sostener el monopolio de la conversación significa no tener que escuchar lo que no queremos oír.

Hay momentos en que hablamos demasiado para "darnos el empujón" que nos haga sentir importantes. También puede ser una forma de agresión. Frustra a los demás; éstos sufren en silencio esperando ansiosamente una oportunidad para poder decir una palabra pero sintiéndose obligados, por cortesía, a escuchar. La frustración conduce a la ira y a un deseo de apartarse de la fuente de esta ira.

Invariablemente, las personas se sienten distanciadas de alguien que habla demasiado. Si inconscientemente necesitamos poner una barrera ante la posibilidad de ser fagocitados por los demás sin hablar con franqueza acerca de los sentimientos que dan origen a esos miedos, una charla interminable da buenos resultados.

Intelectualizar las relaciones. Reducir las emociones a una lógica y hablar analíticamente sobre los sentimientos es un modo de ocultar la sensibilidad. Demasiada intelectualización mantiene a distancia a las personas.

Louise, una analista de sistemas de veintiseis años, cuenta la historia de la primera vez que su novio le dijo que la amaba. "Como era de esperar, estábamos en la cama. Me sorprendió cuando me abrazó y me dijo: 'Louise, te amo'. Parecía tan reservado casi siempre, que yo no estaba segura de alcanzar el puntaje.

"Pero como yo estaba enamorada de él, esperé hasta el siguiente encuentro y, cuando me decía buenas noches, le pregunté: '¿Recuerdas la otra noche? ¿Recuerdas qué dijiste? ¿Qué querías decir?'

"Pensó un momento y respondió: 'Bueno, estaba definiendo el amor para mí mismo. He llegado a la conclusión de que el amor es la expansión de uno mismo para el crecimiento espiritual de otro. Así es como siento contigo. Siento que deberías expandir tu crecimiento espiritual'.

"Me quedé mirándolo. '¿Mi crecimiento espiritual? ¿Qué dices?'

"'¿Por qué te pones así? me preguntó con voz tranquila. La espiritualidad es muy importante. He reducido las fronteras de mi ego. ¿No ves, el amor es compartir tu esencia completa con alguien, como yo estoy haciendo contigo.' "

Este análisis filosófico de su amor habría hecho reír a Louise si él no le interesara tanto.

No está mal creer que el amor se ocupa de la espiritualidad ni sostener una elaborada filosofía sobre el tema; sin embargo, el novio de Louise articuló sus sentimientos con la misma emoción que pondría en una charla sobre economía. El contradictorio mensaje que decía, 'Te amo pero no siento ninguna emoción', distanció a Louise y le hizo sentirse tonta e irritada. Pasaron algunos meses hasta que él confesó la verdad y expresó sus sentimientos con toda la emoción que había estado escondiendo con sus intelectualizaciones. Para este hombre, intelectualizar sus relaciones era un modo de expresar amor sin arriesgarse a ser herido.

Muchos hijos adultos que tuvieron exceso parental encuentran difícil decir "te amo". Las palabras resultan muy intensas. La intelectualización se transforma en una forma defensiva de ocultar las emociones y la sensibilidad.

Pero las emociones son la piedra angular de la intimidad. Sin expresión de los sentimientos, las relaciones se vuelven chatas y estériles; seguras pero no gratificantes. Adoptando una postura intelectual sobre lo que sentimos y manteniendo fría la cabeza, evitamos experimentar nuestras emociones; a menudo del mismo modo en que evitamos exponer nuestro verdadero yo ante nuestros padres.

Ser sarcásticos o arrogantes. El sarcasmo es ira y hostilidad encubierta, disfrazada de humor. Las pequeñas bromas aparentemente inofensivas que ponen a otras personas en una posición desventajosa pueden transformarse en un hábito. Pero estos dichos agudos pueden ser usados inconscientemente para poner una valla entre nosotros y los demás.

Francamente, la arrogancia es un disfraz de la timidez, una defensa para protegernos contra la inseguridad. En lugar de exponer nuestro lado sensible, actuamos con reserva, confiando en que podremos engañar a los demás e impresionarlos con una superficial muestra de fortaleza.

Tanto el sarcasmo como la arrogancia son formas pasivas de la agresión. Los hijos con exceso parental pocas veces tuvieron oportunidad de expresar francamente la agresión. Desarrollaron estrategias de agresividad pasiva para expresar el enfado como el sarcasmo, que parece más seguro. Quien los escucha queda desconcertado y confundido, pero se evitan las represalias.

El sarcasmo y la arrogancia bloquean el camino hacia la intimidad. Las personas reciben el sarcasmo como un ataque y la arrogancia como una agresión. Se defienden de ambos retirándose o respondiendo agresivamente.

Abuso de alimentos, alcohol o drogas. Abusar de los alimentos y engordar, puede ser un modo inconsciente de aparecer menos deseable, de modo que el sexo opuesto no se sienta atraído. Lo mismo puede decirse de emborracharse o drogarse.

Las adicciones, ya sea a la comida, el alcohol o las drogas, crean un mundo propio. Las obsesiones se hacen cargo de la energía y disminuyen tanto el compromiso real como el contacto con los demás. Nuestra relación primordial se da más con la sustancia que con la otra persona. Las alturas que proporcionan la comida, el alcohol y las drogas pueden ofrecer comodidad y una superficial sensación de autoestima, pero nunca verdadera intimidad. De hecho, asegura la huida de ésta.

Estar de malhumor o "cerrar la puerta" para que los demás no puedan entrar. Estar de malhumor o aparecer ofendidos y tristes eran unas de nuestras mejores armas para conseguir lo que queríamos de nuestros padres. El 90 por ciento de las veces, esta conducta los puso en carrera para solucionar nuestros problemas.

De adultos, tratamos de utilizar estas armas, pero ya no tienen poder en nuestras manos. "Cuando me pongo de mal humor y le digo a Craig: 'No me amas de verdad', él se enloquece, admitió una mujer. Nos enzarzamos en una terrible pelea cuando yo todo lo que quiero de él es que me diga que me ama."

En realidad, esta mujer quiere una noticia tranquilizadora. Ella nunca aprendió a pedirlo directamente; se siente tonta diciendo: "Craig, necesito oírte decir que me amas".

Peor aún, ella siente que si le pide lo que quiere y lo consigue, no es tan bueno como conseguirlo sin tener que pedirlo.

¿Es realmente mejor manipular a las personas para conseguir que nos den lo que queremos, por medio de la lamentación, el hermetismo o el mal humor? ¿Es más gratificante que pedirlo directamente y obtenerlo?

Lamentablemente, con demasiada frecuencia es un medio seguro de alejar a muchas personas, por una simple razón: muchos han repudiado la parte necesitada de ellos mismos; la que se presenta como un niño exigente, que reclama amor, atención y afecto; que nunca tiene suficiente. Está dentro de todos, amenaza nuestra imagen de "adultez" y hace que nuestras defensas cobren vida. Al percibir a otra persona necesitada, la reacción es: "¡Pucha! ¡Déjame! Me muestras la parte que más odio de mí mismo!"

Esto no quiere decir que no haya gente que se siente atraída por seres necesitados y desamparados. Hay quienes medran con ellos. En general, no nos sentimos atraídos por ellos, porque tememos que nuestras necesidades no serán satisfechas si nos dedicamos a cuidar de esas personas.

El mal humor y el hermetismo con los demás pueden ser modos pasivo-agresivo de expresar enfado y una forma de reclamar control de las relaciones cuando sentimos que tal control no existe. Estas conductas son efectos del miedo al abandono. Pero la verdad es que las personas nos dan lo que quieren darnos. Ningún grado de manipulación puede conseguir que alguien nos dé amor —amor real, no un desganado consentimiento a nuestros reclamos— cuando no quiere darlo, a pesar de todo lo buenas que puedan ser nuestras estratagemas. Finalmente, es nuestra autoestima la que sufre si tenemos que ponernos de mal humor o montar un juego para lograr lo que queremos.

Actuar de un modo indiferente u hostil cuando los demás tratan de acercarse. Olvidarse de responder llamadas las telefónicas, estar muy ocupado para prestar atención, cambiar de tema cuando alguien nos confiesa algo o sentir que las personas que son afectuosas son "débiles", "desesperadas" o "necesitadas", nos lleva a apartar de nosotros a las personas que se muestran dispuestas a relacionarse.

Si de niños fuimos mimados en demasía, nos puede resultar difícil desarrollar empatía por los demás. Hay quienes encuentran que si la conversación no está enfocada en ellos se aburren mucho, aunque traten de ocultarlo. Esto tiene más que ver con una falta de experiencia para sintonizar en las necesidades de los demás, que con el egoísmo. Fundamentalmente, se trata de una experiencia desconocida.

La indiferencia es un modo sagrado de expresar agresión, sin mostrarla desembozadamente. Es percibida por los demás como hostilidad. El mensaje "soy mejor que tú y realmente no me interesas" es recibido con claridad y alimenta el enfado. También puede alimentar el sentimiento de incapacidad otra persona.

La verdadera intimidad tiene lugar cuando las personas se dan fuerzas y colaboran para sentirse bien en una actitud recíproca. Es natural apartarse de las personas que nos hacen sentir incómodas.

Necesidad de tener siempre "razón". Algunos de nosotros no podemos evitar decir: "Sí, pero..." cada vez que alguien nos dice su opinión. Necesitamos tener razón siempre, imponer nuestro parecer, decir la última palabra, destacar los puntos débiles de lo que piensan los demás, como un modo de ejercer control en las relaciones. Muy a menudo, esto aliena a las personas y les hace sentir desamparadas o atacadas.

Algunas veces, una persona que necesita tener "razón", lo explica como algo divertido y hasta necesario, ponerse siempre en el "abogado del diablo". "Simplemente soy honesto", creen. Pero hay diferencia entre ser honesto cuando se nos pide nuestra opinión y dar la nota cada vez que tenemos la posibilidad de señalar los errores de los demás.

Algunos de nosotros, cuanto más implicados estamos con una persona, tanto más propensos nos sentimos a corregirla, a "ayudarla" o guiarla cuando pensamos que lo que ha dicho está mal. A menudo esto se desprende de nuestra primera experiencia de amor; el amor que nuestros padres nos dieron, barnizado con juicios y mensajes tales como: "Si no te amara, no te diría la verdad". Pero la realidad es: ¿Qué verdad?

Las personas que se criaron con semejante entorno, crecen pensando que criticar a los demás y señalar los errores en su forma de pensar o razonar, es sinónimo de mostrar afecto por ellos. Pero la necesidad corregir siempre a los demás —tener *razón*— alimenta el enfado y la hostilidad en las personas que hemos "mejorado". Las relaciones se transforman en un pimpón verbal, en el que las personas marcan puntajes, ganan la batalla y más de una vez pierden la relación.

Agudos sentimientos de incapacidad están bajo la postura de la persona que siempre tiene razón. Tal persona teme la interacción y la flexibilidad de las relaciones. Lamentablemente, hay muchas personas prontas para amar y compartir que son hechas a un lado por la rígida postura de quien tiene tan poco lugar para los pensamientos e ideas ajenas. Pero permitir que otras personas tengan razón parece equivalente a ser fagocitado; esto activa la actitud de defensa, aunque signifique aislarse de otras personas y haga imposible la intimidad.

Deprimirse. Nadie decide deprimirse concientemente. La depresión puede ser una enfermedad seria, que requiere tratamiento y un tremendo esfuerzo para sobreponerse.

Pero, además de las diversas causas psicológicas y fisiológicas de la depresión, la enfermedad puede ser una defensa contra la intimidad. Puede ser un modo inconsciente y oblicuo de despertar lástima y atención, cuando no tenemos idea de cómo pedirla de un modo directo. La depresión suspende la comunicación fluida con los demás. Es una coraza solitaria que alimenta su impotencia. Es esta impotencia la que eventualmente conduce al enfado. Por esta razón, es habitual que la persona deprimida encuentre que el apoyo amoroso desaparece a medida que la depresión se alarga en el tiempo. No es raro que la interacción en las relaciones con otras personas que prestarían la mejor ayuda sea imposible de lograr a medida que la depresión se profundiza. Los demás sienten que le han fallado, que su amor y preocupación no ha servido e inevitablemente toman distancia.

Casi nunca somos conscientes de los sutiles métodos que utilizamos para alejar a las personas de nuestra vida. Pero si tememos que la intimidad nos conducirá a la concreción de nuestros temores de quedar expuestos, de ser engullidos o abandonados, nos defenderemos contra esa posibilidad.

En este punto, podemos sentirnos tentados a culpar a nuestros padres que nos amaron tanto de nuestra falta de habilidad para relacionarnos con los demás. Pero hoy somos adultos. Nuestras relaciones nos competen a nosotros, independientemente de los aportes de nuestros padres. Depositar la culpa en ellos es evadir nuestra responsabilidad.

"Cuando yo nací mi madre tenía veinte años —dice un hombre, rememorando su infancia y su influencia en su vida actual—. Cuando yo tenía veinte años, apenas sabía lo que estaba haciendo; perdía el tiempo en los bares, andaba por ahí y me metía en todo tipo de problemas. Y sin embargo, estoy irritado porque mi madre —con sus veinte años, con un esposo y dos hijos—, no hiciera mejor las cosas y fuera una madre perfecta.

"Ahora, cuando pienso en mi madre y todos sus defectos, me doy cuenta de que ella tenía enormes responsabilidades. Todavía estoy furioso por el modo en que me sofocaba y me enloquecía pero, probablemente, yo no lo habría hecho mucho mejor en las mismas circunstancias. Y me olvido que la madre que recuerdo ya ni siquiera existe. Ella también ha crecido. Yo podría haber quedado con la herencia de sus defectos, sin embargo ella hizo lo mejor que pudo en ese momento. Si ella tuviera la posibilidad de hacer todo de nuevo, lo haría de un modo diferente. Lamentablemente, yo tengo treinta y cinco años y ella ya no tiene esa posibilidad."

Como adultos que somos, ya no estamos indefensos, no nos determinan nuestros padres, independientemente de lo que pudieron haber pensado de nosotros. Podemos definirnos a nosotros mismos. Podemos crecer y cambiar. Pasaremos muchos años fuera del hogar de nuestros padres, en el que nosotros mismos construyamos. Más allá del efecto de nuestra temprana infancia, podemos ser lo que necesitamos ser. No necesitamos apoyarnos en los juicios de nuestros padres, o utilizarlos como una excusa para no corregir las partes de nosotros que hemos percibido que son causa de problemas en nuestra vida. Si tenemos miedo a la intimidad, podemos trabajar para superarlo. El conocimiento de estos miedos y del modo en que traen confusión a nuestras relaciones actuales puede ser nuestra guía.

LA BODA REAL

**"NO ESTAMOS PERDIENDO UNA HIJA;
ESTAMOS GANANDO UN HIJO."**

*"¿Qué busco en la mujer con quien me caso?
June Cleaver."*

BOB, 34 AÑOS, DISEÑADOR

En una fiesta de despedida de solteros, el padre del novio hizo un brindis en honor de la mujer que pronto se transformaría en su nuera: "Eres una joven afortunada al casarte con este joven que sólo nos ha dado alegrías. Para nosotros es tan preciado como el oro; mañana te lo entregaremos a ti".

Cuando oyeron esto, los padres de la novia —padres que aman demasiado—, se dieron un codazo por debajo de la mesa. La desfachatez que tiene esta gente de insinuar que su hija es tan afortunada llevándose este regalo de "oro". ¿Y qué se cree que consigue el novio?

Con prontitud, el padre de la novia se levantó, miró a su futuro yerno y dijo: "Mi hija puede estar recibiendo oro pero tú, joven, estás consiguiendo algo todavía más precioso: Mi pequeña... ¡Es un verdadero diamante!"

Así comienza la boda real. A pesar de los miedos a la intimidad, las elevadas expectativas y las angustias, la mayoría de los hijos adultos que fueron amados demasiado se casan o se embarcan en relaciones formales y duraderas.

La boda señala el momento de la separación de los padres; nadie es más ambivalente a este respecto que los miembros de la familia que han fomentado la dependencia mutua y se han entrometido en la vida de sus hijos. Éste es un momento de mucha ansiedad para los padres que aman demasiado; ahora nos dejan partir y comenzar nuestra vida con otra persona, fuera de su vigilante mirada y su amoroso control. A veces no quieren dejarnos marchar. Y otras, somos nosotros quienes no queremos marcharnos.

¿Cómo hacen los hijos que tuvieron exceso parental e intromisión para aflojar los lazos de dependencia en la medida necesaria para realizar un verdadero compromiso matrimonial? ¿Qué ocurre con las relaciones con sus padres si la partida es forzada? ¿Qué ocurre con su matrimonio si aquellos no lo permiten?

Nancy, una atractiva mujer de cuarenta y un años, se vio confrontada con estas cuestiones cuando se casó con Rob. "Celebramos nuestra boda en la sala de la casa de mis padres; esto quizá fue un presagio, explica. Mi familia forma un tejido muy tupido; todos estamos muy involucrados en la vida de los demás. Rob se convirtió en 'el Alien'."

No se trataba realmente de que los padres de Nancy no aceptaran a Rob. Superficialmente lo hacían, al menos al comienzo. Pero Nancy no se dejó embaucar. A los ojos de ellos, Rob nunca había sido la mejor apuesta de Nancy. "Aceptaron lo inevitable porque no les cabía otra posibilidad. De modo que nunca olvidaron cosas como su cumpleaños y siempre fueron amables con él. Mi madre, especialmente, trató de integrarlo al ritmo de la casa. Pero, con todo, mamá y papá nunca confiaron de verdad en él. Nunca lo respetaron. Años más tarde, mi hermano me dijo que mi padre, cuando yo no podía oírlo, siempre se refería a Rob como "el pequeño imbécil"; a pesar de que esto me produjo enfado, no me sorprendió."

Desde el día en que se casó, Nancy sintió como que debía dar a sus padres explicaciones sobre su marido constantemente. Sin éxito, trató de "vender" a Rob y de que lo vieran con otros ojos, empujándolos a estar juntos tan a menudo como fuera posible.

"Quería que él les gustara. Así de sencillo. Pero mi error fue confiar en ellos en relación a los problemas de Rob en el trabajo. Rob está en el área de publicidad; ésta, a veces, es una profesión sangrienta. Durante nuestro primer año de matrimonio, lo pasaron por alto dos veces en un ascenso. Aunque esto no le preocupó, a mí me quedó grabado."

Este tema hacía que Nancy se sintiera incómoda con sus amigas. No quería que ellas supieran que Rob estaba en aprietos y les pintaba una imagen rosa de su trabajo. Pero, ansiosa y preocupada, una noche que Rob estaba fuera de la ciudad, confió toda la historia a su madre y su padre.

"Tengo confianza en el consejo de mis padres, más que en el de nadie, lo admito. No tienen ninguna razón para orientarme en una dirección indebida, porque realmente me aman y me quieren ver feliz. Siempre les conté mis problemas, de modo que contarles sobre Rob me pareció natural. Hablarles me resultó un alivio en muchos sentidos. Pero, por supuesto, no quise que Rob se enterara. Eso hubiera sido terrible."

El padre de Nancy estaba seguro de que conocía el problema de Rob: actuaba como alguien que lo sabe todo. Rob no debería tratar de imponer a toda costa sus ideas a los demás. Debería terminar sus quejas sobre todo lo que estaba mal en su agencia e involucrarse más en la compañía. Quería sentarse y hablarlo con Rob, pero Nancy se opuso totalmente y le rogó que no lo hiciera.

Pocos días después, una noche, Nancy y su mamá tuvieron otra charla franca y abierta sobre Rob. En opinión de su madre Rob no era suficientemente fuerte. "Rob es tan inestable, decía. Mira; se lo pasa en los bares todo el tiempo con sus amigos. No debería decírtelo, pero pienso que él no es muy maduro. ¿Por qué no puede mirar un partido de fútbol contigo, en casa?"

Estas palabras alimentaban los pensamientos de Nancy quien, acostumbrada a prestar atención a sus padres, las devoraba. Fue un error.

"Cuando mis padres se enteraron de que Rob estaba con problemas, ya no hablaban de otra cosa. Hacían alguna insinuación a Rob acerca de lo que debía hacer, tratando de no ser demasiado obvios. Trataban de ayudar, pero Rob se ofendía, sobre todo cuando le aconsejaba mi padre; lo cortaba de plano apenas empezaba a hablar. Una vez, Rob fue tan grosero con mi padre que yo no le hablé durante días."

Nancy tomó la costumbre de rendir informes semanales clandestinos a sus padres sobre lo que estaba ocurriendo con Rob, su carrera y el matrimonio. Los padres criticaban a Rob y hacían multitud de sugerencias acerca de cómo debía "manejarlo ella."

Después de un par de meses, Nancy comenzó a sentirse ofendida por cada palabra que sus padres decían. "Un día me pareció que toda la confianza en mis padres había cruzado una raya. Eran como dos psicólogos aficionados; analizaban los motivos de cada cosa que hacía Rob. Decían cosas ridículas como: 'Rob debería dejar de mirar tanta televisión. Está tratando de escapar de sus problemas'. Quiero decir; ya estaba bien. El hombre estaba en publicidad. Se suponía que debía mirar televisión.

"La cuestión era que yo había contado a mis padres un pequeño problema pero ellos habían agrandado todo el asunto ; ahora debía escuchar continuamente: 'Tu marido debería hacer esto', 'Tu marido debería hacer aquello'."

Nancy admite que lo que siguió nunca habría ocurrido si ella no hubiera continuado llevando nueva información a sus padres. "Un día, me sentí frustrada y grité: 'Ya hemos hablado bastante de todo esto, gracias. ¿Podemos dejar el tema?' Al día siguiente me preocupaba sobre Rob y comenzaba a hablarles nuevamente sobre él, aunque al mismo tiempo quería morderme la lengua. Era como una compulsión.

"Finalmente, me odiaba a mí misma, odiaba las cosas que decían sobre él, pero no podía parar. Era como si me sintiera obligada a exponerles mi vida, a no poder guardar nada para mí misma."

Una noche Rob contó a Nancy que su solicitud de promoción había sido rechazada. Nancy estalló y terminaron gritando. Cada crítica que sus padres habían hecho de Rob salía ahora por su boca. Para Nancy, aquellas palabras eran apoyo, confirmación y munición.

Rob estaba furioso. Dijo: "Esperaba esta basura de tus padres pero nunca de ti. De todas maneras, ¿cómo se enteraron de esto? ¿Qué es lo que te hace pensar que soy tan perdedor que no podría encontrar otro trabajo si tuviera que hacerlo?"

Muy incómoda, Nancy miró hacia otro lado, pero pudo sentir los ojos de Rob fijos sobre ella. Finalmente él dijo: "Puedes decirle esto a tus padres: la razón por la que no soy el señor Centro de Atención en la agencia, es porque tengo una vida privada. Al menos, pensaba que la tenía. Diles que no quiero quedarme en la oficina hasta la ocho cada noche, mostrando a algún vicepresidente que estoy tremendamente interesado en su cuenta de pizza, porque yo estaba más interesado por *ti*. Yo quería venir a casa para estar *contigo*. Si me hubiera quedado en la oficina hasta cualquier hora tus padres habrían dicho que te estaba descuidando. Realmente aquí no puedo ganar. ¿No es cierto?"

Rob y Nancy masticaron su enojo en silencio durante semanas. Finalmente, decidieron ver a un consejero matrimonial.

En la terapia, Nancy realizó un importante descubrimiento: nunca se había casado realmente con Rob, en el sentido emocional. "Nunca confié en él y todavía recurro primero a mis padres. Mi verdadera lealtad es con ellos."

La tensión entre Nancy y Rob era una consecuencia de la falta de habilidad de Nancy para comprometerse emocionalmente de un modo verdadero con Rob y su matrimonio. Este compromiso era imposible porque Nancy nunca se había separado completamente de sus padres. Entendemos por separación la construcción de nuestro propio sentido de identidad. Significa cortar con los vínculos emotivos que nos atan a sus creencias, ésas que ya no encajan con nuestra realidad.

Después de la boda, el miedo que Nancy tenía de desprenderse de la dependencia de sus padres resultó en la construcción de un triángulo: Nancy, Rob y sus padres. Rob siempre estaba en el vértice inferior.

Los problemas profesionales de Rob consolidaron este triángulo. Nancy comenzó a sentirse insegura sobre su futuro y, en lugar de trabajar con Rob y compartir honestamente sus miedos, se sintió empujada a incorporar a sus padres a su matrimonio a manera de lastre.

El mayor síntoma de la falta de separación de Nancy, era la compulsión a contar constantemente sus problemas a sus padres, aunque no recibiera gratificación por ello ni mucha ayuda verdadera. Sus confidencias culposas eran el aglutinante que mantenía unido el triángulo. Interiormente, era muy ambivalente acerca de abandonar la dependencia con sus padres y depositar su confianza en Rob. Estas confidencias, hechas a escondidas de Rob, eran más el indicio de su necesidad infantil de aprobación y control por parte de sus padres que pedidos de ayuda.

¿Por qué era tan problemático para Nancy abandonar la dependencia de sus padres y la necesidad de su aprobación? En la terapia Nancy revisó una historia de culpa y autocrítica por no poder vivir a la altura de las expectativas de aquéllos. Hasta su matrimonio ella había sido un fracaso en el intento de complacerlos o tenerlos realmente satisfechos. Los padres de Nancy tenían expectativas muy altas en relación al tipo de hombre con el que ella debía casarse; el éxito en la carrera de éste era una parte importante del tema. Con estos precedentes, el hecho de que Rob no fuera tenido en cuenta en un ascenso golpeó a Nancy como algo devastador, porque era un nuevo fracaso en la esperanza de ganar algo que podría conquistar la aprobación de sus padres.

Nancy no comunicó sus miedos a Rob porque sentía que él no habría entendido su ansiedad. Él tenía sus propios valores y objetivos y estaba satisfecho con su profesión tal como era. Pero Nancy se sentía muy incómoda si el modo de funcionamiento de ella y Rob era distinto del que empleaban sus padres para hacer las cosas.

A medida que Nancy y Rob continuaron su terapia, Nancy comenzó a mirar con ojos críticos la relación entre ella y sus padres, la que había existido bajo la pátina de amor e intimidad. Nancy admitió que en cuarenta y un años, no recordaba haber sido nunca criticada severamente por sus padres. Aun cuando los provocó y realizó elecciones que sabía que desaprobarían, como abandonar la escuela secundaria a los diecisiete años para tomar un trabajo de tiempo completo habían sido comprensivos y casi la habían apoyado. Mientras la aleccionaban sobre cuánto tenía ella para ofrecer y cuánto más podía lograr si estuviera motivada, generalmente ellos se tragaban su frustración. Cuando Nancy actuaba con irresponsabilidad, cometía errores o hacía elecciones desacertadas, siempre estaban dispuestos a encontrar algún modo de adaptar las circunstancias o justificar su conducta, de modo que la imagen de Nancy como hija "perfecta" no sufrió menoscabo. Ellos necesitaban esa imagen porque los convalidaba. Como muchos padres que aman demasiado, aceptar los defectos de su hijo es reconocer sus posibles equivocaciones como padres. En consecuencia, los padres de Nancy reprimieron cualquier enfado o crítica que tuvieran de ella.

Cuando Nancy se casó, desataron su frustración con Rob. En tales familias, el cónyuge, alguien de afuera, puede ser un chivo expiatorio ideal para la irritación que los padres no pueden expresar directamente a su hijo. Las frustraciones de los padres con esos hijos que nunca estuvieron a la altura de sus expectativas, puede ser transferida al yerno o a la nuera. Es mucho más seguro de este modo y no pone en peligro el "amor" que mantiene a la familia unida. El foco de atención es desviado de los problemas de sus hijos a los defectos de los cónyuges de éstos: "Si sólo fuera una persona más rica, más responsable, más inteligente, más lo-que-sea, mi hija o hijo no tendría problemas".

Los padres de Nancy fueron rápidos para detectar los defectos de Rob. Aunque su ascenso se postergó debido a una elección de él —privilegiar la vida familiar— más que a una falta de capacidad o motivación, los padres de Nancy supusieron automáticamente que eran las limitaciones de él, limitaciones que habían despertado su ansiedad desde el comienzo. Aquello que veían como defectos en realidad eran diferencias entre sus valores y expectativas y los de Rob. Para un padre que ama demasiado, estas diferencias son amenazadoras. Reconocer las diferencias entre las personas es reconocer su separación de nosotros. Inconscientemente, los padres de Nancy sintieron que era vital que su hija también viera las diferencias de Rob como peligrosas desventajas, temiendo que se adhiriera a Rob y se separara emocionalmente de ellos.

En la terapia, Nancy también descubrió que una parte de ella disfrutaba con las críticas que sus padres hacían a Rob. Con ellas se sentía reivindicada. Nancy tenía ciertas fantasías acerca de que en el matrimonio todas sus necesidades

serían anticipadas y satisfechas por su esposo. Conscientemente, sabía que sus fantasías eran solamente eso; sueños de
perfección que tenían poca base en la realidad. Inconscientemente, estaba tan decepcionada como sus padres cuando Rob
no pudo hacerlos realidad. Cuando los padres de Nancy criticaban a Rob, sólo ponían palabras a los pensamientos de
ella, sin hacerle sentir responsable ni desleal.

Muchas personas que han sido excesivamente cuidadas
por sus padres inconscientemente dan la bienvenida a las críticas que éstos hacen a sus cónyuges. Alimentan una cómoda intromisión porque colocan a los padres en el papel de paladines
del hijo adulto, en la lucha que asegura que éste tendrá sólo lo
mejor. ¿Qué puede ser mejor prueba de su amor o razón para
continuar la dependencia mutua? Como Nancy lo explicó más
tarde: "Mis padres pensaban que Rob debía adorarme, ayudarme, darme todo y hacer de mi felicidad el objetivo de su vida.
Pero nunca tuve que enfrentarme cara a cara con mis propias
expectativas imposibles sobre el matrimonio. Ningún hombre
habría podido estar a la altura de ellas. Para vincularme con
Rob, él tendría que haberse convertido en mis padres".

Muchos de nosotros descubrimos que nuestros padres
tienen una enorme y continua presencia en nuestro matrimonio. Es un signo de que todavía estamos ligados a ellos de un
modo que puede deteriorar nuestra relación.

A veces, parece que sólo nuestros padres tienen dificultades para despegarse. Se entrometen con consejos no
queridos ni solicitados, acuden a salvarnos, nos facilitan dinero o un hogar, nos estimulan para que compartamos con
ellos detalles privados de nuestro cónyuge e inconscientemente utilizan una multitud de otras técnicas para alentar nuestra dependencia de ellos.

Sin embargo, debemos aceptar una parte importante
de responsabilidad propia. En un triángulo como el que mencionamos siempre existe un hijo adulto, demasiado amado y
ambivalente acerca de la independencia con respecto a sus
padres. Aunque podemos aducir que nuestros padres se in-
trodujeron en nuestra vida sin ser invitados, la verdad es que
bastante a menudo les invitamos a entrar cuando les consul-
tamos acerca de cada cosa que hacemos y cuando buscamos

su confirmación. Llamar a nuestros padres cinco veces cada
día, buscar su consejo cada vez que tengamos que tomar una
decisión, depender de ellos cuando necesitamos algún dinero extra, invertir mucha más energía para complacerlos a ellos
que a nuestra pareja, todas ellas pueden ser señales de que
estamos casados legalmente pero no emocionalmente.

Debido a nuestra ambivalencia sobre la verdadera independencia, es casi demasiado fácil para nuestros padres
atraernos nuevamente al cálido radio de su amor y control.
Inconscientemente, con el fin de sentirnos más seguros, podemos intentar mantener un pie en cada puerta; la de nuestros
padres y la propia. Las llaves de nuestros padres cuelgan en
el perchero y las utilizamos para entrar y salir de su casa con
tanta frecuencia y facilidad, como si todavía viviéramos allí.

Sería sabio devolver esas llaves y golpear a la puerta
para entrar, como cualquier otro. No quiere decir que por el
hecho de que estemos separados y seamos independientes
no seamos más sus hijos.

La tarea más ardua que un ser humano enfrenta en su
vida es la de llegar a tener un yo separado. Todos nos debati-
mos entre la comodidad de ser un hijo dependiente y el desafío de ser un adulto independiente. Si tenemos padres que nos
aman, con las manos extendidas y listas para hacer las cosas
por nosotros, comprar por nosotros y resolver nuestros problemas por nosotros, el enganche es todavía más fuerte. Depender de nuestros padres es tan seguro... Así como es fuerte
la urgencia de separarnos y vivir nuestras propias vidas, siempre tendremos la urgencia de fundirnos con alguien más fuerte, más responsable, más confiable que nosotros. ¿Quién puede hacernos sentir más seguros que nuestros padres que nos
aman tanto? Ciertamente no es nuestro cónyuge, que reclama
que le demos y lo atendamos a cambio de todo lo que nos da.

La separación y la individuación incompletas, de padres que aman demasiado, ha asolado muchos matrimonios.
Cuando las familias son entrometidas y ambivalentes acerca
de la separación, un cónyuge puede ser bienvenido, aunque
sea rechazado inconscientemente. Mientras que en las familias saludables la separación que tiene lugar cuando un hijo
se casa es recibida como un signo de crecimiento saludable,

para los padres que aman demasiado tal separación produce ansiedad. Para ellos, simboliza una desintegración de la estructura familiar y una pérdida del control parental. No es llamativo que nuestro cónyuge a menudo se sienta ofendido.

Si permitimos que nuestros padres compitan con nuestro cónyuge por nuestra devoción y alianza, siempre estamos en un triángulo en lugar de un verdadero matrimonio. El desafío es no eliminar a nuestros padres de nuestra vida cuando nos casamos sino establecer una relación adulta con ellos. Para abrir la senda hacia la verdadera intimidad y el compromiso con otra persona debemos terminar la relación padre/hijo que existió hasta ese momento en que éramos verdaderamente dependientes de nuestros padres. En el matrimonio, nuestra alianza primordial debe ser con nuestro cónyuge. Este compromiso exige lealtad. Si no podemos reunir devoción y confianza en la persona con la que convivimos, si nuestros padres pueden hacernos dudar de que esta persona sea buena para nosotros, verdaderamente no estamos listos para el matrimonio. De hecho hay un buen panorama para el fracaso. Cuando nos sentimos enfadados o preocupados con nuestro cónyuge, y hay dos personas prontas a ver las cosas a nuestra manera, a sentir nuestro enfado y a quitarnos nuestra pena, iremos allí donde podamos encontrar solaz más que soluciones reales.

Continuar enredados con nuestros padres después del matrimonio tiene sus beneficios. Atractivos premios; la ilusión de seguridad emocional, la absolución de la responsabilidad, el alivio de la culpa y seguridad financiera, nos atraen y nos impulsan a conservar nuestra alianza primaria con ellos.

Sin embargo hay recompensas mayores para la independencia. Sentimientos de capacidad. Sentimientos de tener el control. La posibilidad de un matrimonio pleno y gratificante y de una verdadera intimidad.

¿Somos capaces de arreglarnos sin ese sofocante amor y dependencia? ¿Qué nos ocurrirá si nos desprendemos y obligamos a nuestros padres a hacerse a un lado?

David es un hombre que decidió intentarlo. El llamado del amor romántico y el llamado a continuar confiando en la aprobación de sus padres, fueron responsables de un punto de inflexión en su vida.

David se enamoró de una mujer y desde el comienzo, supo que sus padres nunca la aprobarían. De hecho, nunca les dijo siquiera que estaba seriamente interesado en ella hasta después de haberse comprometido. Para él la razón era simple: "¿Recuerdas la película *Love Story*? ¿La expresión en la cara del padre de Ryan O'Neal cuando éste le dice que se casará con Ali McGraw? Siento escalofríos porque me recuerda mucho a mi familia. Las reglas de mi padre son las mismas: 'Haz esto a mi manera o te desconozco'."

Los padres de David se opusieron a su casamiento con Pam desde el comienzo. "Ella no era judía, y ellos querían que yo me casara en el rito judío. Mi padre no había estado en una sinagoga desde que era un niño y nosotros nunca observamos ninguna festividad. Incluso solíamos a hacer nuestra cena de Navidad. No obstante, ellos querían que me casara con una chica judía. Me enamoré y de súbito, se volvieron religiosos.

"Cuando Pam y yo nos casamos, mis padres no vinieron a la ceremonia. Todos sabían por qué no estaban allí. Acepté su modo de sentir, pero me dolió.

"Al principio, traté de hacerme el fuerte. Me imaginé que podía vivir sin mis padres, si eso era lo que ellos querían. Pero de todas maneras, no me pareció correcto no llamarlos, no tener ningún contacto con ellos. Pam me dijo que les diera tiempo. Recibí el mismo consejo de todo el mundo. No pude. Me apresuré y traté de hablar con ellos. Les rogué. Mi padre parecía un muro de ladrillos.

"Siempre hemos estado muy unidos. Siempre había hecho lo que ellos querían: me gradué con el mejor promedio, cursé derecho, hice todo lo posible para que estuvieran orgullosos de mí. Era su hijo mayor y siempre había escuchado todo lo que me dijeron. Hasta ahora.

"Mi madre me perdonó lo suficiente después de la boda como para incluirme en las cenas de las fiestas familiares, de modo que mi padre no tuvo alternativa. No podían excluir completamente a su hijo, a pesar de la horrible cosa que había hecho. Fui un ingenuo. Llevé a Pam conmigo, pensando que si la conocían, no podrían más que amarla, como yo.

"Pero nunca acogieron a Pam. Para mis padres ella no existía, aunque estuviera sentada frente a ellos en la mesa. La ignoraban completamente. Era evidente que pensaban: esta mujer es mala. Ha operado algún sortilegio maligno sobre nuestro hijo, para que actúe contra nuestros deseos. No podían aceptar que yo la había elegido.

"Si miro hacia atrás, debo admitir que había una parte de mí que les permitió seguir con la idea de que yo era una especie de víctima en la situación. Yo soy sólo un ser humano y supongo que durante un momento permití que Pam sufriera las consecuencias. Pensé que ellos no podrían herirla; en realidad me estaban matando.

"Pam y yo continuamos unos seis meses, hasta que un día me dijo que me iba a dejar. 'Debes elegir. Si queremos tener algo como un matrimonio, tus padres deben tratarme con cortesía, al menos. No puedo continuar yendo a su casa y estar allí mientras ellos me ignoran viendo como tú lo permites. No puede vivir más con tu culpa o esperar, confiando en que tus padres te perdonen. O soy tu esposa o me marcho'."

David estaba destrozado. Trató de convencer a Pam de que era injusta. Sus padres eran buena gente; cambiarían de actitud si ella les daba tiempo.

Pam no se dejó convencer. Se mantuvo firme, y David se sintió impotente. La perspectiva de ponerse firme y reclamar a sus padres que aceptaran a Pam despertaba en él angustia y miedo. También lo ponía furioso con Pam por colocarlo en la situación de tener que elegir entre ella y sus padres. Una verdadera separación emocional de sus padres era algo que David nunca había podido concebir. Tal separación significaba que tendría que decir: "Me siento bien con mis elecciones. No necesito vuestra aprobación. Exijo el mismo respeto para mis elecciones que el que tengo con las vuestras."

David eligió a Pam. Le dijo a su padre: "Entiendo porqué sientes como sientes en relación a Pam, pero ella es mi esposa. No puedo permitir que tú ni nadie sea grosero con ella. La amo. Para ser feliz tengo que estar con ella. A ti también te

quiero pero si me obligas a elegir, elijo a Pam. Si no puedes
tratar a Pam con respeto, no volveremos por aquí."

La historia de David no tiene un final feliz, en el que
los padres aceptan a la esposa de repente y todos viven contentos desde entonces. Pero después de la conversación sus
padres fueron mucho más corteses con Pam. Cuando Pam y
David los visitan, Pam no es ignorada y los padres no han
vuelto a criticarla en presencia de su hijo.

A decir verdad, aquélla es una alianza inestable, dista
mucho de ser perfecta; sin embargo es bastante buena.
Cuando David piensa sobre su relación con sus padres,
admite: "Ya no tengo el abrumador soporte emocional que
me brindaban mis padres y que solía tener. No hay más de
esa confirmación constante de que cualquier cosa que hiciera estaría bien. Ahora hay una distancia entre nosotros
que no es bastante grande como para hacerse obvia ante
los demás, pero ahí está. Cuando Pam y yo tenemos algún
problema, como la falta de dinero de hace poco tiempo,
cuando cambié de estudio jurídico, mis padres no se preci-
pitaron a salvarnos. Antes de casarme con Pam, en un segundo tenían las manos tendidas. Quizás es la forma que
ellos tienen de devolver lo recibido".

De vez en cuando, David observa la relación de su
hermana y el marido de ésta con sus padres, cuando el destino los une en alguna fiesta. "Hay una intimidad con ellos
que Pam y yo nunca tendremos. Mi hermana todavía habla con mi madre cinco veces por día. Mi cuñado, que deja
que mi hermana y mis padres lo lleven de la nariz de aquí
para allá pasó a ocupar mi antiguo sitio de estrella de la
familia, y ellos no pueden ser más dulces con él. Algunas
veces estoy celoso. Otras, siento aquel incontrolable impulso de ir hacia ellos para pedirles consejo, hacer lo que ellos
quieran que haga, así puedo sentir nuevamente su aprobación. Sé que todavía se interesan por mí pero ya no es lo
mismo, y me duele.

"La situación me deprime; entonces miro a Pam. Tengo
a nuestro hijo en mis brazos y veo el futuro qe elegí por mí
mismo. Quizá finalmente he crecido, porque esto no lo nego-
ciaría por nada del mundo. El amor es su propio premio."

Nada hará tanto para plantear los temas de la dependencia y la intromisión, como nuestras relaciones afectivas. Pudimos haber estado durante años abrigados y seguros en el capullo de nuestra familia, quizá con un poco de resentimiento, pero siempre cómodos. De repente nos enamoramos, y la rama se rompe.

La ruptura no fue fácil para David. Ni lo es para ningún hijo adulto que haya sido amado demasiado. Pero sin esta separación emocional, el amor romántico y un casamiento saludable son difíciles si no imposibles de lograr.

Esta separación requerirá que no continuemos tratando de cambiar a nuestros padres. Les concedemos el mismo derecho a sus pensamientos y sentimientos que queremos que ellos respeten en nosotros. Pero aceptamos diferencias entre nosotros y por esas diferencias podemos estar bien. Aprendimos que podemos sobrevivir a la mutua desaprobación. Nos interesamos en nuestra vida sin necesitar la aprobación o la guía de nuestros padres y los liberamos para que se ocupen ellos de la suya.

Es posible tener un profundo cariño por nuestros padres y recibir su cariño a cambio sin caer en una mutua intromisión. El dependiente apego a ellos no equivale al amor. Ni tampoco el permitirles que nos controlen a nosotros o a nuestro cónyuge, que determinen cómo debemos actuar o que nos provean de los objetivos que podemos conseguir por nosotros mismos. A esto debemos renunciar para poder crecer.

Hacer que el amor funcione es un desafío. Nada probará mejor nuestra madurez, pero nada tiene semejante potencial de recompensas. Una vez superado el primer obstáculo de separarnos de nuestros padres, habrá otros. Siempre debemos estar alertas ante las trampas que nosotros mismos podemos poner en el matrimonio, si nuestra experiencia temprana fue una de estar mimados-desvalidos y de amor sofocante.

Si te has casado o estás en una relación afectiva comprometida, podrás notar ciertas pautas que a veces causan tensión y conflicto. Estar advertido de ellas te servirá de guía para cambiarlos. Éstos son:

Buscar a mamá y papá en el matrimonio

Es absolutamente natural tratar de recrear situaciones que nos resulten cómodas. A menudo elegimos a una pareja que recrea nuestro pasado.

Los expertos en maltrato a niños, han descubierto hace tiempo que los niños que han sufrido violencia, inconscientemente, tienden a buscar esposos violentos. Sin darse cuenta, el hijo de un alcohólico, termina casado con un alcohólico. El niño golpeado se enamora más tarde de alguien que abuse de su persona emocional y físicamente. El hijo de padres fríos e indiferentes se casa con alguien que también es emocionalmente inabordable. Ninguno de los mencionados eligieron una pareja que fuera capaz de amor, comprensión y paciencia. Estas emociones despiertan sospecha y ansiedad porque no son familiares. El abuso es "cómodo" para el niño que conoce poco más que eso.

¡Cuán fuerte puede ser la atracción del amor sofocante, controlador y dependiente! Mientras que podemos haber sentido resentimiento en ocasiones, la mayor parte del tiempo resultó maravilloso. Quizás estábamos bajo un microscopio, pero al menos, alguien nos prestaba atención. Alguien nos cuidaba.

Inconscientemente, las personas tienden a disponer las cosas para que en su vida adulta se dé una repetición de las circunstancias de la infancia, tanto las buenas como las malas. Freud lo llamaba compulsión de repetición. Entendía por ella nuestra humana compulsión a repetir el pasado, aunque nos hayamos comprometido a no repetirlo.

Parece obvio porqué tratamos de repetir las cosas buenas. Pero buscar repetir experiencias dolorosas, no gratificantes, que nos pesan, es también comprensible. Puede ser nuestro modo de continuar la batalla que librábamos en el pasado, con un arsenal nuevo, más fuerte o al menos más maduro. Esta vez estamos decididos a ganar. Volviendo a poner en escena el pasado y reescribiéndolo, esperamos salir victoriosos.

En ningún lugar tratamos de recrear y reescribir el pasado con tanto ardor como en nuestro matrimonios. Los hijos que fueron amados demasiado, rara vez se casan con otros que tuvieron la misma experiencia. Es muy frecuente que, de hecho, la persona con la que se casan ha sufrido alguna forma de maltrato infantil, ya sea debido al alcoholismo, la violencia física, el abandono o tal vez la indiferencia parental. ¿Por qué? Porque el maltrato infantil, por su naturaleza, transforma en víctimas a todos aquellos que están cerca de la persona violenta. En consecuencia, muchos niños que han sufrido maltrato crecen para ayudar y dar; están tan compenetrados con los problemas de los demás que olvidan cuidarse a sí mismos. En otras palabras, se convierten en personas que aman demasiado.

El hijo adulto que vivió demasiado amor es atraído naturalmente por el que nunca fue demasiado amado; se siente muy cómodo con él. Dicha persona, que ha sobrevivido a tantas penurias, es fuerte y competente. Mejor aun, es una persona que correrá por él o ella el "kilómetro que falta", que le cuidará, llevará el control y le mostrará el camino. A menudo, esto prepara la escena para un matrimonio de ayudante y desvalido, de admirador y admirado. El lazo puede ser apasionado, en la medida que cada persona se debate inconscientemente para completar el trabajo no acabado en la infancia.

Con un cónyuge dadivoso, no centrado en su yo, buscamos aquello que nos hizo sentir tan bien en la infancia: alguien que provea a nuestras necesidades, que nos cuide, que se preocupe por nosotros, que nos proteja. Inconscientemente, buscamos transferir a nuestro cónyuge la dependencia que manteníamos con nuestros padres.

No obstante, no es un arreglo perfecto. Preguntamos a nuestra pareja: ¿Lo estoy haciendo bien? ¿Qué harías tu? ¿Cómo está mi ropa? ¿Cómo está mi pelo? ¿Qué piensas de esto? ¿Qué debería hacer? A menudo las respuestas no son tan satisfactorias como las que obteníamos cuando preguntábamos a nuestros padres. Cuando no podemos encontrar o recrear el tono emocional de las atmósfera familiar de la infancia, nos sentimos frustrados y decepcionados.

Rhonda, una contable de veinticinco años, se casó con Mark, un hombre cuya experiencia infantil estaba signada por

174 LOS PADRES QUE AMAN DEMASIADO

la sobreprotección y el exceso de intervención de los pa
dres. "Mark quiere estar atendido constantemente —dice—
Regreso a casa del trabajo y estoy tan cansada como él, sin
embargo no me ayuda en ninguna tarea de la casa, a menos que realmente me enfade. Pone en escena esta actitud
desvalida que me vuelve furiosa. Puedo estar haciendo
algo, con las manos ocupadas, y él me grita que no puede
encontrar una aspirina o su afeitadora o las llaves del coche. La verdad es que nunca mira, porque sabe que yo voy
y miro por él. Es un hombre que nunca lee las instrucciones de uso de nada. Forcejea un rato con algo, lo rompe y
luego mira alrededor y dice: 'No puedo entender esto', y
se marcha, dejando los trozos en el suelo."

Estas son quejas menores de Rhonda. El sentimiento
de ser embaucada, de llevar una carga más pesada de la
debida en la tarea de mantener la relación, le molesta mucho más. "Mark no soporta que yo no le preste toda mi
atención. Sin embargo él nunca me la presta a mí. Escucho
sus problemas durante horas, pero él nunca me escucha a
mí. Todo tiene que hacerse a su manera. Cuando me quejo,
se siente herido y dice que lo estoy juzgando. De algún
modo, estas conversaciones siempre derivan hacia todo lo
que yo debería cambiar."

Cuando se casó, Mark buscó recrear el tipo de hogar al
que estaba acostumbrado. Mark tenía la expectativa de que
sus necesidades serían intuitivamente satisfechas por Rhonda.
Las otras mujeres de su vida, su madre y su abuela, eran ex-
pertas en darle lo que necesitaba, incluso antes de que él supiera qué era. En la terapia él explicó que no pensaba que
pidiera tanto a Rhonda. Sentía que a ella le faltaba algo, porque nunca había hecho que se sintiera realmente amado.

Cuando tratamos de reproducir el esquema de nuestra infancia en el matrimonio, estamos destinados a sentir
la tensión de una constante frustración. No nos sentimos
comprendidos. No nos sentimos amados. Después de un
tiempo llegamos a la conclusión: "Nadie me amará tanto
como mis padres". Si tenemos éxito y encontramos una pareja que pueda reemplazar a nuestros padres, aun así nos
sentiremos frustrados, porque reproduciremos las mismas

limitaciones y resentimientos que surgieron de una relación caracterizada por demasiado amor. Finalmente llegaremos a sentir rencor por nuestra dependencia, pasividad y falta de competencia.

La compulsión de repetición también significa que buscamos en el matrimonio otro aspecto de nuestros padres. Aquel que nos controlaba demasiado, que esperó demasiado, que exigió demasiado. Una mañana nos despertamos y estamos en la cama con nuestros "padres": una esposa que espera que seamos millonarios antes de los treinta; un marido que necesita controlar qué nos ponemos, qué compramos, adónde vamos; un amante que toma distancia y se deprime cuando nos quejamos de que nos sofoca hasta la asfixia. Entonces pensamos que habíamos elegido a alguien que era lo opuesto de nuestros padres y que en alguna inexplicable voltereta del destino se ha convertido en ellos.

Con este "progenitor" recreamos las batallas de los viejos tiempos. Roni, una mujer de treinta y siete años, confiesa: "Toda mi vida creí que mi madre sólo me amaba cuando yo estaba delgada. Michael nunca pareció preocuparse por mi peso. Estábamos casados y me dejé estar. Ya no estaba mi madre vigilando mientras yo comía.

"No sé por qué, pero continué contando a Michael todo lo que comía. Después le decía: 'Este vestido me aprieta mucho ¿No es cierto? No debería haber comido ese trozo de pastel, ¿no es cierto? —Él se quedaba mirándome y me decía—: No sé ¿Tú qué piensas? ¿tú qué quieres hacer?'

"Entonces lo arrinconé. '¿Cómo te sentirías si no hiciera más dieta? —Respondió—: ¿Qué quieres que te diga? No quiero una esposa que parezca un cerdo. Tú lo sabes. Pero yo te encuentro bien. Si piensas que debes bajar de peso,¿por qué no lo intentas?' "

La actitud de Michael hizo que Roni se sintiera increíblemente incómoda. ¿Dónde estaban sus límites? ¿Dónde estaba la crítica, el consejo, el control? Para ella, amor siempre había significado alguien que le dijera qué debía hacer y ser. En realidad, Roni sentía que Michael no la quería lo suficiente porque no quería ser su policía, un papel que su madre había desempeñado con presteza hasta que Roni se casó.

Roni aumentó 27 kilos durante el segundo año de matrimonio. Como era de esperar, Michael se quejó. Trató de brindar su apoyo al principio, pero luego, sintiéndose impotente, se mostró enfadado y exigente. Roni se ofendió por el consejo y el control y comió todavía más. Era una situación de empate que evocaba pasadas batallas que Roni había librado con su madre.

Roni tenía la compulsión de recrear situaciones de su pasado, de transformar a Michael en su madre. Si en el pasado nos apoyamos constantemente en el consejo y el control de nuestros padres, aunque nos pongamos furiosos es probable que tratemos de recrear esta situación en nuestro matrimonio; a veces porque el conflicto es muy familiar pero sobre todo porque queremos que esta vez la situación resulte diferente. Un final feliz aliviaría viejas heridas y rencores. Si Michael demuestra que la ama a pesar de lo gorda que se ponga, Roni habrá ganado la batalla.

Separarnos de nuestros padres significa separarnos de la contienda acerca de quién tiene razón. Esta lucha de toda la vida es tan sintomática de la intromisión, como la existencia signada por los deseos y los sueños de nuestros padres. Si nos sentimos inclinados a volver a poner en escena en nuestro matrimonio las batallas que no ganamos con nuestros padres —ya sea sobre nuestro peso, nuestros logros, nuestras actitudes o nuestros valores—, con la esperanza de que esta vez les ganaremos de una vez para siempre, vamos tras una victoria imposible, especialmente si utilizamos el mismo viejo y gastado arsenal. Es difícil que el cónyuge no se sienta acorralado o que actúe del mismo modo que nuestros padres, cuando lo provocamos suficientemente.

Mientras que la compulsión a la repetición puede hacernos recrear inconscientemente situaciones de empate, también podemos, si tomamos conciencia de ello, utilizarla saludablemente en una instancia de crecimiento. Cuando llevamos viejas cuestiones al matrimonio, podemos producir un cambio en el modo en que nos relacionamos.

Lisa se quejaba de que cuando creía haber escapado al control de su padre gracias al matrimonio, se encontró con que el afán perfeccionista de su esposo era todavía más rígido que el de aquél.

Se había sentido atraída por su esposo casi desde el momento mismo de conocerse. Parecía tan seguro de sí mismo, tan inteligente, tan dispuesto a guiarla y ayudarla. Aquello era tentador. Debido a que no era crítico con ella como había sido su padre, Lisa no veía que pudiera reproducirse la situación de la que estaba tratando de escapar.

Pero pronto empezó a sentir rencor por la "ayuda" de su esposo, que en verdad era un control encubierto, similar al de su padre. En el pasado, había enfrentado el control de éste con una actitud pasivo-agresiva, simulando haber olvidado las cosas que él le pedía que hiciera, dando un paso atrás y haciendo lo opuesto, cada vez que había podido. Este mismo arsenal empleaba ella ahora con su esposo, con los mismos desalentadores resultados.

Una primavera, Lisa tomó un curso de afirmación personal en la escuela del barrio. El profesor era un terapeuta; un día, después de clase, Lisa le confió sus problemas. Él le recomendó que se integrara a un grupo terapéutico con otras mujeres que estaban trabajando con temas similares.

Poco tiempo después de que Lisa se uniera al grupo, las otras mujeres la confrontaron con aspectos de su conducta. Le señalaron que se quedaba paralizada o se replegaba cuando le decían algo que pudiera sonar a consejo. Lisa retribuyó este comentario faltando a las dos sesiones siguientes. Pero sintiéndose miserable y deprimida, regresó dispuesta a trabajar.

Comenzó por expresar abiertamente sus sentimientos. Cuando sentía que la presionaban o la manipulaban, aprendió a hacerse oír y a exigir el derecho de tomar sus propias decisiones. En lugar de reaccionar exageradamente cuando alguien le daba consejo, o de hacer exactamente lo contrario, aprendió a considerarlo como un aporte de los demás y a aceptarlo o rechazarlo según fuera adecuado.

Ella trasladó estos conocimientos a su matrimonio. En vez que replegarse con resentimiento cuando su esposo intentaba controlarla, decía: "Necesito decidir por mí misma lo que debo hacer. Sé que me amas y quieres ayudarme, pero tengo que hacer las cosas a mi manera". Compartió su historia con su esposo, y esto creó empatía gracias a su determinación de hacer sus propias elecciones. No fue que él no intentó controlarla más; ella aprendió a no reaccionar con tanta intensidad ante su control, más dispuesta a expresar abiertamente sus sentimientos y a utilizar su propio poder personal en su vida.

Cuando Lisa comenzó a vivir conscientemente y encaró estos temas a medida que se presentaban en su matrimonio, la situación comenzó a cambiar. Aprendió que podía compartir sus problemas sin perder el control de su vida. Sobre todo, aprendió a expresar sus sentimientos de estar atrapada y limitada, y a comunicarlo en lugar de rebelarse de un modo agresivo pasivo.

La compulsión a la repetición no tiene por qué terminar en un encierro emocional. Si tenemos la intención de trabajar a fondo los viejos temas de la infancia en vez de repetir sin más las situaciones sin salida, el resultado puede ser positivo. Podemos aprender que el conflicto no es necesariamente destructivo. Puede conducir a una mayor comprensión y confianza.

Recurrir a los padres para satisfacer necesidades que tienes miedo de plantear a tu cónyuge

Somos impacientes. Odiamos esperar. Por eso recurrimos a las personas que nos aman hasta el punto de consentirnos. Si les permitimos, nuestros padres pueden darnos cosas que tenemos miedo de pedir a nuestro cónyuge. Podría tratarse de afecto. Podría ser comprensión o dinero para alguna extravagancia. En el caso de Beth, era su anillo de bodas.

Beth quería un gran diamante. De hecho, ella había soñado desde pequeña con un diamante, y era ésa su primera fantasía relacionada con el hecho de casarse. Pero era imposible que Gary, su novio, pudiera comprarle un gran diamante con su sueldo de oficial de policía.

Beth y su madre se pusieron a pensar al unísono y descubrieron una forma de conseguir el diamante soñado por

Beth. Su madre le ofreció llevarla de compras para ver anillos. En un aparte dijo a Gary que comprendía muy bien lo abrumado que se sentiría con los preparativos para la boda y que quería hacer por él ésta única cosa, para ayudarlo. Gary, que ya sentía náuseas con sólo pensar en la cantidad de inminentes decisiones y responsabilidades, estuvo de acuerdo. Le dijo a la madre de Beth que podía gastar 800 dólares en el anillo; incluso 900, si fuera necesario.

Beth regresó a su casa con un anillo impactante, de un kilate y medio, con un hermoso engarce. Gary, que no sabía nada sobre kilates, tallas o precios, pensó que era maravilloso.

Tres años después de la boda, en una discusión feroz acerca del dinero, Beth perdió los estribos y le dijo:

—Ni siquiera pudiste comprarme un anillo decente. ¿Sabes como conseguí éste? ¡Mis padres pagaron más de la mitad de lo que costó!

Nada consolida mejor el triángulo que recibir de nuestros padres cosas que tememos pedir a nuestro cónyuge. Beth, que siempre creyó que uno no debe hacer una pregunta si no quiere oír la respuesta, supuso que Gary nunca podría darle lo que ella deseaba tanto. Nunca preguntó. Gary estaba espantado, no sólo por la traición de su suegra sino por el hecho de que ni siquiera había sabido nunca que un gran diamante era tan importante para Beth. Si lo hubiera sabido, sostuvo, él habría econtrado la forma de dárselo. O ella habría tenido que esperar. Cualquier cosa era mejor que esto. Prolijamente, pasó por alto su propia complicidad en la situación delegando en su suegra un importante ritual del matrimonio; estuvo enfadado con Beth varios meses.

No hay nada que impida más la verdadera intimidad que nuestro fracaso en expresar francamente nuestras necesidades y sentimientos a nuestro cónyuge y si al mismo tiempo, prolongamos la dependencia de nuestros padres. Muchos nos quejamos de no conseguir que nuestras parejas nos den las cosas que hemos añorado durante años: "Él debería saber que me gustan las flores de vez en cuando;" "debería darse cuenta de que necesito que me escuche con más frecuencia;" "Debería saber que necesito oírle decir 'te amo'."

Pero, ¿lo pedimos alguna vez?

No pedimos, no conseguimos lo que queremos y seguimos queriéndolo. Cuando éramos niños nuestras necesidades eran anticipadas; ahora estamos en un territorio nuevo, donde nadie presta una atención tan apasionada a lo que necesitamos.

En lugar de correr hacia nuestros padres con nuestras necesidades, tenemos preguntas para hacernos a nosotros mismos: ¿Cuánto quiero esto realmente? Si es algo que realmente necesito, ¿debo esperar que alguien me lo consiga? ¿Puedo conseguirlo por mí mismo? ¿Soy impaciente porque estoy demasiado acostumbrado a que mis deseos fueran siempre satisfechos, de un modo que quizá no fuera saludable para mí? ¿O soy impaciente porque esto es algo que realmente he ganado y merezco pero no puedo conseguir?

Podemos encontrarnos casados con personas que no pueden satisfacer nuestras necesidades reales. Si esto es cierto, debemos conversarlo con nuestro compañero y decidir si tal relación puede continuar. Pero debemos ser cautelosos de las necesidades que se desprenden de la impaciencia infantil o de una tendencia a depender de los demás para conseguir aquello que podríamos obtener nosotros mismos.

Podemos perpetuar el esquema de correr hacia las personas que nos darán más, especialmente nuestros padres y, en consecuencia, mantener nuestra dependencia. O podemos elegir el camino más saludable de pedir lo que necesitamos a nuestro cónyuge. Hay un equilibrio saludable entre independencia e intromisión; si luchamos lo suficiente por él, podremos encontrarlo.

Buscar en el matrimonio la noción de felicidad que tenían nuestros padres

Muchas de nuestras actitudes y creencias sobre la vida son la réplica de las creencias de nuestros padres, que se formaron inconscientemente, sin un razonamiento o consideración independiente por parte nuestra. Por esta razón, las expectativas de nuestros padres acerca del matrimonio, a menudo suenan como si fueran las nuestras.

Podemos comprometernos en una relación romántica, pero esto no significa que hemos alcanzado nuestras elevadas expectativas sobre el amor y el matrimonio o que por esa razón finalmente se evaporen. Muchos encontramos que una vez que nos casamos somos asediados por las expectativas irreales de que alguien nos devuelva nuestra imagen como un espejo, nos complete, nos dé su amor incondicional y termine con nuestros sentimientos de vacuidad. Lo peor de esto es que las expectativas irrealizables del matrimonio, pueden causar que nunca estemos realmente satisfechos con nuestra pareja. Esencialmente, pasamos nuestras vidas de casados, todavía buscando, todavía insatisfechos.

Esto no quiere decir que no amemos a la persona con la que asumimos un compromiso. La amamos. Sin embargo, a veces hay en nuestra relación una sensación subyacente de insatisfacción que nos deja perplejos, y no siempre somos capaces de percibir qué está mal. Para algunos de nosotros, es una sensación constante de tener que contraer obligaciones, de que nunca es suficiente lo conseguido con nuestra pareja. Para muchos tiene que ver con la falta de seguridad económica que sentimos en el matrimonio. Renunciar a los sueños infantiles de casarnos con alguien rico, que nos cuidará, es difícil. También lo es, renunciar a los sueños de que alguien satisfará todas nuestras necesidades.

Abandonamos la infancia con la cabeza llena de advertencias sobre el tipo de persona con la que deberíamos casarnos. Inevitablemente, nos casamos con otra distinta. Hay momentos en que, sintiéndonos furiosos y frustrados con nuestro cónyuge, llegamos a la conclusión de que nuestros padres tenían razón.

Sam cuenta la historia de su casamiento con Karen. "Mi padre me lo advirtió. Me dijo que Karen, nunca sería lo suficientemente madura para ser una buena esposa. Consideraba que era egoísta y que no era lo bastante buena para mí."

Trató de hablar conmigo sobre el matrimonio, de decirme que era demasiado joven para estar realmente enamorado.

—Acuéstate con ella, si quieres —me dijo—, pero no creas que debes casarte con ella.

"Pensé que esta particular perla de sabiduría era bastante grosera. Opté por reírme. Nunca me había hablado de cuestiones sexuales, y eso era todo lo que tenía para decirme."

Sam y Karen se casaron y después de cinco años Sam llegó a la conclusión: "Estoy empezando a pensar que mi padre tenía razón; que ella es egoísta. Gasta todo su dinero en vestidos, cuando se suponía que ahorraríamos su sueldo para el futuro. Siempre se está quejando de que debemos salir más a menudo. Que se olvide. Si yo no ahorro algo ¿quién lo hará?

"Karen quería que tuviéramos niños. En cuanto los tuvimos, quiso volver inmediatamente a trabajar. Realmente espera que me quede en casa con los chicos cuando estén enfermos, así ella no perdería su trabajo.

"A veces la miro y no puedo creer que sea la misma mujer con quien me casé. Es cierto que Karen es cálida y sensible, pero quiero a alguien que sea sensual y estimulante. Tengo que engatusarla para que venga a la cama. Dice que necesita más fantasía. Se queja de que no la sostengo emocionalmente. Bueno, ¿y yo qué? Quiero que una mujer me preste apoyo."

Sam esperaba algo más que aquello que su madre había hecho por su padre y lo que ambos le habían inculcado que podía esperar del matrimonio. Podemos ponernos críticos y sentirnos decepcionados cuando nuestro cónyuge no está a la altura de nuestras expectativas o cuando no se relacionan del modo en que nuestros padres se relacionaron entre sí.

Si nos sentimos muy cercanos a nuestros padres, podemos ponernos furiosos cuando nuestra pareja no nos acompaña, cuando no se mezcla con ellos como nosotros lo hacemos ni crea una gran familia feliz. Nos sentimos desgarrados si no quieren ir a cenar a la casa de nuestros padres cada fin de semana. Nos enojamos cuando le pasamos el teléfono y tienen tan poco que decir a mamá y papá.

¿Pero acaso hemos pensado de dónde provienen estas expectativas? Muchas veces nos sentimos decepcionados por las expectativas no satisfechas por nuestras parejas, pero nunca nos hemos preguntado qué significaría para nosotros si ellas lo hicieran. ¿Seríamos realmente más felices? ¿Las cosas que pedimos a nuestra pareja son las que realmente necesitamos para ser felices? ¿Quién tomó la decisión acerca de lo que necesitamos? ¿Es esto lo que realmente pensamos o sentimos o es lo que nuestros padres esperan de nosotros?

Podemos sentirnos muy incómodos en el matrimonio cuando no funcionamos de acuerdo con los deseos de nuestros padres. Es cierto que no todo lo que nuestros padres nos aconsejaron buscar en el matrimonio está equivocado, no todo es correcto, tampoco. Las elecciones que les hicieron felices pueden no funcionar para nosotros. Darnos cuenta de esto es el comienzo de una verdadera separación/individuación. Tenemos que considerar nuestras expectativas y valores y determinar cuáles nos pertenecen de verdad. Buscar en una pareja aquello que haga felices a nuestros padres puede hacer que encontremos un cónyuge que produzca exactamente eso: la felicidad de nuestros padres, pero que nos deje insatisfechos a nosotros.

Ocultamiento en nuestro matrimonio

Wayne siente que sus padres lo tratarán siempre como si fuera un bebé; ahora cree que ha encontrado la forma de tratar con ellos, tan sobreprotectores y preocupados por sus cosas. Se casó a los dieciocho años, dejó Nueva York con su esposa y se instaló en St. Croix, donde ambos son maestros de primaria. Sus padres no pueden permitirse visitarlos muy a menudo. Hablan por teléfono una vez por mes.

Al principio, Wayne fue cuidadoso tratando de dar a sus padres la menor cantidad de información posible sobre su vida para no resultar inundado por cartas llenas de consejos. Hoy, hacen preguntas rara vez y envían pocas cartas.

¿Un final feliz? No realmente. Wayne se siente a veces tremendamente culpable, especialmente ahora que sus padres ya tienen edad avanzada. Siente enfado y amargura por el pasado, pero la verdad es que los echa de menos. Peor aun, a veces se encuentra a sí mismo librando silenciosas batallas mentales con su padre, en especial cuando tiene que tomar alguna decisión. Se da cuenta de que la mayor parte de su vida no ha estado viviendo de acuerdo con sus verdaderas necesidades y deseos, sino para demostrar algo a sus padres, que lo sofocaron, que nunca aceptaron su derecho a expresar opiniones propias.

Hay muchos niños que han sido amados demasiado, que intentan resolver sus cuestiones con los padres por medio del casamiento. El matrimonio aparece como su única salvación; el único modo de adoptar una postura independiente. Algunos toman a su cónyuge y se mudan al otro extremo del país para escapar a la realidad de la relación con sus padres.

Aquellos que vivimos muy cerca de nuestros padres podemos intentar resolver nuestros problemas de una forma diferente. Algunos confiaremos en la protección de un completo arsenal de defensas cada vez que entramos en contacto con nuestros padres. Responderemos sus preguntas con monosílabos y no revelaremos nada.

"Me cuido de no contar a mi madre nada de nada, dice un hombre. Se quejan de que soy demasiado reservado, pero yo no tengo ninguna seguridad de que lo que les cuento no sea compartido con el resto de la familia y sus amigos. Todo lo que hacía de chico, bueno o malo, lo trasmitían a todo el mundo."

Este hombre fue recientemente hospitalizado para hacerle una operación de hernia. Le hizo jurar a su mujer que guardaría aquello en secreto y dijo a sus padres que se marchaba en viaje de negocios. "No quería que fueran a la clínica, retorciéndose las manos sobre mi cama. Cuando tienes padres que llaman al médico apenas tienes un dolor de cabeza, debes protegerte de ellos."

Mentiremos a nuestros padres si sentimos que debemos hacerlo. Nos casaremos muy jóvenes, nos mudaremos lejos, decidiremos no compartir nada de nuestra vida con ellos. Estas huidas poco hacen para impedir la intromisión. Este juego infantil del gato y el ratón que llevamos a cabo con nuestros padres, significa que todavía estamos en posición reactiva en vez de activa. Nos ocultamos en nuestro matrimonio, pero siempre llevamos allí donde vamos a nosotros mismos y el dolor de las cuestiones no resueltas con nuestros padres.

Las repercusiones de relaciones pendientes pueden regresar para asediarnos. Bob aprendió esta lección cuando se casó con una mujer que no era del agrado de sus padres. Bob creía que casándose con Lynn había dado un paso enorme hacia su independencia. Cortó la relación con sus padres después de una discusión particularmente desagradable entre Lynn y su madre. Pero de algún modo, después de esto, todo lo que Lynn hacía lo agraviaba, y acabaron peleando constantemente.

"La verdad es que no pude permitirme ser feliz con ella. Pasaba el tiempo criticando todo lo que hacía. Era como si buscara que me hiciera sentir miserable. Hice mi gran declaración de independencia de mis padres, pero la culpa que sentí después era increíble. Fue como si tuviera su aprobación para rebelarme y casarme con Lynn, pero no para ser feliz con ella. Habría sido como una bofetada en la cara de mis padres ser feliz; incluso peor que casarme con ella."

Aunque Bob amaba a Lynn, su táctica de ocultarse de sus padres tuvo efectos negativos en su matrimonio, subconscientemente, lo saboteó.

No se trata de que Bob no tuviera razones para sentirse herido, decepcionado o enfadado porque sus padres no pudieron aceptar a Lynn. Esos sentimientos son naturales. El problema era que Bob no podía manejarse abiertamente con la desaprobación de sus padres y establecer un verdadero compromiso con Lynn. La desaprobación de aquéllos era como la espada de Damocles.

La única salida de este tipo de trampa es atravesarla. Si estás en esta trampa, salir de ella exigirá una comunicación franca con tus padres, antes bien que una huida. Significará expresar tus opiniones y disentir cuando sea necesario, poder convivir con el conflicto y darte cuenta de que la expresión de tus emociones no te destruirá. Significará, por último pedir ayuda a tu cónyuge, en vez de complicidad para urdir planes.

Para romper esta pauta de conducta, tenemos que darnos cuenta de que la distancia física no tiene nada que ver con el quedar atrapado en las redes de tus padres. Hay adultos cuyos padres hace tiempo que murieron y todavía sienten la increíble compulsión de satisfacerlos, complacerlos y dar respuesta a sus deseos.

Necesitamos reconocer, para superarlo, que nuestro estilo de relación con nuestros padres se transferirá a otras relaciones. Siempre que nos sentimos sofocados o controlados, queremos escapar. Un día quizá nos acorralen en un rincón del que no podamos escapar.

Si realmente quieres elaborar ciertas cuestiones con tus padres, tendrás que hablar con ellos abierta y honestamente sobre tus necesidades. Tendrás que entrar en contacto con tus resentimientos, tus decepciones y tus sentimientos de haber perdido el control. A la larga, necesitarás compartir estos sentimientos. En principio puede ser necesario compartirlos con un amigo comprensivo o un terapeuta; alguien que no se encuentre emocionalmente involucrado.

Comprende que hasta que no encares estas cuestiones, no serás verdaderamente libre para ser quien eres. Nuestro propósito no es cambiar a nuestros padres, sino cambiar nuestras opiniones, actitudes y el modo de relacionarnos. Si cambiamos esto, estamos cambiando una importante dinámica en nuestras relaciones. Aunque no podemos modificar a la otra persona, cambiaremos las reglas de la relación y consecuentemente cómo se relacionan los demás con nosotros.

Permitir que los abuelos amen demasiado

Para los padres que nos han amado demasiado, darles un nieto puede ser el regalo más preciado, la gran retribución.

En el mejor de los casos, nuestro nuevo papel de padres puede llevarnos a comprender finalmente a nuestros propios padres. En el peor, el nieto puede convertirse en un campo de batalla, el depositario de los viejos conflictos que teníamos con nuestros padres. Nos lamentamos de que atiborran nuestro hijo con comida. Lo malcrían. Hacen que nos sintamos unos ineptos. Nos preguntamos; ¿Quién manda aquí? ¿De quién es el niño? Nuestros padres piensan que tienen más derecho al control porque cuentan con mayor experiencia. Ahora hay una segunda oportunidad para nuestros padres —que están envejeciendo— de volver a poner en juego una práctica que han refinado durante toda sus vida. Después de todo lo que han hecho por nosotros, ¿no podríamos dejarles esta oportunidad?

Tener hijos puede ser un campo de cultivo natural para el resentimiento de ambas partes. Queremos tener nuestro pastel y comerlo también. Deben cuidar a nuestros niños cuando nosotros lo necesitamos, de lo contrario tratar de no aparecer en escena. Podemos no darnos cuenta de ello, pero enviamos mensajes confusos: ayúdenme pero respetan mis condiciones.

Cuando tenemos hijos, podemos necesitar de verdad a nuestros padres. Su experiencia tiene valor. El mundo se vuelve amenazador. Historias de horror sobre atrocidades cometidas en guarderías nos hacen dar vueltas en la cama por la noche. La apuesta más firme para nuestros hijos parece ser la seguridad de estar con nuestros padres. No queremos que se inmiscuyan en el modo en que criamos a nuestros hijos pero al mismo tiempo los necesitamos.

No hay una solución fácil para este problema. El esfuerzo para llegar a un acuerdo sobre las fronteras y límites respecto de tus hijos que sea operativo a ambas partes, es un modo de comenzar. Trata de explicar lo que piensas sobre el tema. Si cada uno enseña a tus niños cosas diferentes, ellos sufrirán. Pueden aprender a ser manipuladores. Puede confundirles el hecho de que las personas que aman no presenten un frente común.

Sobre todo, no esperes que tus padres sean algo más que seres humanos. Si dependes de ellos constantemente y dejas a tus hijos con ellos todo el tiempo y buscas siempre su consejo, no dudes que tratarán de tomar el control o se involucrarán en exceso. Si les pides que sean padres de tus niños, no te sorprendas que hagan justamente eso. Si quieres conservar el control, debes ejercerlo, con las responsabilidades asociadas.

El matrimonio puede ser una continuación de los roles infantiles que representamos con nuestros padres. Podemos apoyarnos en ellos en lugar de hacerlo en nuestro cónyuge y, de este modo, no estar verdaderamente casados. Podemos continuar con los viejos esquemas familiares. O podemos darnos cuenta de que ahora que somos adultos, nuestra primera prioridad es nuestro matrimonio. Tenemos una oportunidad para recrear un nuevo esquema de relaciones familiares que no excluya a nuestros padres pero que dé lugar a nuestra independencia.

La verdadera separación de los padres que aman demasiado es un acto de valentía. No necesita ser una propuesta de todo o nada. De hecho, nunca nadie queda totalmente libre de sus padres, de las frustraciones de su infancia, de las decepciones. Acceder a la libertad es un proceso de ser un poco más libres cada día y desarrollar poco a poco más confianza en nosotros mismos. Es un proceso de tomar conciencia acerca de ciertas cuestiones, de rechazar la inclinación a ocultar y de tener el valor de encarar las situaciones.

8

EL CRÍTICO INTERIOR

"SABEMOS QUE NUNCA NOS DEFRAUDARÁS."

"Cuando estaba en la secundaria oí lo siguiente: '¿Por qué no pones empeño como tu primo Sheldon? Eres mucho más listo que él'.

"Comencé a buscar una universidad, y me dijeron: '¿Por qué no ingresas a Yale? Tu primo Sheldon lo hizo y no tiene ni la mitad de garra que tu'.

"Finalmente, me gradué y conseguí mi primer empleo. '¿Por qué aceptaste un salario tan bajo? me preguntó mi padre. Tu primo Sheldon está ganando diez mil más por año'.

"Aprendí una gran verdad de todo esto: odio a mi primo Sheldon de todo corazón."

DALE, 30 AÑOS, INGENIERO

"Me siento tan tonto; si fuera listo como..."

"Odio mi cuerpo; si me pareciera a..."

"Mi vida es muy aburrida... ¿Por qué no puede ser como la de..."

"Nunca soy lo bastante listo; si pudiera ser como..."

¿Suena familiar? Para muchos de nosotros, las voces enjuiciadoras y de autocrítica se han convertido en un modo de vida. Un "crítico interior" acecha dentro de nosotros interrumpiendo el flujo de energía con constantes pensamientos que nos dicen que no somos bastante brillantes, atractivos o buenos.

¿Por qué somos adultos tan vacilantes? ¿Cómo caímos en la trampa de la constante autocrítica, con tanto amor, alabanzas y atención recibidos en la infancia?

La chispa que enciende una autocrítica permanente en los niños que fueron amados demasiado no depende tanto de las críticas de sus padres como de las grandes expectativas que depositaron en sus hijos; expectativas que alimentan una sensación de fracaso. A continuación transcribimos recuerdos de varios adultos sobre experiencias de la infancia:

Brian: "Mi padre es un pianista profesional muy bueno. Cuando yo tenía seis años, comenzó a darme lecciones. Lo que empezó como una diversión acabó siendo una pesadilla. Yo estaba practicando en la sala y a cada momento él me gritaba desde el dormitorio: '¡No! ¡Es fa sostenido; no fa natural!' o 'Sol menor, no mayor!' o 'Presta atención al tiempo, ¡vas demasiado de prisa!'. Después de un tiempo, yo tenía miedo de tocar las teclas. Cada vez que mis padres daban una fiesta, me sentía descompuesto todo el día, porque sabía que por la noche tendría que tocar el piano para sus amigos. Todo lo que puedo decir es que Beethoven se revolvería en su tumba, porque dejaba *la Patética* completamente destrozada. Hoy, cada vez que me acerco a un piano siento como si mi padre estuviera escondido entre bastidores, dispuesto a corregirme."

Alison: "Nunca me pegaron ni me gritaron ni me dejaron librada a mi suerte. Pero todo esto hubiera sido mejor que cuando mi madre se volvía a mí y me decía: 'Me has decepcionado mucho'. En esos momentos creía morir. No se trataba de que estuviera decepcionada por algo que yo *hacía*; estaba decepcionada de *mí*."

Andy: "Cada Navidad, la casa se llenaba de invitados, y mi hermano y yo estábamos 'en exposición' para nuestros familiares. Cuando terminaba la fiesta, nos daban un rapapolvo —aunque hubiéramos estado muy bien —por los motivos más ridículos. 'Estuviste muy callado'; 'No besaste a la abuela'; 'Te olvidaste de mostrar la medalla que ganaste en natación a la tía Judy'; 'No sabes cómo sostener un tenedor?' No importaba lo que hiciéramos, nunca era suficiente."

Billie: "Mi hermana y yo nos llevábamos tan bien como cualquiera y mejor que algunos, pero mi madre esperaba que fuéramos los mejores amigos, que nunca discutiéramos y que fuéramos muy unidos sin cesar. No podía aceptar que fuéramos tan diferentes. Había momentos en que no nos soportábamos. Mi madre se deprimía porque no encajábamos en el cuadro de la familia perfecta. Quizá, si sólo nos hubiera dejado ser, habríamos sido más unidos. Pero siempre estaba en el medio y trataba de forzarnos a ser muy amigos. Hoy, el mero hecho de estar en el mismo cuarto con mi hermana me hace sentir incómodo."

Christine: "Debía hacer un curso superior de matemáticas; me sentía perdida desde el primer día. Le dije a mi madre: 'Tengo que dejar esta clase y tomar alguna otra'. Ella me contestó: 'No, no puedes hacer eso. Debes esforzarte más'. Suspendí en todos los exámenes. Era algo que me superaba. Hasta el profesor trató de hablar con mi madre pero fue en vano. Ella me dijo que prefería que tuviera una nota mediocre en un curso superior a que yo cursara uno regular y que yo no estaba haciendo lo suficiente."

Evan: "El mensaje que recibí de mi padre era que siempre debía ser el mejor. No era suficiente que hiciera lo mejor posible; debía ser el mejor. Ya fuera en los deportes, el colegio o hasta con los amigos, siempre sentí las expectativas de mi padre, como si fuera su aliento en el cuello. Con él, no se trataba de si jugabas bien o mal, sino si ganabas o perdías."

Expectativas. Parece que no hay nada que no podamos hacer o ser si ponemos suficiente empeño. O al menos eso nos dicen nuestros padres.

Si bien no hay nada de malo con los padres que creen en sus hijos o quieren que estos tengan éxito, muy frecuentemente los hijos a quienes se ha amado demasiado son víctimas de expectativas elevadas e irreales acerca de lo que deben o no deben hacer. Por expectativas irreales, entendemos aquellas que son inflexibles, que nos empujan más allá de nuestros límites, hacia los objetivos perfeccionistas de nuestros padres, que dan prioridad a "tener buen aspecto" y complacer a la gente en desmedro del desarrollo de las cualidades interiores, y que están movidas por una necesidad de controlarnos y protegernos en lugar de amarnos.

Un simple "tú puedes hacerlo mejor" puede ser devastador si "mejor" está más allá de nuestros límites y no hay nada que les resulte bastante bueno. Estas expectativas elevadas e irreales, disponen el escenario para aquello que la psiquiatra Karen Horney denominó la "tiranía de los deberías":

Él debería ser el más destacado en cuanto honestidad, generosidad, consideración, justicia, dignidad, valentía y desprendimiento. Debería ser un perfecto amante, esposo y maestro. Debería ser capaz de resistir todo; gustar a todo el mundo; amar a sus padres, a su esposa, a su país; él no debería pertenecer a nada ni a nadie; nada debería importarle, nunca debería sentirse ofendido y debería estar siempre sereno e imperturbable. Debería disfrutar siempre de la vida y estar por encima del placer y el disfrute. Debería ser espontáneo; debería controlar siempre sus sentimientos. Debería saber, comprender y prever todas las cosas. Debería ser capaz de resolver enseguida todos los problemas propios y de los demás. Debería ser capaz de superar sus dificultades tan pronto como las percibese. Nunca debería sentirse cansado o enfermarse. Debería ser capaz de encontrar un trabajo. Debería hacer en una hora las cosas que sólo se pueden hacer en dos o tres.

Más de uno podríamos identificarnos con la tiranía de los deberías. Dado que amamos demasiado a nuestros padres, sentimos que hemos fracasado cuando no podemos satisfacer sus expectativas. Una vez que el crítico interior ha nacido, continúa alimentando los mensajes verbales y no verbales de los padres y de otras personas importantes para nosotros. Cuanto más altas son estas expectativas, nos volvemos más devastadores y críticos con nosotros mismos si no podemos alcanzarlas.

Consideremos la crítica que Brian, el joven de una de las historias anteriores, recibió de su padre. Las lecciones de piano de Brian fueron un fiasco debido a las grandes expectativas que puso en juego su padre. Su intención consciente era ser solícito; sin embargo, los parámetros perfeccionistas que utilizaba con su hijo, crearon un problema mayor. Cada vez que Brian tocaba una nota al piano, el sistema de radar de su padre entraba en funcionamiento. Éste, en vez de poner la atención sobre lo que Brian hacía bien, la ponía sobre lo que hacía mal. La búsqueda de perfección era claramente más importante para su padre que el placer de la música.

Las constantes evaluaciones críticas del padre de Brian, sobre la forma de tocar de éste, le condujeron a un caso grave de angustia en la ejecución. Con el tiempo, el piano quedó asociado con la tensión en lugar del placer. Los padres que asignan expectativas irrealmente altas a sus hijos, indirectamente les enseñan a asociar la presión con el desempeño. Cuanto más altas son esas expectativas, tanto más probable es que el niño no las alcance.

De adultos, nos hacemos expertos para adornar los mensajes críticos que recibimos de niños: "Puedes hacerlo mejor" se transforma en "Fracasaré si lo hago por mí mismo";

"No discutas conmigo" se traduce a "No soy capaz de pensar por mí mismo"; "Sé siempre amable con las personas" se convierte en "No debo dejar que alguien se dé cuenta de que estoy enfadado" y "Te amamos cuando eres bueno" se transforma en "Seré amado sólo si tengo éxito". "Debo parecer perfecto o ser perfecto en todo lo que haga o seré un fracaso."

Aunque quizá no seamos conscientes de estos tempranos mensajes, afectan nuestros pensamientos y nuestra conducta. Jeff, un cantante de treinta y cuatro años, describe su constante batalla con su propio crítico interior. "Cuando la gente dice que soy un buen cantante, sólo pienso que tratan de darme una mano. Quizá sea un neurótico, pero no puedo parar de compararme con todos los grandes cantantes como Stevie Wonder y Ray Charles. Independientemente de la cantidad de lecciones que tome, y de la intensidad de mi práctica, nunca sueno como quisiera.

"En la segunda mitad de la década de los setenta, mientras cursaba la universidad, formé esta banda con un grupo de compañeros. Tocamos algunas viejas canciones de los Beatles y los Stones y conseguimos un bolo para tocar los sábados por la noche en ese agujero llamado Hairy Banana. Cuarenta dólares la entrada y consumición libre.

"La gente que venía a escucharnos estaba totalmente desatada, la mayoría borracha como una cuba. Nadie escuchaba cuando yo cantaba, pero era igual. En medio de una canción, miré a los espectadores. Ví que la gente hacía bromas y reía en la barra y pensé: 'Se están riendo de mí. Piensan que lo mío suena espantoso'. Terminé la canción seguro de que la concurrencia estaba pensando: '¡Qué plomo, no puede cantar!'.

"La gente aplaudió y yo no entendía por qué. No entendía nada cuando la personas se acercaron y me dijeron que tenía muy buena voz. Algo no encajaba.

"Ahora, hace veinte años que hago música. Han pasado muchas cosas desde la época de Hairy Banana. Sin embargo, nunca perdí mi timidez. La gente me dice que soy muy duro conmigo mismo. No sé. Simplemente odio no poder cantar como Stevie Wonder."

Un crítico interior que se precie, nutrido con repetitivos pensamientos negativos, subvierte la autoestima. Se estremece cuando nos sorprende en el juego de compararnos con otras personas. Aplaude cuando nos volvemos susceptibles a la crítica de la gente a la que conferimos el poder de juzgarnos. Como una cámara de cine, comenzamos a proyectar nuestros juicios interiores sobre los demás, sintiendo que somos criticados aunque no sea así. La crítica se vuelve acogedora y familiar, difícil de resistir.

La historia de Jeff ilustra los trucos engañosos y sutiles del crítico interior: pensamiento comparativo, proyección, elogios que envalidan, problemas sobredimensionados y pensamiento sin matices. Si somos tan autocríticos como Jeff, estas distorsiones de nuestros pensamientos pueden pasarnos desapercibidas hasta que nos paralizan.

Consideremos por separado cada uno de los engaños de nuestros crítico interior.

Pensamiento comparativo

En nuestra sociedad hay un enorme énfasis puesto en el éxito. Qué aspecto tenemos, cuanto dinero ganamos, dónde vivimos y a quién conocemos, se convierten en el reflejo de cómo nos sentimos con nosotros mismos. Atrapados en un torbellino de competencia, raramente nos sentimos completamente bien. Envidiamos el coche nuevo del vecino, el dinero de nuestro mejor amigo y el ascenso de nuestro compañero de trabajo; nos criticamos duramente por no ser tan buenos como ellos. Pensamos que si al menos fuéramos tan afortunados como esas personas que envidiamos, seríamos felices.

Este énfasis puesto en la competencia se agarra cuando crecemos en un hogar donde los padres aman demasiado. Oímos mensajes como: "¿Por qué no puedes ser como tu hermano?", "Sabes que eres mejor atleta que Tom", "¿Cómo es que él entró en el equipo?", "La madre de Billy Smith me dijo que todas sus notas son sobresaliente. Están muy orgullosos de él", "Mary entró en Stanford; ¿no es maravilloso?" El juego de las comparaciones no termina nunca.

Cuando los padres quieren tanto de nosotros, las apuestas de la vida son altas. Nuestra autoestima queda amarrada a nuestros logros. El concepto que tenemos de nosotros mismos depende de lo que hacemos y no de lo que somos.

Sentimos que nos aman más cuando tenemos éxito. Nuestros padres parecen refulgir cuando llegamos a la cumbre. Si bien no hay nada malo en el orgullo que nuestros padres puedan sentir de nosotros y en su estímulo, nos preguntamos si nos amarían tanto si fracasáraamos. Tanto deseamos complacerlos. Cuando hacemos buena imagen, ellos tienen un aspecto maravilloso. Pero, cuando no alcanzamos sus expectativas —a veces ocurre—, sentimos que les estamos defraudando.

Los mensajes que recibimos de pequeños se convierten en el meollo de nuestro sistema de creencias como adultos. La vida se transforma en una interminable serie de competencias entre nosotros y los demás, con nuestro crítico interior actuando como tanteador. Nunca podemos relajarnos.

Jerome, un vendedor de coches de cuarenta y cuatro años, recuerda que el pensamiento comparativo arruinó sus vacaciones de invierno, que había anhelado durante varios meses. "St. Thomas era hermoso, hasta que decidí anotarme en una competición de pimpón. Me enfrentaron a un tipo pelado de Nueva Jersey. Después de diez segundos de partido me di cuenta de que perdería. Él era bastante bueno. Jugamos como leones, parecía una cuestión de vida o muerte. Después de dos situaciones difíciles al final del partido, el tipo me ganó por dos puntos.

"Aquí estoy de vacaciones, tratando de relajarme. Me doy cuenta de que no volveré a ver a este tipo, pero me siento destrozado porque perdí ese campeonato. Paso el resto del día repasando cada punto jugado, volviendo a pensar cada golpe que di. Estoy demasiado ansioso para sentarme en la playa, así que me encierro en mi habitación. El día está arruinado. Mi esposa, que no puede entender el porqué de todo este revuelo, trata de alegrarme pero no resulta. Todavía hoy me crispo cuando pienso en ese partido de pimpón y en cómo lo perdí por dos puntos."

La historia de Jerome ilustra algunos de los costos de una severo crítico interior. Nos tienta con juegos de competencia y comparación, aunque esos juegos nunca son limpios. Nuestro crítico interior nunca es objetivo. Siempre está mucho más preocupado por nuestros fracasos que por nuestros éxitos. ¿Qué significaba para Jerome perder este juego de pimpón? ¿Significaba que su vida era un fracaso, sin sentido y sin valor? Estos pensamientos parecen ridículos; no obstante, el severo crítico interior es un experto en hacernos sentir miserables cuando no podemos salir airosos de una comparación con los demás, aun en cuestiones que no son muy importantes para nosotros.

Proyección

Así como una cámara proyecta imágenes sobre una pantalla, nuestro crítico interior proyecta sus pensamientos negativos sobre las personas de nuestra vida. Los siguientes son ejemplos de proyecciones en la vida cotidiana:

"Cuando entro en un salón lleno de gente, me parece como si todos estuvieran hablando de mí."

"Los hombres son todos controladores y autoritarios, tal como era mi padre."

"Mi jefe siempre me trata bien pero sé que está esperando, como un buitre, que yo cometa un gran error."

Todos tendemos a proyectar, en alguna medida. En sí mismo no es un problema. Sin embargo, si esto nos hace sentir constantemente angustiados, nos lleva a evitar a las personas y las oportunidades y a quedar paralizados por los juicios de los demás, entonces el crítico interior ha ido demasiado lejos.

Para entender mejor tu estilo de proyección, haz una lista de los mensajes que tú mismo formulas acerca de ti. Compara esta lista con tus suposiciones acerca de cómo piensas que los demás te ven. ¿Qué similitud tienen las listas? ¿Cuántas veces has sido sorprendido por elogios, cuando pensabas que serías criticado? Comienza por examinar tus suposiciones. Identifica tus proyecciones. A su tiempo, este proceso te liberará de las distorsiones de tu propio pensamiento.

Elogios que anulan

Algunas veces hay excesivas alabanzas en nuestras familias en lugar de críticas: "Cindy es la más bonita de su clase"; "Marcie es un genio"; "Tommy puede hacer cualquier cosa que intente"; "Mary es un ángel". Los elogios llegan volando como confeti en la fiesta de nuestro pueblo.

Resulta difícil creer que los elogios pueden tener efecto negativo sobre los niños y haga de ellos seres autocríticos. Sin embargo, a veces este tipo de estímulo, si es excesivo, puede resultar perjudicial en vez de beneficioso. Si desde el momento en que aprendemos a caminar, oímos continuamente que somos maravillosos, hermosos y listos, podemos encontrarnos con una dosis de dura realidad cuando abandonamos la seguridad de nuestros hogares.

En el colegio, frecuentemente quedamos anonadados cuando nos enteramos de que no todas nuestras calificaciones son favorables: "Susie White me llamó cara de sapo... La señora Franklin me dijo que soy holgazán y malcriado... Joey Lee consiguió ser primera base desde el primer día y yo no; eso no es justo".

Comenzamos a sentirnos inseguros y a sospechar. Nos preguntamos si acaso nuestros padres pueden habernos mentido. ¿Dónde estoy parado realmente? Si no puedo confiar en mis padres, ¿en quién confiaré?

En un intento de protegernos a nosotros mismos, dejamos de creer en los elogios. Es más seguro. Sonreímos complacidos cuando nos dicen que somos maravillosos pero en realidad no los tomamos en serio.

Cuando las alabanzas son usadas en demasía, los niños se hacen dependientes de los demás para obtener su validación. A la inversa, nunca aprenden a reconocer sus logros y a valorarse a sí mismos. En consecuencia, la autoestima fluctúa salvajemente, en la medida en que la persona debe leer su aprobación en la mirada de los demás. Esa persona se vuelve complaciente, dispuesta a hacer casi cualquier cosa para conseguir un elogio.

Otra consecuencia del exceso de elogios es que de este modo la autoestima se construye, casi exclusivamente, sobre los logros. Cuando el equipo de natación gana, obtiene muchos elogios por parte del padre que necesita que su hijo tenga éxito para sentirse mejor con él mismo. Pero si ésta es la única oportunidad en que el niño recibe algún elogio, aprende que no satisfacer las expectativas ajenas es sinónimo de fracaso. Esta persona va creciendo como la víctima de un severo crítico interior que exige logros y ataca la autovaloración con cada veredicto que pasa.

Si nuestra autoestima queda ligada al elogio, nuestro objetivo será tratar de conseguir el elogio de los demás a cualquier precio. Nos convertimos en adultos que no siempre sabemos que aquello que aprendemos y obtenemos es para nuestro propio desarrollo, no para el placer de otros. En consecuencia, rara vez experimentamos la alegría de comprender qué es lo que realmente nos hace felices o nos produce alegría. Actuamos para conseguir elogios, en vez de hacerlo para nuestra realización.

Demasiados elogios también despiertan nuestra desconfianza en los demás. Cuando los niños reciben elogios por cada cosa que hacen, tienden a sospechar de su sinceridad. Los niños que son amados demasiado reciben elogios en exceso, por cantar desentonadamente, por perder el compás al bailar y por sacar sonidos de un instrumento que poco tiene que ver con la música.

Es beneficioso elogiar a los niños por sus esfuerzos, si está claro que es el esfuerzo lo que recibe el encomio. Pero cuando somos elogiados excesivamente, los mensajes que recibimos fuera del hogar, rara vez tienen ese matiz de halago que transmiten nuestros padres. Nuestro profesor de música nos dirá que mantengamos el ritmo. El profesor de canto indicará que sostengamos la nota. ¿A quién hemos de creer?

¿Cuáles son nuestras verdaderas aptitudes? No estamos seguros. No existe un modo objetivo de evaluar nuestra verdadera competencia, que con tanta frecuencia fue inflada por nuestros padres. "Puedes hacer lo que quieras" se traduce como "No puedes hacer nada", porque no conseguimos una sensación firme de lo que podemos y lo que no podemos.

Una constante y sobredimensionada evaluación de nuestras capacidades puede ser la base de nuestra autocrítica. Las personas que nos amaron mucho nos dijeron que éramos los más fuertes, los más hermosos y los mejores. El mundo nos mostró que éramos seres humanos falibles, que algunas veces lográbamos cosas maravillosas y que otras fracasábamos. No hemos vivido a la altura de nuestros derechos de nacimiento. Estos sentimientos pueden acompañarnos durante toda la vida, haciéndonos creer que nada de lo que hagamos es bastante bueno.

Problemas sobredimensionados

Los padres que aman demasiado nunca son más vitales que cuando están activamente ocupados en resolver los problemas de sus hijos. Acicateados por sus propios críticos interiores, los padres que aman demasiado tienen un increíble sistema de detección de problemas. Son intuitivos, tienen fina percepción. Cuando se trata de sus niños, nadie puede pararlos en su deseo insaciable de protegerlos.

Proteger al hijo es instintivo y saludable. *Sobreproteger* al hijo es destructivo. Si los padres hacen tanto alboroto por cada contratiempo menor con que se topa el niño, crean, inadvertidamente, un modo de funcionamiento que gira alrededor de los problemas.

Esto es lo que ocurre en la familia de Jill. Ella admite: "Mis padres se empeñan en protegerme de un modo que a la mayoría les produciría rechazo. Cuando tuve problemas en la escuela pública me cambiaron a una escuela privada. Cuando tenía diecisiete años y mi novio me dejó, mis padres me enviaron a Aspen a pasar un fin de semana esquiando para que quitara de mi mente lo ocurrido. Cuando dicen: '¿Cómo estás?', sé que en realidad están diciendo: 'Dinos qué te molesta, dinos cómo podemos mejorar las cosas'."

En algunas familias, la única conversación que se da entre padres e hijos versa sobre los problemas. Como dijo una mujer: "Si no hablara con mi madre sobre mi dieta y lo problemático que me resultaba perder peso o si nunca mencionara mi trabajo y lo mucho que lo odio, no puedo imaginarme de qué podríamos hablar".

Nuestros padres no siempre ven el mundo con claridad u objetividad. Los problemas tienden a ser magnificados por la ansiedad que distorsiona la percepción y, en su conjunto, la relación con nuestros padres se convierte en la de "proveedor/desvalido".

A veces sentimos que cuando estamos en problemas nos aman más. Consecuentemente, muchos de nosotros aprendemos a manipular a los demás creando problemas para obtener el amor de nuestros padres. Ser melodramáticos acerca de nuestros problemas puede provocar su genuina preocupación por nuestra causa, y esto resulta muy reconfortante. ¿Quién se preocupará tanto por nosotros? Comprobamos que agrandar algunos de nuestros problemas da buenos resultados.

En nuestras relaciones adultas tendemos a poner en escena estos esquemas de la infancia. Algunos intentamos manipular a los demás como lo hicimos con nuestros padres, divulgando nuestros problemas y magnificándolos. Desafortunadamente, los demás no están muy dispuestos a seguir nuestro juego.

Cuando modelamos nuestra vida desde la perspectiva de nuestro crítico interior, desarrollamos muchos esquemas contraproducentes: como necesitamos aprobación para sentirnos bien, comenzamos a evitar a las personas y las oportunidades porque tememos el rechazo de aquéllas y el fracaso en éstas. Postergamos las actividades, porque hacerlas en forma perfecta nos exige una enorme energía. Tenemos dificultades para compartir nuestros sentimientos con las personas porque tememos que quede expuesta nuestra debilidad. Nuestra habilidad para aprender se debilita, en la medida que nuestro "crítico interior" nos vapulea cada vez que cometemos un error. Peor aún, una naturaleza autocrítica puede obstaculizar nuestras relaciones con los demás. Esto aleja a las personas que nos interesan.

Los costos emocionales de un estilo autocrítico de pensamiento son terribles: baja autoestima, incapacidad para tomar decisiones, falta de alegría, miedo al éxito, culpabilidad y vergüenza, estilo defensivo en las relaciones y falta de creatividad. Consideremos más en detalle cada uno de estos costos.

Baja autoestima

La autoestima es un barómetro que marca cómo nos sentimos con nosotros mismos, una evaluación propia con la que podemos asignarnos un puntaje en relación a las expectativas de que tenemos de nosotros mismos.

El concepto que tenemos sobre nosotros mismos se desarrolla en la temprana infancia. Aprendemos quiénes somos a partir de una variedad de mensajes verbales y no verbales. De niños somos incapaces de discriminar la verdad de la ficción, dado que confundimos la opinión con los hechos. Del mismo modo, atendemos a las expectativas de los demás y las internalizamos como propias. Ninguna de éstas es tan importantes para nosotros como la de nuestros padres.

Como resultado de este proceso de internalización, desarrollamos concretamente dos sentidos diferentes de quiénes somos. El primero es un juego de normas que dice cómo deberíamos ser. El segundo es una observación propia de cómo *somos*. Aunque nuestros padres tenían expectativas irrealmente altas en relación a nosotros, en la práctica hay una gran diferencia entre estos dos puntos de vista cuando nos hacemos adultos.

Marsha buscó la terapia porque su pobre opinión de sí misma le producía inseguridad en el trabajo y la llevaba a hacer tantas preguntas a su supervisora que fue dejada de lado en los ascensos y excluida de la mayoría de los proyectos donde podría haber tenido una oportunidad de demostrar sus condiciones.

Se pidió a Marsha que confeccionara dos listas separadas de cómo se veía a sí misma y cómo creía que debería ser. Las listas son las siguientes:

CÓMO SOY	CÓMO DEBERÍA SER
mido 1,58 m	medir 1,68 m
un poco regordeta	delgada y bien formada
apariencia sencilla	atractiva
tímida	desenvuelta y divertida
soltera y sola	casada con un médico
deprimida	siempre contenta

Marsha se quedaba atrás en cada categoría. A partir de estas listas no es difícil de entender por qué Marsha nunca se sintió suficientemente buena.

Pero queda una última pregunta: estas expectativas, ¿de quién eran realmente? En la ayuda psicológica, Marsha vio que estaba respondiendo más a los valores y expectativas de sus padres y de la sociedad que a los propios. Recuerda su infancia y dice: "Mis padres me querían mucho, pero siempre estaban diciéndome cómo podía mejorar. Hasta sus elogios eran del tipo: 'Has estado estupenda; sé que si pones más esfuerzo, la próxima vez lo harás todavía mejor'."

¿Por qué estos elogios acerca de sus potencialidades no motivaron a Marsha para hacer que se sintiera mejor consigo misma? Después de pensarlo, Marsha llegó a esta conclusión: "No importaba lo bien que estuviera haciendo algo; siempre lo podía hacer mejor. Estaba oyendo continuamente que tenía un gran potencial. Para mí, hablar sobre mis posibilidades no es un reconocimiento. Es como la diferencia entre promesas y resultados. Para mí, cuando alguien dice que tengo un gran potencial, es un falso reconocimiento, un elogio que te hunde. Es olvidarse de mí tal como soy ahora".

Las ideas de grandeza que alimentan nuestros padres acerca de lo que deberíamos ser capaces de hacer pueden convertirse en nuestras propias expectativas irreales. Cuando Marsha aprendió a plantearse objetivos realistas y a aceptarse a sí misma tal como era, dejó de errar por la vida y de mirar a los demás para orientarse y bajó el nivel de autocrítica.

Pero la cuestión de los objetivos realistas no agota los pasos a seguir. El desarrollo de la autoestima está también directamente relacionado con nuestra habilidad para realizar tareas y los consecuentes sentimientos de competencia. La competencia es la sensación de contar con la habilidad suficiente para realizar una tarea dada. Los padres que aman demasiado, en un intento de aligerar la vida de sus hijos, sin advertirlo sabotean sus oportunidades de alcanzar esa sensación de competencia. En la medida en que salvan a sus hijos cuando asumen el control de la situación, los privan de las herramientas y las experiencias necesarias para construir una sensación de competencia y dominio sobre su mundo.

Los hijos que fueron sobreprotegidos rara vez aprenden a bastarse a sí mismos. No llegan a acumular experiencia suficiente como para confiar en sus instintos o en sus propias habilidades, así aprenden a confiar en las habilidades de los demás. La consecuencia de esto es el desarrollo de una sensación de incompetencia.

Nuestra autoestima afecta todo lo que hacemos: la calidad de nuestro trabajo, la calidad de nuestras relaciones, el amor que expresamos y la profundidad con la que nos permitimos vivir la vida. Respondemos a las personas y a los acontecimientos desde nuestra propia percepción de lo que somos. Si nos sentimos mal con nosotros mismos, nos sentimos inclinados a reaccionar ante las situaciones con cautela y a la defensiva. Podemos evitar las oportunidades que se nos presenten por miedo a la crítica y a quedar expuestos. O podemos atacar a los demás si pensamos que intentan perjudicarnos.

La baja autoestima es un problema que se reproduce de generación en generación. No podemos dar a nuestros hijos lo que no tenemos. Si nuestros padres tuvieron un crítico interior severo que anulaba todos sus éxitos, tenderemos a repetir este proceso. Para romper este círculo, debemos mantener alerta la conciencia de nuestras necesidades y concentrarnos en el desarrollo de nuestra fortaleza interior y nuestro sentido de competencia.

Dificultad para tomar decisiones

Los padres que aman demasiado se ocupan de nosotros de un modo tan intenso que se sienten impulsados a rescatarnos al primer signo de conflicto. Ya se trate de ayudar con la tarea escolar cuando tenemos nueve años o de rellenar la declaración de rentas cuando tenemos treinta y nueve, nuestros padres son los primeros que se precipitan para darnos las respuestas. Mantener el control es el segundo paso para ellos.

Cuando éramos jóvenes, su consejo nos servía de trampolín para nuestros propios pensamientos e ideas. Pero cuando nos hicimos adultos, mucho de aquello se convirtió en un modo de permanecer desamparados y dependientes. Una mujer lo explica: "Mi madre siempre menciona a mi hermana, cuya vida es un lío, cada vez que quiere convencerme de que siga su consejo o que haga las cosas a su manera. 'Mira, tu hermana nunca me ha escuchado y ahí tienes lo que ocurrió'. Bueno, mi hermana pudo haber hecho un desbarajuste de su vida, pero al menos tiene una vida propia. Yo todavía estoy pidiendo a mi madre que elija la ropa que voy a ponerme. ¿Cuántos años tengo? Treinta y tres".

Mark, un consultor en informática, recuerda la lucha paralizante que libró para tomar decisiones, cuando abrió su propio local. "Después de postergarlo por lo menos un año, finalmente decidí mandar a hacer tarjetas y papelería para mi nueva oficina. Supongo que hay personas que entran a una tienda y en cinco minutos deciden qué quieren. Para mí, fue una producción completa. Llamé a una diseñadora gráfica, que llegó a mi oficina con un catálogo. Mis temores más negros se hicieron realidad cuando ella sacó tres libros de logos, 118 colores distintos para la papelería, docenas de estilos tipográficos y, por lo menos diez texturas diferentes del papel. Comenzó a hacerme ver las muestras, y se me enturbió la vista. Quería que alguien decidiera por mí. Me senté tratando de parecer tranquilo y controlado. Después de todo, se trataba sólo de una papelería. Sin embargo, todavía siento cómo me corría el sudor."

¿Cómo se decidió Mark finalmente? "Fácil. Pedí que me prestara los libros para examinarlos en casa. Se los di a mi esposa, ella les echó una mirada y en cinco minutos me dijo qué debía pedir."

La situación de Mark es común. Cuando de chicos dejamos pasivamente que nuestros padres tomen a su cargo el control, nunca aprendemos a probar y confiar en nuestras propias aptitudes. Nuestro crítico interior nos recuerda a cada paso que no somos lo suficientemente hábiles para hacer la elección correcta. De modo que manipulamos sagazmente a los demás para que corran los riesgos por nosotros. Actuamos en forma tranquila e indiferente. No obstante, nuestro falta de competencia alimenta nuestra baja autoestima. Podemos engañar a los demás, pero nunca a nosotros mismos.

Falta de alegría

Nos quejamos de que la vida no es muy divertida. La gente a veces nos acusa de ser apáticos, aburridos e indiferentes.

¿Por qué nos sentimos así? Es que vivimos en un mundo de expectativas, preocupaciones y frustraciones. Nuestro crítico interior nos mantiene atentos en relación a nuestras desventajas y desajustes y nos dice que siempre habrá más. Somos incapaces de disfrutar de nuestro éxito en su totalidad, porque en lo más hondo de nosotros mismo nunca sentimos que es suficientemente bueno.

La severidad que tenemos con nosotros mismos también aflora con los demás, del mismo modo que la insatisfacción con nuestra vida también es insatisfacción con todos los que están cerca de nosotros; y esto, más que ninguna otra cosa, nos quita la alegría.

Carole, madre de dos niños, recientemente divorciada, comenzó a darse cuenta de que ése era su problema, cuando su hijo mayor, Jim, le dijo que prefería vivir con su padre. "Una noche, él sencillamente explotó, gritándome que para mí, él no era capaz de hacer nada bien. Él era feliz con su modo de ser. ¿Por qué no podía aceptarlo?"

Carole admite: "Soy el tipo de persona que siempre ve el vaso medio vacío en vez de medio lleno. Jim es tímido y callado. Me pasaba insistiendo que él debía hacer amigos y salir con más frecuencia. Odiaba ver cómo se perdía todos las cosas divertidas de la escuela secundaria, sentado en su habitación, tocando música. En lugar de estar contenta con todas las cosas que Jim lograba, como sus buenas notas en la escuela y su talento musical, sólo era capaz de ver las cosas que se perdía."

Con el tratamiento terapéutico, Carole comenzó a ver que el problema no era tanto su constante crítica a su hijo, sino la dureza con que se juzgaba a sí misma. Cobró conciencia de que algunos de los mensajes que había recibido de pequeña todavía la asediaban en el presente. "Mis padres no eran el tipo de personas que hacen un elogio, al menos no a nosotros, confiesa. Si llevaba buenas notas a casa, nunca decían nada agradable sobre eso. Actuaban como si eso fuera lo que esperaban de mí. Y a pesar de que me iba muy bien en la escuela, mi padre siempre tenía todo tipo de sugerencias acerca de cómo podía mejorar. Acostumbraba a hacer listas y pegarlas en la puerta de la nevera. Él las llamaba objetivos pero, en realidad, eran críticas."

El mensaje que Carole recibió de su padre decía que nada de lo que ella hacía sería nunca bastante bueno. Dado que lo amaba y quería su aprobación, se embarcó en una inacabable búsqueda de la perfección. Era un "perfecto" dispositivo para el fracaso. Años después, estaba horrorizada de sorprenderse a sí misma diciendo a su hijo las mismas palabras de crítica que le habían hecho crisparse de niña.

El dolor de darse cuenta de que su crítica está destruyendo su relación con su hijo enseñó a Carole una lección. Había partes de sí misma que juzgaba como malas, como su propia falta de amistades estrechas después del divorcio. Siempre le había resultado difícil hacer nuevos amigos; últimamente había evitado muchos compromisos sociales y oportunidades de conocer gente porque se sentía incómoda de encontrarse nuevamente "soltera". Dado que veía estos rasgos como algo inaceptable en ella misma, reaccionaba negativamente cuando los reconocía en su hijo.

Una vez que comenzó a aceptarlos, disminuyó significativamente la crítica hacia su hijo. Carole empezó a tomar seriamente su tendencia a enfocar lo negativo de las situaciones en lugar de lo positivo y se volvió más tolerante consigo misma.

Muchos de nosotros somos tan autocríticos como Carole. Sabemos que juzgar y criticar son juegos en los que no se gana, tienen un alto costo y permiten que nuestro crítico interior mantenga secuestrada a nuestra alegría. ¿Por qué? Posiblemente porque sentimos erróneamente que nuestra autocrítica también nos brinda grandes dividendos.

Si desde temprana edad nos enseñaron que cuanto más ahínco pongamos, tanto más "perfectos" seremos, nos volvemos duros con nosotros mismos. Probamos subestimarnos, con la esperanza de que esto nos reportará afecto, amistad y apoyo.

A veces parece funcionar. Cuando adoptamos el papel de "la víctima" y contamos a los demás que somos espantosos, que estamos muy deprimidos y que nuestra vida es muy triste, los enganchamos para que jueguen el papel complementario de "el salvador". Conseguimos que traten de hacernos sentir mejor con nosotros mismos, estimulándonos, pero los elogios que recibimos mediante esta maniobra, rara vez aumentan nuestra autoestima o aportan algo a nuestros sentimientos básicos de alegría. De hecho, cuando nos subestimamos constantemente, los que se preocupan por nosotros terminan por sentirse frustrados. Paulatinamente empiezan a prestarnos menos atención o directamente nos evitan.

Miedo al éxito

Frecuentemente, los niños que fueron demasiado amados son personas brillantes y talentosas, que parecen carecer de habilidad para ser consecuentes con muchos de sus sueños. Algunos se acusan de ser holgazanes. Otros afirman que no son suficientemente listos o inteligentes. Aun hay otros que argumentan que el éxito les tiene sin cuidado. Si bien todos estos factores pueden desempeñar su parte, esencialmente, se trata de defensas que ocultan el miedo al éxito.

Max, por ejemplo, durante los últimos años ha estado saltando de un trabajo irrelevante a otro. Aunque es una persona sumamente creativa, parece no poder poner en práctica ninguna de sus ideas. En terapia, comienza a explorar su pasado.

"Creo que cuanto más alto subes, tanto más fuerte será la caída. Me parece que es eso lo que me asusta del éxito; ese increíble peso de responsabilidad que lleva asociado. Una vez que triunfas, las personas esperan todo el tiempo el mismo resultado y eso significa una tremenda presión."

Cuando Max estaba creciendo, su padre era director de planeamiento urbano de su ciudad. Activo en la política municipal, fotografiado y citado en los periódicos locales, el padre de Max era la imagen del éxito en toda la ciudad.

En octavo grado, Max se postuló para presidente del Centro de Estudiantes. "Yo había estado en el Centro los últimos tres años; no sé si realmente quería ser presidente, pero mi padre me había insinuado desde sexto grado, que yo era una 'astilla del viejo tronco' y que él se sentiría muy orgulloso de que yo consiguiera ese cargo.

"Sólo el pensamiento de decir unas palabras frente a toda la escuela, me aterrorizaba. Mi padre me dijo que no fuera tonto y me instruyó acerca de que aquello 'corría por mis venas'. Se involucró tanto en la campaña —más tarde me enteré—, que terminó escribiéndome el discurso. No eran en absoluto mis palabras. Era algo sobre la juventud de América que marchaba para cambiar el mundo. Bastante esotérico para unos niños, pero me aseguró que el discurso era de lo más grande.

"Nunca olvidaré lo asustado que estaba cuando tuve que leerlo, sobre todo teniendo en cuenta que los otros trataban sobre más bailes escolares y más libertad. Debo haber tropezado con cada palabra. Nunca en mi vida me había sentido tan avergonzado.

"Dos días después fueron las elecciones. Me hicieron trizas. Anduve dando vueltas por lo menos dos horas; no podía soportar la idea de volver a casa. Cuando por fin llegué, mi padre me estaba esperando en los escalones de la entrada con una gran sonrisa. Cuando le dije que había perdido, él ya estaba decidido a salir para la escuela a exigir un recuento de votos; por fin no lo hizo porque mi madre lo disuadió. Si tuviera que marcar con precisión el momento de mi vida en que desarrollé toda mi teoría del éxito, sería precisamente ése."

Muchos hijos adultos como Max están paralizados por el peso de las esperanzas y los sueños de sus padres. Cuanto mayores son sus logros, tanto más esperan sus padres de ellos. Para comenzar, es más fácil no subir el escalón. En el proceso de evitar el éxito, sin embargo, se condenan a sí mismos a una vida de mediocridad.

Otra razón por la cual los adultos que tuvieron exceso parental temen el éxito, radica en el miedo a perder la red de seguridad emocional cuando se hacen independientes y competentes. Henry, por ejemplo, tiene veintisiete años y vive en el hogar de su infancia con su madre anciana. Trabaja parte de su tiempo en un almacén de comestibles, aunque esto le disgusta. "Pero no se me ocurre ninguna otra cosa que realmente quisiera hacer. No sé, me parece que estoy atascado. Probablemente tendría que mudarme pero, ¿quién cuidaría de mi madre? Desde que papá murió, ella no quiere vivir sola. Así que ahora se ocupa del alquiler y yo la ayudo con las tareas de la casa."

Henry tiene un hermano, Frank, ex vicepresidente de una entidad financiera; ha perdido su trabajo unos meses atrás, cuando su empresa fue absorbida por otra. "Mi madre no le daría a Frank ni dos centavos. Dice que Frank puede cuidarse de sí mismo. Todos los años que fue un pez gordo, sólo venía a casa una vez cada mes; ella todavía está disgustada. Me da pena por él, ahora."

Para Henry, tener éxito y llevar una vida separada de la de su madre significa la pérdida de una red de seguridad emocional. Para él, todo es muy sencillo. Su hermano había triunfado, perdió la seguridad de la protección materna y entonces fracasó. Ahora, estaba afuera, a la intemperie.

Pero había otra cantidad de razones menos aparentes para que la madre de Henry rechace a Frank. Una, admite Henry, es que Frank nunca permitió que su madre lo controlara. Otra, es que su madre había querido que él se hiciera cargo del negocio familiar cuando el padre había muerto pero Frank estaba muy comprometido y feliz con su carrera para abandonarla. No perdió la red de seguridad por su éxito, sino porque ya no la necesitaba.

Es posible triunfar y sin embargo, tener una relación cariñosa y estrecha con los padres. A menudo, las personas como Henry, consiguen protección por fracasar, y esto puede ser un incentivo poderoso. Pero Henry también tuvo una vida carente de realizaciones personales. No era un buen negocio.

Los niños que continúan siendo dependientes cuando llegan a adultos, como Henry, dan sentido y propósito a sus padres. No están fascinados con el fracaso de sus hijos, pero asumen sus responsabilidades por amor y por el deseo de dar a sus hijos alguna felicidad. Una vida entera de cuidados no se puede romper fácilmente. Ambas partes están demasiado familiarizadas con sus roles. Podemos sentir rencor por estos roles pero ser incapaces de renunciar a nuestros privilegios a cambio de nuestra independencia. En realidad, no queremos que la barca se balancee ya que podríamos caer por la borda y ahogarnos. Así que, inconscientemente, elegimos la impotencia y la dependencia; así nos protegemos de nuestro miedo al fracaso y protegemos a nuestros padres de sus miedos a perdernos.

El viaje de la culpa

Los hijos adultos que fueron demasiado amados, frecuentemente son víctimas de sus sentimientos de culpa. ¿Qué significa realmente esta emoción? ¿Por qué se apodera de nuestra vida con tanta fuerza? ¿Por qué los hijos que han gozado de mayores concesiones y que han sido sobreprotegidos son el blanco privilegiado de este sentimiento autodestructivo?

Estos hijos son constantemente atormentados por una forma de exceso de culpa neurótica. La psicoanalista Selma Fraiberg comparó la conciencia neurótica con las oficinas de la Gestapo, cuya función es "hacer el rastreo despiadado de las ideas peligrosas o potencialmente peligrosas y toda ramificación remota de las mismas, acusando, amenazando, atormentando por medio de una investigación interminable, para establecer la culpabilidad por transgresiones triviales o crímenes cometidos en sueños".

La culpa es una emoción compleja. En realidad, es una pantalla de humo para cubrir otras dos emociones: ira y miedo. Un caso ilustrativo es George, escritor de treinta y seis años, que describe las visitas semanales al hogar de sus padres:

"Todos los domingos por la noche, Marcia y yo reuníamos a los niños e íbamos a ver a mis padres. Mientras conducía a lo largo de los 65 kilómetros hasta su casa en los suburbios, con Marcia quejándose durante todo el viaje y los chicos peleando en el asiento trasero, me preguntaba: 'Por qué hago esto?'

"Llegábamos allí y mamá se deprimía. Esta noche, está pendiente de mi hermana, que no ha ido a verla en dos semanas. Cuando mi hermana la visita, mi madre se queja de mí. Lleva una tabla en la que cuenta las veces que vamos a visitarla cada mes.

"Mis hijos preguntan si podemos volver a casa tantas veces que finalmente los soborno con cinco centavos para hacerles callar. Marcia está realmente enfadada conmigo.

"En el viaje de regreso no decimos una palabra. Ahora me siento culpable hasta las orejas. Siento la culpa por mamá, la culpa por papá, la culpa por Marcia.

"Tengo cuarenta años. Pasé diez de ellos arrastrando a mi familia para ver a mis padres. Eso suma quinientas veinte noches de domingo e igual número de antiácidos. ¿Para qué? Simplemente para no tener que enfrentar el miedo de que mi madre se suicide si le digo que no iremos más."

Las palabras de George reflejan su aguda sensibilidad ante sus propios sentimiento de culpa. Sin embargo, es menos consciente de sus "inaceptables" sentimientos subyacentes de miedo y enfado.

George disimula su enfado ante su madre, temiendo que ella se sienta muy mal si él expresa abiertamente la verdad. En un intento de proteger a ambos, echa toda la carga sobre sus hombros bajo la forma de castigo auto impuesto.

También sofoca la ira y la frustración hacia su esposa por miedo a su desaprobación, abandono y posible represalia. Nuevamente, carga con todo y se siente un fracasado.

Se traga el enfado por la conducta de sus hijos sólo porque ellos dicen en voz alta lo que él siente y no se atreve a decir. Internaliza su furia por estar atrapado y toma otra tableta de antiácidos.

Atrapado entre su sentido de la obligación y su propia frustración acerca de las relaciones familiares, queda paralizado y lleno de culpa.

George se crió en una familia que le dio mucho y, al mismo tiempo, se cobró sus intereses. A cambio se le pedía "ser un buen hijo". Para muchos padres que aman demasiado, ser un buen chico significa amar, honrar y obedecer a los padres a cualquier precio. Desafiar sus reglas es ser malo. Si hemos tenido experiencias similares a las de George, cualquier paso en el sentido de desobedecer las reglas impuestas por nuestros padres es el momento en que se dispara nuestro reflejo de culpa. A modo de defensa, nos hacemos víctimas y, en consecuencia, nos sentimos no queridos, indignos y culpables.

Esta sensibilidad a la culpa resulta exacerbada cuando crecemos con un progenitor mártir. Los padres mártires manipulan la conducta de sus hijos produciendo, intencionalmente, sentimientos de culpa. Consideremos la siguiente situación:

>*Mamá:* ¿Vienes a comer algo el domingo?
>
>*James:* Lo siento, mamá, no puedo tengo mucho trabajo.
>
>*Mamá:* Ah. Entiendo. Me imagino que todos mis hijos están muy ocupados en estos días.
>
>*James:* ¡No se trata de eso! Me encantaría venir el miércoles por la noche, cuando tengo más tiempo.
>
>*Mamá:* Recuerdo cuando eras pequeño. Estaba muy ocupada con los tres pero nunca tanto como para no estar a vuestro lado cuando me necesitaban.

Los padres mártires son maestros en el arte de la manipulación. Con un arsenal de mensajes verbales y no verbales que producen culpa, sitúan a sus hijos en la posición de sumisión. Los hijos que fueron demasiado amados tienen pocos recursos para desviar esta culpa y mantener cierta objetividad. Es así como suprimen sus emociones y caminan pisando huevos alrededor del progenitor mártir.

Sin embargo, cuando no somos honestos con nuestros sentimientos, nos sentimos como una bomba de tiempo a punto de estallar, ya que no podemos mantener prisioneros los sentimientos durante mucho tiempo. Esta "explosión" puede tomar la forma de arranque de ira inesperado, quiebre emocional o físico o incluso suicidio. Todo ello asociado a un conjunto de síntomas psicosomáticos; dolor de cabeza, úlceras o hipertensión arterial. Somos como una olla a presión firmemente tapada.

Podemos utilizar la culpa como un modo de castigarnos a nosotros mismos. Nos regodeamos con pensamientos de propia desaprobación, en un intento de hacer penitencia por nuestros "pecados". De un modo irracional, sentimos que cuanto más sufrimos, tanto más posibilidades de obtener el perdón tendremos. Lamentablemente, no funciona de ese modo. Sencillamente, jugar a ser víctima y sufrir nos impide arribar a una solución.

También utilizamos la culpa como un modo de manipular a los demás. Como hijos que fuimos demasiado amados, sabemos que nuestros padres no pueden soportar vernos sufrir. Algunos sacamos ventaja de esta situación para manipular a nuestros padres, exteriorizando nuestro sufrimiento interior. Cuanto peor nos mostremos, tantas más posibilidades tendremos de conseguir los favores del progenitor que acuda a salvarnos. De este modo, no tenemos que asumir responsabilidades ni tomar decisiones en nuestra vida. No necesitamos apropiarnos de nuestra angustia ni de nuestro miedo. Continuamos siendo niños.

La culpa paraliza y nos impide realizar las acciones necesarias. Fija nuestra atención en el pasado —que no podemos cambiar—, en vez de enfocar el presente, con el que sí podemos hacer algo. Bajo nuestros sentimientos de culpa a menudo se esconde una emoción más insidiosa y autodestructiva: la vergüenza.

A pesar de que, por sus características, ambas emociones están asociadas con los sentimientos de propia culpabilidad, remordimiento o indignidad, existe una distinción importantes entre ellas. La culpa reorganiza; he cometido un error. La vergüenza es sentimiento. Algo está mal en mí. Pensamientos como los que siguen son indicio de los sentimientos de vergüenza:

Si me conocieras bien, yo no te gustaría.

Siempre siento como si estuviera defraudando a todos.

Sé que soy el segundo de la clase pero, interiormente, me siento un fracaso.

¿Para qué intentarlo? Sencillamente, parece que no puedo hacer nada bien.

De muchas formas, la vergüenza es un sentimiento más autodestructivo que la culpa. Corre a una profundidad mayor. El defecto no radica en nuestra conducta, sino en la opinión que tenemos de nosotros mismos. La vergüenza es el núcleo de la autocrítica y la duda misma. Irónicamente, demasiado amor puede conducir a la vergüenza. Como niños mimados que somos, sabemos que nuestros padres harán prácticamente todo por nosotros. El problema es que si pasamos la mayor parte de nuestra vida permitiéndoles que nos salven, nos guíen y nos gratifiquen, acumulamos una enorme sensación de deuda. Con el tiempo, este desequilibrio produce desasosiego. Nos permitimos algún gesto como prenda de obsequio aquí y allá, quizás en los cumpleaños o en las vacaciones, sin embargo nunca alcanza para tranquilizar nuestro sentido de obligación pendiente. Nuestros esfuerzos parecen tan ínfimos, como tratar de pagar la deuda del país con nuestra cuenta bancaria.

Pero no es dinero o regalos lo que nuestros padres quieren de nosotros. Es condescendencia con aquello que ellos desean que hagamos y seamos. De modo que para protegernos a nosotros mismos de ser destrozados por nuestros críticos interiores, nos distanciamos de los amigos que nuestros padres desaprueban; para no desafiar su postura ocultamos nuestro dolor y enfado, elegimos carreras que les hagan sentirse orgullosos de nosotros y a menudo ponemos en liquidación nuestro verdadero yo.

Si reconoces sentimientos persistentes de culpa y vergüenza que son un problema para ti, pregúntate primero: "¿Qué expectativas estoy tratando de satisfacer? ¿He hecho algo que realmente siento que está mal? ¿O es que alguien más está tomando esta decisión por mí?". Date cuenta de que si te pasas la vida tratando de ser la niña de los ojos de tus padres, puedes estar poniendo en liquidación la persona que realmente eres.

Confecciona una lista de "deberías" de tu vida: "No debería gastar dinero en mí. No debería enojarme nunca con mis hijos. Debería comunicarme con mis padres dos veces por semana. No debería decir no cuando alguien me pide un favor."

¿Cuántos de ellos quieres realmente cumplir? Atenerte a los "deberías" de alguien es la antesala perfecta para la culpa y la vergüenza. ¿Quién te dijo que debías hacer estas cosas? Considera la fuente. Desarrolla tu propio estilo. Acentúa tu propia particularidad. Descubre quién eres.

Estilo defensivo en las relaciones

Cuando desarrollamos un estilo de pensamiento autocrítico, suponemos que otros nos están juzgando tan duramente como nosotros nos juzgamos. La realimentación que obtenemos de los demás tiene el sabor de la crítica y ésta significa que hemos fracasado. Para protegernos de este ataque, ocultamos nuestro verdadero yo detrás de una fortaleza defensiva:

> *Profesor:* Jimmy, necesitas trabajar un poco más tu ortografía.
> *Jimmy:* ¡No es culpa mía! Mi hermano se llevó mi cuaderno de ejercicios, tuve una semana realmente difícil y además estuve descompuesto.

> *Esposa:* Querido, por favor; ¿podrías guardar tus herramientas?
> *Esposo:* ¡Deja ya de regañarme! Tú siempre dejas los platos en el fregadero y la ropa por el suelo!

Se vuelve un hábito disparar contra los demás una batería de defensas y excusas por nuestra conducta, cuando un simple, "Está bien", "Lo siento" o "Puedes tener razón", sería lo mejor. Defensa es una pauta aprendida de pensamiento y acción, que tiene como propósito protegernos de un dolor real o imaginario. En la infancia, era una respuesta adaptativa frente a una situación de amenaza. En la adultez, a menudo es una reposición de los miedos y expectativas infantiles.

Los estilos de defensa son tan individuales como nuestras huellas digitales pero, de todas maneras, pueden ser agrupados en categorías predecibles. Los hijos que fueron demasiado amados, a menudo utilizan las defensas de evitación, racionalización y de mostrar buena imagen.

Evitar las personas o las experiencias que tememos que exigirán demasiado de nosotros es una forma primitiva de autoprotección. Nos resguarda de nuestro miedo al rechazo y a la crítica. Imaginamos que si nos ocultamos, no pueden herirnos. Esta defensa asegura que no viviremos riesgos ni penas, aunque también, lamentablemente, que viviremos en un mundo de oportunidades perdidas y soledad.

"Hay una chica realmente preciosa en mi clase de historia —dice un joven a su amigo—. Ojos azules, pelo largo y una gran sonrisa. Daría cualquier cosa por salir con ella. Pero sólo pensar en hablarle me llena de miedo, de modo que no lo intento." Evitando a la mujer que lo atrae, este hombre evita el rechazo pero también evita la aceptación.

Otros indicios de que nos estamos defendiendo por medio de la evitación se hacen evidentes cuando no enviamos nuestras liquidaciones, cuando rellenamos solicitudes en forma confusa e incompleta, cuando nos quedamos dormidos, cuando estamos en las nubes mientras los demás hablan, cuando no retribuimos las llamadas telefónicas, cuando no miramos a los ojos.

La racionalización está muy cercana a la evitación. Racionalizar es hacer una construcción —endeble, quizá— que justifique nuestra posición y nos haga creer que tenemos razón. Justificamos nuestra posición y culpamos a los demás, encontrando una excusa por el enfado que sentimos con las personas que se enfadan con nosotros. Consideremos el siguiente ejemplo:

Laura: ¿Sabes quién abolló mi coche?

Mike: Me parece que fui yo; pensaba arreglarlo.

Laura: ¡No puedo creer que ni siquiera me lo hayas dicho!

Mike: ¡Mira quien lo dice! ¿Recuerdas cuando perdiste mi saco de dormir? No eres tan perfecta. ¿Tanto jaleo por un maldito coche? ¿Qué te interesa más, yo o el coche?

Nuevamente, un simple "Lo siento" sería lo mejor, pero las personas que racionalizan se sienten llevadas a encontrar modos de justificar su posición. Para ellas, admitir los errores significa: "No valgo nada" y prefieren protegerse a sí mismas.

"Hacer buena cara" es otra defensa que enmascara nuestros verdaderos sentimientos. Incluye levantar una fachada que impresione a los demás, en lugar de compartir lo que realmente son. Una persona de estas características centra su atención en los logros y suprime sus emociones, aunque siempre tema ser acusada de impostora.

Las defensas, hasta cierto punto, son utilizadas por todos. En los primeros años de nuestra vida, nos ayudaron a asegurarnos la supervivencia. Así como el guerrero necesita una armadura para protegerse del ataque físico, un niño pequeño apresta sus defensas para protegerse del ataque psicológico.

El mayor problema con las defensas es que no proveen ninguna solución real a los problemas. De hecho, originan problemas más complicados que los que intentan solucionar. Si racionalizamos cada problema, no asumimos ninguna responsabilidad y aparecemos como invulnerables, tendemos a alienar a los que nos rodean, creamos relaciones de trabajo polarizadas y nos sentimos víctimas e infelices.

Los hijos que han tenido exceso parental tienen una mayor tendencia a adoptar posturas defensivas, debido a los siguientes rasgos de personalidad:

Arrogación de derechos especiales. Si rara vez nos estimulan para que asumamos la responsabilidad por nuestros errores y si de un modo consecuente acuden a salvarnos y son condescendientes con nosotros, comenzamos a creer que siempre tenemos razón. Parece natural que esperemos que los demás nos provean de todo, del mismo modo que lo hicieron nuestros padres; de lo contrario, nos enfurecemos. Ponemos en pie nuestras defensas para validar nuestros sentimientos.

Vergüenza subyacente. Bajo un envoltorio bien preparado, muchos de nosotros nos sentimos vulnerables. Una persona que nunca fue capaz de satisfacer las expectativas de sus padres, siente una invasora sensación de no ser suficientemente buena. Un estilo defensivo de relacionarse da la ilusión de protección contra estos sentimientos.

Miedo a ser fagocitado, abandonado y quedar expuesto. Una combinación de exceso de compromiso, amor condicional, manipulación y altas expectativas, conducen al desarrollo de estos miedos primarios. El niño con exceso parental es forzado a utilizar estrategias defensivas para evitar el dolor emocional que se supone es el resultado de relaciones estrechas con los demás. Paradójicamente, cuanto más a la defensiva estemos con los demás, tanta más probabilidad tenemos de ser abandonados, fagocitados o quedar expuestos ante ellos.

Es importante recordar que las defensas son espacios ciegos en nuestra visión. No nos damos cuenta de ellos cuando estamos a la defensiva, por lo que resulta tarea difícil abrir una brecha a través de las defensas. Requiere que asumamos la responsabilidad por nuestra participación en la creación de los problemas y que nos demos cuenta de que nuestra realidad es ser imperfectos. Es posible comenzar advirtiendo nuestros propios estilos de defensa y haciendo una elección consciente sobre si queremos o no continuar tal esquema. Los amigos nos pueden ayudar a identificar nuestro estilo defensivo, tanto como puede hacerlo un buen terapeuta. Una vez que el esquema ha sido identificado, la tarea siguiente consiste en correr un riesgo cada día. Di, "Lo siento" o "Puede ser que tengas razón" cuando sientas el impulso de defenderte y observa qué ocurre y cómo te sientes con eso. Cuanto más cómodo estés con lo que realmente eres, menos urgencia tendrás de estar a la defensiva.

Falta de creatividad

La creatividad es un proceso de exploración y descubrimiento, que suele abrir nuevos cauces de expresión. Ésta está sobre todo presente en el niño, por ejemplo, cuando construye su primer castillo de arena. No es el nivel de complejidad lo que define la creatividad, sino el acto de creación.

La creatividad nace con cada uno de nosotros. Si bien la investigación ha probado que la genética desempeña un papel en el desarrollo de nuestra personalidad, las condiciones de nuestro entorno en las primeras etapas de la vida son primordiales en el estímulo o el desaliento de nuestra actitud creativa.

Los padres que aman demasiado pueden bloquear la creatividad de sus hijos, intentando hacer justamente lo contrario. Aunque estos padres pueden proveer un enorme espectro de posibilidades de expansión de la creatividad, como lecciones de tenis, enseñanza musical y orientadores privados, algunas veces hay un seguimiento tan ansioso de los progresos del niño que éste se reprime en el esfuerzo de complacer a sus padres.

"Cuando era pequeño, mi clase favorita solía ser la de arte, recuerda una mujer. La profesora nos dejaba jugar con acuarelas, cartón piedra y arcilla. Recuerdo que dejaba todo perdido pero para mí era una fiesta.

"Llevé muchas de esas 'obras' a casa para que las viera mi madre. 'Qué se supone que es esto?', preguntaba. Y yo le respondía: 'Un pulpo comiendo pizza'.

"Se ponía de muy mala leche y me decía que no estaba tomando en serio mis lecciones de arte. Me aconsejaba que dibujara cosas que fueran reales. Ella no era capaz de distinguir un Van Gogh de un Picasso; sin embargo pensaba que era un crítico de arte.

"No obstante, mi madre me tenía confianza; debo admitirlo. Si yo tenía interés en el arte, ella se ocupaba de todo lo que necesitaba. Tenía un caballete, acuarelas y pinceles. Pero aquello dejó de ser divertido. No podía dibujar como mi madre quería y además disfrutar. El mensaje era: 'Ve y sé una artista, pero a mi modo'. Así que lo dejé."

La creatividad queda suprimida cuando alguien nos obliga a satisfacer sus parámetros. Es inherente al proceso creativo la posibilidad de correr riesgos. A los hijos adultos que fueron amados en demasía, rara vez se les concedió la oportunidad de arriesgarse. Eran estimulados para crear y tener logros, pero por el camino más seguro y transitado.

Las exploraciones de los niños creativos a menudo provocan ansiedad en los padres que aman demasiado. El niño que está creando no puede ser controlado. La creatividad nos estimula a transgredir las reglas, a encontrar nuevos senderos para la expresión, a estar dispuestos a fracasar. Los padres que aman demasiado son tan conscientes de sus hijos, que les es imposible permitirles la libertad que requiere la creatividad. Y la creatividad es casi imposible cuando alguien te vigila de cerca, ansioso por verte triunfar y salvarte si cometes errores.

Tomar una postura creativa es entrar en contacto con el propio yo, único y particular. Quedar bien es la antítesis de la creatividad. La necesidad de adaptarse, de complacer a los demás, de ser lo que ellos quieren que seamos, es un sólido obstáculo en el camino de la creatividad. No hay dos personas que sean iguales. Cada persona tiene un modo diferente de percibir e interpretar la vida. Es esta perspectiva única la que permite que seamos creativos.

¿Por qué adherir a una actitud que conlleva un costo personal tan alto? Si estás bailando al ritmo de una canción familiar que dice: "No soy suficientemente bueno... Parezco espantoso... Necesito tu aprobación para sentirme bien", considera lo siguiente: se puede desarmar al crítico interior. Puedes escabullirte fuera de la trampa de autocrítica y liberarte. Felizmente, existen varios caminos para combatir tu crítico interior y concluir ese control sobre tu vida.

🐾 Conciencia alerta; ése es el primer paso. Confecciona una lista de mensajes críticos que recibiste de cada uno de tus progenitores. El siguiente es un ejemplo:

Mamá	Papá
Estás demasiado gordo	No seas tan tímido
Estoy decepcionada contigo	Debes hacer que me sienta orgulloso de ti
Eres haragán	Baja de peso
Debes conseguir mejores notas	Estoy decepcionado contigo
Nunca debes enfadarte	Podrías hacerlo mucho mejor
Llorar es de niños	Que nunca se te ocurra ponerme en aprietos

Guiándonos por los mensajes, podemos llegar a muchas conclusiones negativas sobre nosotros mismos. Algunas de éstas son: "No soy digno de amor"; "No soy suficientemente bueno"; "No debería compartir mis sentimientos"; "Soy holgazán"; "Estoy decepcionando a mis padres"; "Soy un fracaso."

Muchas de estas frases pueden ser reacciones exageradas ante nuestro entorno; de todas maneras, son sentimientos honestos sobre nosotros, que necesitan ser reconocidos para poder combatirlos.

Estudia tu propia lista. ¿Cómo se concilia con la lista de mensajes críticos que tú has construido para ti mismo? ¿Deseas continuar haciendo un refrito con estos mensajes? ¿Están ellos realmente en lo cierto? ¿Qué piensas tú de verdad?

Intenta conocer a tu crítico interior. Trata de visualizarlo. ¿Qué aspecto tiene tu crítico? ¿Un sargento de instrucción? ¿Un profesor de escuela perfeccionista? ¿Un padre? Mantén una conversación con esta parte crítica tuya. ¿Por qué te subestima? ¿Qué necesita de ti? ¿Cómo podrían trabajar en equipo, en vez de oponeros?

Haz un seguimiento de las conductas que surgen de tu autocrítica. Durante los próximos días, advierte cómo delegas poder en ciertas personas en tu vida. ¿Te sientes intimidado y "dejado a un lado" en ciertas relaciones? La mayor parte de esto proviene de cuestiones no resueltas con los padres y otras personas significativas, que nosotros "transferimos" a otras personas similares de nuestras vidas, a menudo figuras de autoridad. Si éste es un problema para ti, recuerda que nadie puede dejarte a un lado a menos que le des el poder para hacerlo. Hilando fino, somos responsables de nuestros malos sentimientos.

Una vez que nos damos cuenta de que estamos reaccionando con nuestro jefe o compañero de trabajo del mismo modo que alguna vez hicimos con nuestros padres, que nos amaban demasiado, somos capaces de cambiar nuestras expectativas y reducir el poder de las demás personas sobre nuestros sentimientos.

🖤   Haz la práctica de aceptarte a ti mismo más plenamente. ¿Qué partes de ti has juzgado tan malas? ¿Temes la ira, los celos o la vulnerabilidad? Si sientes que estos rasgos son inaceptables en ti, ocurrirán dos cosas: tendrás miedo de que sean descubiertos por alguien y, por lo tanto, te volverás muy cauteloso y defensivo en tu relación; o reaccionarás negativamente cuando los veas en los demás. Una vez que te vuelves consciente de estos sentimientos, puedes ser menos crítico de ti y de los demás y comenzar a aceptar estos rasgos "inaceptables". Aprender a aceptar, confiar y apreciarte a ti mismo por lo que eres, es esencial.

🖤   Comienza a ver la crítica de los demás como una realimentación. No tienes por qué aceptar el juicio de las otras personas como hechos. No hay cuerdas que aten lo que otras personas dicen o piensan a tu propio valor. La crítica de los demás sólo hiere si la traducimos a un "soy malo" que abarque la totalidad, en vez de tomarla por lo que es: la opinión de alguien sobre nuestras acciones. Ten simpatía por tu crítico. Recuerda que muchas personas que encuentran defectos en los demás, a menudo lo hacen porque ellas mismas se sienten inseguras.

🖤   Recuerda que requiere valor deshacerse del hábito de la crítica. Puedes encontrarte enfrentando todo lo que te enseñaron de niño. Una clave es darte crédito por tus logros. Hasta los más modestos objetivos deben ser reconocidos diariamente. Disminuye las expectativas que tienes de ti mismo. Proponte objetivos alcanzables.

🖤   Cuando tu crítico interior se vuelva una molestia de largo alcance, deshazte de él. Cambia los pensamientos negativos y repetitivos por afirmaciones positivas. Repite muchas veces cada día: "Me acepto a mí mismo, a pesar de mis imperfecciones".

Crea tus propios mensajes positivos. Escríbelos. Ponlos en algún lugar donde puedan recordarte cada día que tienes la fuerza necesaria para desafiar los mensajes del pasado y para aceptar plenamente la persona que eres hoy.

9

HAMBRIENTO DE AMOR

"¡HAY PERSONAS QUE SE MUEREN DE HAMBRE EN CHINA!"

"La respuesta de mi madre ante todas las cosas (un ojo negro, malas notas, peleas con amigos, ruptura de compromisos) es siempre la misma: 'No te preocupes mi amor. Toma una galleta'."

MARCI, 22 AÑOS, GERENTE

Algunos de nosotros mantenemos una relación íntima que nos permite sentirnos confortados sin temor a quedar expuestos, a tomar sin dar y a sentir un vínculo estrecho sin el riesgo de ser abandonados. Esta relación es con la comida.

¿Cuál es la conexión entre crecer en un hogar rebosante de amor excesivo, atención, protección y elevadas expectativas parentales y el desarrollo inicial de una obsesión con la comida, el peso y la dieta? Está ampliamente aceptado que las pautas anormales de consumo de alimentos son una expresión de problemas subyacentes. Descartadas las causas físicas, todo indica que nuestras necesidades psicológicas no han sido satisfechas. La comida se utiliza para satisfacer nuestras necesidades emocionales y para obtener lo que no podemos conseguir de un modo más saludable y directo.

La comida parece un elixir para los hijos que fueron demasiado amados, cuya experiencia infantil confluyó en un cúmulo de conflictos interiores que aún no han resuelto. Estos hijos pueden usar la comida como un intento de obtener los siguientes resultados:

🕮 evitar los sentimientos
🕮 evitar el conflicto
🕮 aliviar la ansiedad causada por las altas expectativas de los padres
🕮 escapar del control de los padres controladores, cuando la resistencia activa es demasiado amenazadora
🕮 ser el centro de la atención de la familia
🕮 nutrirse a sí mismo
🕮 castigarse a sí mismo en respuesta a la culpa
🕮 aliviar algún malestar perturbador
🕮 rebelarse contra "mostrar buena imagen"
🕮 evitar la madurez

Pero, ¿por qué elegimos la comida? ¿Por qué no el alcohol, las drogas o alguna otra obsesión igualmente "útil" para este propósito? Existe una muy buena razón para esto. La comida y, hasta cierto punto, las obsesiones con la comida son socialmente aceptables. De tanto en tanto, nuestra cultura se obsesiona con la dieta y el peso.

Los hijos que han tenido exceso parental y han sido educados en la "buena imagen" son observadores agudos de lo que es aceptable para los demás. Encuentran abundante compañía en el resto de las personas igualmente obsesionadas con sus cuerpos, sus dietas y su peso, y se sienten seguros entre ellos.

Lamentablemente, una predisposición a utilizar la comida para satisfacer necesidades emocionales puede conducir al desarrollo de verdaderos problemas de la alimentación como la bulimia y la anorexia nerviosa.

La bulimia es un problema de la alimentación caracterizado por el consumo acelerado de grandes cantidades de comida o "comilonas". Durante un atracón, es frecuente que la persona tenga miedo de no ser capaz de parar de comer voluntariamente. Generalmente, después aparecen pensamientos autocríticos y depresión. Dado que este tipo de alimentación compulsiva produce el aumento de peso, la persona que tiene este problema a veces intenta impedirlo vomitando después de la ingesta o abusando de laxantes y diuréticos.

La anorexia nerviosa es un problema de la alimentación que consiste en dejarse morir de hambre. Se estima que entre el 90 y 95 por ciento de los anoréxicos son de sexo femenino. Las personas que sufren este problema controlan su peso por medio de una ingesta rígidamente limitada en calorías y, a veces, por medio del ejercicio excesivo. Los síntomas del problema, algunas veces, se superponen con los síntomas de la bulimia, ya que la víctima también puede evitar el aumento de peso por medio del vómito autoinducido o el abuso de laxantes y diuréticos. Aterrorizados por la idea de volverse obesos, los anoréxicos creen que están gordos, independientemente de lo que pesen.

La sobrealimentación compulsiva, aunque no está técnicamente clasificada por los expertos en el tema como un problema de la alimentación, de cualquier manera está instalada en muchos niños que fueron amados en demasía. La persona que se sobrealimenta en forma compulsiva, está obsesionada con pensamientos sobre la comida, la dieta y el peso. Esta persona come sin cesar, y el alimento es consumido —casi absorbido— tan rápidamente que lleva a la obesidad. La vida se convierte en una montaña rusa de sobrealimentación, en la que se anhela hacer dieta, se siente ansiedad, mal humor y privación y finalmente se "hace añicos la dieta". El ciclo se repite una y otra vez, haciendo que la persona que se alimenta en forma compulsiva se sienta culpable e irremediablemente fuera de control.

Los problemas de la alimentación son enfermedades familiares. Nuestra familia es el escenario en el que nos constituimos como un yo separado. Cuando un miembro de la familia desarrolla un problema de la alimentación, es un indicio de que algo está mal dentro de ella, no sólo en alguien en particular. Las normas familiares, las tradiciones, el estilo de vida y los hábitos no satisfacen las necesidades de los individuos, aunque la persona que desarrolla el problema pueda ser la única que haga visible el estrés.

En las familias caracterizadas por el amor, la cercanía y la protección obsesiva, esto es especialmente duro de ver. Para los padres que aman demasiado es importante que la familia presente una apariencia unida y armoniosa ante el resto del mundo. El conflicto, la distancia entre los miembros de la familia y otros problemas, están agolpados bajo capas de negación. En la superficie, todo parece hermoso, excepto el detalle de que un niño ha desarrollado una obsesión con la comida que ha tomado el control de su vida.

No todos los que usan la comida para compensar necesidades insatisfechas se convierten en "adictos" o desarrollan bulimia o anorexia. Sin embargo, si necesitamos consuelo, amor o un alivio para la ansiedad y recurrimos repetidas veces a la comida para tener un respiro, disponemos el escenario para una dependencia enfermiza que puede convertirse en un problema de la alimentación. La comida funciona, nos conforta, pero sólo durante poco tiempo; hasta que no encontremos modos más saludables de satisfacer nuestras necesidades nos resultará cuesta arriba abandonar el hábito y recuperarnos.

Consideremos por separado cada uno de los modos en que el alimento puede ser utilizado para satisfacer necesidades emocionales.

Utilizar la comida para evitar los sentimientos

Las obsesiones con la comida, la dieta y el peso, son formas de mantener la mente ocupada y apartada de nuestros sentimientos. Jamie, por ejemplo, una asistente administrativa de veinticinco años, se volcó totalmente al tema de la comida y la dieta cuando el vacío de su matrimonio se hizo intolerable.

Jamie creció en una familia donde todos escuchaban a escondidas las conversaciones de los demás, saltaban a responder las preguntas dirigidas a otro miembro de la familia y abrían descaradamente las puertas cerradas sin golpear previamente. "No podías estar solo ni siquiera en el cuarto de baño" admite. Entraban cuando estaba en la ducha o incluso sentada en el inodoro. Mis sentimientos nunca eran propios, tampoco. Yo era la más joven y si tenía una opinión, cuatro personas saltaban para hacer la disección y el análisis de lo que había dicho y finalmente explicarme por qué debía sentir de un modo diferente. Lo mejor era no decir nada."

Jamie se sentía sofocada por las constantes dosis de atención y consejo durante toda su adolescencia. Escapó al control de sus padres cuando se casó con Bill; entonces tenía diecinueve años. "Toda mi vida había tenido a alguien mirando por encima de mi hombro, diciéndome qué debía hacer y cómo debía actuar. Al principio Bill me atrajo porque no estaba pendiente de mis palabras ni trataba de organizarme la vida todo el tiempo. Por otra parte, era diez años mayor que yo; esto también era un verdadero cambio. Hacía que mis novios anteriores parecieran del parvulario."

Bill era un exitoso contable en el ramo inmobiliario. Aunque Jamie sabía antes de casarse que él trabajaba largas horas y que viajaba con frecuencia, después de la boda no consiguió acostumbrarse a la frecuencia con que las responsabilidades de su profesión lo alejaban de ella. Bill casi nunca estaba en casa. Cuando regresaba, caía agotado en la cama, temprano al atardecer, dejando a Jamie sola.

"Yo no sabía qué hacer. No estaba acostumbrada a ser ignorada por alguien que supuestamente me amaba. No tenía idea de cómo se acerca uno para pedir a alguien que le preste más atención o que al menos muestre un poco más de interés en lo que una esté haciendo. Había pasado la mayor parte de mi vida defendiéndome de las personas que estaban demasiado interesadas, que eran demasiado invasoras. De modo que daba vueltas malhumorada, mostrándome herida y rechazada, esperando que Bill recibiera el mensaje. Nunca se enteró."

Jamie pasaba muchas tardes sola, devanándose los sesos frente a la televisión, con una bolsa de palomitas o una lata de cerveza como única compañía. "Siempre había tenido un ligero sobrepeso pero después del casamiento empecé a engordar de verdad. Había oído que una gran cantidad de mujeres aumentan casi cinco kilos en el primer año de matrimonio, así que simplemente lo tomé a risa, diciéndoles a mis amigas que era un signo de satisfacción."

Jamie recuerda muy bien su primer y verdadero atracón. Estaba una mañana pensando en Bill; decidió llamarlo a su oficina. La secretaria necesitó 10 minutos para encontrarlo; cuando finalmente él se puso al habla, parecía estar en apuros y preocupado. Jamie balbuceó rápidamente algo sobre una salida que podían hacer el fin de semana, se disculpó por interrumpirlo y cortó.

"Me quedé largo rato sentada en mi escritorio, fantaseando acerca de sorprenderlo a la hora de comer, tomando un taxi hasta su oficina, recuerda Jamie. Me imaginaba entrando y pidiendo a su secretaria que lo llamara, interrumpiendo alguna reunión importante. Él saldría sonriendo y me abrazaría. Lo imaginaba presentándome con orgullo a toda la gente y luego llevándome a algún lugar romántico donde podríamos hablar y reír juntos durante la comida. Pensando en esto me eché a llorar. Es que yo sabía que Bill nunca haría algo así. Probablemente se pondría furioso si alguna vez me dejaba caer por su oficina a mediodía."

Jamie reunió fuerzas y trabajó durante todo el día. Sintiéndose infantil por llorar, se convenció a sí misma de que tenía un buen esposo y un gran estilo de vida. ¿Qué más podía esperar una persona?

Esa noche, sola en el apartamento más vacío que nunca, Jamie se quedó en la cocina y de pronto se sintió famélica. "Me comí todo un pastel que había comprado para llevar a la casa de mi madre el día siguiente. Sencillamente hinqué el tenedor en el pastel y no paré hasta acabarlo. Luego lo hice bajar con medio kilo de helado. No podía dejar de comer. El estómago estaba lleno pero sentía que mi boca pedía más y más.

"Cuando lo recuerdo, me doy cuenta de que mi desencuentro con Bill me hacía actuar de esa forma desenfrenada. Pero en aquel momento, no podía ver ninguna conexión. Todo lo que sé es que cuando estuve repleta, me sentí muchísimo mejor."

Jamie no hablaba nunca con Bill sobre lo que ella presentía que estaba sucediendo con el matrimonio. Le hacía demasiado daño y Jamie había aprendido a negar su dolor. Continuó comiendo en exceso y en forma compulsiva; aumentó de peso rápidamente. "Sólo pensaba en la comida. Estaba obsesionada. Traté de controlar lo que comía, pero no pude. Comenzaba una dieta cada lunes y la abandonaba cada miércoles."

Jamie tocó fondo meses después, cuando Bill le dijo que ya no la amaba y que su matrimonio había sido un error. Le dijo que no podía amar a alguien que no se amaba a sí misma lo suficiente como para cuidarse. Por entonces pesaba unos 82 kilos. "No luché con Bill por el divorcio. De hecho, esa noche, me senté junto al teléfono, llorando con mi madre y hundiendo mis dedos en un enorme plato de ensalada de *corned beef* de lata y patatas que había puesto frente a mí. Le juro que una parte de mí dijo: 'Bueno, se ha marchado; ya no tendré que molestarme en hacer dieta'. Pasaron varios años hasta que aprendí a vérmelas frente a frente con mis sentimientos en lugar de atracarme para cubrirlos."

Cuando estamos constantemente ocupados con la comida, el peso que tenemos, las dietas, los súbitos descontroles, no nos preguntamos: ¿Soy feliz con mi vida? ¿Es esto lo que quiero realmente? ¿Amo todavía a mi marido? ¿Me ama él todavía? ¿Lo que siento es importante todavía para él? Si le cuento lo que siento, ¿me escuchará?

Preferimos no pensar en estas cosas porque al pensarlas atraemos sentimientos que rechazamos. En vez de esto, comemos. En comparación con nuestros sentimientos sobre nuestro matrimonio, nuestra profesión, nuestras amistades y otros aspectos de nuestra vida, los problemas con la comida, la dieta y el peso son mucho más fáciles de tratar.

Cuando en la infancia nos enseñan, como a Jamie, que nuestros sentimientos no son tan legítimos como los de los demás, buscamos caminos para ahogar, enmudecer o aislar lo que sentimos. Los sentimientos de Jamie estaban sometidos siempre al escrutinio de los otros miembros de la familia. Sus opiniones eran minimizadas y algunas veces incluso ridiculizadas. Llegó a ser importante mantener fuertemente tapado lo que realmente sentía.

No encontrarás mejor manera de sentirte frustrado que si estableces límites para las emociones que te permites sentir.

La alimentación compulsiva es un modo de evitar nuestros sentimientos. Del mismo modo que la dieta compulsiva. Ambas son actividades que centran nuestra atención en la comida y, al mismo tiempo, formas pasivas de expresar dolor, ira, culpa, angustia y otros sentimientos de los que ni siquiera somos conscientes.

De niños, fuimos poderosamente influidos por las necesidades de nuestros padres. Hoy todavía tenemos la tendencia de inclinarnos hacia lo que inconscientemente querían que fuéramos y hacia el modo en que querían que actuáramos.

Con mucha frecuencia, mientras crecíamos, nuestros padres nos dijeron qué debíamos sentir con argumentos como:

"¿Qué es eso de que no tienes hambre? Lo normal es tener hambre. ¡Come!"

"¡Tranquilízate! ¡Estás demasiado entusiasmado!"

"Es tonto que te sientas culpable cuando no es tu culpa."

"¿Cómo puedes decir que no estás cansado? Ve a recostarte; estás agotado."

"No te sientas tan herido. El asunto no da para tanto."

"No me grites. Los niños bien educados saben dominarse."

Tal vez era posible que expresáramos dolor, frustración y depresión pero si ventilábamos nuestra ira todo el sistema familiar se tambaleaba. O quizá nuestros padres guardaban compostura cuando nosotros gritábamos hasta desgañitarnos, pero la perdían completamente cuando llorábamos o mostrábamos algún otro indicio de nuestra sensibilidad. A pesar de que no pusieron un cartel frente a nosotros con la leyenda ESTOS SENTIMIENTOS ESTÁN BIEN, ESTOS SENTIMIENTOS ESTÁN MAL, de todas maneras el mensaje nos llegaba. Amábamos a nuestros padres y vivíamos con el miedo constante de no ser amados y reconocidos por ellos. Nos volvimos muy sensibles a su crítica y, para protegernos, aprendimos a ocultar nuestros sentimientos.

Aunque ya no somos niños todavía nos afectan nuestras experiencias infantiles. No podemos apagar las voces de nuestros padres. De algún modo, nuestros verdaderos sentimientos parecen sospechosos, discutibles o directamente inaceptables.

Los sentimientos no pueden ser eliminados sólo porque uno lo desee, o por la fuerza. La única opción que tenemos es expresarlos o mantenerlos encerrados. Las obsesiones con la comida, la dieta y el peso son modos indirectos de expresar dolor, ira, culpa, ansiedad y otros sentimientos, de una manera que nos parece más aceptable.

Vérselas con los sentimientos puede ser doloroso. Es mucho más fácil evitarlos. Crecimos en hogares donde la evitación era el modelo. Fuimos estimulados a colocarnos una coraza; esto era lo socialmente aceptable y, al mismo tiempo, el orgullo para nuestros padres. Vivimos nuestra vida con incomodidad, con la noción de que ofenderíamos a alguien con nuestro enfado o nuestra necesidad. Nuestra única salida emocional es nuestro apetito. Comer nos hace sentir mejor un rato; nunca durante largo tiempo. Lo único que podemos hacer para sentirnos mejor de un modo más permanente, es encarar sin dilación aquello que está ocurriendo dentro de nosotros.

Utilizar el alimento para evitar el conflicto

Un hombre recuerda que su madre se llevaba las manos al pecho y le acusaba de intentar provocarle un ataque cardiaco cada vez que tenían una discusión. "Se ponía como un tomate y corría a su coche; mi padre me decía: '¡Ve y alcanza a tu madre! Es capaz de tirarse por un precipicio o algo así'. Yo corría hacia ella, tragando mi furia y disculpándome como un loco. Sabía que probablemente ella estaba actuando. Pero, ¿y si era en serio? En verdad, nunca supe hasta dónde era capaz de llegar."

La historia de este hombre es un ejemplo de cómo reaccionan las familias ante el conflicto. Sin embargo, muchos de nosotros podemos recordar que nuestros padres se mostraban lejanos y fríos cada vez que algunos familiares iniciaban una discusión.

Si alguna vez te preguntaste por qué reaccionaban con tanta fuerza, considera esto: los hijos que fueron amados en demasía tienen la responsabilidad de sostener su extremo de la pancarta SOMOS UNA FAMILIA PERFECTA, tan importante para la autoestima de sus padres. Cuando planteabas un conflicto en tu hogar, tu padre o tu madre tal vez pensaban que no eran buenos padres, que no te habían educado correctamente. Quizá creyeron que el conflicto no debería existir entre las personas que realmente se aman. Un estallido de furia y las discusiones amenazaban destruir su imagen de "padres perfectos" educando a unos "hijos perfectos."

Cuando recordamos cómo manejaban nuestros padres sus propios conflictos, hallamos una explicación más esclarecedora de por qué tan a menudo trataron de impedir que nosotros tuviéramos los nuestros. A menudo, no podemos recordar que nuestro padre haya expresado alguna vez sus verdaderos sentimientos. Quizá creciéramos observando a nuestra madre mientras contenía su miedo y frustración, comprando paz en la familia a cualquier precio. Adoptamos un estilo de enfrentar el conflicto y las diferencias de opinión según el modelo construído por nuestros padres.

Los padres que aman demasiado fijan débiles fronteras entre sus sentimientos y los de sus hijos. Nuestro problema era el de ellos. Por esta razón, cuando estábamos enfadados o preocupados, parecían inclinados a distraernos de nuestros sentimientos con ofertas como: "Vamos a dar una vuelta, mi amor, y te olvidarás de todo". Con frecuencia nos mandaban a nuestro cuarto para que nos calmáramos o, por el contrario, nos evitaban. De esta forma, nos enseñaron algo que creían: que tratar de elaborar estos sentimientos llevaba a ninguna parte; que ocuparse de las cuestiones que ocurren entre las personas es estéril y debe ser evitado.

Si nuestra experiencia fue ésta, hoy, cuando sentimos que estamos por entrar en conflicto con alguien, buscamos algo que nos distraiga. A menudo elegimos la comida.

Elaine, de veintisiete años, madre de tres niños, cuenta una historia acerca de una noche en que su esposo prometió llevar a los chicos a la bolera para que ella pudiera por fin tener una tarde para ella misma. "A último momento, dijo que no quería llevar al bebé. Y que le tenía sin cuidado lo de la tarde para mí."

Elaine se quedó en la casa con el bebé y no discutió por esa pequeñez, pero se encontró frente al televisor con una gran bolsa de galletas, masticando y rumiando su ira, mientras el bebé lloraba en su regazo. "Me disgusté tanto conmigo misma por romper mi dieta, que realmente perdí los estribos y tuve una especie de ataque." Corrió a la cocina, tiró las galletas al fregadero, las trituró contra el sumidero y vio, con aire de triunfo, como se las llevaba el agua del grifo.

Es interesante ver cómo tantos de nosotros que nos aferramos constantemente a la dieta y a la cuestión del peso, expresamos todo tipo de sentimientos de enfado y conflictos en relación a la comida, y cómo esto nos está negado cuando se trata de cualquier otro aspecto de nuestra vida. Diremos: "Estoy tan loco porque estoy haciendo dieta y no puedo comer caramelos" o "Podría suicidarme si abandonara la dieta" o "Me mortifica muchísimo que mire la comida y aumente de peso, mientras que los demás comen como cerdos y no aumentan ni medio kilo". Elaine no discutió con su esposo acerca de quedarse en la casa con el bebé pero, en cambio, tuvo un acceso de rabia con una bolsa de galletas.

Somos muy apasionados en nuestros ataques con la comida pero, ¿somos capaces de mirar a alguien que amamos y decirle: "Me hace mucho daño que no cumplas tus promesas" o "Te estás alejando de mí, y no siento que me comprendas realmente o que te importe lo que necesito"? Elaine sintió todas estas cosas pero no se atrevió a expresarlas porque tenía miedo del conflicto que podría ocasionar.

Muchos de nosotros ni siquiera estamos en contacto con estos sentimientos de rabia cuando nos acometen. Nos atragantamos nuestros sentimientos atracándonos con comida. Después, a la mañana siguiente, nos permitimos por fin sentir nuestra rabia, pero acerca de la comida que comimos la noche anterior en vez de adjudicarla a lo que realmente está ocurriendo en nuestra vida. El odio a nosotros mismos, la ira, las ofensas, y el disgusto desbordan en un torrente de conflictos acerca de lo que comimos la noche anterior.

Utilizar la comida para aliviar la ansiedad causada por las elevadas expectativas de los padres

Es frecuente que los padres que aman demasiado tengan expectativas tan altas en relación a sus hijos que éstos vivan en un constante estado de ansiedad, tratando de ser consecuentes con aquéllas. El estrés puede alcanzar límites intolerables. ¿El resultado? Los niños tratan de protegerse de la angustia por cualquier medio aceptable. Obsesionarse con la comida y hacer dieta puede ser un intento de aliviar el estrés causado por las altas expectativas de los padres que aman demasiado.

La historia de Sharon es un ejemplo. "Cuando tenía diecisiete años y era alumna avanzada en la secundaria, pesaba cuarenta y un kilos —comienza en forma vacilante—. Nunca olvidaré la cifra exacta, porque tiene que ver con el objetivo que me fijé: pesar menos de cuarenta y un kilos. Yo creía que ése era mi peso normal."

Sharon fue hospitalizada el verano anterior a su ingreso a la universidad. "No recuerdo mucho del hospital, excepto que estaba continuamente tratando de convencer a mi doctor de que no comía más porque me sentía satisfecha, y que si comía más, como él quería, me hincharía y parecería una vaca."

Diez años más tarde, recordando esto, Sharon es capaz de admitir que se estaba muriendo literalmente de hambre en aquellos días. "No tiene idea de lo doloroso que es, cuánto daño hace realmente, morirse de hambre. Hoy siento una especie de horror, cuando pienso que pude llegar a cometer un disparate. Pero no sientes de ese modo cuando lo estás haciendo. Yo sentía una especie de una enfermiza sensación de orgullo por mí misma, de ser lo suficientemente fuerte para hacerlo."

Como era la hija más pequeña de una familia de fortuna, Sharon recibió excelente cuidado médico y orientación psiquiátrica, después de que le fuera diagnosticada anorexia nerviosa. Pero cuando la psiquiatra de Sharon insistió que su madre y su padre también recibieran tratamiento psicológico antes de dar de alta a Sharon, sus padres lo rechazaron. Ambos tomaron como una afrenta personal la idea de que posibles problemas familiares subyacentes habían contribuido al desarrollo de la enfermedad de Sharon.

Inteligente, talentosa y atractiva, Sharon siempre había parecido la niña ideal. Vivía con su familia en una gran casa de tipo rural con cerca de media hectárea de tierra en un suburbio de Atlanta. En muchos sentidos, la familia tenía un buen pasar y en la infancia de Sharon había escuelas privadas, lecciones de equitación y costosos campamentos de verano.

A primera vista, Sharon parecía tener una infancia perfecta. Esa imagen de perfección provocó la actitud defensiva de los padres acerca del modo de abordar la enfermedad de Sharon. Siempre habían estado junto a sus niños y les habían dado todo, según informaron al médico que trató a Sharon. Todo marchaba bien, creían, hasta el momento en que Sharon rehusó comer.

Sharon lo veía de un modo diferente. Recordaba haber estado angustiada toda la vida, como si no estuviera alcanzando la medida que marcaban sus padres. "En nuestra ciudad, mis padres eran celebridades. Mi padre estaba en la política. Mi madre proviene de una vieja familia con mucho dinero. Es una mujer hermosa; yo siempre quise parecerme a ella. Pero también es un poco excéntrica, casi extravagante. La gente siempre habla de su ropa y de las cosas que hace; yo pienso que ella disfruta de eso, tanto como disfruta haciendo lo que quiere."

A pesar de una vida tan privilegiada, Sharon se sentía presionada y sin merecimiento. "Sentía que éramos una familia especial y que, por ese motivo, yo tenía que ser especial. Me dieron la infancia perfecta pero sentía que no había hecho nada para merecerla."

Aunque Sharon recibía mucha atención por las excelentes notas que obtenía en la escuela, por momentos las expectativas de sus padres parecían frustrantes y devoradoras. "Se esperaba mucho de mí y, cuanto más hacía yo, tanto más me exigían mis padres. Mi madre siempre necesitaba saber qué estaba haciendo, pensando o sintiendo."

Como buena atleta que era, Sharon integró el equipo femenino de voleibol de la universidad mientras cursaba su primer año, poco antes de que se presentaran los primeros síntomas de su anorexia. "Una noche, antes de ir a una fiesta, mis padres vinieron a verme jugar. Después del partido, mi padre no dejaba de hablar de Lori, la estrella de nuestro equipo. Decía que ella jugaba agresivamente, igual que un hombre; para él, éste era el mejor elogio. Me sentí muy celosa mientras le oía hablar de ella, pero luego remató la situación cuando me sonrió y dijo: '¿Por qué dejaste que ese balón te pasara por encima de la cabeza, renacuajo?'."

Sharon tomó la determinación de mejorar su desempeño en la cancha. La práctica constante de voleibol hizo que su gran apetito de adolescente se volviera enorme. Un día, observando cómo ella devoraba la cena, su padre le dijo: "Cuídate o engordarás". Él sonreía, como bromeando, pero Sharon lo tomó al pie de la letra.

Esa noche, Sharon pensó seriamente sobre sí misma y decidió que su cuerpo estaba en falta por lo que ella consideraba un pobre desempeño deportivo. Para competir, debía ser más delgada y fuerte. Tratando de poner su cuerpo en forma y de fortalecerlo, se volvió obsesiva.

El intento de Sharon derivó poco a poco en un régimen de hambre. Su veloz pérdida de peso horrorizó a sus padres. Su padre regresaba a casa temprano cada noche y se sentaba imperturbable a la mesa, forzándola a que comiera bajo su mirada vigilante, mientras Sharon insistía en que estaba "repleta" y que él tenía el propósito de engordarla. Éste no se dejaba convencer y la obligaba a comer. Después, ella iba al patio trasero, se metía entre los arbustos que separaban su casa de la de los vecinos y vomitaba sobre la hierba. "Pensaba que ésa era una solución ingeniosa. Conseguía engañar a todos."

Cada mañana su madre se ponía detrás de la balanza y observaba mientras Sharon se pesaba. Sharon cosió monedas en el dobladillo y puños de su bata, para pasar la inspección de su madre. Una mañana, su hermana le pidió prestada la bata y descubrió las monedas. Lo contó inmediatamente a su madre.

"Me encararon esa noche en la mesa a la hora de la cena, después de que había comido una cena enorme. Mi madre, sin perder la compostura, trajo la bata al comedor y me preguntó qué significaba eso. Ése era su estilo, siempre controlada. Me sentí como un animal en una trampa. Miré a mi padre y algo que yo había contenido dentro durante demasiado tiempo se convirtió en un torrente."

Sharon se levantó, corrió hasta el fregadero de la cocina y vomitó. Lo hizo una y otra vez, incapaz de parar, mientras sus padres la miraban aterrorizados. Finalmente, cayó al suelo, en un acceso de rabia histérica contra sí misma, contra su madre y contra su padre. "Grité todo lo que me había pasado durante mi vida de película."

El día siguiente, Sharon ingresó en el hospital, donde permaneció durante cuatro semanas.

Sharon vivió una infancia en la que sus necesidades parecían estar satisfechas pero, en realidad, no lo estaban. Se le proporcionó todo lo que un niño puede necesitar para su desarrollo físico e intelectual. Sin embargo, bajo aquella bruñida cubierta, los años más tiernos de Sharon pasaron llenos de ansiedad y estrés. Estaba constantemente preocupada de que se encontraría con que algo le faltaba, que no era lo bastante buena o que no estaba a la altura de lo que ella sentía que eran las expectativas de sus padres. Tenía poca confianza en su propio valor y estaba preocupada tratando de ser alguien como ella pensaba que sus padres querían.

Los niños que se criaron como Sharon, con demasiadas expectativas, se vuelven muy dependientes de las opiniones de los demás para determinar cómo se sienten consigo mismos. Cuando estamos obsesionados por la necesidad de adivinar qué quiere la gente para hacer aquello que pensamos que se espera de nosotros y ganar aprobación, nuestra vida ya no nos pertenece, está en manos de otros. Negándose a comer, Sharon experimentó el sentimiento que tanto necesitaba, él de estar en control de sí misma.

Si nuestra infancia fue como la de Sharon, aquello que nos dieron puede hacer surgir en nosotros la obligación de probar que somos verdaderamente dignos de lo que recibimos. Podemos sentirnos hambrientos de aprobación, morirnos de hambre para lograr una validación, sedientos de reconocimiento. La preocupación por la comida y la dieta hace las veces de elixir emocional para el estrés de tratar de vivir al nivel de expectativas increíblemente altas. "No soy bastante buena" se convierte en "No estoy bastante delgada". El problema de alimentación de Sharon calmaba su ansiedad ya que le proporcionaba una vía de escape de las verdaderas cuestiones de su vida. Planear comidas, hacer recuentos de calorías, leer libros de dietas, obsesionarse con su peso mientras se purgaba secretamente; todo esto nutría a Sharon. Estas actividades la distraían de su fracaso por alcanzar las altas expectativas de sus padres, y su pérdida de peso le daba la ilusión de "éxito".

Utilizar la comida para rebelarse contra el control de los padres

Por lo general, cuando se da un problema con la alimentación, el control significa una cosa: "Comí una pequeña ensalada con zumo de limón; estoy controlada. Comí un sundae de chocolate; estoy descontrolada".

Sin embargo, hay una cuestión más vital; no se trata tanto de nuestro control sobre la comida, sino el control de nuestra vida. Medir nuestra comida sólo nos da una ilusión de control.

Cuando nos sentimos fuertemente controlados por los demás, necesitamos más elementos para tener el control. Cuando un niño es amado en demasía, el control de sus padres siempre es un tema.

Comer o hacer dieta en forma compulsiva puede ser un modo de rebelarse contra el control de nuestros padres, ya sea consciente o inconscientemente. Usamos nuestro cuerpo para enviar mensajes a nuestros padres que nunca diríamos en voz alta: "No puedes controlarme. No pienso ajustarme a tu imagen del delgado y precioso niño perfecto".

La historia de Jane es un caso puntual. En su hogar, los deseos de su padre eran lo principal. Los deseos de otros miembros de la familia eran aceptables sólo si estaban de acuerdo con sus exigencias. "Todos atendíamos a mi padre. Especialmente mi madre. Según mi madre, ella estaba de acuerdo con todas las opiniones de mi padre, aunque a mí me parece que no era sincera.

"A papá le gustaba el golf, de modo que estábamos en el campo a las siete de la mañana en punto todos los sábados. Dado que él pensaba que era importante ser una persona cultivada, me forzaron a tomar lecciones de piano y de pintura, aunque yo las odiaba. Como él había ido a una escuela parroquial, yo fui a parar a una escuela católica que era horrible."

Jane aprendió que debía adaptarse a los deseos de su padre para no ser abandonada. "El golf, el club de campo, los viajes, los conciertos sinfónicos; ésas eran las cosas que les gustaban a mis padres. Aprendí a comportarme de modo de poder estar alrededor de ellos. Si no me portaba como era debido, me dejaban en casa o me mandaban a casa con una niñera. Y aunque hubiera estado cuidada, habría estado excluida." Para Jane, nada era tan importante como estar incluida.

Cuando Jane creció, el peso del control de su padre se convirtió en una carga demasiado difícil de soportar. Todo tenía que estar de acuerdo con sus gustos, sus intereses y sus preferencias. "Él no era capaz de entender por qué yo quería salir con mi mejor amiga y no con la familia. Mi madre trató de razonar con él pero se dio por vencida. 'Tu padre te ama mucho', me decía siempre a modo de excusa. Nadie conseguía que él razonara. Lo peor de todo era: ¿cómo podía enfadarme con alguien que me amaba tanto?"

Una cosa que el padre de Jane no pudo controlar fue el apetito de su hija. "¿Qué iba a hacer? ¿Encerrarme en un armario para que no comiera? Comencé a aumentar de peso cuando andaba por los trece años y continué aumentando. Aun adolescente era increíblemente madura, tenía buena conducta; era perfecta excepto una cosa: era terriblemente gorda. Mi alimentación estaba totalmente fuera de control."

Adaptarse o ser abandonada. Éste es un mensaje importante con el que crecen los niños que son demasiado amados. El abandono puede ser emocional o físico. En la familia de Jane, rebelarse abiertamente significaba abandono físico: quedarse en la casa con la niñera. Jane fue criada de un modo que ante todo satisfacía las necesidades y los deseos de sus padres e ignoraba los propios; pero el control de su padre se extendía a todos los aspectos de la vida de Jane excepto su dieta. Ella utilizaba la comida para escapar al control de sus padres, para sabotear su imagen de hija perfecta, es decir, delgada, hermosa, educada; en fin, un crédito para ellos.

No es accidental que el comienzo de la mayoría de los desórdenes de la alimentación tenga lugar en algún momento de la adolescencia. En esa etapa, los hijos toman conciencia de la necesidad de ser ellos mismos; ser personas separadas de sus padres. Comienzan a mirar a su alrededor, a buscar modos de establecer límites más firmes entre ellos y los demás. Las preferencias en la comida es una de las primeras y más importantes cosas que los adolescentes utilizan para "definirse" a sí mismos. Patatas fritas, hamburguesas, pizza, gaseosa y otras comidas por el estilo son la base de su alimentación, y esa dieta ocasiona batallas con sus padres acerca de la nutrición. Esa batalla es importante. Es un indicio de que el adolescente se está afirmando a sí mismo como alguien separado y a cargo de su propio cuerpo.

Los padres que se vuelven extremadamente rígidos acerca de las dietas de sus hijos adolescentes, que prohíben ciertas comidas y los fuerzan a comer otras, preparan la escena para recibir a cambio una respuesta aún más rígida. Es extraño, pero los esquemas de alimentación ritualista se pueden desarrollar como un modo de decir: "Esta dieta es una idea mía, y la primera cosa en mi vida en la que he adoptado una postura propia".

La sensación de que tenemos algún poder sobre nuestra vida es crítica. Una cuestión vital para los hijos sobreprotegidos por sus padres es la falta de control que sienten. En las familias donde los padres aman demasiado, las reglas no se modifican al instante para adaptarse a los cambios de necesidades producidos por nuestra madurez en avance. Como adolescentes y más tarde como adultos, aunque ya no necesitamos que nuestros padres continúen protegiéndonos de posibles daños o guiándonos o modelándonos, ellos no pueden detenerse. En aquellas familias en que la sobreprotección es grave y las normas son rígidas, quizá se recurra a rechazar la comida o a atracarse secretamente, cuando la sofocación se vuelve insoportable. Estos recursos dan la ilusión de tener el control: "Soy tan poderoso que puedo resistir el hambre: puedo matarme de hambre" o "Soy tan poderosa que puedo resistir el aumento de peso: puedo comer toda la noche, purgarme y no aumentar ni medio kilo".

Una obsesión con la comida que llega a ser un trastorno de la alimentación, con todas sus letras, puede ayudarnos a arrebatar el control de manos de nuestros padres de un modo más total. Un problema de la alimentación, una vez descubierto, crea una crisis familiar. Quizá nadie en adelante sea capaz de comer el postre delante de él o ella porque sería tentador. Quizás alguien tenga que prestar atención para asegurarse de que él o ella coma el alimento. Quizá la familia tenga que renunciar a algo de su tiempo libre para asistir a una orientación psicológica.

Aunque hayamos dejado la casa paterna hace largo tiempo, una obsesión con la comida en nuestra vida actual puede cumplir una función similar. Conseguimos la ilusión de ser independientes o de tener el control de nuestra vida gracias a hábitos secretos con la comida, con todo lo extravagantes que puedan ser.

Utilizar la comida para resguardarse de la intimidad

Julie, una programadora de computación de veinticuatro años, durante los últimos cinco años ha estado tratando —sin éxito— de tener una relación estable con un hombre. Ella cree que debido a su peso le resulta imposible atraer a los hombres que le gustan. Si bien es cierto que el peso excesivo de Julie mantiene a los hombres a distancia, la razón oculta que subyace en su obsesión por la comida es su deseo inconsciente de que sus relaciones no pasen de un nivel superficial.

Julie creció en un hogar donde era constantemente arrastrada a tomar parte como mediadora o pacificadora en las batallas que libraban sus padres. Finalmente, sus padres se divorciaron. Después del divorcio, la madre de Julie se aferró a ella, hablándole largamente sobre su soledad, de cómo su marido la había decepcionado y hasta de su necesidad de intimidad sexual ahora que ya no tenía una relación íntima. "Quería que estuviera con ella continuamente. Si yo tenía alguna cita o planes con mis amigos, me sentía culpable de decírselo."

Dado que Julie no podía establecer ningún límite, poco a poco su madre se entrometió cada vez más en su vida. Julie se sentía sofocada por tanta atención e incapaz de escapar a ella.

Fue para entonces que Julie se volvió obsesiva con la comida. Ésta le producía alivio ante las exigencias crecientes de su madre; Julie aumentó 18 kilos en los años que siguieron al divorcio de sus padres. Era como si con su gordura le dijera: "Estoy separada de ti, necesito espacio; ¡déjame!".

La necesidad de la madre de Julie era bastante extrema; de todas maneras, muchos de nosotros crecimos en hogares donde nuestros padres se entrometieron hasta cierto punto en nuestra vida. Si bien el amor, la atención y los objetos materiales que recibimos nos hacen sentir agradecidos, también es cierto que por momentos no podíamos respirar. Nos parece que junto con el amor recibimos una exagerada expectativa. Esto ha sido una pesada carga durante toda nuestra vida. Las personas que tenemos más próximas, en las que confiamos y de quienes dependemos, también esperaron lo máximo de nosotros.

La comida puede ser utilizada para "resolver" un amplio espectro de cuestiones que tenemos con la intimidad. La intimidad produce temor. ¿Si dejamos que alguien nos conozca y nos ame, acaso se introducirá en nuestra vida como lo hicieron nuestros padres? ¿Esa persona nos exigirá más de lo que nosotros estamos dispuestos a dar? Con 90 o 36 kilos, no necesitamos preocuparnos demasiado por la intimidad. Continuaremos absortos en las cuestiones relativas a la comida, con las que parece más seguro tratar que con las relaciones íntimas o, en lo que a ellas respecta, el tema completo de nuestra sexualidad.

Si tenemos una relación que está dominada por la distancia emocional y la discordia, podemos enfocar nuestra atención sobre la comida. Es mucho más fácil vérselas con la comida que con la insatisfacción con un cónyuge o un amante. Culpamos a nuestro peso y nos decimos a nosotros mismos que las cosas mejorarán una vez que bajemos esos kilos de más.

Si no encontramos la persona "indicada", podemos decir que es debido a nuestro peso. Nunca tenemos que afrontar la aterradora pregunta de qué pasaría si después de bajar de peso seguimos sin poder encontrar al amante perfecto.

De todas maneras, nunca tenemos demasiada energía para las relaciones. Nuestra relación con la comida es demasiado absorbente.

Utilizar la comida para nutrirnos en todos los aspectos

"En mi casa siempre estaban preparando comida —recuerda Karen—. No puedo recordar que la cocina estuviera parada. Siempre había algún tipo de actividad allí. Cuando terminábamos de comer y se retiraban los platos, se comenzaba a hornear algo. Nunca se trataba de una bandeja de bollos, sino dos o tres.

"Mis padres siempre decían: 'Debes de tener hambre. ¡Come! ¡Debes comer algo! Hay gente que se está muriendo de hambre'. Si alguno de nosotros no quería ir a la mesa del comedor, la casa se convertía en un griterío.

"Si no comía lo que me ponían delante, mi madre decía: 'No he parado de cocinar en todo el día pero parece que a nadie le gusta'. Cocinar era el modo en que demostraba amor; en consecuencia, el modo de mostrarle que uno la amaba y que apreciaba lo que hacía era comer; por el contrario, si no comía le mostraba que estaba enfadada. Comer no tenía nada que ver con el hambre. Era un modo de comunicación de ida y vuelta."

La comida es especialmente simbólica en muchas familias. Ciertas conductas que se observan alrededor de la mesa del comedor son signos explícitos de intromisión: alguien mete la cuchara en la sopa del vecino, todos prueban la cena de algún otro y no hay plato que pertenezca en exclusiva a uno o a otro.

Los padres que aman demasiado anhelan dar todo a sus hijos y consolarlos. Se preocupan de que no estén dando lo suficiente. Muchos de estos padres atiborran a sus hijos con comida desde el momento en que nacen como un modo de mostrarles amor.

Las consecuencias de esta conducta como respuesta a nuestras necesidades (de nutrición u otras) pueden ser devastadoras. Cuando los padres interpretan una variedad de las necesidades físicas y emocionales de sus hijos como hambre y les dan comida como respuesta, se establece una pauta que puede derivar más adelante en problemas de la alimentación.

Los bebés tienen una sola manera de anunciar sus necesidades: llorando. Los padres tienen la empatía suficiente para "decodificar" esta señal y responder en forma apropiada. A veces, un progenitor responde de forma incorrecta una y otra vez. Quizás el bebé esté llorando porque se siente solo, cansado o porque tiene frío. El progenitor alimenta al bebé, haciendo una mala lectura del "indicio". O quizás, aquél adhiere a un rígido horario de alimentación. Ambos tipos de respuestas, no empáticas a las necesidades del bebé, producen confusión. El bebé no aprende a distinguir el hambre como algo diferente de las otras necesidades o incomodidades. "Estoy cansado" se transforma en "Tengo hambre", así como "Tengo miedo" o una multitud de otras emociones se traducen como "Tengo hambre". Se pone así la piedra fundamental para toda una vida en la que se utilizará la comida para resolver una cantidad de complejos problemas emocionales.

La ingestión compulsiva puede ser el único modo de nutrirnos que conocemos hoy. No sabemos qué necesitamos realmente o qué sentimos realmente en nuestros interior. Se vuelve habitual comer algo cuando nos sentimos solos y sin amor. Como lo expresó una mujer: "Un helado es un mimo interior".

Utilizar la comida para rebelarse contra la exigencia de mostrar una buena imagen

Mark, un contable de treinta años, recuerda un incidente que ocurrió cuando era estudiante avanzado en la escuela secundaria. Había solicitado un préstamo estudiantil para matricularse en la universidad y planeaba encontrarse con su padre en el centro de la ciudad, frente al banco. Esa mañana, mientras se vestía, se dio cuenta: "Todo mi guardarropas eran tejanos y camisas de trabajo. Fui a la escuela secundaria vestido como un palurdo, como todos los compañeros".

Sabiendo que no podía encontrarse con su padre llevando tejanos, corrió hasta la casa de su primo y le pidió prestados una camisa, una corbata y unos pantalones. "Pensé que me quedaba bien. Mi padre no abrió la boca hasta que estuvimos dentro del banco; allí, bajó la mirada casualmente y vio mis pies. '¡Mira esos zapatos!', exclamó, hinchándose como un sapo.

"Miré. Aquello era terrible. Llevaba los mismos zapatos gastados de cada día.

"Cuando salimos del banco, mi padre me gritó, con la cara roja como si fuera a darle un ataque: '¡Pareces un vagabundo! ¡Me das vergüenza!'

" '¡No sabía que tenías que parecer rico para pedir un préstamo!', le dije, gritando yo también."

Hoy, cada vez que lo visita, Mark todavía está pendiente de los juicios de su padre acerca de su vestimenta, aunque él dice que no soporta los comentarios que su padre hace sobre su apariencia. "A los treinta, debería ser capaz de llevar lo que quiera cuando voy a ver a mis padres. Pero, de algún modo, todavía me encuentro vistiéndome, cortándome el pelo y pensando para ellos: '¿Mi padre pensará que esta corbata es demasiado llamativa?'."

Muchos hemos tenido experiencias similares con uno o ambos padres. Hasta comentarios inocuos al estilo de: "¿Esos pantalones, ¿no crees que son un poco apretados?" o "Pienso que ya es tiempo de que compres una chaqueta nueva", nos ponen muy mal todavía. Como estamos emocionalmente encadenados a la aprobación de nuestros padres, podemos sentirnos desolados, simplemente, porque no dicen nada acerca de nuestra apariencia. Imaginamos, entonces, que su juicio es tan negativo que prefieren no decirlo.

Es cierto que la mayoría de los padres se preocupan mucho por la imagen y la conducta de sus hijos. Sienten que son responsables por el modo en que sus hijos visten y se portan. Y esperan la perfección. Exigen que tengamos "buena imagen".

Algunos nos encogemos de hombros ante la obsesión de nuestros padres por la imagen. Pero otros son muy sensibles a esto y sienten rencor por la rígida óptica de sus padres sobre la corrección del comportamiento.

Confrontarlos directamente sobre estos temas nunca ha resultado fácil. Por ese motivo recurrimos a métodos indirectos. La comida puede ser utilizada para rebelarse contra la imagen perfecta, de un modo enfático pero sesgado. ¿Qué podría ser más negativo, como reflejo de la labor parental, que un niño obeso o uno tan delgado que parece demacrado?

Con nuestra obsesión por la comida nos hacemos oír. Decimos que no todo está bien. Nos rebelamos contra la obsesión por la imagen de un modo que parece seguro pero a menudo tan potente que la totalidad del sistema familiar se trastorna.

Utilizar la comida para castigarse a sí mismo en respuesta a la culpa

Algunos padres son muy hábles para despertar sentimientos de culpa. Mantienen el control sobre sus hijos, haciendo que se sientan responsables de su sufrimiento, de sus esperanzas frustradas o de sus vidas truncas; "He dejado de hacer tantas cosas por ti. Traté de darte todo lo que yo nunca tuve y mira cómo me pagas".

La culpa surge de la deducción de que si amáramos a nuestros padres, haríamos lo que ellos dicen. Seríamos lo que ellos quieren que seamos. Les retribuiríamos lo que ellos nos han dado concretando las expectativas que depositaron en nosotros.

La culpa es una de las emociones primarias que los niños que fueron demasiado amados tienden a hacer suyas. La culpa es paralizante, y el comer nos da la ilusión de hacer algo, de realizar una acción. La comida también es reconfortante y nos distrae, ayudándonos a enmudecer el inútil remordimiento.

Los mensajes provocadores de culpa que nuestros padres nos transmitieron han sido tan bien internalizados, que tienden a presionarnos y controlarnos con mucha más intensidad aún de la que nuestros padres se atrevieron a intentar. La culpa se arrastra a otras relaciones. Si alguien no se siente feliz, nos sentimos responsables. Si alguien está enfadado con nosotros, automáticamente suponemos que estamos en falta. Qué sorpresa para nuestros padres, que nunca sintieron que fuéramos tan responsables, si se enteraran de que nos sentimos responsables por los sentimientos de todo el mundo.

La culpa se transforma en un hábito. Una mujer cuenta la historia de que se despertó a medianoche porque su vástago de tres años estaba con fiebre muy alta. Al poco rato, su hijo mayor se levantó quejándose de dolor de cabeza. Durante el resto de la noche, corrió de uno a otro niño, tratando de no preocuparse sobre su trabajo del día siguiente, al que quizá no podría concurrir y donde, cómo ya había faltado tantos días, probablemente, perdería el ascenso que ella quería. Hacia las cuatro de la mañana, estaba lista para tirar por la ventana a su dos hijos y a su esposo, que dormía plácidamente mientras todo esto sucedía.

Esta mujer se sintió terriblemente culpable por estos sentimientos, especialmente por sentir ira y rechazo por los niños. Su propia madre, después de todo, no se hubiera sentido de ese modo. Hacia las seis de la mañana estaba en la cocina, regalándose con un desayuno de tarta de plátano, helado y galletas rellenas.

La comida se puede usar para aliviar la culpa que sentimos cuando no podemos alcanzar nuestra propias expectativas internalizadas. Esta mujer sentía que tenía que ser una madre perfecta, como en su opinión había sido su madre. Como la culpa por sentir enfado y rechazo por sus hijos le resultaba intolerable, ahogó su crítico interior con comida. Los pensamientos realistas acerca del hecho de que era tarde, de que estaba agotada, de que era sólo un ser humano, fueron absorbidos por el fantasma de su madre, un progenitor que amaba demasiado y parecía nutrirse del autosacrificio cuando se trataba de sus hijos.

El problema con utilizar la comida para enfrentar la culpa es que cuanto más (o menos) comes, tanto más culpable te sientes. Ahora, agregado a la mala acción, se comete el pecado de quebrantar la dieta, de descontrolarse, de darse un atracón o de purgarse. Se transforma en un círculo vicioso: cuanto más utilizas la comida como escudo, tanta más culpa sientes. Cuando más culpa sientes, tanta más necesidad tienes de utilizar la comida.

Utilizar la comida para calmar el desasosiego y la insatisfacción

Un hombre confesó que cuando era niño, sus padres se sentían tan culpables por salir y dejarlo en la casa, que contrataban payasos y otros animadores para entretenerlo hasta que regresaran. "No es para asombrarse que me ponga loco cuando estoy solo en casa. Supongo que espero que vengan a animarme."

El aburrimiento es un sentimiento incómodo para nosotros. Cuando estamos aburridos y no tenemos nada que hacer, nuestra mirada se puede posar sobre nosotros mismos. Para algunos esto es alarmante. Las altas expectativas que hemos internalizado se abren paso: "Debería estar haciendo ejercicios... Debería leer más... Debería preparar un currículum y buscar un trabajo mejor... Debería hacer algo con mi vida social... Debería tocar el piano... Debería organizarme..." Se agolpa todo al mismo tiempo y como no podemos hacerlo todo, terminamos paralizados y no haciendo nada. Pensar sobre la comida, planear platos, tratar nuevas dietas, es una solución, un proyecto. Estas actividades efectivamente nos distraen de vernos a nosotros mismos.

Utilizar la comida para ser el centro de la atención

Existen muchas razones por las que el hijo de padres que aman demasiado querrían ser el centro de la atención familiar. Consideremos la historia de Ann.

Ann, estudiante de veintiun años, se despierta cada mañana pensando, ¿Podré comer hoy como una persona normal?

Desde el comienzo de su adolescencia, Ann tomó el hábito de darse secretos atracones sin razón aparente. En esos momentos, la urgencia de comer parecía incontrolable. "Siento que no tengo otra opción. Una vez que comienzo a comer no puedo parar."

A medida que Ann exploraba su infancia, surgieron algunas de las circunstancias que contribuyeron a que desarrollara la pauta de conducta mencionada. Ann tenía una hermana mayor, Julie, que sufría el mal de Hodgkin. "Ella estaba todo el tiempo yendo y viniendo del hospital, y mis padres siempre estaban preocupados."

La madre de Ann se sentía impotente con respecto a la enfermedad de su hija mayor. "No podía controlarla, y esto le rompía el corazón."

Hasta los doce años Ann había sido muy delgada. "Cuando comencé a aumentar de peso en la escuela secundaria, mi madre me llevó de un nutricionista a otro. Para ella era posible hacer algo con mis problemas de peso. Me obligó a hacer dieta; tiraba comida para que yo no la encontrara y me mandaba a clases de gimnasia y campamentos especiales. Cuando tenía algún resultado, se sentía feliz. Pero yo siempre volvía a mis antiguas costumbres."

En la casa de Ann, el centro de la atención de sus padres era su hermana enferma. Había tanta preocupación e interés puestos en los problemas insolubles de su hermana que Ann sintió que debía tomar el control.

Ann intentó atraer el centro de atención hacia ella misma, desplegando un esquema de sobrealimentación compulsiva. Consiguiendo este cambio de dirección de la atención sobre su peso, Ann "resolvió" los problemas de su familia. Las preocupaciones y la impotencia de sus padres con respecto a la enfermedad de la hermana, hicieron que Ann se sintiera desamparada y asustada. Frecuentemente, los niños son muy protectores de sus padres, especialmente si las relaciones familiares son de intromisión. La solución de Ann fue enfocar la atención de su madre sobre un problema diferente, más factible de solucionar: su sobrealimentación compulsiva. La madre estaba menos preocupada y depresiva acerca de los otros problemas, más dolorosos e indefectiblemente irresolubles, cuando se ocupaba de controlar la alimentación de Ann.

Muchos de nosotros nos podemos identificar con el afán de protección de Ann con respecto a su familia. Podemos estar decididos a remediar los problemas que sentimos como dolorosos para nuestros padres. Tanto dependemos de ellos, que su dolor nos crea gran inseguridad. Existen escasas fronteras entre nosotros. Algunos apenas podemos separar nuestros sentimientos, pensamientos e inclinaciones de lo que nuestros padres habrían sentido, pensado y decidido. Abrimos la boca y nos preguntamos si aquello que decimos es realmente lo que nosotros pensamos o lo que nuestra madre o nuestro padre habrían dicho. Ésta es la consecuencia de toda una vida en la que nuestros padres hablaron por nosotros, definieron nuestras necesidades y nos dijeron qué debíamos sentir.

Los problemas de la alimentación se vuelven problemas familiares significativos que exigen a gritos una atención. Inconscientemente, quizá tengamos la esperanza de desplazar la atención de la familia puestas en el alcoholismo de nuestro padre, en la depresión de nuestra madre, en los problemas de nuestros hermanos, hacia el problema de nuestra alimentación. Si nuestros padres están viviendo un problemático matrimonio, el súbito acercamiento que nuestro problema alimentario produce, puede aparecer como un reencuentro y una nueva intimidad. Desviamos el foco de estos problemas y lo hacemos brillar sobre nosotros, evitando la confrontación de nuestros padres con aquello que hace que se sientan impotentes.

Utilizar la comida para evitar la madurez

La comida se puede utilizar para continuar aferrados a nuestra infancia. Los niños que fueron amados demasiado, a menudo son ambivalentes con respecto a independizarse verdaderamente de sus padres. Este miedo obstaculiza dar fin a un enamoramiento estéril con la comida y la alimentación.

Cuando nos consumimos pensando si podremos hacer una nueva dieta, si tendrá efecto lo suficientemente rápido como para continuar con ella o si nuestras purgas secretas serán descubiertas, desplazamos aquello que realmente tememos: tener que hacernos cargo de nuestra propia vida.

Gracias a nuestros padres que aman demasiado, nos hemos acostumbrado a ser cuidados. Ellos obstruyen nuestra maduración saboteando nuestra posibilidad de separarnos de ellos y haciendo todo lo que podríamos hacer nosotros mismos. El propósito oculto de todo esto es mantenernos como niños bajo su tutela. Nuestra obsesión con la comida y los problemas resultantes crean un centro de atención para su vida, en tanto que así aumenta nuestra dependencia de ellos. Con frecuencia, es a ellos a quienes recurrimos más asiduamente para revelarles nuestras luchas diarias con nuestro peso y nuestros triunfos y desastres con la dieta.

Algunos padres que aman demasiado sabotean inconscientemente los intentos de sus hijos por liberarse de la obsesión por la comida y la dieta. Carrie, que comía compulsivamente, se acercó a Gordos Anónimos y tuvo que librar una batalla con su madre. "Lo más loco era que mi madre me había insistido durante años para que acudiera a un grupo de autoayuda. Siempre me había dicho que debía hacer algo con mi peso. Pero debido a que Gordos Anónimos no sólo se ocupa de la dieta, sino también de los sentimientos, mi madre se opuso a ellos desde el comienzo.

"Si salía con mi madre, me hacía miles de preguntas sobre el programa: '¿De qué hablan en esas reuniones? ¿Hablan de nosotros? ¿Estás segura de que comes lo suficiente? Sabes que no es bueno perder peso con rapidez; así lo recuperas enseguida.'

"Mi madre y yo siempre hemos tenido una relación muy estrecha y habitualmente no me importaban sus constantes preguntas, pero yo no quería que ella siguiera hablando y pensando sobre mi dieta. Le dije directamente que dejara de preguntarme sobre el tema. Me respondió: 'Últimamente estás demasiado irritable. Creo que es por ese grupo al que concurres. Quizá debas probar algo diferente. No quiero que te enfermes'. "

Carrie todavía iba a cenar cada viernes a la casa de sus padres. Después que comenzó a asistir a Gordos Anónimos, su madre le telefoneaba cada viernes por la mañana y decía: "Mira, me resulta muy difícil preparar comidas especiales para cada uno que venga a cenar. Prepararé lo mismo de siempre, así que espero que puedas comer algo".

"Servía lasaña o chuletas de cerdo, y yo me veía obligada a llevar mi propia comida. Luego servía algún postre abundante y decía: 'Sé que estás haciendo dieta, pero seguramente puedes comer un trozo pequeño'."

En algún momento Carrie dejó de ir a cenar a la casa de sus padres pero ellos se ofendieron y la acusaron de descuidarlos.

Carrie, sin embargo, encontró una solución. "Una chica de mi grupo de Gordos Anónimos tenía problemas similares con sus padres; cuando pude hablar con ella de esos problemas me sentí mejor. Esta compañera me contó que en la relación con sus padres, el centro de la atención estaba puesto en sus problemas de alimentación y que resultaba muy duro romper esta conexión.

Me di cuenta de que, desde que me había marchado de casa, había pasado la mayor parte del tiempo con mi madre, quejándome de que estaba muy gorda, o de que estaba muy sola, todo esto mientras cocinábamos juntas o íbamos a comer a los restaurantes. Junto con ella echamos pestes contra los malos tiempos, eso me hizo sentir mejor. Mi madre siempre se había sentido necesaria e incluida. Ahora, mi decisión de perder peso la amenazaba y la excluía porque yo no le hablaba sobre el tema." La tarea de Carrie fue comenzar a cimentar la intimidad con su madre sobre otros pilares distintos de la necesidad de contar con un progenitor que controlara su peso y se desesperara con ella por perder el control.

Hacemos que nuestros padres se sientan necesarios cuando nos explayamos acerca de nuestros problemas de control del peso. Si somos bulímicos o anoréxicos, vienen a salvarnos. Pagan las facturas del hospital, del psiquiatra, de la comida, cualquier cosa que nos ayude. Prolongamos la dependencia infantil.

Esto no quiere decir que nuestros padres, consciente o inconscientemente, disfruten con nuestros problemas de alimentación o quieran que estemos enfermos para sentirse necesarios. No existe una sencilla relación de causa y efecto. Sin embargo, la constatación de que nuestros padres necesitan sentirse necesarios y tienen un vacío que sólo nosotros podemos llenar, puede ser una de las muchas motivaciones inconscientes que nos mantienen enredados con la comida, la dieta, las comilonas, las purgas y la sobrealimentación por causas emocionales. La progresión de estos síntomas hasta desembocar en un trastorno de la alimentación, inevitablemente significará que podemos desarrollar problemas físicos y emocionales que enviarán un claro mensaje de nuestras necesidades. Dirá: "Todavía necesito que me protejas; da lo mismo que tenga trece o treinta y cinco años". El mensaje será conmovedor y movilizador, y nuestros padres se harán cargo de nosotros nuevamente porque nos aman mucho.

Utilizar la comida como lo que es: combustible para el cuerpo

Si reconoces que has estado utilizando la comida para satisfacer necesidades a las que has sido incapaz de responder de otra manera y quieres cambiar tu relación con los alimentos —que en última instancia resulta ser fuente de frustraciones— tendrás que trabajar arduamente en tu relación contigo mismo. Los siguientes pasos pueden ayudar:

Reconocer que tienes un problema que eres incapaz de resolver sin ayuda. Abandona tu esperanza de que la próxima dieta será la que resolverá la situación o que mañana dejarás de vomitar. Un trastorno de la alimentación es una adicción. Puede destruir tu vida porque te roba la alegría de la autoestima y la paz interior.

Pedir ayuda. Si tienes un problema de la alimentación, la ayuda concreta no está en un recetario de comidas dietéticas. No está ni en éste ni en ningún otro libro. Todos son guías que pueden aportar un esclarecimiento, pero esto no es curativo en sí mismo. Puedes tener una idea más exacta de cómo influye tu pasado en tu conducta actual, pero tal conocimiento no es lo mismo que actuar. Un trastorno de la alimentación requiere un tratamiento especial. No cometas el error de pensar que por el mero hecho de curar tu depresión, dejar de criticarte, absolverte de culpa o reconciliarte con tus expectativas irreales, pararás mágicamente de comer en exceso o de hacer dieta. Todo esto ayudará. Pero la verdadera acción significará reconocer que tienes un problema y contraer el compromiso de detener conductas que se han hecho habituales. Resultará difícil y frustrante. Necesitarás el apoyo de otros que estén en la misma situación. Los grupos de autoayuda te darán el que necesitas mientras tratas de cambiar.

Cuando sientes esa súbita ansia por comer en forma compulsiva o te descubres obsesionado por la comida, pregúntate qué necesitas realmente. Los trastornos de la alimentación sirven a un propósito en nuestra vida. Cobra conciencia acerca de cuál es ese propósito para ti.

¿Estás furioso? ¿Qué necesitas hacer con ese sentimiento, aparte de comer en exceso? ¿Estás aburrido o intranquilo? ¿Qué puedes hacer para agregar estímulo y aventura en tu vida, aparte de comer?

¿Todavía te rebelas contra las elevadas expectativas de tus padres? ¿Cómo te puedes desprender de ellas y hacer tu propio camino para tu vida?

¿Tu peso acaso es una concha en la que te escondes de las relaciones íntimas? La intimidad infunde miedo, pero es mucho más atractiva que lidiar con la comida y el peso.

Tomar conciencia de tus sentimientos y necesidades te dará una mayor sensación de control sobre tu vida y te proporcionará opciones. Cuando te des cuenta de lo que se oculta detrás de ella, serás capaz de elegir modos de satisfacer tus necesidades distintos a la obsesión por la comida.

Tener cuidado de los codependientes de tu vida. Los codependientes son las personas que se inmiscuyen a tal punto en nuestros problemas de alimentación que, inconscientemente, impiden que consigamos la independencia necesaria para la recuperación. Se hacen cargo de nuestras responsabilidades y tratan de aliviar las consecuencias de nuestras conductas. A menudo son nuestros padres.

Necesitamos adueñarnos de las decisiones acerca de qué comemos. Cuanto más control permitimos que tengan otros, tanto menos tendremos que reconocer que el problema es sólo nuestro.

Si tus padres o algún otro en tu vida es codependiente, necesitan tanta ayuda como tú. Existen grupos de ayuda para ellos. Puedes sugerirles que se unan a alguno de ellos, pero, nuevamente, la responsabilidad de continuar es suya. Debes deslindar la responsabilidad de cada uno. Todos los implicados deberán ser capaces de asumir la suya.

ENGANCHADO DE POR VIDA

"SIEMPRE PUEDES CONTAR CON TUS PADRES."

"Mis padres me enviaban regalos y no quitaban la etiqueta con el precio. No lo admiten, pero es porque quieren que yo sepa cuánto gastan en mí.

"Ya soy demasiado grande para estos juegos. Le pregunté a mi madre: '¿Qué pasa con esas etiquetas? ¿Por qué lo hacen? ¿Qué están tratando de decirme?'

"Me pidió disculpas. Cuando me envió algún regalo después de este incidente, las etiquetas continuaban adheridas pero ella había tachado los números cruzándolos con una raya azul."

RANDY, 44 AÑOS, MECÁNICO

Cuando nos detenemos a considerar nuestro pasado, comenzamos a ver a nuestros padres como seres humanos con necesidades propias que se vieron impulsados a satisfacer. Vemos por qué eran tan importantes nuestros logros para ellos. Alcanzamos una mejor comprensión de las motivaciones que tenían para darnos tanto.

Al mismo tiempo, podemos descubrir que hemos pasado la mayor parte de nuestra vida tratando de ser cualquier cosa que hiciera feliz a nuestros padres. Lo hacíamos porque también los amábamos mucho.

Siempre ha habido algunas fuertes defensas que nos han impedido ver el alcance total de la trampa que nosotros mismos nos tendíamos o darnos cuenta de la verdadera dimensión de la dependencia que mantenemos con nuestros padres. No pensamos sobre estas cosas cuando lo podemos evitar. Aunque nos fastidia y de tanto en tanto nos odiamos por ese motivo, continuamos recurriendo a nuestros padres para obtener "socorro." No tenemos un centavo o queremos un trabajo mejor o nuestro cónyuge espera demasiado de nosotros. Es igual. Sabemos que no deberíamos pedir ayuda a nuestros padres, pero de algún modo, allí estamos, llamando a su puerta.

Habitualmente, ellos están más que dispuestos. Pueden criticarnos, darnos un sermón o humillarnos cuando vamos a pedirles algo, pero nuestros padres siempre nos reciben.

Tal vez nos disguste nuestra dependencia y quizá nos demos cuenta de que podríamos estar mejor si comenzáramos a tratar de conseguir las cosas por nuestros propios medios. Pero el anzuelo es demasiado fuerte.

La generosidad de nuestros padres rara vez termina cuando nos hacemos adultos. No cesa cuando tenemos a nuestros propios hijos. Pero cuando se nos da tanto, resulta todavía más problemático para nosotros. En una etapa en la que sabemos que deberíamos estar plantados sobre nuestros propios pies y recibiendo menos ayuda, nuestros padres nos ofrecen una dotación de "mercancías" que resultan tan seductoras e irresistibles, que no podemos negarnos. Muchos de nosotros no lo hacemos y nos exponemos al peligro de quedar enganchados de por vida.

¿Qué mantiene a los adultos enganchados en relaciones de mutua dependencia con sus padres que, al mismo tiempo, son restrictivas y exigentes? Hay algo más que culpa y responsabilidad en el hecho de estar anclados a nuestros padres. Aquello que nos ata a ellos es la seguridad de que pueden proveernos lo que necesitemos cada vez que haga falta. Algunas veces es la promesa de una asignación vitalicia o de una herencia. Un dinero en metálico o una conexión importante. Éstos son los beneficios adicionales de ser amados en demasía. Cada uno es una bendición y una trampa.

La asignación vitalicia

Cada mes, cuando llega el cheque por el correo, nos sentimos aliviados. Puede cubrir nuestro alquiler o hacer posibles unas vacaciones, ropas y salidas nocturnas que de otro modo no podríamos costear.

Pero el subsidio de por vida asegura la continuación de la infancia. La mayoría de nosotros nos sentimos culpables por este dinero. Ocultamos su procedencia a nuestros amigos. Cuando nos casamos, a veces intentamos que nuestro cónyuge no se entere del hecho de que todavía recibimos dinero de nuestros padres.

Pero parece ridículo decir que no. Nos decimos a nosotros mismos que otras personas, cuando hacen comentarios desagradables acerca de los adultos que aceptan dinero de sus padres, simplemente sienten envidia. Si nuestros padres tienen una posición particularmente desahogada, hacemos un esfuerzo para convencernos de que, de todas maneras, ellos no podrían gastar todo su dinero.

Independientemente de la racionalización que utilicemos, nunca llega el momento de devolverles el dinero. Es difícil decir: "Mira, muchas gracias, pero puedo arreglármelas solo", cuando no estamos tan seguros de poder hacerlo o de no sentirnos incómodos si lo hiciéramos. Somos reacios a quitar la red de seguridad que protege nuestro salto. Tendríamos que cambiar nuestro estilo de vida para hacerlo.

Realmente podríamos hacerlo solos pero quizá con mucha menos comodidad. Habría que contemplar los riesgos que implica devolver ese dinero. De modo que cobramos los cheques y eso poco hace para aumentar nuestra autoestima. Hace aún menos por nuestro sentimiento de ser verdaderamente maduros e independientes de nuestros padres.

La empresa familiar

El título de "vicepresidente" es el más común que otorgan los padres que dan demasiado, poco después de introducir a sus hijos en la empresa familiar. No existe bendición ni al mismo tiempo maldición mayor para nosotros que la que recibimos cuando decidimos seguir los pasos de nuestros padres en la compañía que les pertenece.

Al principio, quizá nos desempeñemos sorprendentemente bien en nuestro trabajo. Puede ser que trabajemos más arduamente que nadie, justamente porque lo que está puesto en juego en la compañía tiene un tremendo peso. Ya sea enorme o irrisorio el aporte que hagamos, siempre resultará sospechoso para nuestros compañeros de trabajo.

Somos muy sensibles cuando alguien alude a que tal vez tengamos alguna ventaja, que no nos ganamos nuestro título. Toda nuestra vida es una fuente de inseguridad. ¿Somos en realidad tan buenos como pensamos? ¿Podríamos haber salido adelante en una actividad diferente, de haberla elegido? Nunca lo sabremos realmente.

Cuando nos encontramos metidos en la empresa de la familia, todas nuestras inseguridades se ven complementadas por el resentimiento. Nos rebelamos y probamos los límites de la paciencia de nuestros padres.

El padre de un hombre tuvo que contratar dos ayudantes, para "socorrer" a su hijo en su nuevo papel de vicepresidente. Éste llegaba tarde y se marchaba temprano. Siempre dejaba las luces encendidas en su oficina, con la esperanza de hacer creer a todos que todavía estaba allí. O se iba a mediodía con la excusa de visitar a algunos clientes, con la seguridad de que su personal no se atrevería a llamar para constatar la verdad. Sus intentos y subterfugios alimentaban los chistes que corrían en la oficina. Las personas a quienes supervisaba lo oían todo el día hablando por teléfono con sus amigos, discutiendo planes para el fin de semana. Observaban sus errores. Tenía a su cargo uno de los departamentos más grandes de la compañía aunque era el que tenía la menor cantidad de trabajo. Su padre no quería que estuviera sobrecargado de trabajo y escaso de personal. Y cualquiera que se quejara de su gestión era rápidamente despedido.

Lo peor era que el hombre conocía perfectamente la situación. Todos los días se sentaba frente a su escritorio sintiéndose un impostor, pero estaba demasiado asustado para tomar las riendas o para utilizar sus habilidades naturales.

Independientemente de que elijamos el ingreso en la empresa de la familia o de que seamos acogidos en ella cuando fracasamos en varios lugares distintos o de que seamos arrastrados a ella contra nuestra voluntad, nos embarcamos en una situación que propicia el control indefinido de nuestra vida por parte de nuestros padres. Fijan nuestro sueldo y definen nuestro nivel de vida. Indirectamente, deciden cuándo podemos comprar un coche nuevo, tomar las vacaciones o hasta tener nuestros propios hijos. Estamos bajo la mayor de las obligaciones, porque ellos nos están dando un medio de vida. A cambio recibimos una ganga que sólo trae problemas.

La herencia

"Por fin, un día estiraré la pata, dice un progenitor dando demasiados suspiros, y vosotros, hijos míos, tendréis medio millón de dólares para repartiros."

¿Qué se podría responder a esto? ¿Y si dijéramos: "Estupendo. Si esto ocurre pronto, quizá pueda tener un Porsche?".

No sabemos qué decir, así que nos quedamos ahí, con un aire inocente en la cara, sintiéndonos como el niño que escucha qué regalo recibirá en Navidad.

Éste debiera ser un tema respetado. Es importante que nuestros padres nos informen sobre su seguro de vida, su cuenta de ahorro y sobre el dinero que han ahorrado en toda su vida, es decir, nuestra herencia.

Lo consideran como una prueba última de su amor. Y es cierto, por supuesto, que nuestros padres tienen que tratar con nosotros sobre su eventual partida, de modo que podamos satisfacer sus deseos.

¿Pero por qué tienen que hacer hincapié en esto? Parecería que la cuestión debe surgir en cada cena de vacaciones, acompañado de morbosos monólogos acerca de los parientes que han pasado a mejor vida y que ya no están con ellos en la mesa.

Cuando nuestra herencia hace su aparición por centésima vez, repetimos: "Vamos, no hables de ese modo. Tú no vas a morir". Otra socorrida respuesta consiste en alguna variación de: "¿Por qué tú y mamá no gastáis el dinero vosotros mismos?".

Y realmente lo sentimos así. Pero esperamos muy interiormente que sean moderados en el caso que decidan gastar algo, así queda una buena cantidad para nosotros. Después de todo, somos humanos.

Puede sonar horrible, pero es lo que sucede con muchos hijos que fueron demasiado amados. La culpa que se siente por pensamientos como éste es formidable. Afortunadamente existe la seguridad de que nadie, especialmente nuestros padres, sabrán nunca lo que pensamos.

No deberíamos sentirnos tan culpables. Nuestros pensamientos son una respuesta obvia a una provocación que no da tregua.

La promesa de una herencia puede alterar nuestra conducta. Como beneficiarios, de pronto podemos tener buenas razones para temer la discusión con nuestros padres o para evitar decirles algo que realmente sentimos acerca de nuestra relación con ellos. Podríamos perder nuestra herencia. Algunos tenemos excelentes razones para aferrarnos a ella, teniendo en cuenta que siempre la hemos considerado como una red de seguridad tendida debajo de nosotros.

Qué dilema. Si la herencia que nos espera en el futuro es grande —es frecuente que los padres que dan demasiado la aseguren privándose a ellos mismos para darnos más a nosotros—, nunca en nuestra vida tendremos que rendir realmente el ciento por ciento de nosotros mismos. Es como tener un dinero en el banco. Nos sentimos frustrados por el aumento que no conseguimos en el trabajo, por el ascenso de nuestro mejor amigo, por las vacaciones carísimas de nuestro vecino, hasta que recordamos: "¿Y qué? Cuando mis padres mueran, yo seré rico".

Nos odiamos por estos pensamientos, pero casi todas las personas que han oído hablar acerca de la eventualidad de una herencia, los tienen alguna vez. Si consideras el tema con más detenimiento, te darás cuenta de que tus padres, mencionando el tema tantas veces, estimularon inconscientemente este tipo de pensamiento.

Cuando finalmente llega la herencia nos ocurre algo interesante. ¿Salimos a gastarla, a recorrer el país como turistas; nos prometemos no volver a trabajar ni un solo día más en nuestra vida? Muy raramente. La colocamos en el banco a un buen interés y sólo usamos la renta producida. El dinero ha pasado a representar la seguridad y el amor de nuestros padres. Los significados sutiles que ellos han introducido en él, hacen que sea difícil utilizar y disfrutar realmente ese capital.

El dinero en metálico

Los padres que dan demasiado a menudo nos ofrecen dinero en metálico para pagar bienes como casas o coches. Nos sentimos felices de recibirlo. Pero a veces lo recibiremos sólo si la casa en que pensamos está en un barrio que ellos consideran aceptable o el coche que hemos elegido es el que piensan que deberíamos tener.

A cambio del pago en metálico o cualquier otra suma importante de dinero que nos ofrecen llegamos a un trato; a menudo tácito, pero igualmente comprometedor. Tal vez, sin darnos cuenta de ello, firmemos un silencioso contrato con nuestros padres que pondrá:

- ✨ nunca nos desafíes
- ✨ nunca te enfades con nosotros
- ✨ nunca nos decepciones ni nos avergüences
- ✨ ven a visitarnos una o dos veces por semana
- ✨ nunca te mudes a otra ciudad
- ✨ nunca hables con extraños sobre los problemas familiares

🐚   nunca nos ocasiones problemas
🐚   hazte cargo de nosotros cuando seamos viejos

La consecuencia es siempre la misma: recibes bastante pero, a cambio, estás bajo el control de tus padres.

La recomendación

Nuestro padre conoce al mejor abogado de la ciudad. Con una llamada telefónica, podría sacarnos de ese contrato tan malo que firmamos.

Nuestra madre conoce a una mujer que es la prima del marido de una de las integrantes de la junta de admisión a la universidad. Una palabra de ella e ingresamos.

Un hombre que justamente es el propietario mayoritario de las acciones de una compañía por la que nos morimos por entrar a trabajar, juega al golf todos los sábados con el mejor amigo de nuestro padre.

Y así por el estilo. Las conexiones de nuestros padres allanan nuestro camino más allá de lo que nos gustaría admitir.

¿Y qué hay de malo en conseguir un poco de ayuda? Todos lo hacen. Muchos están orgullosos de esto. Lo llaman "red de contactos" y comercian con las conexiones como si fueran tarjetas de béisbol. ¿Por qué no podríamos sacar ventaja de las personas que nuestros padres conocen?

A primera vista, todo esto es nuestra buena fortuna. Pero, otra vez, ¿qué ocurre con nuestra confianza en nosotros mismos y nuestra habilidad para abrirnos camino? En realidad nunca aprendemos a tomar iniciativas o a desarrollar nuestros propios contactos cuando podemos contar con los de nuestros padres. Nos encontramos dependiendo de ellos en aspectos de nuestra vida en los que nuestra propia independencia estimularía nuestra autoestima. Podemos ser ciegos continuadores de sus valores y preferencias. El camino que recorremos no es realmente el nuestro porque, cuando lleguemos a una bifurcación, los amigos y las conexiones de papá y mamá determinarán la elección de la dirección que tomaremos.

El exceso de tolerancia fue la pauta con la que nuestros padres nos embaucaron de pequeños. En aquel entonces no éramos responsables de ellos y nuestros padres sólo hacían lo mejor que podían con los recursos que tenían.

Pero ahora somos responsables. Si no abandonamos las expectativas pasivas de que otras personas habrán de conseguir lo que queremos, no podemos comenzar a conseguirlo por nosotros mismos.

No se trata de que nuestros padres nos dan con la expectativa de recibir algo a cambio debido a alguna especial falla o deficiencia de su carácter. La mayoría de las personas, incluso nosotros mismos esperamos algo a cambio de lo que damos y nuestros padres no son una excepción. Tenemos que aprender a mirar la realidad. La idea de que podemos conseguir algo por nada queda tantas veces de lado que debemos hacernos el propósito de abandonarla para siempre. Siempre existe una deuda, aunque sea sutil.

Pero como se trata de nuestros padres, de algún modo nos engañamos pensando que en realidad no les debemos nada. Considero que mis padres compraron una acción de la bolsa sólo porque era una inversión para ellos sin tener en cuenta el hecho de que yo necesitaba desesperadamente una profesión; así llego a la errada conclusión de que no les debo nada.

Bromeamos con nosotros mismos cuando pensamos que nuestros padres nos enviaron este cheque porque les gusta regalar dinero a sus hijos. No esperan nada de mí a cambio. Preferimos ilusionarnos con la idea de que nos dan para hacernos felices y que nuestra felicidad es importante para ellos. Sí, son benevolentes y afectuosos y quizá no quieran nada tangible a cambio. No obstante, existe una deuda, aunque ésta sea sólo que apreciemos lo que nos dan o que finalmente seamos capaces de plantarnos sobre nuestos propios pies. A menudo, la deuda implica delegar nuestra independencia a su afectuoso control. Independientemente de lo que se espere a cambio, antes de hacer el trato, debemos determinar si podremos saldarlo cómodamente.

Entonces, la pregunta acerca de este tema es: ¿cuánta deuda queremos contraer? ¿Cuánta independencia podemos manejar? ¿Cuántos riesgos podemos correr sin angustias? ¿Qué aceptamos de nuestros padres y qué rechazamos porque alientan la dependencia infantil o incluso el autodesprecio?

Cuanto más aceptemos de nuestros padres que dan demasiado, tantas más posibilidades tenemos de quedar enganchados de por vida en un esquema de dependencia mutua. Este esquema es responsable de nuestra autocrítica, nuestra desorientación, nuestras dificultades en las relaciones íntimas y nuestro sentimiento de tener derechos especiales que no son correspondidos. Para muchos de nosotros, es un modo de tratar de que se satisfagan nuestras necesidades que nunca funcionará; un esquema de amor que produce heridas.

Aprender a amar y ser amado de un modo más saludable, significa encontrar un equilibrio entre vivir nuestra vida y amar a nuestros padres. Requiere asumir el riesgo. Requiere renunciar a algunas de las comodidades asociadas con la dependencia. Debemos abandonar expectativas imposibles acerca de nuestros padres, y ellos deben abandonar las que alimentan en relación a nosotros.

Los padres que aman demasiado

LOS PADRES

"QUIZÁ TE AMAMOS DEMASIADO, PERO NO FUIMOS CAPACES DE HACERLO DE OTRO MODO."

¿Cómo es ser un progenitor que ama y da demasiado?

Es típico que un progenitor que ama demasiado se sienta demasiado abrumado cuando el involucrarse de un modo tan agotador sólo le provoca dolor en lugar de satisfacción. Los progenitores que hacen conocer sus opiniones en este capítulo, son perspicaces y agudos en relación a las pautas de conducta presentes en las relaciones con sus hijos. Aunque los detalles difieran de historia a historia, muchos rasgos son comunes:

- excesiva implicación en los acontecimientos de la vida de sus hijos, aunque no cesa cuando éstos se hacen adultos
- deseo obsesivo de ser un "buen progenitor" y de criar "buenos" hijos
- gran ansiedad acerca de los éxitos y fracasos de sus hijos; el sentimiento de que sus hijos son capaces de mucho más
- conciencia de que la constante ansiedad que sienten por sus hijos les roba gran parte de la alegría de ser progenitores

Karen S.: Padres que darían cualquier cosa

"Me crié en un hogar de progenitor único. Mis padres se divorciaron cuando yo era tan pequeño que apenas lo recuerdo. Mi padre nunca pagó los alimentos o cuota alguna, de modo que mi madre tuvo que trabajar todo el tiempo. Todos los días llegaba agotada a casa diciendo: 'Si yo no fuera a trabajar, no tendríais nada para comer ni un techo donde protegeros'. Se quejaba de que nadie se casaría con una mujer con cuatro hijos y decía: '¡Debería daros en adopción a todos!' Era un abuso verbal constante; yo nunca me sentía seguro, ni siquiera un minuto, a pesar del hecho de que me agotaba tratando de complacerla.

"Cuando yo tenía nueve años mi madre me transformó en una persona adulta. Esperaba que fuera cada día derecho a casa después de la escuela. No me permitía que jugara con mis amigas o que las invitara a casa. Tenía que esperar que mis hermanos regresaran, cuidar de que hicieran los deberes de la escuela, preparar la mesa, preparar la cena y hacer el papel de madre.

"Yo quería que mis propios hijos tuvieran una infancia. Decidí que nunca permitiría que tuvieran que preocuparse por cuestiones de dinero. Quería que se sintieran seguros, que no sintieran lo que yo había sentido de niña. Su vida sería maravillosa, libre de preocupaciones.

"Veo que la motivación de todo lo que hice está en mi pasado. Proviene de mi propia privación. Con mis hijos hice todo lo contrario y les di todo; no sólo lo que necesitaban, sino todo lo que quisieron.

"Cuando Scott era pequeño, le compramos un tren eléctrico que ocupó todo el sótano. Costó quinientos dólares aunque él sólo tenía cuatro años. Era apenas un bebé y llevaba ropa importada de Italia. Para su cumpleaños derrochaba contratando servicio de comida y la animación de payasos y músicos. Cuando miro las fotografías de esas fiestas, pienso: '¡Mi Dios! ¡Qué disparate!'.

"Scott tuvo problemas escolares desde el primer día. Bueno, no es exactamente así. A él le encantaba la guardería infantil; allí eran maravillosos, amables y lo mimaban.

Cuando comenzó la primaria, donde había un maestro para treinta niños en lugar de uno para nueve, el hecho de que no le dedicaran mucho tiempo y atención le ocasionó problemas. Cuando tenía cinco años me ocupé de buscarle un terapeuta.

"Cuando comenzaron los problemas hice examinar a Scott inmediatamente. Lo hacía muy a menudo, para estar segura de que él estaba bien, pero esto fue un error. Todo lo que yo hacía indicaba que yo pensaba que algo andaba mal en él, aunque en ese momento no lo sabía

"Contraté a especialistas en lectura, matemáticas, terapeutas y todos los expertos que me parecieron necesarios. Yo no sentía que pudiera ayudarlo en esas cuestiones; siempre pensé que podía comprar el talento de alguien y que esto, de algún modo, se traduciría en ayuda para Scott.

"Tal vez usted piense que yo misma no estaba haciendo gran cosa, con tantos especialistas que pasaban por mi casa para ayudar a Scott, sin embargo, estaba gastando enormes cantidades de tiempo y energía organizando todo esto para él. Me tomaba mucho tiempo llevarlo en coche a sus lecciones, a los terapeutas, a los profesores particulares y estar constantemente a su disposición.

"Pensé que era importante que este niño, mi primer hijo y el primer nieto de mi madre, tuviera todo. Supongo que, como la mayoría de las madres, quería que fuera una estrella y que si estaba recibiendo tanto, no había razón para que no llegara a serlo. Lo miraba y le decía para mis adentros: 'Lo tienes todo; natación, equitación, hermosas vacaciones, profesores particulares, niñeras. Lo menos que puedes hacer es ser un ser humano destacado'.

"Bueno; no lo era. Las cosas no mejoraron en la escuela para Scott. La mayor parte de las veces yo decía a sus maestros que ellos no le entendían y que no estaban haciendo bien su trabajo. Luego, contrataba a otro profesor particular.

"Ahora me doy cuenta de que mis expectativas realmente tenían más que ver conmigo que con Scott. Tenía expectativas irreales conmigo misma: las de ser la madre perfecta que criaría al niño perfecto. Si tú das una y otra vez, terminas ha-ciendo un niño perfecto, pensaba.

"A medida que Scott crecía, sentí que como padres éramos un apoyo muy grande y que estábamos en el buen camino. Después de todo, Scott nunca estaba solo. Sólo tenía que hacer castañeta con los dedos y ya había alguien a su lado. Incluso nunca tuvo que recoger sus juguetes. Mi esposo no soportaba llegar a casa y encontrar el suelo cubierto de juguetes; de modo que yo los recogía cuando Scott era pequeño y cuando creció lo hacía la mucama. Como a mi marido no le gustaba que los niños hicieran ruido en la mesa durante la cena, organicé las cosas para que cuando él llegara a casa, ellos ya hubieran terminado de comer y estuvieran jugando tranquilamente. Siempre estaba tratando de que las cosas fueran lo mejor para los demás.

"Mi esposo y yo nunca hablamos acerca de ser padres o de qué queríamos para nuestros hijos. Nuestro matrimonio no era perfecto. Ni siquiera estoy segura de que él quisiera niños, ya que nunca se involucró en la crianza tanto como yo, y teníamos muchos problemas para comunicarnos. Nunca discutimos sobre nuestros valores y qué queríamos transmitir a nuestros hijos. No fuimos a ningún sitio para llegar a saber cómo ser padres o para hablar con alguien sobre esto. Simplemente pensamos: 'Estamos pasándolo bien y los niños también parecen estar a gusto, así que todo debe estar bien'. Mis días estaban completos. Era una madre ejemplar. Me sentaba a ver la Pequeña Liga bajo la lluvia y también iba a ver a Scott cuando jugaba a los bolos. Todas mis aspiraciones se reducían a hacerle feliz, resolver sus problemas y ayudarlo en sus frustraciones. Pero, a pesar de esto, Scott nunca supo quién era. Nunca adquirió un sentido fuerte del yo. Simplemente aprendió a hacer las cosas.

"Se volvió más caprichoso, odioso y holgazán. Pero en su interior, era muy inseguro; esto nunca pude comprenderlo.

"Después de un tiempo, la única gratificación que obtenía como madre era la de aparecer como un progenitor fabuloso. Estoy segura que así me veía el mundo exterior. Hoy llego a ver el costo de esto. El mes pasado abandonó la cuarta universidad en la que se ha matriculado. Estaba planeando pasar en el sofá el resto del semestre —ya lo ha hecho antes— cuando le pedí que se marchara.

"No ha habido otra cosa que tiempo, esfuerzo y dinero gastado en Scott pero él nunca lo apreció. Ahora tiene veintitrés años y alguien tiene que parar este juego. Quizás esto suene duro pero finalmente tuve que echarle de casa, porque esta situación me está destrozando. Siento que he dado todo lo que tenía. Estoy cansada, agotada.

"No me gusta mi hijo ni lo que ha llegado a ser, ni me gusta en lo que está conviertiéndose. Es una persona con quien no elegiría estar si no fuera mi hijo; un joven que quiere una solución rápida para todo. Fuma, come en exceso, no tiene objetivos, piensa que su padre y yo siempre le cuidaremos. La mayor parte del tiempo tiene una conducta detestable. Tiene expectativas muy irreales en relación a todos; no sólo a nosotros, sino también a sus propios amigos. Scott vive en un mundo de fantasía; al menos, así lo veo yo. El mundo real es duro para él, porque nadie lo tratará como lo hicimos nosotros.

"No fue fácil pedir a Scott que se marchara. En esto, parezco más fuerte de lo que soy. Soy el tipo de madre que lloraba cuando veía a su hijo caminar hasta la puerta del vecino para jugar, cuando apenas era un niñito. Lloraba porque no me necesitaba más. Era tan importante que me necesitara. Pero últimamente he estado recibiendo ayuda. Haber descubierto en terapia quién soy lo está cambiando todo. Ahora, me doy cuenta de que yo también tengo necesidades. Quiero dormir toda la noche sin preocuparme por Scott. No quiero pasar el resto de mi vida facilitándole las cosas, mientras él me trata como a una sirvienta. Soy la primera en advertir a cualquier progenitor que esté a punto de tomar este mismo camino: simplemente no funciona.

"No puedo volver atrás y volver a hacer lo que ya está hecho. Pero aun así, me gustaría que hubiera algún modo de que lo negativo se volviera positivo. Ahora, tengo este hijo —bueno, este adulto— que es detestable y grosero y no sé qué hacer. Hoy día no existe relación profunda alguna entre Scott y yo; esto me produce dolor. Aunque estoy tratando de ser fuerte y de manejar la situación, me gustaría poder ser amiga de mi hijo. Sin embargo, tengo una certeza: tendrá que ser en términos muy diferentes de los que Scott me ofrece ahora."

Hay algo que se destaca vívidamente en la historia de Karen: se trata de toda una vida dedicada a dar a los demás con muy poca reciprocidad. Cuando damos permanentemente, aunque no ayude y produzca una gratificación muy pequeña, debemos prestar más atención a nuestra manera particular de dar y al significado que ésta tiene para nosotros.

Karen es una mujer que no vivió su infancia. Subestimada y herida profundamente por la indiferencia de su madre, llegó a la adultez con un corazón vacío y anhelante.

Karen compensó en exceso sus privaciones infantiles dando demasiado a su hijo. Se suponía que ser una madre perfecta, restañaría sus heridas y compensaría sus fallas y carencias, que esto borraría el dolor del maltrato sufrido en su infancia.

Desgraciadamente, las necesidades de Karen continuaron estando insatisfechas en la vida familiar que ella ayudó a crear en su calidad de progenitor. Esto no fue casual. Karen fue llevada a montar, en su edad adulta, una situación en la que se reproducía la situación familiar de su infancia.

La historia de nuestra familia contribuye al modo en que se desarrolla la vida nuestra y en el tipo de progenitores que llegaremos a ser. Inconscientemente, muchos de nosotros recreamos nuestro pasado, para tener una nueva oportunidad de librar viejas batallas. Cambió la escenografía y los personajes, pero el guión continúa siendo el mismo. Karen no hizo otra cosa que continuar su papel infantil: ser la proveedora generosa y cuidar a los demás, que toman esto como una obligación. Poner sus propias necesidades en último término era cómodo para ella, aunque esto resultara ser una especie de cómoda miseria. La frágil autoestima de Karen, resultado de años de dar y no recibir demasiado a cambio, no inspiraba demasiado respeto a los demás. Ella aceptó el tibio compromiso de su esposo en la vida familiar y reprimió su enfado ante un hombre que no quería la molestia de juguetes en el suelo; o cosas desordenadas e imperfectas para el caso. Aceptó la creciente irresponsabilidad de Scott y su conducta detestable, y dio aún más, con la esperanza de cambiarlo, así como alguna vez había confiado transformar a su madre en una progenitora afectuosa y compasiva.

Por sobre todas las cosas, Karen quería ser una madre perfecta, con el objeto de reforzar su autoestima. No obstante, se sentía muy insegura en su papel de madre de Scott. Como nunca aprendió a confiar en sí misma, estaba permanentemente contratando expertos y ayudantes para que criaran a su hijo y resolvieran los problemas que ella se sentía incapaz de resolver. Basó su propia valía en su habilidad para procurar la ayuda más indicada para Scott, tarea en la que se agotaba. Cuando nada de lo que daba conseguía realmente ayudar a Scott, su autoestima se derrumbó. Pero ésta era un vieja historia para ella; casi esperaba que así ocurriera ya que tampoco nada de lo que había dado en su infancia parecía haber resuelto su situación familiar.

Tendemos a pensar que no podemos fracasar como padres·si damos todo lo que tenemos. ¿Por qué ocurre que todas esas donaciones van a parar a menudo a hijos que no las aprecian y que las agradecen volviéndose intratables, irresponsables y detestables? La respuesta es más compleja que la simple explicación de que les hemos malcriado. Cuando Karen tomó el control de todos los aspectos de la vida de su hijo, éste quedó fuera de control. No tenía experiencia en resolver sus propios problemas ni recursos emocionales para enfrentar la frustración. Cuanto más apoyo emocional conseguía, tanto más necesitado se volvía. Se apoyaba en sus padres hasta el punto de vivir su vida de adulto como un bebé dependiente, un hijo mimado-desvalido. Éste es casi siempre el resultado de dar demasiado. El niño que recibe una avalancha de objetos, servicios y atención, se pregunta: '¿Mis padres pensarán acaso que yo no puedo hacerlo por mí mismo?'; éste es el comienzo de profundos sentimientos de inseguridad.

Frecuentemente, nuestros hijos sienten rencor por nuestro sacrificio de un modo que nos hiere profundamente. No se trata de que sean insensibles. En realidad son muy sensibles. Presienten que hay algún motivo detrás de nuestra generosidad, algún motivo tan inconsciente que nosotros mismos no somos capaces de reconocer inmediatamente. Habitualmente, cuando damos hasta quedar exhaustos, como lo hizo Karen, es porque sentimos que ése es el único modo de que nos acepten los demás o de que quieran relacionarse con nosotros. Si dejamos de dar, nuestros hijos dejarán de amarnos. Nunca podrán aceptarnos por lo que somos, sino por lo que podemos darles. Creemos esto porque tenemos muy poca confianza real en nuestro propio mérito, en nuestro propio yo. En el nivel más profundo, tememos carecer de los rasgos esenciales para ser un buen progenitor. Sin nuestros gestos grandilocuentes de autosacrificio, nuestros hijos, nuestro cónyuge, nuestros vecinos, nuestros padres, percibirán nuestras carencias. No damos a nuestros hijos lo que necesitan para que no vean aquello que pensamos que nos falta. Entonces, centramos nuestra vida en ellos, toleramos su maltrato y continuamos dando.

Debido a que damos permanentemente hasta el punto de quedar agotados y sin recursos, damos la idea de que estamos muy comprometidos, cuando en realidad ocurre lo contrario. No nos hemos arriesgado a ser nosotros mismos con nuestros hijos; no les hemos permitido que vean cómo somos, independientemente de lo que podemos haber dado. No podemos creer que nos amen tal como somos. Continuamos dando, sintiéndonos devastados por la ingratitud de nuestros hijos; sin embargo, nunca nos damos cuenta de que ellos perciben nuestras motivaciones inconscientes: sentirnos necesitados, que nuestras debilidades pasen inadvertidas, dar la imagen de tener un gran sentido de la obligación. Nuestros hijos terminan sintiendo rencor por todo lo que les damos porque perciben que nuestra generosidad no es genuina, que los estamos manipulando.

Nuestra tendencia a amar y dar demasiado es comprensible, porque nuestras expectativas como padres van mucho más allá de los límites de la crianza de nuestros hijos. Si nuestras necesidades no fueran tan compulsivas, dejaríamos de dar cuando viéramos los efectos que esta conducta produce sobre nuestro hijo ya crecido, que no cuenta con recursos para retribuir.

Es vital que comencemos a ver que hay una diferencia entre dar por amor y dar por el deseo de satisfacer las

necesidades de un hijo y compensarlo en exceso para entender a nuestras propias necesidades. En esta última situación
las necesidades no se llegan a satisfacer, ya que nuestros hijos nunca pueden ser la respuesta para toda una vida de penas, problemas y pesares. Ninguna relación puede proporcionar este tipo de solución ya que ésta debe venir desde el
interior de nosotros mismos. Cuando damos demasiado y nos
concentramos excesivamente en la vida y los problemas de
nuestros hijos, creamos una distracción que mantiene nuestra atención lejos de nuestros propios problemas. Permanecemos mirando los logros y las conquistas de nuestros hijos,
con la esperanza de que satisfagan nuestras necesidades más
profundas. A menudo, por amor o por necesidad, les hacemos un magro servicio haciéndonos cargo de sus responsabilidades, cuando conscientemente tratamos de "arreglar" todo
lo que está mal en su vida, cuando les damos aquello que
podrían conseguir por sí mismos, ya que estamos ayudando
a crear personas que no tienen la necesidad de hacerse cargo
de sus propias responsabilidades. Nuestros hijos fracasan en
desarrollar un sentido de autosuficiencia. Aprenden a tener
grandes expectativas de los demás, a poner excusas por su
falta de habilidad en actuar recíprocamente y, de adultos, no
saben qué hacer ni qué decir, insatisfechos de su vida y resentidos porque se sienten con derecho a comenzar desde el
escalón más alto.

Cuando damos demasiado, creamos la antítesis de
nuestro objetivo. Dejamos de dar demasiado sólo cuando un
día nos decidimos, como hizo Karen, a hacer un corte y establecer otras premisas: que nuestro propio bienestar es tan
importante como el de nuestros hijos y que ellos son dueños
de su vida, no nosotros. Nuestros hijos harán bien en soltar
las amarras de su dependencia parental y nosotros, por una
vez, haremos bien en fijar la atención en nosotros mismos.
Podemos elegir hacer una pausa antes de darnos por venci-
dos una vez más y hacernos las siguientes preguntas:

¿Estaré permitiendo que los problemas de mis hijos se
conviertan en una distracción de mi propia pena y culpa?

¿Estoy dando a mis hijos lo que ellos necesitan realmente o lo que yo he resuelto que deberían tener?

¿Tengo miedo de pedir algo a cambio? ¿Me pregunto si lo merezco?

¿Estoy mimando a mis hijos porque obtengo una satisfacción vicaria identificándome con mi hijo? En otras palabras, ¿estoy tratando de gratificarme a mí mismo?

¿Me siento cómodo enseñando a mis hijos a tomar de los demás, en lugar de satisfacerse por sí mismos?

Dan M.: Nivelar la diferencia

"Linda estaba en el jardín de infantes cuando se dio cuenta de que había un problema. No conocía el alfabeto y todos los otros chicos sí. Un día regresó de la escuela llorando por este motivo.

"No sabíamos qué hacer con esta cuestión. Nuestro pediatra nos dijo que los niños maduran a ritmos diferentes y nos advirtió que si nos angustiábamos podíamos empeorar las cosas. Su actitud era la de 'Esperar y ver'. No obstante, nos preocupamos.

"Pasamos horas tratando de enseñar el abecedario a Linda. Finalmente lo consiguió; luego le leímos cuentos y le hacíamos preguntas acerca de ellos. Ella apenas escuchaba e interrumpía para preguntar sobre cosas que no tenían nada que ver con el cuento. Pero, pensamos, ¿qué se puede esperar a los cinco años?

"En junio nos llamaron de la escuela para una entrevista. Querían que Linda repitiera el parvulario. Mi esposa dijo: '¿Qué dicen? ¿Suspendió el examen? ¿Cómo pueden hacer que un niño repita el parvulario?' No podíamos creer que hicieran tal cosa a una niña tan pequeña. No podíamos permitirlo.

"Ese verano, nos mudamos a otro barrio, donde sabíamos que las escuelas eran mejores. No contamos a la maestra de primer grado de Linda los problemas que había tenido en el parvulario, porque teníamos miedo de que la trataran de un modo diferente y nosotros queríamos hacer borrón y cuenta nueva.

"Temíamos a las entrevistas para padres. Sin embargo, durante los dos años siguientes, la única queja fue que Linda se lo pasaba soñando despierta en clase.

"Alguno de nosotros hacía la tarea escolar con ella cada noche, cuidando que la acabara. Era una gran lucha conseguir que prestara atención. Los maestros advirtieron a mi esposa que Linda recibía demasiada ayuda en la casa y que no estaba aprendiendo a hacer las cosas en forma independiente. Pero, en tanto se mantuviera a la misma altura que los otros niños, no nos preocupamos.

"Cuando la maestra de tercer grado nos preguntó si podíamos quedarnos algunos minutos después de la entrevista nocturna, no pensé que hubiera problemas.

"La maestra dijo que Linda tenía problemas del habla y que la habían mandado al consejero escolar para someterla a una prueba. El consejero pensó que Linda podría tener problemas de percepción auditiva. Querían permiso para practicar pruebas psicológicas.

"Yo estaba furioso de que le hubieran hecho esa prueba sin consultarnos. Mi esposa y yo fuimos a la oficina del rector y lo llenamos de improperios, pero él nos dijo que aquél era un procedimiento escolar corriente. Mi esposa trató de calmarme pero yo estaba furioso. No puede imaginar qué se siente cuando alguien dice que el hijo de uno no es normal. Sentí que me desgarraban las entrañas.

"No di mi consentimiento para las pruebas psicológicas. A todo esto, yo había leído mucho sobre niños con problemas de aprendizaje, por lo cual sabía todo sobre pruebas psicológicas; entre otras cosas, que no había nada definitivo en ellas y que mucho quedaba librado a la interpretación. Con una interpretación equivocada, Linda podría ser etiquetada para toda su vida. No estaba dispuesto a confiar el futuro de mi hija a ningún psicólogo escolar.

"Linda realizó las pruebas ese verano, con alguien en quien confiábamos, recomendado por nuestro pediatra. Nos dijo que los problemas de Linda no eran serios, pero que los resultados indicaban una pequeña minusvalía para el aprendizaje. Debido a que ella creía que Linda resultaría beneficiada con alguna ayuda extra en la escuela, abordó el tema de apuntar a Linda en una escuela de educación especial, aunque dijo que no era absolutamente necesario. Cuando percibió nuestro total rechazo por la propuesta, nos aseguró que la escuela no podía forzarnos a que asistiera a clases especiales y eso me hizo sentir mejor.

"Trabajamos con Linda todas las noches. Contratamos profesores particulares. En ese momento, realmente creía que, si nos dedicábamos plenamente, podíamos "arreglar" todo lo que estuviera mal. Pero entonces ella comenzó a tener otros problemas. No podía prestar atención en clase. Hablaba con otros chicos, hacía tonterías, no sé. La castigábamos pero nada cambió.

"Cuando llegó a los grados avanzados de primaria, otras cosas comenzaron a molestarnos. Mi esposa advirtió que no invitaban a Linda a las fiestas. Al principio pensé que ése era el menor de nuestros problemas. Sin embargo, yo quería que creciera como los demás niños.

"Mi esposa le hizo sugerencias como '¿Por qué no invitas a algunas amigas? ¿Y si entraras en 'Las niñas exploradoras'? ¿Si tomaras lecciones de ballet?' Cuanto más hablaba, menos escuchaba Linda. La niña sólo se interesaba por la televisión.

"¿Te imaginas qué es saber que los otros niños no quieren a tu hija? Mi esposa dejaba su trabajo y conducía hasta el patio de la escuela; allí observaba a Linda durante el recreo. Siempre estaba sola o jugando con chicos mucho más pequeños que ella. Mi esposa me llamaba al trabajo, con voz deprimida y el resto de la tarde yo estaba como perdido porque ya no podía pensar en ninguna otra cosa. Me ponía furioso pensar que otros niños trataban a Linda de esa forma. Quería matar a todos los chicos del vecindario por ser tan crueles.

"Un día recibimos una carta por correo certificado informando sobre una 'reunión de junta interdisciplinaria' referida a Linda. ¿Puede creer que le hagan algo semejante a los padres? Para entonces, mi esposa tiraba toda la correspondencia que llegaba de la escuela. Yo sé que esto era bastante infantil, pero sentíamos que teníamos la situación bajo control. No queríamos oír aquello que los profesores de Linda querían decirnos porque era muy frustrante. El correo certificado era el único medio en que podían comunicarse con nosotros.

"No conseguimos que Linda no se enterara de la reunión. Mi esposa estaba histérica, nos gritábamos uno al otro, y en medio de esto todavía tratábamos de decirle a Linda que se trataba de una reunión normal por la que no había de qué preocuparse. ¿A quién estábamos engañando? Linda estaba aterrorizada. Yo quería que ella supiera que yo la protegería y que nada malo le pasaría mientras yo estuviera allí para ayudarla.

"Le contaré cómo es una de estas reuniones. Se entra a un salón donde hay unos diez desconocidos que lo miran fijamente a uno: psicólogos, administrativos, profesores, consejeros. Hasta la enfermera del colegio estaba allí, no sé para qué diablos. ¿Me dirían que Linda tenía alguna enfermedad además de todo lo que ya habían dicho? Sentía rencor por todos ellos. Eran responsables por haber puesto a mi niña en clases numerosas donde no recibía ninguna atención individual.

"Esta vez insistieron en que Linda debía asistir a clases de educación especial porque necesitaba más atención que la que el profesor de clases regulares podía prestarle."

—Ella puede tener la ayuda que necesita —dijo el psicólogo de la escuela.

—¡Todavía no la han ayudado! —repuse.

"Todos se miraron entre sí. Mi esposa me pateó por debajo de la mesa para tratar de detenerme, pero a mí no me importaba. ¿Quiénes eran estas personas para decirme qué era mejor para mi niña? ¿A quién querían engañar, diciéndome que lo mejor para ella era que recibiera educación especial, donde sería estigmatizada para toda la vida? Me puse de pie, dejé el salón y mi esposa no tuvo otra alternativa que seguirme.

"Mantuvimos a Linda alejada de las clases de educación especial; al recordarlo ahora, me doy cuenta de que la tensión estaba teniendo efectos sobre todos nosotros. Estábamos agotados tratando de forzar a Linda para que hiciera su tarea y se organizara para ir a la escuela cada día. Su capacidad de organización era tan deficiente que había momentos en que simplemente quería sacudirla. A veces sentía que estábamos agotados, y ya no me parecía tan descabellado pensar que tal vez necesitara educación especial.

"Linda empezó la escuela secundaria y pensé que ahora teníamos otra oportunidad para comenzar de cero. Pero una vez más llegó una nota para una reunión de junta. Cada uno de los profesores de Linda informó sobre los problemas que tenía: el nivel de atención, inglés, matemáticas. Problemas, siempre problemas.

"También nos marchamos de esta reunión. Pero una de las profesoras de Linda corrió detrás de nosotros por el corredor. Ella misma parecía una niña, tan pequeña y delgada que era, con el pelo largo y los ojos enormes. Traté de seguir caminando sin prestarle atención pero, casi a punto de llorar, me tomó del brazo y me dijo: "Tengo una hermana menor como Linda. Mi padre habría preferido verla muerta antes que en una clase de educación especial. Pero ahora está mucho más feliz. Siente mucha más confianza. ¿Han preguntado alguna vez a Linda qué siente cuando compite con los otros chicos y fracasa una y otra vez? ¿O qué siente cuando los compañeros se ríen de sus errores? ¿Han hablado alguna vez acerca de lo que ella quiere? ¡Pregúntenle! Yo también me intereso por ella. Me doy cuenta de que ella está cambiando. Está más callada, más deprimida y angustiada. Está tan asustada por el fracaso, que ni siquiera quiere seguir intentando. Está abandonando la partida.

"La verdad es que yo también lo había notado. Pero le dije: 'Estoy seguro que no es de su incumbencia. Es nuestra hija, después de todo'.

"Sin embargo, mientras conducía de vuelta a casa, pensé que no había preguntado nada a Linda. Siempre había supuesto que ella no sabría que quería. Era apenas una niñita.

"Esa noche hablé con Linda."

—Quieren que vayas a una clase especial, dos horas cada día. Dicen que recibirás ayuda extra. ¿Tú que piensas?

—Papá, pienso que necesito toda la ayuda que puedas conseguir —me dijo, partiéndome el corazón.

"Linda fue a las clases de educación especial, y yo fui a observar. En mi opinión, los otros chicos parecían una panda de delincuentes. Ese año bajé casi cinco kilos; mi estómago estaba constantemente revuelto. Mi esposa y yo dejamos a la mayoría de nuestros amigos. No podíamos aceptar el juego de las comparaciones acerca de lo bien que les iba a sus hijos, cuando la nuestra tenía tantos problemas.

"Me sentí impotente. Era una paradoja. Toda mi profesión como consultor de "marketing" la había construido sobre mi habilidad para resolver problemas. ¿Por qué no podía resolver el problema que tenía en mi casa?

"Linda se adaptó mejor que nosotros. Vino a casa con un sobresaliente en un trabajo y dijo: '¡Mira, papá!' Miré y pensé: 'No es más que una tonta sopa de letras. ¿Cuándo aprenderá algo en serio?' Mi mayor esperanza era que Linda pasara unos meses en las clases especiales y luego volviera a las regulares. Cuando me dijeron que necesitaría este tipo de ayuda por siempre, llegué al momento más negro de mi vida.

"Mi esposa y yo finalmente fuimos a terapia. Había pasado cerca de un año y apenas podíamos tolerarnos uno al otro ni lo que estaba pasando en la familia. Ya casi no éramos un matrimonio; ya no teníamos vida sexual, nada. Todo lo que hacíamos era tratar de ayudar a Linda y preocuparnos por ella.

"En la primera sesión, el terapeuta nos miró después de escucharnos y dijo: '¿Se sienten responsables por el sufrimiento de su hija no es cierto?' Lo miré como si estuviera loco.

"'Por supuesto que somos responsables, respondí. Somos los padres'.

"Siempre sentí que era responsable, como el hombre de la familia, de resolver todos los problemas. Cuando era niño y pasaba algo malo, mi madre decía: 'Esperen a que llegue papá; todo se arreglará'. Papá era el último recurso y de algún modo siempre sabía qué hacer. Todos lo amaban y yo admiraba su fortaleza. La única imagen que tengo de cómo debe ser un padre la recibí de él.

"No podía resolver los problemas de Linda, a pesar de lo mucho que me esforzaba y eso me tenía completamente mal. El terapeuta me advirtió que tenía que comenzar por aceptar la minusvalía de Linda para el aprendizaje, que nada de lo que yo hiciera la podría quitar. Pensé que ese hombre no tenía idea del significado de ser un padre. Apuesto a que todos sus hijos son unos malcriados.

"Fue duro para mi orgullo, pero, a partir de esto, mi esposa y yo nos unimos al Consejo para Niños Especiales, donde nos enviaron a un grupo de ayuda integrado por otros padres con problemas similares. Concurrí a las reuniones grupales, sobre todo porque pensé que aprendería de los otros padres que atravesaban la misma experiencia, cómo ayudar a Linda a tener éxito en la escuela. Sin embargo, los padres del grupo me aconsejaron que tomara distancia de Linda y de sus problemas en el colegio. Dijeron que debíamos dar un paso atrás y permitir que Linda tuviera más independencia.

"Sentir mi necesidad de controlar la vida de Linda y tomar conciencia del hecho de que esto podría ser perjudicial para ella, fue algo muy duro para mí. Una cosa que he aprendido es que, como padres, no nos damos cuenta de que necesitamos a nuestros hijos para que nos validen y conviertan nuestros sueños en una realidad. Ahora veo que mantuve a Linda apartada de la ayuda que necesitaba porque ante todo necesitaba que ella fuera normal. Si no era normal ¿cómo podía yo ser un buen padre? Había dedicado toda mi energía a hacer lo que pensé que era una ayuda para ella pero, en realidad, estaba tratando desesperadamente de ayudarme a mí mismo.

"Ahora, espero con avidez estas reuniones grupales. Encuentro mucho apoyo y comprensión. No todos los del grupo tienen un niño especial, pero han caído en la trampa de esperar de sus hijos más de lo que es posible. Por primera vez, he aprendido a distinguir entre mis propios sentimientos y los de Linda. Debido a que yo me sentiría estigmatizado si ella concurriera a clases especiales, supuse que Linda sentiría lo mismo. No podía estar más equivocado. Linda simplemente quería sacar adelante su escolaridad, sin importarle cómo. Comencé a darme cuenta de que mi hija era un individuo, que no sentía del mismo modo que yo acerca de todas las cosas.

"Me siento y escucho lo que dicen los otros padres; me doy cuenta de que todos hacemos esto. Todos queremos tanto para nuestros hijos que a veces somos incapaces de verlos con claridad. La minusvalía de Linda no fue lo que nos hizo reaccionar del modo en que lo hicimos. Habríamos reaccionado de la misma manera ante cualquier problema que ella hubiera tenido. No pudimos soportar el hecho de que las cosas no fueran perfectas para nuestra hija. Todos los padres en el grupo pueden ver esto en los demás; esta compulsiva necesidad de proteger a nuestros hijos, no tanto para que estén seguros y cómodos, sino para que nosotros podamos dormir por la noche.

"He aprendido, y esto hace la gran diferencia, a aflojar parte del control que ejercía sobre la vida de Linda. Aunque puedo apoyarla y estimularla, ella no puede cambiar los naipes que le han tocado en la vida. Realmente, yo no puedo resolver sus problemas y aunque pudiera, no sería lo más saludable para ella. Ésta es la lección más difícil de aprender para cualquier padre. Una vez que la aprendes, la totalidad del papel de padre comienza a tener mucho más sentido."

Los padres de Linda enfrentaron una de las experiencias más duras que un padre puede atravesar: aceptar que por razones que van más allá de cualquier explicación su hija no aprendería del modo en que los otros niños aprenden. Cualquier padre que alguna vez haya tenido que escuchar que su hijo nunca funcionará, ya sea en el aspecto físico, el emocional o el intelelctual, del modo en que funcionan los niños "normales", puede identificarse con su dolor y su ira.

Se ha escrito mucho sobre padres desapegados y madres protectoras, que lleva a erróneas conclusiones acerca de que sólo las madres pueden volverse obsesivas en cuanto a la ayuda que deben prestar a sus hijos y al afán de resolver sus problemas. La historia de Dan demuestra que la compulsiva necesidad de "ayudar", guiar, controlar y cambiar a un niño, que está en la base del exceso parental, puede ser el dominio tanto del padre como de la madre.

La necesidad de Dan de proteger y curar a su hija se volvió una obsesión. Los padres como Dan, que tienen hijos con necesidades especiales, pueden arrastrar una enorme carga de culpa. "He engendrado una hija minusválida", era una noción que resultó tan intolerable para Dan, que pasó años defendiéndose rigurosamente de ella. Si permitía a Linda entrar en una clase de educación especial, su minusvalía para el aprendizaje se convertiría en algo innegable, de modo que lo evitó por todos los medios.

La negativa de Dan lo cegó ante un hecho crucial: Linda necesitaba ayuda especial. Todo el amor o el compromiso de los padres no podía cambiar las cosas. Toda su ayuda: hacerle la tarea escolar, pelear con sus profesores, mudarse a otro barrio, en realidad, produjo problemas más serios. Así como existen formas de ayuda que hacen a un niño más fuerte y competente, el modo de ayuda de Dan fomentaba la dependencia y la inseguridad en su hija. Linda tenía la sensación de que ambos padres querían y hasta necesitaban, que ella tuviera grandes logros en la escuela, que iban más allá de su capacidad. Internalizó la ansiedad de sus padres a tal extremo que prefería abandonar, antes que intentar y fracasar. La evitación era su modo de mantener una buena imagen; si nunca lo intentaba, era imposible fracasar.

¿Por qué era tan difícil para Dan aceptar las limitaciones de su hija? Siendo un conquistador de logros, Dan consideró que su hija era una extensión de sí mismo. Los problemas de Linda le hacían sentirse incapaz e inepto. El espectro de su propio padre, el hombre que siempre resolvía los problemas de la familia, lo asediaba y era responsable de la errónea creencia de que todos los problemas de la vida se pueden resolver. Su autoestima se desplomó cuando las dificultades de Linda continuaron, y el exceso de atención que él le dedicó no hizo más que agudizar esas dificultades. Inconscientemente, sus heroicos intentos de mantenerla en las clases regulares apuntaban a satisfacer sus propias necesidades y su esperanzas no realizadas, en vez de dar a Linda lo que ella verdaderamente necesitaba.

Dan entendió que necesitaba ayuda para manejar sus propios sentimientos, que debía olvidarse de conseguir consejo acerca de cómo controlar o mejorar la vida de su hija. Linda no necesitaba la ayuda y el excesivo compromiso de su padre, sino el estímulo para encontrar la manera de ayudarse a sí misma y que su padre aceptara las limitaciones que ella tenía.

Aquellos que somos tan afortunados que no tenemos que enfrentar problemas tan extremos como los de la hija de Dan, también podemos identificarnos con la necesidad de que nuestro hijo tenga logros importantes para destacarse. Todos los padres sienten esta compulsión de inmiscuirse en la vida de sus hijos con el objeto de "ayudar" cuando el camino se vuelve difícil. Pero cuando "ayudar" se transforma en una obsesión, cargamos ansiedad y frustración sobre nuestros hombros. Cuando oímos que nuestros hijos no han cumplido los objetivos, han fracasado, han decepcionado, nos enfermamos de angustia. Si sacan notable en lugar de sobresaliente, si no lo ponen en el equipo o si no pueden entrar en la universidad de nuestra elección, nos sentimos aterrorizados. ¿Qué significa esto? ¿Hemos fracasado como padres? ¿En qué nos hemos equivocado? ¿Qué otra cosa hacer? Sentimos que debemos acometer y arrebatarle la presa de sus manos, aunque se trate de algo insignificante.

No es que seamos ingenuos. Más de uno somos "autoridades" en psicología infantil, ya que hemos leído mucho sobre el tema para "ayudar" a nuestros hijos. Pero es difícil aplicar nuestro conocimiento intelectual a aquello que sentimos tan emotivamente. Luchamos con la certidumbre de que sería más saludable para todos si dejáramos de resolver los problemas de nuestros hijos y les permitiéramos de tanto en tanto que se defendieran por sí mismos. Pero cuando ellos no son felices esta postura parece demasiado cruel, demasiado fría. Ayudaré, pensamos, sólo por esta vez.

La conducta de algunos padres cuando sus hijos están en problemas, hace que la actitud del padre de Linda parezca indiferencia. Existen miles de padres que no pueden comer, dormir o pensar en ninguna otra cosa cuando sus hijos tienen un problema. Se preocupan, reaccionan y toman obsesivamente las riendas de la situación. Persisten en su actitud de dar hasta que se sienten vacíos y con dolor en el alma; peor aun, no pueden descansar hasta que el problema se resuelve.

Este tipo de padre define el "problema" de un modo vago. Puede tratarse de cosas tan dispares como un fracaso escolar importante, una enfermedad, dependencia a alguna droga, depresión, dos kilos de sobrepeso, un dolor de cabeza fuerte o una relación sentimental que se alarga más de lo deseable; en cualquiera de estos casos, la reacción es extrema.

Es frecuente que el problema que consume a estos padres sea que sus hijos no están a la altura de sus expectativas. Creen que conocen mejor que ellos lo que realmente necesitan, aunque estos "niños" ya han alcanzado la adultez. En el peor de los casos, pueden volverse quejosos, pesados con reconvenciones a sus hijos y resentidos porque sus consejos se toman tan a la ligera. Y debido a la intensa responsabilidad que sienten por la vida y los problemas de sus hijos, éstos se sienten casi inexistentes.

En la década de los setenta, los investigadores en dependencia a las drogas y el alcohol, comenzaron a utilizar el término "codependiente" para describir a aquellas personas cuya vida resulta complicada por la cercanía de familiares con problemas de abuso de drogas o alcohol. En su libro *Codependent No More*, Melody Beattie amplía esta definición para incluir a todo aquel que "ha permitido que le afecte la conducta de otra persona y se obsesiona por controlar esa conducta".

Parece obvio que la mayoría de nosotros nos sintamos afectados por la conducta de otras personas, especialmente la de aquellos que amamos. Las personas codependientes, sin embargo, sienten mucho más que una preocupación amorosa o un cálido deseo de ayudar. Permiten que la conducta y los problemas de otra persona se vuelvan su obsesión; por lo tanto, la necesidad de resolverlos controla sus vidas.

Consideremos brevemente los rasgos que Beattie y sus colaboradores han descrito como sintomáticos de codependencia. Las personas codependientes

🐚   anticipan las necesidades de los demás
🐚   se sienten más seguras cuando dan
🐚   se sienten responsables por los pensamientos, acciones, necesidades y destinos de otras personas
🐚   se sientes culpables y angustiadas cuando algún ser querido tiene un problema

🕲 se sienten obligadas a encontrar la solución de los problemas de alguien a quien aman

🕲 rara vez desarrollan intereses propios, mientras que se consumen por los seres queridos

🕲 sitúan sus propias necesidades en último término

🕲 abandonan lo que están haciendo para salvar a alguien que lo necesite

🕲 sienten ira y desconcierto si su ayuda y sugerencias no "curan" el problema

🕲 hacen por otros lo que éstos podrían hacer por sí mismos

🕲 sienten el dolor de otras personas más intensamente que ellas mismas

🕲 hacen poco para tener una vida social propia, de modo de dejar el mayor tiempo posible a disposición de los seres queridos

🕲 niegan realidades dolorosas que afectan a aquellos que ellas aman, aunque estas realidades sean muy obvias para todo el mundo

Los expertos en salud mental están comenzando a descubrir que aquellas relaciones en las que se lucha con el problema de la dependencia al alcohol o las drogas no son las únicas que crean codependencia. Los padres que aman demasiado comparten muchas de las características de la codependencia. Es interesante advertir las similitudes. Los padres que aman demasiado

🕲 se anticipan a las necesidades de sus hijos

🕲 se sienten más seguros cuando dan a sus hijos

🕲 se siente responsables por los pensamientos, acciones, necesidades y el destino de sus hijos

🕲 se sienten culpables y angustiados cuando sus hijos tienen un problema

🕲 se sienten obligados a resolver los problemas de sus hijos

🕲 rara vez desarrollan intereses propios, mientras que se consumen por los de sus hijos

🕲 sitúan sus necesidades en último término

🕲 abandonan lo que están haciendo para salvar a sus hijos

290 LOS PADRES QUE AMAN DEMASIADO

- sienten ira y desconcierto si su ayuda y sugerencias no "curan" los problemas de sus hijos
- hacen por sus hijos lo que éstos podrían hacer por sí mismos
- sienten el sufrimiento de sus hijos más intensamente que ellos mismos
- hacen poco por tener una vida social propia, aunque se entrometen en la vida social, sentimental y marital de sus hijos
- niegan las realidades dolorosas que afectan a sus hijos, aunque estas realidades sean muy obvias para todo el mundo

Queda claro que los padres que aman demasiado son personas muy codependientes. Sus energías están enfocadas sobre la vida y preocupaciones de sus hijos y excluyen casi todo lo demás. Su intromisión en los problemas de sus hijos es intensa y dolorosa. Concretamente, debido a esos problemas pueden sentirse deprimidos, aislados, dejados de lado o enfermos.

Una parte importante del papel de progenitor es estimular la habilidad de nuestros hijos para que evolucionen hacia la independencia y la confianza en sí mismos. Frecuentemente, la codependencia resulta en niños desamparados que nunca parecen reunir los recursos necesarios para resolver sus problemas.

Debemos desarrolar nuestra perspicacia para distinguir los problemas menores de los más importantes, aquellos que realmente requieren nuestra dedicación. Necesitamos entender que muchos problemas se resuelven con el tiempo. Necesitamos convencernos de que nuestros hijos resolverán sus problemas si damos un paso atrás y permitimos que esto ocurra naturalmente y que, de entrometernos, sólo lograremos exacerbar el problema. Tal vez suceda que nuestros hijos no resuelvan rápidamente el problema o que no lo hagan como lo haríamos nosotros, pero el único modo en que podrán llegar a confiar en sí mismos es permitiéndoles que asuman la responsabilidad. Por encima de todo, necesitamos aceptar que algún problema de nuestros hijos, puede responder a razones que no podemos cambiar. Aceptar sus limitaciones sin retorcijones de estómago ni corazones destrozados ni la obsesión de tratar de cambiar aquello que no se puede cambiar, es tan vital para su bienestar como para el nuestro.

Sheila K.: La madre que trabaja

"Cuando Karl y yo decidimos tener nuestro primer hijo, no pensé tanto en cambiar mi vida como en reorganizarla. Yo sabía que continuaría trabajando. Acababa de hacerme cargo de un nuevo puesto en la promoción de acontecimientos especiales, cuando descubrí que estaba embarazada. La idea de retirarme de la profesión —de perder el ímpetu que me había llevado años conseguir—, era algo impensable. No era una cuestión de dinero. Con el sueldo de Karl nos habríamos arreglado bien.

"¿Era egoísta? Quizá. Mi trabajo nunca ha sido lo ideal para equilibrar profesión y vida familiar. Hay mucho estrés; en aquellos días llegaba a casa agotada. Ahora miro a los hombres y mujeres más jóvenes que trabajan para mí, solteros sin ninguna responsabilidad real, y los envidio. Sin embargo, pienso que Karl y yo hemos hecho un buen trabajo con Barb y Todd. O al menos así era hasta hace muy poco.

"Es extraño pero, cuando estoy en el trabajo, miro las fotografías de Todd y Barb que tengo sobre mi escritorio, pienso en ellos y el sentimiento que me embarga es casi romántico. No puedo esperar a llegar a casa para estar con ellos.

"¿Qué termina ocurriendo? Apenas entro, todos comenzamos a pelear. No han hecho los deberes, la música está a todo volumen, Barb ha estado hablando por teléfono durante dos horas, y yo pierdo la paciencia con ambos.

"La cosa más insignificante nos saca de quicio. Si le pregunto a Todd sobre su nota en la prueba de matemáticas o cómo le fue en su clase de informática, me contesta: '¡Ya empezamos!'. Como se siente vigilado, para él una simple pregunta es un interrogatorio.

"Barb y yo hemos estado discutiendo durante un mes porque yo quiero que ella tome un curso de repaso esta primavera para prepararse para el examen de ingreso al curso de ATS. Ella no quiere dedicar dos noches por semana al repaso, aunque el año pasado no tuvo problema para hacerlo cuando quiso tener su permiso de conducción.

"No consigo que haga nada que ella no quiere hacer. Aun así, no puedo entender por qué no quiere aprovechar una oportunidad para prepararse para un examen que podría significar una gran diferencia en su vida futura.

"No puedo hacer que mis hijos vean la importancia que tienen para ellos estos años de estudio. No espero que sean unos eruditos ni quiero ejercer demasiada presión sobre ellos, sólo deseo que se preparen para tener una profesión en la vida.

"Mi madre dice: 'No puedes dirigir a tus hijos del mismo modo en que diriges a las personas que trabajan para ti'. Es duro. Me pregunto, ¿cuándo debe uno insistir y cuándo debe dejar que las cosas sigan su curso y confiar en que los hijos harán las elecciones correctas? ¿Cómo parar esa constante preocupación? A veces tengo ganas de sacudirlos y decirles: '¡Escúchame! Tú piensas que tienes respuesta para todo, pero yo ya he pasado por ahí. Yo tengo esa respuesta'.

"Amo a Barb y Todd más de lo que puedo decirles. Me duele que no hagamos otra cosa que estar a los gritos. Sabía que estos años serían difíciles, pero nunca hasta tal punto. Barb y Todd se llevan mucho mejor con su padre; a veces estoy casi celosa. Corren cuando lo ven y le confían sus cosas pero, si yo les hago alguna pregunta, me dicen que quiero entrometerme en sus asuntos. Karl se encoge de hombros y dice: 'Te preocupas demasiado. Déjalos a su aire; son buenos muchachos'.

"A veces me pregunto si les he dado lo suficiente. Pienso que toda mujer que trabaja y se interesa por su profesión se pregunta en algún momento qué puede provocar esta reacción en sus hijos. Has tomado todos los recaudos para que tengan todo lo necesario, pero continúas preocupándote por la elección que has hecho.

"Mi madre me recordó todas las horas que Barb y Todd habían pasado con niñeras y en programas escolares fuera de horario cuando eran pequeños. Ella solía decir: 'Los niños criados por niñeras desarrollan el cociente intelectual de la niñera'. Eso me tocó de verdad, porque nada es tan importante para mí como la educación de mis hijos. Durante años me he interesado por sus escuelas y profesores y sé que no tengo por qué preocuparme en cuanto a su inteligencia. Ambos son muy brillantes. Pero me preocupa que elijan siempre la salida más fácil para cualquier cosa. Es una actitud que tiene nada que ver conmigo. A mí me habría encantado tener la oportunidad de seguir los cursos más avanzados en la escuela secundaria, pero mis hijos prefieren las clases más fáciles y los profesores menos exigentes. Yo habría ido a las clases de verano, si eso hubiera significado que podía seguir los cursos que necesitaba para entrar en una universidad mejor. Barb y Todd piensan: '¿Para qué molestarse?' No entienden la importancia de tener tn lugar en el mundo actual. Lo tienen todo y nunca se dieron cuenta de cuánto cuesta conseguir todas esas cosas que ellos toman con toda naturalidad.

"Me despierto a las cinco de la mañana en medio de una discusión mental con ellos y pienso: '¿Por qué diablos tiene que ser tan importante esto?' Debería estar satisfecha de que a mis hijos les vaya bien en la escuela, de que no sean adictos a las drogas, de que no sufran ninguno de los cientos de problemas que tienen los muchachos hoy en día. ¿Por qué quiero más? Debería tranquilizarme y permitirles que sean lo que ellos quieren ser.

"Pero la verdad, no creo en eso. ¿Qué padres pueden renunciar a lo mejor para sus hijos?"

Quizá no exista una situación más importante que la del estrés para inducir a los padres bien intencionados a transformarse en padres que aman demasiado. Si se agrega culpa y elevadas expectativas a la relación, se tienen todos los ingredientes del exceso parental.

Sheila, que nunca había elaborado de verdad su culpa por las horas y energía que había dedicado a su profesión, convirtió su creciente ansiedad acerca de su elección en una irracional angustia por sus hijos. Trató de poner en juego todo su caudal maternal en las tres horas que pasaba con ellos durante la tarde. Todd y Barbara reaccionaron con fuerza ante lo que sintieron un ansioso interrogatorio nocturno realizado por una madre tan estresada que perdía la paciencia y la perspectiva con facilidad.

Es difícil mantenerse firme y sintonizar en las necesidades de un niño cuando sufrimos tremendas presiones. El estrés nos hace sentir descontrolados. A veces compensamos en exceso esta situación, tratando de controlar a los demás. Sheila peleó y discutió con Barb y Todd en parte para aliviar su propia ansiedad. Sin proponérselo, montó un conflicto de poder que comenzó a alimentarse a sí mismo. El control invita a la resistencia. Cuanto más resistían Barb y Todd, tanto más impotente se sentía Sheila y mayor era su necesidad de ejercer el control sobre lo elegido por aquéllos.

Muchos padres que están profundamente comprometidos con su profesión, encuentran difícil separar el trabajo de la vida familiar al final de la jornada. Esto puede ser especialmente difícil si tenemos una posición de poder en el trabajo, en la que nos hemos acostumbrado a dirigir a los demás. Como en el comentario jocoso de un presidente de empresa: "Después de media hora en casa con mis hijos, quiero correr de regreso a mi oficina; allí nadie me dice que no y todos hacen lo que yo pido".

Los padres que desean el mismo control sobre sus hijos que el que pueden ejercer en el trabajo corren el riesgo de frustrar la independencia de sus hijos o de crear resistencia pasiva o activa. Las demandas perfeccionistas para obtener un rendimiento cada vez más alto, pueden ser abrumadoras para los niños y los pueden llevar a esta conclusión: "Nunca seré lo suficientemente bueno para satisfacer a mis padres, así que, ¿para qué molestarme?".

Esto no significa que de por sí sea nocivo motivar y estimular a los niños para que alcancen logros. El problema aparece cuando nunca estamos satisfechos. Sheila, por ejemplo, admite que ella rara vez estaba satisfecha con los logros de sus hijos, aunque tenía motivos para estarlo, porque sentía que eran capaces de mucho más. No sentirse nunca satisfecho e intentar permanentemente realizar un cambio en la vida de la otra persona, es la piedra angular del amor excesivo.

Cuando estamos guiados por el afán de conseguir logros como lo estaba Sheila y nos sentimos frustrados porque nuestros hijos no parecen estar imbuidos por el mismo empuje, debemos considerar un número de cosas. Primero: ¿es posible que desde algún punto de nuestro pasado oigamos la voz de un progenitor chillón y en exceso exigente que nunca estuvo satisfecho con nosotros? (Preste el lector un poco más de atención a los comentarios de Sheila sobre su madre y podrá oír esta voz chillona). ¿Continuamos reaccionando ante ella y nos sentimos incapaces? ¿Repetimos inconscientemente la misma actitud con nuestros hijos, preocupados acaso por el hecho de que son un reflejo de nosotros?

¿Qué significan para nosotros los logros de nuestros hijos? ¿Sólo queremos que ganen seguridad por medio de un sentido de realización? ¿O necesitamos que tengan un éxito extraordinario, para poder responder a esa voz del pasado: "Mira, después de todo era bastante buena. ¡Mira el increíble hijo que he criado!"?

A veces sobrestimamos a nuestros hijos por nuestra propia necesidad de vernos bien reflejados. Cuando fracasan, sentimos que se debe a que el mundo los ha juzgado mal y los ha maltratado. Cuando las debilidades de nuestros hijos se hacen más patentes y ya no podemos culpar al mundo, redoblamos nuestros esfuerzos y tratamos de cambiarlos para que se acerquen a que lo sentimos que es su potencial.

¿Cuánto de lo que nos hacemos cargo es verdadera responsabilidad parental? ¿En qué momento nuestra ayuda se convierte en un modo de satisfacer nuestra propia necesidad de tener un hijo perfecto que refleje nuestra pretendida gloria, incremente nuestra autoestima y confirme que somos buenos padres?

Existe un enorme precio que pagamos por todo esto. Cuando vemos a nuestros hijos como extensiones de nosotros mismos, creemos que podemos ejercer control sobre todo lo que les ocurre. Como eso no es posible, terminamos sintiéndonos constantemente descontrolados. La preocupación y la obsesión no nos dan una base firme para ayudar cuando realmente es necesario. Atrapados en la red de la ansiedad, a veces transformamos los problemas pequeños en grandes y conseguimos que los grandes empeoren.

Nuestras exigencias perfeccionistas, nuestra angustia, nuestra intromisión en sus problemas, generan niños que sólo encuentran la seguridad en sus logros. Cuando vemos a nuestros hijos como extensiones de nosotros mismos y tratamos de modelarlos según la imagen de nuestras más elevadas expectativas, ellos son llevados a ver en sí una especie de imagen de seudograndeza que luego desemboca en dolorosos sentimientos de inutilidad, cada vez que no alcanzan lo esperado.

Sheila estaba en lo cierto cuando comenzó a preguntarse: "¿Por qué es tan importante esto para mí"? Ésta es una pregunta crítica. Cuando nos sentimos inclinados a cambiar a nuestros hijos y a "ayudarlos" para que se conviertan en lo que creemos que es lo mejor para ellos, debemos considerar objetivamente si nuestras expectativas con respecto a ellos son realistas. Debemos ser cautos porque estas expectativas alimentan una sensación de fracaso.

¿Cómo sabemos si nuestras expectativas están reñidas con la realidad? Si bien esta pregunta es difícil de responder, existen algunos parámetros para determinar si las expectativas que tenemos de los niños son saludables o no:

🐚   Las expectativas saludables se concentran en desarrollar las cualidades internas del niño, su verdadero yo. Las expectativas no saludables destacan la buena imagen y el complacer a la gente.

🐚   Las expectativas saludables son flexibles. Toman en cuenta cómo se siente el niño en cada momento. Las no saludables son rígidas. Intentan encajar al niño dentro de una imagen preconcebida que establece cómo debería ser.

🐚   Las expectativas saludables son realistas. Hacen que el éxito sea posible, ya que toman en cuenta las limitaciones del niño. Las no saludables empujan al niño más allá de sus límites hacia objetivos perfeccionistas.

🐾 Las expectativas saludables están motivadas por el amor. Las no saludables están motivadas por la necesidad de control.

🐾 Las expectativas saludables estimulan el sentido de autoestima y de capacidad del niño. Las no saludables en realidad están orientadas hacia el incremento de la autoestima de los padres.

¿Qué ocurre si después de hacer una evaluación de nuestras expectativas, concluimos que somos realistas y que nuestros hijos están actuando en forma destructiva? Es el momento en que debemos preguntarnos: "¿Por qué se resisten mis hijos? ¿Qué es lo que necesitan tan denodadamente que sabotean su propio futuro para obtenerlo?". Estas necesidades rara vez son materiales. Más frecuentemente, son necesidades de comprensión dentro de ciertos límites, de aceptación sin juicios agrios y de tener la posibilidad de asumir un nivel de responsabilidad personal.

Cuando nuestros niños fracasan en satisfacer nuestras expectativas, lo decisivo es pensar menos en nuestro "fracaso" como padres y más sobre los puntos de vista de nuestros hijos. Si comenzamos a discriminar sus necesidades de las nuestras y tratamos de comprenderlos verdaderamente como personas separadas de nosotros, habremos tomado el camino correcto para ayudarles y guiarles.

Kathy M.: La supermadre

"Yo podría ser acusada de cosas peores en mi vida que de amar demasiado a mis hijos. A todos se nos trastorna un poco el mundo cuando nuestro hijo está sufriendo. Todos nos involucramos intensamente. Racionalmente, sé que si dejo que mis hijos sean independientes y tomen sus propias decisiones —buenas o malas— y cometan sus propios errores en su vida, las cosas andarán bien. Pero quiero ser honesta. Realmente, las cosas no andan bien. Sé qué es lo correcto. Pero ahora estoy hablando de la realidad; no digo cuál es la respuesta correcta.

"Cuando era niña, si me hubiera ocurrido algo como lo que le pasó a mi hija Nanci, al día siguiente, mi madre habría ignorado todo el asunto y no me habría dicho ni una palabra. Pero, cuando Nanci está sufriendo, yo quiero ayudarla.

"Esa noche, cuando llegó a casa, actuaba de un modo un poco gracioso. Al principio no pensé nada sobre esto, hasta la cena; no comía y parecía deprimida.

"Se fue a su cuarto a hacer sus deberes y no pude evitarlo: tuve que llamar a la madre que había traído a Nanci y a sus amigas a casa después de la escuela para saber si había ocurrido algo.

"La mujer levantó el receptor y dijo inmediatamente: '¿Tu hija está perturbada? ¡Fue horrible!'

"Supe que en el viaje a casa, las amigas de Nanci habían conversado sobre una fiesta planeada para la noche del sábado y que no la habían invitado. Las niñas lo sabían, pero hablaron sobre el tema y la diversión que tendrían esa noche, todo en las mismas narices de Nanci. Ella estaba allí, sentada, simulando que no le importaba."

—Yo estaba devastada. Me sentía descompuesta; la habían humillado.

—¿No pudiste hacer algo? —pregunté a la mujer. Sin embargo, sé cómo es. ¿Qué podría haber hecho?

"Debería haber dejado que todo el asunto cediera o esperar a que Nanci viniera a contarme. ¿Por qué me metí de todas maneras? Me doy cuenta de que Nanci debe aprender a resolver sus propios problemas con sus amigas. Pero al mismo tiempo, éste es el tipo de situación que nunca pude ignorar.

"Es extraño cómo te tragas tu orgullo tan fácilmente cuando se trata de tus hijos. Si alguien no me invita a algún lugar, digo: 'Al diablo con ellos'. Pero si es mi hija, encerrada en su dormitorio y sintiéndose miserable a causa de unos mocosos maleducados del vecindario, no puedo soportarlo. Me siento pronta para entrar en batalla. Sabía que probablemente fuera un error, pero esa misma noche llamé a la madre de la chica que no había invitado a Nanci a su fiesta.

"Esta mujer es encantadora. Entendió todo. Tuvo una charla con su hija y, alrededor de las 10 de la noche, la niña llamó a Nanci, sólo para charlar, pero esto le hizo realmente bien. Nanci se fue a dormir más tranquila.

"Cuando las chicas ya estaban dormidas sonó el teléfono; era nuevamente la madre de la niña. Repitió todo lo que su hija le había dicho: 'Nanci siempre tiene que salirse con la suya. Actúa como si supiera todo, y eso crea problemas'. Después de oír esto yo no pude dormir bien.

"Mi hija tenía ese convencimiento de tener la razón que yo misma había notado muchas veces. En la mañana siguiente, tuve una charla con ella mientras desayunábamos. Le dije que no quería que cambiara su forma de ser, pero que no siempre podía tener la última palabra. Me di cuenta de que herí sus sentimientos y de que ella no entendía realmente de qué le estaba hablando. Había olvidado todo lo ocurrido la noche anterior. Para ella el asunto no tenía mayor importancia.

"¿Pero qué más podía hacer? No quería que Nanci fuera excluida de su círculo. El involucrarme en cosas de este tipo a veces ha sido muy perjudicial. Esa niña podría haber ido a la escuela el día siguiente y contado a toda la clase que yo había llamado a su mamá. Y yo podría haber causado un desastre."

Es interesante constatar el sostén que podemos encontrar en otros padres, totalmente preocupados por los avatares de nuestros hijos. Aquí tenemos un equipo completo de madres que aman demasiado, recalentando las líneas telefónicas para orquestar las vidas sociales de sus hijas. ¿Por qué? Porque aman a sus hijas, quieren el mundo para ellas y llegarían a cualquier extremo por ayudarlas y protegerlas.

Kathy se sentía herida cuando herían a sus hijos. Sentía empatía, comprensión, simpatía y percibía el dolor de su hija. Había poca separación entre lo que sentía su hija (o lo que Kathy suponía que ella sentía) y lo que Kathy misma sentía. Una falta de separación de lo que sienten nuestros hijos y lo que sentimos nosotros es una parte tan decisiva de nuestro amor excesivo que rara vez percibimos algo extraño en eso, hasta el momento en que el dolor por la vida de nuestros hijos es tan grande que ya no podemos soportar más.

Kathy se preocupaba porque el excesivo celo puesto en la vida de sus hijos era perjudicial. Quizá su llamada telefónica a otra madre o la sutil manipulación que utilizó para "comprar" la amistad de su hija, no produjera un daño real. Pero su necesidad de actuar, de controlar, de resolver este pequeño problema, es una prueba de la desesperación que le asalta cuando su hijo es amenazado. Es esta reacción desesperada, si no caótica, ante los problemas de nuestros hijos, la que frecuentemente se vuelve perjudicial. Ayudar se convierte en una obsesión. Con estos dolorosos retortijones de la mente y del estómago producidos por los problemas de nuestros hijos, perdemos nuestra habilidad para pensar claramente o para actuar en el mejor interés de ellos. La angustia es tan intensa que en un estado de torbellino emocional sentimos que debemos hacer algo —cualquier cosa— rápidamente.

Es raro que en semejante estado podamos solucionar algo. Son necesarias cierta distancia y separación para mirar hacia atrás y pensar, en vez de reaccionar con rapidez y hacer lo primero que nos dicte el corazón con la esperanza de ayudar a nuestros hijos.

Si Kathy hubiera podido mirar atrás y considerar la penosa experiencia de Nanci con sus amigas, podría haberse dado cuenta de que salvando constantemente a Nanci, estaba dando pábulo a su actitud de "sabihonda", es decir, la raíz del problema. Esta actitud de su hija era en realidad el comienzo de un sentimiento de merecer derechos especiales; la creencia de que tenía derecho a una especial atención, deferencia, privilegios y consideración de parte de los demás. Es el primer efecto de la experiencia infantil de haber sido consentido por padres que están obsesionados por ayudar a sus hijos en el manejo de su vida.

Involucrarse en exceso tiene que ver con la posibilidad de controlar. Cuando nuestros hijos actúan a nuestro estilo, nos sentimos triunfantes y poderosos. Nos volvemos adictos a la "reparación" que nos dan cuando nos permiten resolver sus problemas y controlar los sucesos de su vida, porque nos sentimos totalmente poderosos y necesarios. El problema es que nos volvemos completamente dependientes de ellos para poder prolongar este maravilloso sentimiento de control e importancia. Nos volvemos "adictos" al vértigo que produce el hecho de que nos necesiten y no podemos dejarlos en paz porque nos hemos vuelto dependientes de ellos para que de este modo nos confirmen.

Si piensa que puede estar involucrado en exceso en la vida de sus hijos, formúlese las siguientes preguntas:

¿Me vuelco demasiado sobre mi hijo para tener compañía? ¿Tengo miedo de dejarle hacer su vida y a la soledad porque temo enfrentar el nido vacío, un matrimonio vacío, una vida vacía?

¿Puedo adherir a la idea de que todas las personas, incluso mis hijos, en última instancia son responsables de sí mismos una vez que han crecido, y que yo en verdad no puedo resolver problemas que no son los míos?

William T.: Los padres que aman en un infierno viviente

"Ahora que Billy está de acuerdo en ir a ver a un terapeuta, es un alivio. Este último año ha sido un infierno viviente para nosotros.

"Cuando recibí por segunda vez la llamada del oficial para jóvenes desde la comisaría tuve la tentación de decirle: 'Deje que se quede allí'. Se me han agotado las soluciones. ¿Pero cómo puedes dar la espalda a tu propio hijo?

"La primera vez que Billy fue a la comisaría, fue cuando él y sus amigos fueron detenidos por exceso de velocidad y el oficial encontró botellas de cerveza abiertas en el coche. Rick, el conductor, estaba borracho.

"Yo sabía que Billy y sus amigos bebían cerveza los fines de semana. Tendría que estar muy ciego como padre moderno, para no saber que eso es precisamente lo que hacen los muchachos. Yo mismo no fui un chico perfecto y lo admito sin problemas ante Billy. Crecí en los sesenta y corría la droga por todas partes; supongo que probé la mayoría de ellas. No quiero ser hipócrita. Trato de entender a Billy y ponerme en su lugar. Pero no puedo creer que sea tan imbécil como para andar por ahí excediendo la velocidad permitida, con bebidas alcohólicas abiertas en el coche, después del toque de queda.

"Billy nunca fue un niño fácil. Mi esposa dice que él le está arruinando la vida. Siempre tiene que estar encima de él por una cosa o por otra. Especialmente por el colegio. Billy no va a clase y recibimos llamadas cada día por eso. Quiere dejar la escuela y conseguir un trabajo. Nosotros no se lo permitimos, aunque tengamos que arrastrarlo todas las mañanas fuera de la cama. Es obcecado. He escrito tantas notas justificando sus llegadas tarde a la escuela por mil motivos distintos... Yo sé que está mal, pero en la escuela secundaria de hoy, suspenden a los muchachos por llegar tarde sin justificación. ¿Qué se supone que debemos hacer? Queremos que se gradúe.

"Hay momentos en los que quisiera huir de todo esto. Miro mi vida y parece que he tenido bastante infelicidad. He pensado dejar a mi esposa muchas veces. Me pregunto si algún día moriré sin haber sabido qué significa amar, ser amado y ser feliz. Pero nunca pude dejarla con Billy y todos sus problemas. Me he resignado a continuar hasta que Billy tenga dieciocho años.

"Después que se accidentó con el coche, le prohibimos que lo usara durante dos semanas. Tratamos de hablarle para que viera a un terapeuta, pero él no quiere ir de ningún modo.

"La semana pasada recibimos la segunda llamada. Esta vez era Billy en el teléfono. 'Papá, estoy preso. Necesito que vengas y me saques'.

"Esta vez, Billy, Rick y otros muchachos habían robado en la escuela. Habían pillado a Billy cuando salía por la puerta trasera; llevaba una computadora. Los otros chavales pudieron escapar.

"Mi primer pensamiento fue imaginar que Billy era el que transportaba las cosas. Era típico de él ser el imbécil que permitía al resto tener las manos libres y poder escapar. Sus primeras palabras en el coche cuando íbamos para casa fueron: 'Conseguirás un buen abogado ¿No es cierto?' Llegamos a casa y mi mujer estaba histérica. Nadie durmió esa noche. Finalmente, a la mañana siguiente, Billy accedió a ver a un terapeuta.

"No sé. Quizá todavía pueda salir algo bueno de todo esto. Aun después de lo ocurrido, todavía creo que Billy es un buen muchacho. Ni siquiera creo que quiera estar envuelto en estas cosas. Se me ocurre que quiere tanto ser aceptado por los demás, que pierde la perspectiva de las cosas.

"Ya no estoy seguro de cómo debo enfrentar a Billy y sus problemas. Quizás he sido un desastre como padre. ¿Pero cómo puede ser? Le he dado todo. Quiera Dios que ésta sólo sea una etapa que esté atravesando, que pueda avanzar y volver a ser el chaval que era antes de que sucediera esto."

Aquí aparecen, nuevamente, los temas de la codependencia y la falta de separación y sus resultados. Unos de los mitos de la paternidad es que si somos buenos padres, estaríamos dispuestos a destruirnos si eso pudiera ayudar a nuestros hijos. "Si alguien estuviera apuntando a la cabeza de uno de mis hijos, yo me interpondría" es una de las afirmaciones de muchos padres que se ha convertido en un tópico.

Pero rara vez se hace necesario defender a nuestros hijos de algo tan extremo como un arma de fuego. Más a menudo, debemos defender a nuestros hijos de los efectos de su propia conducta destructiva.

Todas las conductas tienen consecuencias. Éstas son herramientas que nos dejan una lección. Si su padre lo hubiera permitido, Billy —que faltaba a la escuela y robaba en edificios— podría haber aprendido algo de las consecuencias de su conducta. Sin embargo, para aquél sólo pensar que su hijo pasara una noche en una celda o que tuviera que enfrentar un juicio sin contar con el mejor abogado era equivalente a ser negligente con su hijo y no podía permitírselo.

En este momento, muchos padres se levantarán para apoyar al padre de Billy, diciendo que medidas crueles y desalmadas como permitir que un muchacho pase una noche en la comisaría o confiar en un abogado de oficio sólo empeoraría las cosas, y que Billy necesita ayuda y más amor y comprensión. Hasta que uno no conoce a padres que han hecho todo lo que estaba a su alcance, incluyendo gastar miles de dólares tratando de curar los problemas de sus hijos delincuentes, esta ilusión continúa siendo firme y peligrosa.

Cuando nuestros hijos tienen problemas con la ley, las drogas o el alcohol, nuestra conducta sigue una pauta predecible. Primeramente negamos el problema, como lo hizo el padre de Billy cuando espontáneamente acusó a los amigos de su hijo e imaginó que éste era impotente ante la influencia de aquéllos. Su negativa estuvo alimentada ante todo por una necesidad inconsciente de justificar la conducta de su propia adolescencia (bebida, uso de drogas y otras cosas peores) siendo comprensivo y aceptando una conducta similar en Billy.

Cuando ya no podemos negar el problema, aceptamos que existe. Con demasiada frecuencia, nuestra aceptación está adornada con justificaciones y racionalizaciones.

Llegados a este punto, muchos padres procuran la ayuda de otros progenitores que han enfrentado antes esta situación, tratando de aprender a manejar de un modo más eficaz el problema; sin embargo, los padres que aman demasiado toman una postura distinta. Su culpa es enorme. Ejercen todo su control e intervienen directamente en el problema. Es lo único que atinan a pensar. Se sienten obligados a resolverlo. Sufren. Nada parece demasiado difícil de hacer si eso ayuda a sus hijos. Comienzan por hacerse cargo de las responsabilidades de ellos y los apartan de las consecuencias de su conducta. Los rescatan una y otra vez, amándolos y perdonándolos, aunque hagan lo imperdonable. En el fondo de todo esto está la creencia de que si tratan con suficiente ahínco, pueden conseguir que sus hijos se comporten como ellos piensan que deben hacerlo, simplemente porque quieren que así sea.

Es un camino difícil de tomar, pero estos padres realmente obtienen alguna gratificación de la enorme cuota de autosacrificio que exige la convivencia con una persona autodestructiva. Vienen a la mente las escenas de viejas películas sobre el incomprendido y joven acusado en la sala del tribunal con sus llorosos padres sentados en primera fila, brindando todo su amor y apoyo, sin importarles lo que haya hecho. ¿No es eso acaso ser un progenitor?

En la vida real las cosas no son tan románticas. Damos todo nuestro amor y apoyo, pero eso no cambia nada. Probamos todo lo que sabemos. A lo largo de todo el proceso nos protegemos de un hecho importante: los hijos no detienen su conducta autodestructiva para complacer a sus padres o para verlos felices. La detienen cuando las consecuencias de su conducta les resultan intolerables.

Existen motivos para los problemas de Billy, pero no tienen nada que ver con la poca preocupación de sus padres por su bienestar o por los esfuerzos realizados en su beneficio. Tienen que ver con el hecho de que Billy obtenía alguna gratificación con su actuación. A veces los hijos crean inconscientemente serios problemas y síntomas para desviar la atención de otros problemas de la familia. El padre de Billy habló de querer separarse. Billy pudo haber percibido que sus padres no eran felices en su matrimonio. El pensamiento de que los padres se puedan divorciar, produce miedo a cualquier hijo.

Los adolescentes, especialmente, tratarán de cuidar a sus padres, de proteger a la familia y absorber el sufrimiento de aquéllos. Algunos hasta se sacrificarán persiguiendo este objetivo, metiéndose en todo tipo de conducta autodestructiva. Es una forma de decir: "Yo seré el problema; de este modo los dos permanecerán juntos para resolverlo".

Los padres que aman demasiado enfocan su atención sobre los problemas del hijo porque para ellos es natural poner sus propios problemas en segundo plano. Pueden acompañar a toda la familia a una terapia, buscando la forma de ayudar al hijo. Pasan los meses y nada cambia. El terapeuta observa a un muchacho que hace todo lo posible para continuar "enfermo", para mantener sus problemas en el escaparate de la vida familiar. En un nivel inconsciente, él ha decidido: si estoy deprimido, si pierdo todas estas clases, si no tengo amigos, si sigo aumentando de peso, mis padres tendrán a alguien a quien cuidar, alguien a quien salvar. Si no puedo resolver mis propios problemas y continúo siendo un niño, mis padres seguirán teniendo alguien a quien "acunar".

Puede haber otros problemas larvados bajo la superficie de la familia, igualmente dignos de la atención de los padres. El terapeuta puede señalar esto. Pero los conflictos de pareja de los padres, la depresión y el vacío son minimizados.

Miles de padres cada año buscan terapia para sus hijos, con la esperanza de que el terapeuta pueda tener éxito allí donde ellos han fracasado. Cuando se recomienda que los mismos padres participen en la terapia, aparecen el enfado y el rechazo. Pero rara vez se obtiene algo cuando el niño es rotulado "el llamado paciente" y los padres se niegan a poner en consideración sus propias necesidades y los sentimientos que afectan su relación.

Cuando amamos demasiado nos cuesta ver que nosotros también necesitamos ayuda. Nuestras necesidades también tienen su importancia; sin embargo, sólo vemos a un muchacho —nuestro hijo— con problemas. Pensamos que con suficiente amor y atención algún día obtendremos resultados. Pero en tanto algunos de los problemas de nuestros hijos se pueden encarar con amor y comprensión, existen otros igualmente serios que exigen un tratamiento diferente. El alcoholismo, la drogadicción y la delincuencia están entre ellos. La conducta destructiva continuará si no permitimos que nuestros jóvenes se enteren de las consecuencias de sus acciones.

Necesitamos considerar por qué continuamos rescatando a nuestros hijos. ¿Acaso porque las consecuencias de sus acciones serían horribles para ellos? ¿O porque nos sentimos demasiado culpables cuando vemos cómo soportan los resultados de su propia conducta? Se trata de un síntoma de la falta de separación emocional de nuestros hijos que termina en que hacemos nuestro su sufrimiento; necesitamos hacer frente honradamente a esta situación.

Esto no quiere decir que en cuanto nuestro hijo tenga algún problema, debemos abandonarlo. Este mensaje es para los padres que ya llevan meses intentándolo todo con amor, atención y comprensión y ven que esa ayuda no los lleva a ninguna parte. Tendemos a pensar que si dedicamos suficiente energía, podemos resolver cualquier problema. Esto es un mito. Además es una exhibición de omnipotencia de nuestra parte que debemos abandonar si queremos seguir adelante.

¿Qué podemos hacer cuando la imagen de nuestros hijos destruyendo su vida es como un cuchillo clavado en nuestro corazón? Aunque sea lo contrario de lo que queremos hacer, cuando nuestros hijos adoptan una actitud autodestructiva la mejor muestra de amor que podemos darles es admitir nuestra impotencia con relación a su conducta. Dejemos de culparnos a nosotros mismos y reconozcamos que no podemos ser perfectos. Necesitaremos un sostén importante para comprenderlo verdaderamente; lo más probable es que cada vez que nuestro hijo se lastime desearemos correr a rescatarlo porque sentimos que somos los únicos rsponsables.

Si el lector se identifica con el cuadro que pintamos, debe saber que existen grupos de padres que ya han pasado por esto y que también han cometido el error de amar demasiado a sus hijos, protegiéndolos sin darse cuenta de las lecciones que las consecuencias de su conducta les habrían enseñado. Sus lecciones son simples una vez que nos abrimos a ellas: abandona tu propia voluntad. Centra tu atención en el manejo de tus propios sentimientos. Establece límites firmes que te permitan vivir tu propia vida. Abandona la idea de que puedes controlar a otras personas, ni siquiera a tus hijos. Toma una posición y comparte tu culpa y tu ira con otras personas que te entiendan, que te sostengan y que te ayuden a manejar esos sentimientos. Date cuenta de que tu actitud de salir al rescate y proporcionar cuidados permite que tus hijos continúen con las pautas de conducta que precisamente pretendes evitar.

Si este consejo resulta duro de aceptar es porque pensar ante todo en nosotros y poner en segundo lugar a nuestros hijos es la antítesis de amar demasiado. Desprendernos de la vida y los problemas de nuestros hijos es algo extraño para nosotros. Centrar la atención en nosotros mismos es algo que hemos evitado. Y si bien es cierto que el amor, la comprensión y la ayuda son lo principal cuando amamos a alguien, debemos ser capaces de ver el momento en que nuestros esfuerzos son vanos y rehacer el camino a partir de allí.

Si ya has intentado la amabilidad y el perdón, el salvamento y la firmeza, el consejo profesional y el tratamiento psicológico, las amenazas, el llanto, la súplica o, por el contrario, te has vuelto loco intentando cambiar al hijo que tanto amas, hazte las siguientes preguntas:

¿Qué es lo que me mueve a recurrir a alguna ayuda: comprenderme y ser dueño de mí mismo o aprender a cambiar a mi hijo?

El hecho de rescatar a mis hijos incansablemente de las consecuencias de su conducta, ¿me define realmente como un buen padre? ¿Debo replantearme esta definición?

¿Acaso tengo miedo de tomar una posición con mis hijos por miedo a perder su afecto? ¿Qué precio estoy dispuesto a pagar por su afecto?

Seth L.: Padres que pagan

"Mi esposa siempre me pregunta por qué continúo desembolsando dinero para mis hijos. Ella piensa que cuando hace algunos años, terminé de entregar a su madre la cuota mensual por alimentos y manutención de los hijos yo ya había cumplido con ellos.

"No se trata de que no pueda decir que no. Si alguno de mis hijos viniera a decirme que quiere comprar un gramo de cocaína o algo así, le diría que no. Pero cuando piden algo razonable, quiero dárselo. Quiero ayudarlos.

"Cuando mi hija más pequeña, Sheryl, decidió volver a estudiar y aprender actuación teatral a los veintiséis años, quizá yo habría elegido otra profesión para ella. Sin embargo, atendí a sus argumentos y decidí darle el dinero. Todo lo que espero es que finalmente se encuentre a sí misma y sea feliz.

"Cuando me llamó desde la universidad y me dijo que el programa era una pesadilla competitiva y que independientemente del esfuerzo que ponía, no alcanzaba un nivel suficiente, me preocupé. Debía hacer algo. Cualquier cosa. Mi hija tenía migrañas; había una banda ensayando en la puerta de su habitación a las seis de la mañana y no podía dormir; yo no podía pensar en otra cosa que, ¿cómo puedo ayudarla? Yo estoy aquí y ella está allí. ¿Qué puedo hacer? ¿Cómo hacer para que vaya al médico? ¿Cómo soluciono este problema?

"Le envié dinero para que la viera el médico. Le dije que podía mudarse del dormitorio estudiantil a un apartamento, que yo pagaría el alquiler.

"Esto hizo explotar a mi esposa. Dice que me obsesiono con los problemas de Sheryl y que no puedo pensar en otra cosa. Opina que la malcrío dándole ese dinero. Pero, ¿qué se supone que debo hacer cuando mis hijos me piden ayuda? ¿Enviarles una caja de naranjas?

"El divorcio fue más duro para Sheryl que para sus hermanos. Ella es la menor. Dejé a mi ex mujer por razones fundadas, pero ya no podía arropar a mis hijos cada noche cuando se iban a dormir. Dejé de tener un control real sobre la manera en que eran criados.

"Miro a mis hijos y pienso que no siempre he sido feliz; quiero que ellos tengan una vida mejor. No puedo evitar el deseo de que tengan todo lo que quieren. Cuando ves que tus hijos tienen problemas emocionales que pueden llevarlos al delito, tienes que hacer algo. Si darles dinero significa que pueden vivir una vida más feliz, aun cuando yo tenga que privarme de algo, se lo doy con gusto. Para ser honesto, estoy feliz de ser la persona a quien recurren cuando necesitan algo. Tal vez pague simplemente porque *puedo* pagar. Se trata de algo que sé que puedo hacer por ellos y para mí esto vale una fortuna."

Hoy en día, muchos jóvenes entre los dieciocho y los veinticuatro años viven con sus padres y dependen de ellos financieramente. Un número creciente de jóvenes entre veinticinco y treinta y cuatro también viven en la casa paterna. Algunos hijos que han tenido más educación y oportunidades que sus padres están regresando al nido, incapaces de funcionar independientemente de ellos.

La pregunta es, ¿qué necesidades se satisfacen en esta situación? La historia de Seth es un caso típico. Se sacrificó gustosamente por sus hijos por una sencilla razón: quería hacerlo. El sentimiento de culpabilidad por haberse divorciado de la madre, era motivo suficiente para dar a sus hijos cualquier cosa que pidieran a modo de compensación. "Quiero compensarte por mis errores" era el mensaje que les daba.

¿Seth estaba dando demasiado cuando envió a su hija de veintiséis años nuevamente a la universidad y utilizó su dinero para solucionar los problemas que ella encontró allí? Habría sido disparatado que Seth negara atención médica a su hija. Proporcionarle ayuda financiera para volver a estudiar quizá fue también una decisión legítima. Pero las dificultades de Sheryl en la facultad hacen que esta generosidad resulte sospechosa. ¿Los problemas de Sheryl allí se debían al entorno duro y competitivo? ¿O tenían que ver con el hecho de que ella no estaba preparada para el fracaso o para soportar el estrés, después de haber sido rescatada de éste toda la vida?

En el caso de Seth, es interesante su capacidad para pasar todos sus momentos de vigilia preocupándose por los problemas de su hija, mientras hacía tan poco por el que se agravaba en su casa, en sus propias narices. ¿Cuánto tiempo debe pasar hasta que los sentimientos de su segunda esposa con respecto al apoyo financiero que continúa dando a sus hijos adultos, estalle en una diferencia irreconciliable? Aún más difícil de comprender es que detrás de tanto altruismo hacia nuestros hijos, pueda estar escondida una intensa necesidad de controlarlos, de mantenerlos amarrados a nosotros, de modo de poder negar la realidad de nuestras propias circunstancias y nuestros propios sentimientos. Encajamos a nuestros hijos entre nosotros y nuestro cónyuge, apartando la intimidad para siempre. Podemos usar sus problemas para distraernos de nuestro propio sufrimiento o para calmar nuestra culpa.

Tal vez sea difícil determinar cuándo nuestra ayuda financiera atiende a una situación legítima y debe ser concedida y cuándo contribuirá a formar jóvenes incompetentes, irresponsables, que nunca se apartarán de nosotros para asumir su propia vida. Podríamos apostar sin temor a perder que si estamos consintiendo a nuestros hijos para nuestra propia satisfacción, estamos excediéndonos. Que si usamos nuestro dinero para rescatarlos de las consecuencias naturales de sus acciones, estamos excediéndonos. Que si les damos dinero para convencerlos del valor que tenemos para ellos, estamos excediéndonos. En cada caso, estamos fomentando la dependencia.

Debemos hacer una estricta reconsideración de esta ayuda financiera. ¿Necesitamos ser necesitados para sentirnos valiosos? En algún nivel inconsciente, ¿queremos que nuestros hijos confíen en nosotros, aun cuando esto signifique que se vuelvan incapaces de funcionar sin nuestra ayuda?

El problema de salvar económicamente o de cualquier otro modo a nuestros hijos es que nunca aprenden a manejarse con el inevitable tráfago de la vida. Terminan temiendo la adultez y al mismo tiempo esperando demasiado de ésta. En vez de criar hijos agradecidos, responsables, que nos aman, a menudo conseguimos formar hijos rebeldes, resentidos, desorientados en su profesión, críticos de nuestros valores e irremediablemente dependientes de nuestra ayuda.

Sandra Z.: Abuelos que aman demasiado

"Cuando nació Shawn, pensé que era lo más estupendo que me había ocurrido en la vida. Era el primer nieto, tan adorable con su cabecita cubierta de pelo rubio y los ojos azules. No podía creer que mi hija Leah hubiera tenido este bebé maravilloso.

"Leah nunca debería haberse casado. Por cierto, nunca debería haber tenido un niño. Era demasiado joven y no tenía sentido común. Una vez encontré al bebé con el pañal en la cabeza, casi ahogado en su cuna. Leah estaba mirando una película por televisión y aunque el bebé lloraba con tanta fuerza que ya estaba rojo ella esperaba los anuncios para ir a ver cuál era el problema.

"Su esposo, Bob, era otro caso. Nunca tuve la menor confianza de que él llegara a ser parte de la vida de Shawn. Cuando éste nació, le echó una mirada y preguntó inocentemente: '¿Qué se hace con los bebés?' La paternidad le resultaba algo abrumador.

"Ninguno de ellos debería haberse casado. Pero cuando mi hija decide que quiere hacer algo, es muy difícil que alguien pueda disuadirla; nadie sabe esto mejor que yo.

"De todos modos, tuvieron a Shawn y ninguno de los dos fue capaz de enfrentar mínimamente la situación. No era sólo que yo lo viera de esa manera; la cosa era así. Mi esposo y yo estábamos preocupados por Shawn todo el tiempo. Dan me llamaba desde su oficina y me decía: 'Ve allí y vigílalos; cuida que tengan algo para comer'.

"Leah me recibía con los brazos abiertos. Bob se había casado pero era como si no lo hubiera hecho. Casi nunca estaba en la casa; salía con sus amigos o iba a jugar al baloncesto y Leah se quedaba sola con el bebé. Era un constante ir y venir llevando comida y cuidando que Shawn tuviera todo lo necesario. No lo hacía por Leah. Lo hacía por Shawn.

"Estuve al lado de Shawn en cada paso que dio durante su infancia. No pasaba un día sin que fuera a su casa o que ellos no vinieran a la mía. Estuve a su lado cuando tuvo sarampión. Cuando le quitaron las amígdalas, fui la primera a quien él despertó y fue sobre mi chaqueta que él vomitó en el camino de regreso del hospital.

"Yo fui quien pagó la ropa de Shawn, quien compró sus juguetes y hablé con sus maestros sobre cómo le estaba yendo en la escuela. Leah gastaba su dinero en lo suyo y ni siquiera entraba en la escuela de Shawn. A menudo, mientras yo estaba en su casa, ella y Bob peleaban; yo miraba a Shawn y pensaba: ¿Qué vida está viviendo? Mis amigos me decían que me preocupaba demasiado. Después de todo, Shawn estaba sano y parecía feliz. No obstante, yo seguía pensando que con un entorno adecuado ese chico sería sobresaliente.

"Naturalmente, Shawn y yo teníamos una relación muy estrecha. Cuando tu nieto te mira y dice: 'Abuela, te quiero', te vuelves loca. No hay nada como eso en el mundo. Hace que todo lo demás tenga valor.

"Comencé a preocuparme realmente por Shawn cuando estaba en los grados superiores de la primaria. Si me pregunta, las expectativas de Leah y Bob sobre Shawn siempre fueron muy bajas. Cuando Shawn y yo estábamos solos, trataba de hablarle. Le decía sobre la importancia de la educación, de tener objetivos. No esperaba que Shawn fuera un genio. Mi hija no era muy brillante Bob no era un cerebro, de modo que yo no esperaba que su retoño fuera un Einstein. Pero sí que se mantuviera en el promedio y que, naturalmente, quisiera mejorar. Traté de influir en él de un modo que sabía que sus padres no lo harían. Lo llevé a museos, le enseñé música y arte. Pero tenía que vérmelas con gran cantidad de influencia desfavorable.

"A veces me sentía como un disco rayado: 'Shawn, haz los deberes. Llama a algunos amigos y arregla algún plan para el fin de semana. Ponte recto. No pongas esa cara de aburrido todo el tiempo'. Me agotaba. Yo no era una adolescente. Pero ¿Quién daría a Shawn alguna dirección si no lo haría yo? A Shawn, si era dejado a su albedrío, sólo le interesaba estar tumbado en su cuarto o entretenerse con los videojuegos durante horas.

"Cuando se hizo adolescente, yo comencé a sentirme dejada de lado. Shawn acostumbraba acercarse a mí, antes que a otros, con sus problemas; de pronto, dejó de hacerlo. Dijo a su madre que yo era muy pesada; que siempre estaba diciéndole lo que él hacía mal. Bien, tengo elevados objetivos, pero realmente no son demasiado altos para Shawn.

"Cuando decidió no ir a la universidad, no me lo dijeron. Después de enterarme, pensé que eso era terrible y dije a Leah que estaba decepcionada con ella, por haber dejado que Shawn tomara esta decisión sin consultar. Al menos, debería haber hecho que presentara la solicitud de inscripción, por si acaso cambiara de parecer. Casi me caí de espaldas el día que Shawn se acercó y me dijo que la universidad no era importante para él y Leah lo apoyó.

"Pero yo no soy su madre, de modo que no pude hacer nada. Lamentablemente, me lo dijeron cuando ya era demasiado tarde. La excusa de Shawn fue que él quería conseguir un trabajo. ¿Y qué puede hacer? Consigue algún trabajo en las gasolineras, o de camarero en restaurantes. Traté de hablar con él. Le dije: 'Trata de mejorar, Shawn. Tú puedes tener más responsabilidades'. Pero entonces aparece ese gesto obstinado en su cara, que me hace acordar a Leah.

"Aunque continúo tratando de arreglar su vida, hay un límite hasta dónde una puede llegar para arreglar la vida de una persona. No es cuestión de mirarlo a los ojos y decirle: 'Eres maravilloso', cuando se acerca con la apariencia de un patán lleno de resentimiento. Yo continúo diciéndole que tiene que hacer algo por él antes de que sea demasiado tarde. Todavía podría hacer algún curso universitario nocturno. Podría aprender contabilidad y tener un futuro decente. Pero cualquier cosa que le diga estos días produce en él la conducta opuesta.

"La semana pasada, Shawn vino con un pendiente en la oreja. Lo eché de la casa y le dije que nunca más volviera de esa forma. Salió y yo sentí como si hubiera matado una parte de mí misma. ¿Y si no vuelve nunca más? ¿Y si me odia?

"Leah me llamó esa noche y me aleccionó acerca de que no debía hablar con Shawn sobre lo que se ponía, porque ése era el modo en que él se expresaba. ¿Pero un pendiente? ¿En un muchacho? ¿Acaso ésa es la identidad de Shawn?

"Esta situación me está destrozando. Pero, ¿qué puedo hacer? Sólo soy su abuela. Pensé que el trabajo más arduo en el mundo era ser madre, pero ser abuela es todavía más difícil. No controlas nada. Ves que se cometen errores y no puedes hacer nada. Sientes un amor enorme por el niño y, sin embargo, tienes la manos atadas. Y sabiendo que los padres pueden hacer que no lo veas nunca más, te mueves con cautela, por no arriesgarte a que eso ocurra.

"Leah me dice que me haga a un lado. 'Ya has tenido conmigo tu oportunidad de ser madre y no hiciste ningún trabajo espléndido', dice. Bueno, pienso: 'Éste se es el agradecimiento que recibo'."

Aquí está Sandra, tan fuerte y responsable, y sin embargo, no correspondida e incomprendida, volviéndose loca cuando sus hijos y sus nietos, que se han hecho cada día más hábiles, dan un rodeo para evitar ser el blanco de sus esfuerzos.

¿Por qué lo hacemos? ¿Por qué cuando han pasado los años de crianza de los hijos, asumimos tantas responsabilidades con nuestros nietos, tantas como nuestros hijos nos lo permitan? ¿Por qué Sandra se sintió tan obligada a tomar una vez más las riendas de la crianza de niños? ¿Era realmente para proteger a su nieto de unos padres que ella pensaba que eran incompetentes? ¿O había algo más?

La necesidad de Sandra de consagrar tanta energía en Shawn nació del amor pero se alimentaba de la culpa. A menudo sucede en una familia que un niño en particular es "elegido" para recibir todas las arremetidas de un amor obsesivo, sus preocupaciones y sus atenciones. Cuando los abuelos aman demasiado, el blanco elegido son los retoños del hijo con quien sienten en forma más pronunciada que han fracasado. Encuentran una fuente de gran alegría en el nacimiento del nieto pero, como conocen muy bien la debilidad de su hijo, ese acontecimiento puede ser para ellos también una fuente de gran angustia. El abuelo tiene poca fe en la habilidad de su hijo para ser progenitor. Al mismo tiempo, todas las expectativas no satisfechas del significado de criar niños encuentran su última oportunidad. Con el nacimiento de un nieto, una vez más todo parece posible.

Amar y proteger a un nieto de los "pecados" de sus padres puede resultar una obsesión, especialmente si de alguna manera sentimos la culpa de ser responsables de esos "pecados". El nacimiento de Shawn reavivó el fuego de las expectativas maternales insatisfechas de Sandra, así como su fuerte anhelo de ser necesitada, amada y reivindicada.

Para combatir su culpa relacionada con Leah, con quien sentía en cierto modo haber fracasado, como también su ansiedad por el bienestar de Shawn, Sandra tomó

el control. La alternativa era dejar a Shawn, un bebé inde-
fenso, a merced de las decisiones inmaduras e impredeci-
bles de sus padres. Eso era tan impensable como echar al
viento la suerte de Shawn.

No existe persona sobre la tierra más incansablemente
dependiente que un abuelo que ama demasiado. No existe
persona que en forma más desprendida, sea capaz y tenga la
voluntad de asumir las responsabilidades de otros que este
progenitor "experimentado" que ahora sabe tanto o más de
lo que "sabía entonces". Sandra se agotó para dar a Shawn lo
que ella pensaba que necesitaba y el cuidado parental que
sólo ella era capaz de dar.

Con toda la energía que Sandra puso en criar a su
nieto, parece un misterio que Shawn terminara siendo tan
irresponsable como el padre de quien ella trató de prote-
gerlo; sin embargo, esto era predecible desde el comienzo.
Cuando asumimos las responsabilidades de los niños, a
pesar de las buenas intenciones que tengamos, les quitamos las razones para crecer responsables. Cuando ansiosamente los dirigimos y administramos sus cosas, creyendo que sólo nosotros sabemos qué es lo mejor, su habilidad
para comenzar y concretar cosas por medio de sus propios
esfuerzos queda disminuida. La autoestima que tratamos
de cultivar con constantes arengas sobre las grandes capacidades del niño, en realidad disminuye, porque no le damos oportunidad de aumentarla por medio de sus logros
personales. La alabanza que no va acompañada del espacio para desplegar un sano orgullo por las propias conquistas es algo que deberíamos considerar con cautela.

El intento de Sandra de controlar su familia y con-
vertirla en lo que ella necesitaba que fuera, tuvo altos costos para todos los implicados. Leah reaccionó ante su control convirtiéndose en una inútil; un modo eficaz pero de
tipo pasivo/agresivo de resistir los intentos de su madre.
Internalizó la ansiedad de su madre acerca de su materni-
dad y dependió de ella más de lo razonable. Cuando alguno de nosotros depende completamente de otro, creyendo
que es incapaz de hacer algo por sí mismo, llega a sentir
rencor por la persona de quien depende, aunque podamos

necesitarla desesperadamente. Leah sentía rencor por su madre tanto como la necesitaba; cuando empezó a necesitarla menos a medida que Shawn crecía, ella comenzó a expresar ese resentimiento.

Shawn también reaccionó con fuerza ante el control de Sandra. Se rebeló evitándola, entrando agresivamente en su casa con un pendiente en la oreja y actuando adrede de la manera que la intranquilizaría. Cada vez que ella lo miraba y decía: "Tú puedes hacerlo mejor, puedes hacer más", él se ponía más ansioso. Ella trataba de decirle que tenía una tremenda fe en él. Lo que Shawn oía era otra cosa: "Quiero que cambies; nada de lo que haces es bastante bueno; estoy decepcionada de ti."

En medio de todo esto estaba Sandra, agotada y frustrada después de criar dos generaciones de niños, luchando contra la irresponsabilidad de ambos y, al mismo tiempo, ayudando a crearla.

El control invita a la resistencia. En lugar de aflojar el control y permitir que sus hijos tomaran sus propias decisiones a medida que crecían, Sandra lo incrementó. Si bien al principio corrieron hacia ella y dependieron de ella, después comenzaron a luchar por su libertad. Cuanto más luchaban, tanto más se entrometía ella en sus vidas.

Una multitud de abuelos puede levantarse en este punto y decir: "Sí, pero usted no comprende mi situación. Mi nieto realmente me necesita. Aquí hay problemas reales. Tengo que controlar, no importa a qué precio".

Es difícil abandonar el control. Como abuelos, sentimos amor intenso por nuestros nietos. Aceptar las imperfecciones de nuestros hijos, sin tratar de ayudar o de ejercer nuestra influencia, puede parecer imposible.

Hay momentos en que debemos intervenir. Obviamente, si sentimos que el niño es objeto de maltrato o de negligencia, sería irresponsable mirar para otro lado. Sin embargo, cuando estamos interviniendo por cuestiones menos cruciales, como el estilo o la filosofía de la crianza, corremos el riesgo de tropezar con la línea que separa la función de los abuelos y la de los padres. Éste es un escenario apropiado para poner en marcha un juego de poder y control entre padres y abuelos que responde a un esquema particular: el progenitor, habiéndose sentido controlado toda su vida por su padre o su madre, utiliza su poder sobre su hijo para desquitarse del abuelo. Entonces formula frases pasivo/agresivas como: "No vendremos más si vuelves a decir eso", u otras más veladas e indirectas, que permiten que el abuelo sepa dónde está el verdadero poder sobre el nieto. Es un juego manipulador, a menudo cruel, que deja al abuelo frustrado e impotente.

¿Qué puede hace un abuelo para evitar esta trampa? En lugar de dirigir y controlar a nuestros hijos y nietos, debemos enfrentar nuestros propios miedos. Debemos aprender a manejar nuestras propias ansiedades. Debemos considerar más críticamente nuestras propias necesidades y su impacto sobre la situación.

Amar demasiado a los nietos puede ser un modo inconsciente de intentar, por última vez, satisfacer nuestras propias necesidades y adquirir una identidad por medio de las personas que amamos. Hay partes de nosotros hambrientas del amor y los elogios que no recibimos cuando criamos a nuestros propios hijos. Sedientos de logros y del reconocimiento que nos ha sido negado, tenemos la esperanza de que nuestros sueños se hagan realidad en otra persona. Sin embargo, si no somos cuidadosos, aplastaremos a este nieto que amamos demasiado con elevadas e irreales expectativas, asociadas con una sofocante sobreprotección. Algunas veces, para poder amarlos más debemos amarlos menos.

Alan A.: Padres que sólo quieren ser suficientemente buenos

"Hay algo para mí, como padre, que me resulta muy perturbador: no estamos realmente preparados para que nuestros hijos nos rechacen.

"Cuando tus hijos crecen —los míos ahora están en la treintena— no cambia tu deseo de ser un progenitor, de estar presente en su vida para ayudarlos. Cambia, sí, la necesidad que ellos tienen de ti. Un día, ese hermoso niño que creíste tuyo para siempre, ya no es tuyo. Está en su mundo, haciendo cosas de las que ni siquiera tienes idea y en el cual no quiere incluirte. Es toda una sacudida. Para mí, yo lo interpreté como un rechazo. A pesar de que creía saberlo todo sobre cómo ser un progenitor, no estaba preparado.

"Hay una diferencia generacional en cuanto al trato con nuestros padres y la forma en que nos tratan nuestros hijos. Quizá no tuve una relación muy intensa con mis padres pero nunca los maltraté. Yo hacía todo lo posible para no hacerles ningún daño. Pienso en mis hijos y me doy cuenta que más de una vez nos utilizan como blanco de sus frustraciones.

"Pienso que todos éramos víctimas del síndrome de Walton. Todos queremos ese hermoso cuadro de la familia reunida, sentada en círculo y disfrutando; los niños que respetan a los padres y los padres que reciben la admiración y el respeto de sus hijos. No era así en nuestro caso.

"La Navidad era un buen ejemplo. Nuestros hijos venían todos a casa y si bien me sentía feliz de tenerlos a todos en casa, me sentía igualmente feliz cuando los veía partir.

"La última vez, mi esposa y mi hijo terminaron teniendo una enorme discusión, tan tonta que ni siquiera puedo recordar de qué trataba. Cuando llevaba a mi hijo al aeropuerto, él me dijo: 'Papá, no volveré más a casa. Mamá es la única persona en el mundo que me hace sentir como un niñato imbécil. Siempre me digo que no volveré a permitir que me ofenda, pero siempre lo hace'.

"Me pregunto cómo es que no pueden llevarse bien dos personas que amo tanto y que sé que se aman tanto. Cuando trato de intervenir, ambos se alejan de mí.

"Los gemelos también eran difíciles. Usaban nuestra casa como si fuera un hotel; yo estaba sorprendido hasta de que encontraran tiempo para sentarse con nosotros en la cena de Navidad. Cuando les preguntaba sobre sus estudios o sus amigos, me pedían que no me preocupara y que dejara de entrometerme. Creo que yo preguntaba más por hábito que por otra cosa, pero se llega a un punto en que ya no sabes qué hablar con tus propios hijos para que no empiece una pelea.

"Pienso en todos mis hijos cada día de mi vida: ¿Qué hacen? ¿Cómo les va? Y la peor pregunta de todas: ¿Cómo puedo ayudarlos? Esto es lo que me ha traído gran cantidad de problemas con ellos; esta actitud o impulso de ayudar. De algún modo, este impulso evolucionó hacia un modo de intrusión en su vida, ya que no dejé que crecieran o que se golpearan solos.

"Debería haber sido capaz de imaginar que si algo se ponía demasiado estresante y difícil de manejar y yo podía contribuir de algún modo, tenía una relación suficientemente buena con mis hijos como para que me hicieran una llamada para decirme: 'Papá, quiero hablar contigo'. Pero no podía esperar. Tenía que saber qué les estaba pasando. Forcé la situación más de una vez y aunque pienso que no empeoré las cosas no siempre conseguí mejorarlas.

"He llegado a darme cuenta que la aptitud que tenemos los seres humanos para ayudar y realizar cosas es limitada. No puedo cambiar la relación entre mi esposa y mi hijo. Tendrán que elaborarlo ellos mismos. Y no puedo hacer que los gemelos presten más atención al resto de la familia. No puedo hacer que confíen en mí si no lo quieren.

"Tal vez esté entregado. Oigo que mi familia se pelea en la mesa a la hora de la cena y me encuentro a mí mismo pensando sobre mi juego de golf del día siguiente o sobre una inversión que quiero hacer. No es que sea indiferente. Es que he soportado tantas peleas como ésas, que he llegado a ver que muchos problemas se resuelven solos, dejando que pase el tiempo. He aprendido que para mí es suicida seguir preocupándome y tratando de hacer que pase algo que quizá nunca tiene que suceder. Pienso que he pasado dos tercios de mi vida como padre y que todavía me queda otro tercio. Ha llegado el tiempo para mí.

"Mi esposa y yo nos hemos propuesto tener amistades y dedicarnos a otros intereses para los que no tuvimos tiempo cuando estábamos criando a nuestros hijos. No ha sido fácil. En realidad, nada puede reemplazar a esos años en que todo giraba alrededor de los niños y su cuidado, preocupándonos por ellos, llevándolos a distintos lugares, atendiendo a sus necesidades. No éramos padres perfectos ni mucho menos, pero lo tratamos. Aunque si mis hijos vinieran un día a decirme: 'Papá no fuiste un padre perfecto pero no lo has hecho tan mal', me sentiría muy satisfecho. Pienso que me alcanzaría con eso."

La frase conmovedora de Alan —que a él le alcanza con haber sido un padre "que no lo ha hecho tan mal"— es una buena base para recuperarse de toda una vida de haber incurrido en exceso parental. Cuando Alan abandonó la necesidad de ser un padre perfecto y con ella la necesidad de criar hijos perfectos, controlándolos, rescatándolos e insuflando en ellos su voluntad, se libró de una obsesión tan dolorosa como no gratificante.

Esto no resultó fácil a Alan ni a ningún padre. Sin duda habrá momentos en los que duda, sentirá el impulso de volver a caer en sus viejos roles de empujar, rescatar, auxiliar y aconsejar. A veces, esto será apropiado. Aflojar los lazos de mutua dependencia con nuestros hijos no significa que ya no les amemos o les ayudemos más. Significa que hacemos una distinción entre dar lo que verdaderamente se necesita y dar demasiado. Significa que abandonamos la necesidad de ser padres perfectos y nos quedamos con la de ser tan sólo padres. Sólo ser nosotros mismos, sin tratar de complacer a los que nos rodean o de hacer que nuestra misión en la vida sea la de manipular a nuestros hijos con el objeto de hacerles cambiar y de que encajen en de nuestras expectativas. Salimos de su camino y les permitimos tomar sus propias responsabilidades vitales, aquellas que les enseñarán las lecciones que necesitan para crecer, en lugar de cualquier cosa que podamos hacer por ellos.

Para Alan, esto significa superar un miedo que le había asediado desde el día en que fue padre: que sería un fracaso si no fuera capaz de resolver los problemas de sus hijos. Encarar nuestros miedos acerca de qué ocurriría si dejamos de controlar cada aspecto de la vida de nuestros hijos, es siempre el obstáculo mayor. Puede parecer contrario a todo lo que hemos creído que no sea nuestra tarea resolver los problemas de nuestros hijos ni administrar su vida y que nuestra tarea más importante sea cuidar de nosotros mismos. Miedo o culpa pueden ser obstáculos formidables en el camino de permitir que las personas que amamos sufran las consecuencias naturales y lógicas de sus acciones, pero es el único modo en que ellos pueden aprender y crecer.

Al principio podemos sentirnos muy egoístas, cuando dejamos nuestro antiguo puesto. Pero si recordamos por qué nos hicimos cargo de él, en primer lugar tendremos una mejor imagen del punto en el que está centrado nuestro egoísmo. A menudo ocupamos ese puesto porque no podemos soportar nuestros propios sentimientos cuando nuestros hijos no son felices. Si ellos sufren nosotros sufrimos. Hacemos por ellos innumerables cosas que podrían hacer por sí mismos —si eligieran hacerlo— porque nuestros propios sentimientos son tan incómodos que se vuelven inmanejables.

Aquello que hacemos bajo el disfraz de ayudar a otro, casi siempre es por nosotros. Debemos darnos cuenta de que nuestros hijos, especialmente nuestros hijos adultos, tienen habilidades y capacidades para hacerse cargo de responsabilidades. Quizá les falte motivación o necesidad; muchas veces carecen de ellas porque nosotros estamos allí, aconsejando, administrando y dando.

Para Alan, el momento en que se dio cuenta de que era impotente acerca de muchos de los problemas de sus hijos y que muchos sólo podían ser resueltos naturalmente, con el paso del tiempo, fue el comienzo de su autoaceptación y no de su derrota. Hoy en día, no ama menos a sus hijos. De hecho, el amor que les da se expresa de muchas maneras y es más genuino y honesto, porque no está basado en la culpa o la necesidad de control. Cuando se liberó a sí mismo para buscar respuestas a sus propias necesidades, liberó a sus hijos para hacer su propia búsqueda.

El cambio es un proceso. Existe mucha ambivalencia cuando se dan los pasos necesarios para cambiar los viejos esquemas. Pero pronto, aquello que alguna vez parecía normal y habitual comienza a sentirse incómodo y malsano. Éste es el primer indicio que da cuenta de que estamos cambiando el modo de pensar y sentir. Y si el cambio que deseamos implica enfocar más la atención en nuestra vida y menos en la de nuestros hijos, es posible que al principio no sintamos aburridos y ansiosos. Aunque estar entrometidos en sus vidas era más un tormento que una alegría, cuando falta esa atención constante sentimos pánico. Hemos pasado la vida buscando la felicidad en nuestros hijos. ¿Cómo nos arreglamos con nosotros mismos?

El capítulo siguiente da los lineamientos de un plan de acción para ayudar a encarar un comienzo.

12

SI ERES UN PROGENITOR
QUE AMA DEMASIADO

"¿EN QUÉ NOS EQUIVOCAMOS?"

Te has convertido en un padre que ama demasiado por alguna razón. Tus propios padres pueden haberte amado demasiado. Hicieron de modelo para que un día tú pudieras reaccionar con tus hijos como ellos lo hicieron contigo.

O quizá fuiste un niño que sufrió privaciones. Cuando tus necesidades físicas o emocionales quedaron insatisfechas, tomaste la decisión consciente de que tus hijos no sufrirían de ese modo. De alguna manera, el entusiasmo te llevó al otro extremo: el de consentir a tus hijos y ahora eso te preocupa.

Quizá te sientas culpable. A pesar de que lo has intentado todo, no llegaste a ser el padre perfecto y tus hijos tampoco llegaron a ser los niños perfectos. Su sufrimiento alimenta tu culpa. En un esfuerzo por aliviar esta culpa, no paras de dar.

Quizá eres progenitor único o tu matrimonio no es satisfactorio. Tus hijos llenan el vacío que sientes en tu interior. Vives por ellos. Sabes que deberías dejarlos libres pero temes eso. Tu vida parecería vacía.

Quizá te involucras excesivamente desde el momento en que sentiste que tenías que compensar la falta de compromiso parental de tu esposo o tu mujer. Tratas de compensar esa falta haciendo por ellos todo lo que puedas.

A veces incurrimos en exceso parental para incrementar nuestra autoestima: "Soy un buen progenitor; mira todo lo que hago por mis hijos". Creemos que seremos mejores padres cuanto más involucrados estemos, y eso nos hace sentir buenos. No vemos el costo que implica involucrarnos en exceso.

El costo es sufrido no sólo por nuestros hijos; también por nosotros mismos.

¿Sufres una constante ansiedad por tus hijos? ¿Duarnte estos años has tenido úlceras, dolores de cabeza, insomnio o hipertensión? Después de todo lo que has dado a tus hijos, ¿encuentras que aun así están llenos de problemas y te usan como blanco de sus frustraciones? ¿Tus sueños de intimidad y confianza con tus hijos adultos se están volviendo una sucesión de encuentros tensos y de evitaciones?

Las soluciones no siempre son fáciles. El cambio siempre encuentra resistencia. No importa el sufrimiento que puedas experimentar; de todas maneras es más fácil continuar así porque la situación es confortablemente familiar.

Cambiar cualquier esquema familiar requiere deseo, persistencia y valentía. Si te ves a ti mismo como progenitor que ama demasiado y desea cambiar, los siguientes pasos serán de utilidad.

Dejar de tratar de ser el progenitor perfecto

Es tan imposible que llegues a ser el progenitor perfecto como que tus hijos lleguen a ser los hijos perfectos. La perfección es una ilusión y un perfecto tinglado para el fracaso.

Cuando estamos ocupados tratando de ser perfectos también tendemos a esperar la perfección en los demás. No podemos realmente satisfacer las necesidades de un niño que está creciendo si nuestras elevadas expectativas no nos permiten aceptar tal como son las habilidades del pequeño, sin compararlas con las nuestras o las de los demás.

A veces la intensa implicación emocional con nuestro hijo nos llevará a cometer errores. Debemos recordar que los errores que cometamos estarán compensados en exceso por nuestros aciertos. No necesitamos ser perfectos para criar bien a nuestros hijos.

Desde el punto de vista emocional es normal esforzarse para ser un progenitor suficientemente bueno.

Los padres suficientemente buenos satisfacen las necesidades de sus hijos sin entrometerse en cada drama de su vida. No intentan orquestar la vida social de estos ni libran batallas por ellos. Estimulan la fortaleza y las cualidades interiores de su hijo sin preocuparse demasiado por lo exterior ni por establecer comparaciones con los demás. Crean un entorno en el que no se enjuicia, en el que se estimula la autoestima, sin juzgar ansiosamente al niño que no puede vivir a la altura de expectativas rígidas. Se dan cuenta de que sus hijos no siempre encajan en sus expectativas. Comprenden que cometer errores es una parte del proceso de aprendizaje, incluso el de los progenitores. Y sobre todo, los padres suficientemente buenos estiman la independencia de su hijo, dándose cuenta de que la separación emocional de ellos es un saludable paso hacia la madurez.

Para comenzar a romper tus esquemas de perfeccionismo, empieza con los siguientes pasos:

☙ Deja de torturarte por los errores que cometes. Tus hijos no necesitan que seas perfecto. Tienen una increíble plasticidad. El vínculo instintivo entre padres e hijos es suficientemente fuerte. Permitirá unos cuantos errores de ambas partes.

☙ Deja de estar rumiando y de pensar listas de cosas que deberías estar haciendo para mejorar la vida de tu hijo. Enfoca tu atención en relajarte y disfrutar con tus hijos tal como son.

☙ Sé cauteloso con las exigencias que intentan responder a tu propia necesidad de que su vida sea perfecta. Ellos no esperan esto ni tú tienes por qué hacerlo.

Considera los "deberías" que tienes reservados para ellos. Confecciona una relación de ellos: "Debería tener un sobresaliente en matemáticas; debería entrar en el equipo olímpico; debería tener un ingreso anual de seis cifras; debería graduarse con el mejor promedio".

Pregúntate a ti mismo: ¿Por qué pienso que mi hijo debería hacer estas cosas? ¿Estoy tan seguro de que así se sentiría más feliz? ¿Mi papel de padre brilla menos si mis hijos no hacen para sí las mismas elecciones que yo haría si pudiera controlar su vida?"

Cuando respondas estas preguntas, abrirás la puerta a una vida consciente. Tener conciencia de la situación es el primer paso en el camino que conduce a la elección y elegir es la posibilidad de cambio.

Aprender a aceptarse y valorarse cada día

Si estás excesivamente involucrado en las cosas de tus hijos es posible que al mismo tiempo estés descuidándote a ti mismo. Cuando nos sentimos vacíos o inseguros por dentro, nos sentimos llevados a satisfacer nuestras necesidades emocionales utilizando a los demás. Es frecuente que intentemos dar respuesta a estas necesidades por medio de nuestros hijos. No obstante, no existe ninguna relación en la vida que pueda llenar todas nuestras necesidades.

Recuerda la relación con tus padres. ¿Te sentías aceptado por lo que realmente eras? ¿Era posible enfadarse, estar triste, ofendido, tejer fantasías o hacer alguna tontería? ¿Te decían constantemente que te tranquilizaras, que hablaras sólo cuando alguien se dirigía a ti?

¿Tenías a tus padres cerca para estimularte y acompañarte o te dejaban solo a menudo? ¿Había conflicto continuamente en tu casa? ¿Tenías miedo de expresarte?

Muchos recibimos de nuestros padres el mensaje de que no es bueno reconocerse y valorarse uno mismo. Éste es el caso de Jim, un arquitecto de cuarenta años padre de tres hijos. "Mi padre me lo dijo, no una vez, sino cien: 'nunca fanfarronees. Te dará mala suerte'. Siempre fue negativo con todo. Creo que pensaba que si alguna vez se permitía ser feliz, Dios le enviaría un rayo o algo así."

Jim está muy preocupado porque cree haber heredado este rasgo de su padre. "Mis hijos me llaman el Sr. Fatalidad.

328 🐚 LOS PADRES QUE AMAN DEMASIADO

No quieren hablar conmigo de nada, porque dicen que enseguida me salgo de las casillas. Mi esposa dice que siempre estoy preocupado y esperando lo peor. Dice que los niños tienen los problemas que tienen porque los presiono demasiado y que nunca estoy satisfecho con nada."

Para Jim, la toma de conciencia fue un comienzo. Ésta le dio la valentía necesaria para enfrentar algunas de sus creencias. Empezó a ver que reconocer sus propios logros y pensar más positivamente sobre él mismo y su vida no significaba que se volvía egoísta o engreído. Cuanto más positivo era consigo mismo, tanto menos exigente era con sus hijos.

Más de uno aprendimos en la infancia que sentirnos importantes, reconocer nuestros méritos o mostrar alguna señal de autosatisfacción estaba mal. La imposibilidad de darnos a nosotros mismos nos lleva a hacer un tremendo esfuerzo para dar a los demás. Peor aún, debido a que estamos tan privados emocionalmente, esperamos que los otros nos valoren y nos colmen. Podemos necesitar que salgan a conquistar el mundo para sentirnos mejor con nosotros mismos o que continúen dependiendo de nosotros con el objeto de sentirnos útiles y necesitados.

Lo más importante que podemos aprender a es a valorarnos y aceptarnos a nosotros mismos. Cuanto más valor y amor nos demos, tanto menos necesitaremos depender de los logros de nuestros hijos para reforzar nuestra autoestima. Cuando nos aceptamos estamos más en paz con nosotros mismos, y esto es de enorme beneficio para nuestros hijos.

Prueba los siguientes pasos:

🐚 Haz una lista de tus 10 mejores cualidades. Mira la lista cada día.

🐚 Reconoce tus méritos cinco veces por día. Probablemente, esto sea más difícil de lo que parece, porque tu crítico interior estará furioso. Responderá con mil razones que no eres suficientemente bueno. Por ejemplo, si dices: "Estoy orgullosa del modo en que compartí hoy mis sentimientos con Carol —tu crítico interior puede responder—: Probablemente piense que en realidad soy tonta y un desastre de madre."

O quizá tu reconocimiento sea: "Muy bien fijados los límites con Jimmy —y tu crítico salga con algo como—: Sí, pero ahora te odia y has hecho que se sienta muy mal." Ten cuidado con tu crítico interior y no dejes que neutralice tus esfuerzos por valorarte.

🐚   Un modo de combatir a un severo crítico interior es el de practicar afirmaciones. Las afirmaciones son enunciados positivos que se expresan en el momento presente. Por ejemplo: "Me acepto a mí mismo tal como soy" es una afirmación llena de fuerza. Expresa esencialmente un objetivo personal, sin embargo, está enunciado como si ya fuera verdad.

Es habitual que las afirmaciones estén en franca oposición con las creencias que hoy tenemos sobre nosotros mismos. La mayoría de los mensajes que oímos en nuestra cabeza son negativos: "No soy suficientemente bueno", "Soy un progenitor dejado", "No merezco ser feliz". Cuando comenzamos a repetir mensajes positivos sobre nosotros mismos, podemos empezar a desafiar y cambiar nuestros pensamientos interiores.

Sé persistente. Practica diciendo las siguientes afirmaciones y formula algunas propias:

Merezco tener amor y felicidad en mi vida.

Acepto libremente todos mis sentimientos; estoy seguro.

Dejo el pasado en su sitio; estoy en paz.

Acércate a aquellos que pueden ayudar

Para cambiar los esquemas que te hacen sentir desdichado y alejan a tus hijos de ti cuando los quieres a tu lado, necesitas sostén. Cuando estamos siempre al frente de la familia, ocupados en ayudar a los demás, tal vez no advirtamos los signos que nos dicen que es el momento en que debemos prestarnos atención, ser comprendidos y ayudados.

Los padres que aman demasiado necesitan hacer el duelo de sus pérdidas, compartir su dolor y verbalizar su enfado y decepción. No podemos cicatrizar aquello que no nos permitimos sentir.

Si miramos alrededor, vemos que existen numerosos recursos a nuestra disposición. Terapeutas y consejeros, que saben identificar los esquemas inconscientes que nos hacen difícil vivir de un modo más gratificante, nos pueden mostrar partes de nosotros mismos que somos incapaces de ver. Hábiles para comunicarse con nosotros y ayudarnos a dejar a un lado nuestras defensas, pueden darnos elementos para crear la visión de una vida mejor.

En una relación de este tipo, estamos protegidos por la confidencialidad profesional. No necesitamos preocuparnos por nuestra imagen. Poco a poco construimos una relación de confianza y honestidad que nos permite revelar nuestro verdadero yo, quizá por primera vez. En general, el proceso de contar "nuestra historia" es la experiencia más liberadora de nuestra vida.

Frecuentemente, el mayor crecimiento personal que podemos alcanzar proviene de trabajar con personas como nosotros: padres que saben qué significa ocuparse de sus hijos más que de sí mismos y que, como nosotros, han estado tan absortos en los problemas de los demás que les ha quedado poca energía para identificar o resolver los propios.

Los grupos de personas que trabajan juntas para realizar un cambio se reúnen en un entorno que destaca la interacción de sus integrantes. Recrea una "familia" y, con ella, el estilo de relación con los demás que fue modelado en nuestra infancia. Cuando nos unimos a un grupo de personas cuyos intereses, cuidado y conductas reproducen los de nuestra familia, volvemos a tener el mismo papel que desempeñábamos en ella: aquí está el que calla, el que ayuda, el que propicia resultados y el payaso.

Los grupos de ayuda son "familias" con nuevas reglas: honestidad, sostén y crítica constructiva. Los juegos de manipulación, el engaño y la evitación son encarados con el énfasis puesto en el cuidado de las personas. Se anima la expresión de los sentimientos. Se permite a todos que vivan la intimidad en las relaciones, se quiten las máscaras defensivas y experimenten más acerca de su propia realidad.

En el mundo hay cientos de grupos de ayuda adecuados para los padres que están luchando con el desafío de la vida familiar y que se ocupan de problemas de obesidad, alcoholismo, adicciones, paternidad y otros. Nadie entre nosotros es un "caso" tan excepcional que no pueda encontrar ayuda y comprensión en alguno de estos grupos si decide acercarse ellos.

Para los padres que aman demasiado, dar el primer paso y tomar contacto con uno de estos grupos quizá sea la parte más difícil. Significará abandonar la noción de que somos capaces de resolver todo.

A veces no podemos. Es duro aceptar nuestras imperfecciones, nuestra falta de capacidad para cambiar a los demás, especialmente a aquellos que son nuestra obra. Pero si nuestro amor muestra todos los signos de convertirse en una adicción insalubre, debemos pedir ayuda. Necesitamos cuidado, apoyo constructivo y permitirnos ser quienes somos.

Si crees que eres un candidato para recibir ayuda pero te sientes avergonzado de buscar ese auxilio, considera lo siguiente:

🕸 La vida es un interminable proceso de exploración, aprendizaje y descubrimiento. No tienes por qué saberlo todo. No tienes por qué tener todas las soluciones para los problemas de los demás. No tienes por qué conocer todas las soluciones de los tuyos.

🕸 Concurre a un seminario, a cualquier reunión; tal vez una conferencia sobre desempeño eficaz de los padres, tal vez un grupo de ayuda integrado por padres. Recuerda, si quieres puedes ir sólo para sentarte y escuchar; no tienes obligación de participar. Quedarás sorprendido de la seguridad que puedes sentir estando con personas que han pasado por lo mismo que tú y saben exactamente cómo te sientes.

🕸 Llama a un amigo y transmite tus preocupaciones. Probablemente te sorprenda ver que cuando permitas que surja tu sensibilidad y tu vulnerabilidad vuestra amistad crece tanto que encontrarás el apoyo que necesitas.

Desarrollar la propia red de sostén e intereses saludables

Dejar a un lado los asuntos de tus hijos será muy difícil. Puedes sentirte vacío si no desempeñas tu papel habitual de "ayudar" y "resolver problemas". Puedes sentir que pierdes el equilibrio y el control. Incluso puedes sentir como si perdieras una parte de tu identidad. Tus hijos pueden hacerte regresar a viejos esquemas. Con el objeto de romper con estas pautas de dependencia mutua, que a la larga producen más heridas que ayuda, necesitarás otros recursos en tu vida.

Los padres excesivamente involucrados encaran la vida con una gran estrechez de miras. Su atención está centrada casi siempre en sus hijos. No ven que hay muchos roles y opciones en la vida: "¿Qué? ¿Tomar unas vacaciones? Con los niños no serían realmente unas vacaciones; por otra parte, no podría dejarlos en casa". "Estoy muy cansado para jugar al tenis. No he jugado desde que Joey era bebé; probablemente haría un papelón."

La verdad es que somos capaces de expandirnos y satisfacer nuestras necesidades de muchas maneras diferentes, y nuestros hijos no nos necesitan tanto como nos gusta imaginar. Aparte del placer que extraemos de nuestro papel de padres, también podemos alcanzar satisfacciones en los negocios, jugando tenis, en la amistad, jugando en la bolsa, explorando la montaña, siendo miembro de un club, en una bolera, cantando en un coro, pintando o escribiendo. Nuestras opciones sólo están limitadas por nuestro deseo, nuestra imaginación y las excusas que ponemos por no ejercerlas.

Si deseas disminuir el grado de involucramiento en la vida de tus hijos, ocúpate más del desarrollo de otros roles en tu vida.

Cuando enfocamos la atención sobre nuestras necesidades, no estamos abandonando otras. Muchos padres dedicados creen erróneamente que el padre perfecto debería estar siempre ocupado en satisfacer las necesidades de sus hijos y que es egoísmo ocuparse de las propias. La verdad es, sin embargo, que para ser el mejor progenitor posible debemos prestar atención a nuestras propias necesidades. Prueba las siguientes sugerencias:

🖘 Haz una lista de las cosas que alguna vez pensaste que harías cuando tus hijos estuvieran crecidos. Si tus hijos todavía son pequeños, haz una lista de las cosas que harías si no tuvieras hijos. Mira tus listas y pregúntate: ¿Qué es lo que en verdad me ata hoy en día? Generalmente, es el miedo a lo desconocido. Las personas que ponen toda la carne en el asador, lo hacen porque eso les permite sentirse seguros.

🖘 Confecciona una lista de aquello que esperas de una relación. Muchos no tenemos idea. Cuando éramos niños, quizá no recibimos lo que necesitábamos y más tarde hemos sentido que no lo merecemos. O quizás aprendimos que un buen progenitor debe olvidarse de sus necesidades. Quizá demos demasiado a nuestros niños como un modo de evitar el tener que enfrentarnos con nuestras propias necesidades. Cualquiera sea el origen de esta creencia, debemos comenzar a prestarnos atención también a nosotros mismos.

🖘 Ponte en contacto con aquel viejo amigo, aquél con quien pensaste comunicarte durante tantos años. O procura iniciar una nueva amistad. Una de las más importantes necesidades que tenemos es la amistad.

Cuando comiences a reordenar este recuento de necesidades, puedes sentirte culpable. Di para tus adentros la siguiente frase: "Cuanto más me dé a mí mismo, tanto más tendré para dar a los demás; cuanto más felicidad haya dentro de mí, tanta más podré compartir; cuando mis hijos vean que me doy a mí mismo, aprenderán a darse a sí mismos."

Desconectar el piloto automático

Siempre reaccionamos. En lugar de tomarnos tiempo para pensar cuidadosamente un problema, nos sentimos obligados a entrar en acción. Controlados por el drama de la vida de nuestros hijos, estamos inconscientemente enganchados para involucrarnos profundamente. El "piloto automático" continúa funcionando y volvemos a dar los mismos pasos: prestar atención, preocuparnos, tomar el control, aconsejar, rogar, discutir, presionar y frotarnos las manos.

Cuando se trata de sus hijos, David es un hombre que tiene conectado el "piloto automático". Su hija, Jeanine, volvió a su casa llorando por algo que le dijo su entrenador de natación. David enfiló para el colegio con la intención de dar un puñetazo a quien había puesto tan mal a la niña de sus ojos. ¿Qué es lo que había dicho exactamente ese energúmeno a su hija para hacerle llorar? David nunca lo preguntó.

El hijo de David, el pequeño David, se había atrasado dos horas en el regreso a casa después del trabajo porque había entrado en un bar con sus compañeros a tomar una cerveza. El pequeño David tiene veintitres años. Su padre caminaba de un lado a otro, presa del pánico, pensando en cien cosas terribles que podrían haber sucedido a su hijo cuando éste no llegó a tiempo a la cena; ya estaba a punto de llamar a la policía.

Frank, el más joven, está luchando con su monografía de fin de curso para la clase de historia. Su padre está en el cuarto contiguo, tan ansioso como él. Después de unos minutos, David está con Frank, escribiendo la monografía.

Como David, muchos de nosotros respondemos intensa e inmediatamente. Con demasiado rapidez. Utilizamos el "pensamiento de crisis" aun cuando no exista tal crisis. Regulados por nuestras emociones, somos incapaces de utilizar la lógica. Nos zambullimos en la primera solución que nos viene a la mente. Reaccionamos y, muchas veces, la manera en que lo hacemos no es en nuestro mejor interés ni en el de nuestros hijos.

No alcanzamos a ver que unos cuantos problemas se resuelven por sí mismos, con el tiempo. Algunos de los problemas de nuestros niños son serios y sería deseable nuestra intervención. Otros se resolverán solos con toda naturalidad; lo único que necesitan es tiempo y no hay por qué preocuparse. Sin embargo, tendemos a mirar los problemas de nuestros hijos como si fueran todos iguales. Considera las siguientes situaciones:

Nuestra hija adulta nos llama llorando por una discusión con su marido. Nos quedamos preocupados y despiertos durante toda la noche pensando soluciones, sintiéndonos aterrorizados por su seguridad, simplemente para descubrir a la mañana siguiente, que se han reconciliado y están muy felices. Esto ocurre diez veces más. ¿Cuánto tiempo nos llevará darnos cuenta de que los problemas matrimoniales de nuestra hija son más gandes en nuestra mente que en la de ella y que se resolverán sin necesidad de intervenir?

Nuestro pequeño hijo llora porque los otros niños lo odian; no quiere volver más a la escuela. Llamamos al maestro, al director, pensamos en establecernos en otra ciudad y nos torturamos pensando en el rechazo del que el niño ha sido objeto. Al día siguiente nos acercamos con las soluciones a las que hemos arribado después de estar levantado toda la noche y nos mira asombrado: "Ah, no pasa nada. Ayer me pasé un poco. Me encanta la escuela".

Nuestra hija de treinta años se queja de su trabajo. Le damos nombres y números de teléfonos de personas que la ayudarán a conseguir uno nuevo. Llamamos a todos nuestros amigos y conseguimos más nombres. Ella no llama a nadie. Pensamos que se siente demasiado humillada para llamar. Cuando hablamos con nuestro yerno, se ríe de nuestra preocupación y dice: "Bueno; ya saben cómo es su hija. Le gusta quejarse, pero en realidad le encanta su trabajo".

Mientras criamos a nuestros hijos nos vemos confrontados con una inacabable sucesión de problemas. Si nos involucramos en cada detalle de la vida de nuestro hijo, es probable que creemos más problemas de los que intentamos resolver.

La reacción exagerada es la piedra angular del exceso parental. La respuesta no radica en ignorar a tus hijos y sus problemas, sino en vencer tus miedos irreales. Cuando presientes que tus hijos están en problemas, pregúntate si tu miedo y ansiedad están basados en la realidad o si estás magnificando la situación por tus propios miedos interiores y tu necesidad de sobreprotegerlos.

Si comienzas a ver que tu "piloto automático" te está forzando a estrellarte en tus relaciones, intenta lo siguiente:

🔖 Comienza por reconocer a tu "piloto automático" en acción. ¿Cuál es la situación en la que te descubres reaccionando con tus hijos, en lugar de considerarla objetiva y conscientemente? Haz una lista de las situaciones que desencadenan tus reacciones irracionales. ¿Te pones muy mal cuando tus chicos no tienen buen aspecto? ¿Cuando no siguen tus reglas? ¿Cuándo no actúan como adultos? ¿Cuando no alcanzan tus expectativas?

🔖 En lugar de saltar para realizar una acción, DETENTE. Toma aire profundamente unas cuantas veces y espera unos minutos. Piensa con tranquilidad. Este tiempo te permitirá enfriar tus emociones y comenzar a tener una perspectiva de la situación. Rara vez tomamos buenas decisiones cuando estamos actuando a partir del miedo, la ansiedad o la ira. En situaciones de estrés somos más propensos a sobredimensionar los problemas. Si nos permitimos tranquilizarnos, podemos ayudar mejor: a nosotros mismos y a nuestros hijos.

🔖 Si eres incapaz de calmarte, llama a una persona que te sirva de apoyo; no tomes una decisión inmediata con tu hijo. Elige a un amigo que comprenda la situación pero que no esté emocionalmente involucrado. Habla sobre tus sentimientos y escúchalo para tener otro punto de vista. Recuerda, cuando se trata de nuestros hijos a menudo perdemos nuestro buen juicio. Simplemente estamos demasiado cerca.

🔖 Piensa que cuando dejes de reaccionar con tus hijos, quizá ellos dejen de provocarte. Cada interacción es una calle de doble dirección. El control invita a la resistencia.

🔖 Repite una vez cada día estas palabras que han sido tomadas en préstamo de la famosa oración de la Serenidad de Alcohólicos Anónimos: "Dios, concédeme la serenidad para aceptar las cosas que no puedo cambiar el valor para cambiar las cosas que puedo, además la sabiduría para reconocer la diferencia".

Aprender a renunciar al control

Has dado todo lo que tienes y aún más. Aconsejas, proteges, estimulas, rescatas, tranquilizas, supervisas, orientas y ves en tus hijos recursos no explorados que ni siquiera ellos, en sus sueños más alocados, pueden imaginar. Te desvives para encaminar a tus hijos por la senda correcta. Pero cuanto más haces, tanto más derrotado te sientes. Nada parece funcionar.

Pregúntate a ti mismo: ¿Hago esto procurando ayudar y aconsejar a mis hijos? ¿O quizá quiera guiar a mis hijos porque no confío en que ellos solos tomen la senda adecuada? Escucha la historia de Joan:

"Realmente me molesta que Carol sea tan tímida. Traté mil cosas distintas. Hice todo lo posible y al fin conseguí que me dijera algo. Le hice una cantidad de preguntas acerca de cómo lo estaba pasando. La apunté en un curso de oratoria pensando que eso la ayudaría, pero cuando regresó a casa llorando la saqué de allí. Le digo continuamente que es muy hermosa, que tiene todo para sentirse confiada en sí misma. Nada le sirve.

"Me duele mucho verla sola cada fin de semana. Llamé a algunas de las madres de los compañeros de su clase y les expliqué lo que sucede. Ellas siempre cuidan que sus hijos la inviten a sus fiestas, pero Carol no quiere ir.

"Desesperada, hablé con nuestro pediatra. Pensé que quizás, él podría hablar con ella o que tal vez encontrara alguna medicación que pudiera 'animarla'."

—Debes dejar de mimarla —me dijo.

—Es que si dejo que haga lo que quiera —protesté—, nunca hará nada. Se queda ahí sentada en la casa todo el fin de semana, sola.

"El doctor insistió en que yo la controlaba demasiado. Cuando dijo que la timidez de Carol era una reacción ante mis presiones, me puse furiosa. Todo lo que estaba haciendo era tratar de ayudarla."

Con el tiempo, Joan aprendió a hacerse a un lado. "Fue un infierno. Cuanto más trataba de tomar distancia, tanto más involucrada me sentía."

Al principio las cosas parecieron empeorar. Carol parecía más callada que nunca. "Después, comenzó a ocurrir la cosa más asombrosa que he visto en mi vida, dice Joan. Empezó a hacer cosas por su cuenta. A hablar más. Al año siguiente, comenzó a tener algunos amigos nuevos; muchachos que realmente me gustaban. Y por primera vez, que yo recuerde, realmente entró en mi habitación para hablar cosas conmigo. Hoy es una chica muy diferente de la que era un año atrás. No digo que sea 'Miss Extroversión', pero no es ni la mitad de tímida de lo que era."

Si te haces cargo de los problemas de tus hijos, ellos no tienen estímulos para hacerse cargo de su vida. Abandonar el control requiere una combinación de toma de conciencia y decisión de actuar. Considera lo siguiente:

🕮 Controlar a nuestros hijos es el escenario para el conflicto y la decepción. No funciona, aun con las mejores intenciones. En última instancia, las personas harán exactamente lo que quieren hacer, y esto también es cierto para nuestros hijos. Se portarán del modo que satisfaga sus necesidades. Si no pueden encontrar maneras constructivas, elegirán otras destructivas para satisfacer sus necesidades. Sólo cambiarán cuando sientan la necesidad de cambiar. La verdadera motivación sólo llega desde adentro, y a la única persona que puedes cambiar es a ti mismo.

🕮 Deja de dar consejos y de enfocar la atención sobre los aspectos negativos, obsesionándote, preocupándote e imponiendo tu propio punto de vista y más de una vez enganchándote en los asuntos más triviales de tu hijo. No debes dejar de amarlos o de cuidarlos pero sí dejar de controlarlos. Distingue entre las responsabilidades de tus hijos y las tuyas. Comienza por advertir cuáles son las obligaciones de tus hijos de las que tú te haces cargo automáticamente. ¿Devuelves los libros que ellos han pedido en la biblioteca? ¿Ordenas sus cuartos? ¿Los presionas para que hagan planes con sus amigos? ¿Estás encima de ellos mientras hacen los trabajos escolares?

Si tus hijos son adultos, ¿archivas sus facturas? ¿Pagas el alquiler de su piso? ¿Te inmiscuyes en los temas de cada día de sus matrimonios? ¿Asumes el papel de terapeuta si los ves un poco cansados?

Reconoce que el miedo que te empuja a hacerte cargo de esas responsabilidades se desprende de la creencia inconsciente de que tus hijos no son capaces de arreglárselas solos. Quieres asegurarte el resultado porque es duro ver sufrir a tus hijos. Y sin embargo, paradójicamente, cuanto más te haces cargo, tanto menos les permites experimentar su propio sentido de aptitud.

¿Qué responsabilidades puedes devolverles? Haz un plan de acción. Conversa con ellos y define qué tareas corresponden a cada uno. Esto puede abrir líneas de comunicación hacia una relación mejor.

🐚 A medida que tus hijos crecen tus estrategias deben cambiar y adaptarse. Las habilidades de los niños que recién comienzan a caminar son muy diferentes de aquellas que tienen los que ya van a la escuela primaria. Por lo general, los niños de seis años son capaces de asearse, hacer su cama y ordenar su cuarto. Los de doce años pueden hacerse cargo de responsabilidades mayores como cuidar a sus hermanos menores, hacer solos sus deberes o cortar el césped del jardín. Cada año que pasa, el niño debe hacerse cargo de mayores responsabilidades. Conserva en tu mente que el objetivo último de la tarea parental es preparar a los hijos para su independencia.

Un matrimonio saludable da forma a una familia saludable

Por un momento, sé honesto con respecto a tu matrimonio. ¿Funciona? ¿Satisface vuestra necesidad de intimidad, afecto, vida sexual? ¿Vuestra comunicación es franca y honesta? ¿Os divertís juntos? ¿Compartís secretos y sueños? ¿Planeáis momentos juntos a solas?

Para muchos de nosotros, éstas pueden ser preguntas muy incómodas. Demasiados matrimonios han caído en un estilo de vida de mutua conveniencia y mudo resentimiento. Aceptamos la indiferencia y el descuido en nombre de la seguridad. Por el bien de los hijos, tratamos de que esto no se caiga hecho pedazos.

Luchamos en medio de años de negación y callada desilusión, esperando que llegue la parte buena del matrimonio. Muchas veces no llega nunca. De modo que invertimos nuestras esperanzas, sueños, tiempo y energía en nuestros hijos para evitar sentir el vacío de nuestros matrimonios. Es más fácil ocuparnos de sus problemas que de los nuestros.

Tener hijos en un matrimonio enfermo es como construir una casa sobre arenas movedizas. Cuando empiezan a aparecer las grietas, los costos psicológicos resultan claros.

Los hijos siempre perciben los problemas de la pareja. A menudo reaccionan desarrollando problemas propios, para distraer a sus padres de los suyos. Esta solución da lugar a nuevos problemas.

Si quieres hijos saludables no descuides los cimientos. Trabaja sobre tu matrimonio.

¿Cómo puedes mejorar tu relación? Aquí mencionamos ciertas líneas generales que han funcionado con muchas personas:

⬜ Averigua qué necesita tu cónyuge. No supongas que lo sabes. A menudo, aquello que pensamos que son sus necesidades en realidad no lo son.

Jean estaría de acuerdo con esto. Sorprendió a Jeff con unas románticas vacaciones en Acapulco para su cumpleaños número cuarenta. Ella pensaba que él estaría encantado. Sin embargo, la respuesta de Jeff fue fría e indiferente.

¿Qué fue lo que no funcionó? Jeff, que se sentía angustiado por este cumpleaños en particular, habría recibido con gusto que su esposa e hijos no le dieran mayor importancia. Todo el escándalo por el viaje de cumpleaños sólo sirvió para destacar un acontecimiento que él habría preferido olvidar.

Sé cuidadoso tratando de no proyectar tus propias necesidades sobre tu cónyuge. Repasa tus suposiciones. Expresa tus necesidades. La comunicación abierta es el mejor camino para una relación saludable. Muchos suscribimos a la filosofía de que si es necesario pedir algo ya no vale. En consecuencia, a menudo vivimos en un mundo de interminables frustraciones y necesidades insatisfechas. Recuerda, tu cónyuge no lee tu mente.

Dar a conocer tus necesidades puede ser algo que nunca aprendiste en tu infancia. Quizás estabas demasiado ocupado cuidando a los demás. O quizá, las pocas veces que lo intentaste, te sentiste decepcionado y te prometiste no exponerte a ser herido nuevamente. En consecuencia, adoptas esa conducta en tu matrimonio y mantienes tu herida y tu decepción interior.

Conseguir lo que necesitas a menudo implica correr algún grado de riesgo. Si no puedes correrlo con tu cónyuge, ¿con quién esperas hacerlo?

Comienza primero con pequeñas cosas. Pídele algún tiempo a solas para hablar. O sugiere una noche romántica en la ciudad. Quizá te des cuenta de que el rechazo esperado tenía que ver más con tu pasado que con tu presente.

No analicéis todo. Algunas veces las relaciones se convierten en la mesa para un pimpón verbal. Este juego consiste en analizar en exceso la relación, ser el psicólogo de la otra persona y en marcar los puntos flacos de cada uno, "procesando" continuamente la relación y todo lo que en ella ocurre.

Preguntar a alguien: "¿Sabes por qué haces eso?" y lanzarse a una crítica, aliena a la otra persona y erige sus defensas. Será mejor atenerse a los propios sentimientos. Un sencillo "Me siento perplejo cuando haces eso" es mucho más eficaz y un "¿Por qué lo haces?" acompañado del deseo de escuchar la respuesta anima a la comunicación.

Compartid las responsabilidades de criar a vuestro hijo. Os sorprendería saber el número de padres que se quejan de que su cónyuge no se involucra en los asuntos de los niños, a pesar de que inconscientemente prepararon esa situación. A partir de una profunda desconfianza en la habilidad del cónyuge para asumir su papel de progenitor, se niegan a compartir las responsabilidades de la crianza. Socavan los intentos que la otra persona lleve adelante para crear cierta disciplina, discuten sobre los criterios para resolver los asuntos y se entrometen intencionalmente cada vez que su cónyuge está a solas con el niño.

Resulta sospechoso que cuando los cónyuges discuten constantemente sobre cómo criar a sus hijos, tanto uno como el otro no puede soportar la idea de abandonar apenas una parte del control. Nuevamente, el tema es el control y no tanto qué es bueno para el niño.

Mantente alerta de no minar los esfuerzos de tu pareja por participar en la crianza del niño. Cuida que ambos tengan su parte de responsabilidades. Alentaos mutuamente mediante el apoyo y el reconocimiento.

🐚 Planea momentos en los que estén juntos, sin los niños. Ésta es una necesidad. El mayor reproche que formulan los hombres a sus mujeres después del nacimiento del bebé, es que se sienten descuidados y relegados a un segundo plano. Frecuentemente es cierto, porque las exigencias del cuidado del bebé pueden ser agotadoras. Trata de pasar cada tanto una noche en un hotel con tu compañero, lejos de los niños.

Siempre hay soluciones si nos comprometemos a hallarlas. Una mujer cuyo marido se quejaba de que ya no buscaba sexualmente, después del nacimiento del segundo niño, solucionó el problema abordando a su marido por la mañana y proponiéndole en plan juguetón: "Si me quieres tener, mejor hazlo ahora; ¡al final del día no encontrarás nada! A su marido le encantó el juego.

🐚 Si la comunicación está bloqueada buscad orientación matrimonial. A veces la comunicación se interrumpe. Las personas quedan atascadas en viejos esquemas o detrás de muros defensivos. Llegados a este punto, necesitáis que intervenga un tercero objetivo. Un buen orientador os puede ofrecer apoyo, sugerencias y pasos concretos para atravesar las barreras.

Si no hay esperanza de llevar adelante una vida significativa juntos, considera la posibilidad de la separación. No tiene sentido decirse que si la pareja se separa, los hijos se sentirán felices. Se sentirán perturbados. Pueden sentirse furiosos. ¿Pero esto significa que debido a tus hijos debes permanecer en un matrimonio que no te da posibilidades de felicidad?

El modo de encarar esta decisión es ser pragmático. Considera los factores reales: la edad de tus hijos y su madurez, tu situación económica, las posibilidades de arreglos flexibles para la tenencia. ¿Qué soluciones puedes hallar para equilibrar todos los problemas prácticos inherentes a la separación?

Si estos problemas prácticos parecen insuperables y te encuentras rechazando cada opción por impracticable, considera si el obstáculo real no son tus miedos y la posibilidad de encontrarte librado a tu suerte, más que miedo por el futuro de tus hijos. Muchas personas se engañan a sí mismas pensando que sólo continúan juntas a causa de los niños, en vez de encarar estos miedos.

Cuando los matrimonios se vuelven intolerables la gente se separa. Encuentran un modo de resolver los problemas porque están motivados para ello. Si tomas esta decisión, difícilmente te encuentres solo. Millones de otras madres y padres han pasado por esto y puedes confiar en su experiencia y decidir afrontar esa situación. No es el momento de ser independiente. Es el momento de conseguir apoyo y consejo del profesional, de los amigos y de otros que puedan ayudarte en esta etapa difícil.

Dejar de ceder

Disciplinar a un niño es difícil para la mayoría de los padres. Para los padres que aman demasiado es todavía más duro. Cuando estamos tan dedicados a nuestros hijos, el mero pensamiento de fijarles límites y permitir que pesen las consecuencias, nos produce culpa y dolor.

Algunos padres que aman demasiado sustituyen la disciplina por el soborno. Cuelgan ante la cara de sus hijos la zanahoria de los juguetes, el dinero y los privilegios, esperando que ellos devolverán el favor, volviéndose trabajadores y obedientes. Estos niños esperan la recompensa por cada conducta apropiada: "Tuve un sobresaliente, ¿dónde están mis diez dólares?"

Otros padres escriben el lunes una larga lista de reglas que para la tarde del martes ya nadie recuerda porque nadie en la casa se encarga de hacerlas cumplir.

Debido a que sentimos que nuestros hijos son tan especiales suponemos que merecen un tratamiento especial. Nuestros hijos son las excepciones a la mayoría de las reglas. Les damos todo y encontramos un modo de perdonarlos por cualquier cosa.

En el peor de los casos se convierten en expertos manipuladores esperando que con quejas o llantos encontrarán la salida para sus problemas y sintiendo que tienen derechos especiales para recibir favores de todo el mundo. Muchos terminan siendo pequeños tiranos que nunca se responsabilizan por sus acciones y sienten continuamente que todo el mundo les maltrata.

En el mejor de los casos, los hijos que nunca tuvieron que respetar ningún límite a su conducta, temen la adultez y la independencia porque nunca tendrán el tratamiento que están acostumbrados a utilizar con sus padres.

El modo más eficaz de enseñar a nuestros hijos es utilizar su experiencia directa.

Considera el siguiente escenario: Jack, el hijo más joven, vuelve a la casa y dice: "Mamá, necesito que me hagas un favor. El martes no fui a la escuela; necesito que me escribas una nota que ponga que estuve enfermo".

Su madre, siempre dispuesta a comprender los problemas de Jack dice: "Yo creía que estabas en clase. Cuéntame qué pasó".

Jack le cuenta que algunos compañeros decidieron tomarse el día y que si él iba a clase habrían pensado que era un "empollón". Él es muy convincente con sus argumentos. "Quieres que tenga amigos, ¿no es cierto? Tendré que quedarme después de hora durante una semana si me descubren y perderé la práctica de béisbol. Probablemente no pueda jugar en todo el verano si pierdo el entrenamiento."

Si su madre ama a Jack demasiado, puede pensar: "¿Qué mal puedo causarle si ayudo a mi hijo sólo por esta vez? Siempre es un chico tan bueno. Realmente odiaría verlo en problemas."

Si la madre de Jack acepta este fraude, le da los siguientes mensajes: Mentir está bien; las personas te salvarán cuando estés en problemas; la manipulación tiene sus réditos; no hay consecuencias por transgredir las reglas que tus padres no pueden anular por ti.

No obstante, si la madre de Jack le permitiera vivir las consecuencias naturales de su conducta, Jack se habría sentido desgraciado, pero ella le estaría enseñando responsabilidad. Sin duda, aprendería mucho más de su semana después de hora en la escuela, que del rescate de su madre. La próxima vez se lo pensaría dos veces antes de tansgredir las reglas.

Las consecuencias naturales son notables educadores. El niño que se niega a comer su cena aprenderá qué es tener hambre. El niño que deja su juguete en la calle sabrá qué es perderlo. Un joven adulto que debe encontrar su propio abogado defensor para no ser arrestado y pagar una multa, aprenderá las consecuencias de conducir después de haber bebido. Estos recuerdos duran toda la vida.

Descubre tus expectativas no realistas

Ningún padre puede ser completamente objetivo cuando se trata de su hijo. Cada uno de nosotros está influido por su historia personal, sus necesidades interiores y sus valores culturales. En síntesis, vemos el mundo a través de cristales coloreados por nuestros valores personales y expectativas. Somos incapaces de ver a través de las debilidades de nuestra perspectiva.

Inconscientemente, imponemos nuestras expectativas sobre los demás. Luego nos enfadamos cuando éstos no actúan de acuerdo con nuestros deseos.

Nuestros hijos son quienes se ven más afectados por estas expectativas proyectadas. Con el objeto de ajustarlas más con lo que es verdaderamente posible para ellos, necesitamos mirar qué subyace tras ellas:

Cuestiones no resueltas del pasado. Los niños pueden ser un medio de retomar temas no resueltos de nuestra juventud. Jack, padre de tres niños, era incapaz de mantenerse firme para establecer límites a sus hijos, hasta que se dio cuenta de que sus acciones en realidad eran una rebelión contra su padre tiránico, que le había castigado hasta por las más pequeñas de las infracciones. Mediante la "blandura" con sus hijos, Jack intentaba inconscientemente llenar sus propias necesidades de empatía, compasión y amor.

Nuestras propias necesidades. Muchas de nuestras decisiones parentales están modeladas por nuestras propias necesidades. Si sentimos que fracasamos en la vida, podemos intentar compensarlo presionando a nuestros hijos para que alcancen logros excesivos, de modo que sean un buen reflejo nuestro. Si nos sentimos ignorados en nuestras relaciones adultas, podemos involucrarnos en exceso con nuestros hijos en un esfuerzo por llenar nuestro vacío interior.

Echa una mirada a tu relación con tus hijos. ¿Tus motivaciones provienen de las necesidades de tu hijo o de las tuyas? Planea activamente otros modos de satisfacer tus necesidades. Cuando usamos a nuestros hijos sólo para satisfacer nuestras necesidades, ellos pagan el precio.

Comparaciones con los demás. La tarea de los padres, frecuentemente está llena de la ansiedad del juego de las comparaciones. Susan terminó en el puesto 57 de su clase. Betsy es la más bonita de su clase. Barry salió tercero en el torneo de tenis.

Los valores culturales influyen poderosamente en nuestras expectativas. Y aun así, cuando tratamos de presionar a nuestros hijos más allá de su nivel normal de habilidad, les estamos dando un potente mensaje de que no son lo suficientemente buenos. En consecuencia, su autoestima baja.

Para evitar el juego de la comparación, sostén las habilidades únicas de tus hijos. Estimúlalos dentro de expectativas razonables. Recuerda, la autoestima se construye desde adentro.

Falta de experiencia. Nuestra sociedad nos prepara para el desarrollo de casi cualquier destreza excepto la más importante: la de ser padres. Esto lleva a que la mayoría de nosotros salga corriendo ante una sombra. Nuestra inexperiencia y la ansiedad que produce trabaja en contra de nosotros. Es así que reaccionamos excesivamente ante el problema más banal.

Ahora más que nunca, existen tremendos recursos para el progenitor novel. Una riqueza enorme de libros sobre el tema que abarcan una infinita variedad de temas, llena las librerías. Se dan clases para padres y existen grupos de apoyo en las escuelas locales y en los centros de educación para adultos. La orientación individual y grupal está más difundida y es más aceptada que tiempo atrás. Aprovechar estos recursos puede ayudarte a ser un progenitor más realista y seguro.

Aprender a comunicarse eficazmente

La comunicación eficaz es clara, consistente y honesta. Las palabras acuerdan con las acciones y los sentimientos con las palabras.

Para comunicarnos eficazmente con nuestros hijos, necesitamos estar abiertos a nuestras emociones y ser capaces de compartir la verdad de un modo que ellos puedan oír y comprender. Cuando amamos demasiado a nuestros hijos, a menudo tenemos dificultades para comunicarnos eficazmente con ellos. Como estamos tan pendientes de ellos, tan consagrados a su felicidad y tan propensos a cambiarlos en pro de nuestras elevadas expectativas, inconscientemente retorcemos nuestra palabra para manipularlos y controlarlos.

—No me gusta el tío Frank. Es mezquino.

—No seas tonto. Por supuesto que te gusta. Es tu tío.

—Pero no quiero ir a visitarlo. Estoy cansado.

—No estás cansado. Duerme una siesta.

Los verdaderos sentimientos de nuestros hijos nos ponen nerviosos. Sustituimos lo que no queremos oír y les decimos qué es lo que piensan y sienten. ¿Por qué? Porque si nuestros hijos sienten de un modo diferente a nosotros, esto significa que estamos separados. Eso puede resultarnos difícil de manejar; nos hace sentir fuera de control. Puede hacernos sentir que les perdemos.

La comunicación se interrumpe cuando tratamos de controlar lo que oímos. A menudo, cuando parece que estamos escuchando, en realidad no es así. En su lugar, estamos soñando despiertos, juzgando, especulando o preparando un ejemplo que muestre que todo lo que nuestro hijo acaba de decirnos está mal y que tenemos los elementos para probarlo. Inconscientemente, estamos más preocupados por concretar nuestras propias necesidades que las de nuestros hijos.

Otras veces, cuando hablamos con nuestros hijos, les enviamos una cantidad de mensajes híbridos. Decimos que no estamos enojados, pero nuestro cuerpo muestra claramente que estamos furiosos. Sin embargo, no queremos que ellos lo sepan, aunque quedaríamos aterrados si percibiéramos que en realidad para ellos somos tan transparentes como un cristal. El lenguaje del cuerpo habla en voz más alta que las palabras.

La comunicación clara y honesta es el sello que distingue a de las relaciones saludables. Se puede aprender con un poco de práctica. Los investigadores que han estudiado la comunicación ofrecen estas recomendaciones:

Escuchar activamente. Esto significa demostrar a tus hijos que realmente los has escuchado. ¿Cómo? Un modo es el de reflejar su sentimiento. Cuando tus hijos dicen: "Odio la escuela y no quiero volver más", puedes decir: "Eso suena como si te sintieras frustrado y enfadado". Piensa como puede sonar este reconocimiento si lo comparas con respuestas típicas, como: "Vamos; no digas tonterías". o "Irás aunque tenga que arrastrarte hasta allí," que clausuran la comunicación.

Parafrasear, poner en tus propias palabras lo que acabas de oír, también contribuye a que tu hijo se sienta escuchado y comprendido. Hazle preguntas para comprender realmente qué le pasa a tu hijo, antes de saltar con una indicación.

Mostrar empatía. No necesitas estar de acuerdo con algo que tu hijo ha dicho para mostrar alguna empatía. Esto puede ser muy diferente para los padres dedicados que se sienten desgarrados cuando escuchan la autocrítica, la ira o la frustración de sus hijos. En vez de decirles por qué no deberían sentir del modo en que lo hacen, algo que sólo produce enfado y reticencia para compartir sus sentimientos contigo, trata de decir: "Aunque estoy de acuerdo puedo entender que debes de sentirte muy mal".

Comparte sentimientos. A veces nos preguntamos por qué debemos dar explicaciones a nuestros hijos. "Ellos, en realidad, no pueden entender y además, deberían hacer lo que les pido." Pero piensa que si nunca ensayas una apertura ante ellos, estarán mucho menos dispuestos a confiar en ti y a abrirse contigo cuando llegue el momento.

Hablar en primera persona. Un enunciado del tipo: "Nunca cumples con tus obligaciones" o "Nunca me llamas", dichos en segunda persona, contiene una acusación. Invita a que tus hijos se defiendan y, a menudo, promueve una discusión. Más eficaz es hablar en primera persona: "Me sabe mal cuando no sacas la basura, después de haberlo prometido", y "Echo de menos que no me llames". Estos enunciados afirmativos no producen culpa. De este modo estás dando forma al hecho de que cada uno toma la responsabilidad de sus propios sentimientos y que las relaciones se hacen más honestas y menos manipuladoras.

Ser cauto con los mensajes ocultos. A veces decimos mensajes escondidos, cosas que queremos dar a conocer a nuestros hijos sin decirlas abiertamente, que se ocultan tras nuestras palabras. Mira si puedes detectar los temas escondidos en los siguientes enunciados:

"Por favor no me grites. Sabes bien que he tenido el estómago revuelto todo el día."

"Planché las camisas de tu padre, limpié tu dormitorio, hice la compra, devolví los libros que habías traído de la biblioteca. ¿Cómo pasaste la tarde en la playa?"

El mensaje oculto detrás de la primera es convencer a los hijos de que somos demasiado delicados o débiles y que deberían sentirse avergonzados de exponernos a semejante estrés. El de la segunda es: "Mira cómo sufro".

Los mensajes ocultos son modos de intentar satisfacer nuestras necesidades sin pedir directamente lo que queremos. Bien pudimos haber aprendido a utilizarlos de nuestros padres. De todas maneras, podemos evitar pasarlos a las generaciones futuras, aprendiendo a detectarlos y buscando modos más eficaces de conseguir lo que necesitamos sin hacer que otros se sientan culpables o incómodos.

No permitir que tus hijos te exploten

La paciencia es de lejos el rasgo predominante de los padres que permiten que sus hijos los exploten. Les da a estos padres la oportunidad de arremeter y de arrastrar consigo una legión de profesores, rectores, asistentes sociales, psiquiatras, niñeras, médicos, policías, abogados, jueces y consejeros sobre abuso de drogas. La paciencia les mantiene tratando de encontrar el modo de "ayudar", cuando cualquier otra persona habría abandonado, simplemente por agotamiento.

Una paciencia a toda prueba se sostiene sobre la negación. Muchos padres que aman y dan demasiado, llevan consigo una imagen mental de sus hijos como criaturas afortunadas, acostumbradas al éxito, dotadas y conmovedoramente hermosas; imagen que deja poco lugar para las opiniones de otras personas, incluyendo a los niños mismos. Cualquiera que intente perturbar esta imagen es un enemigo.

Algunos se dan cuenta de los defectos e imperfecciones de sus hijos. Pero en lugar de creer que éstos tienen que cambiar y adaptarse, piensan que el resto del mundo debería amoldarse y ser más comprensivo.

La mayoría adopta una postura intermedia. Son pacientes con sus hijos problemáticos porque temen que la acción severa que hace tiempo anhelan tomar pueda estar equivocada. Dudan de su intuición. Cuando deben adoptar una postura, retroceden. Con la esperanza de que algún día el niño volverá a buscar su guía, esperan mejores días con una paciencia que produce temor.

Mientras esperan, algunos padres aceptan lo impensable. Viven con hijos violentos y enfadados, que rompen y destruyen todo en sus arrebatos. Contestan al llamado en la puerta y encuentran al oficial para jóvenes o a un tumulto de adolescentes que busca un lugar para hacer una fiesta o a un cobrador firmemente plantado en el dintel de la puerta. Salen corriendo para su trabajo, agotados y febriles porque no pueden arriesgar su empleo, y el niño de treinta años que mantienen, que apenas les devuelve un gesto de despedida se queda tumbado en un sofá, preparándose para otro día de culebrones y televisión basura.

Si te identificas con este tipo de aceptación paciente de lo inaceptable, tu primer paso será revisar tu creencia básica de que si tratas con suficiente empeño tu hijo se transformará en aquello que tú quieres que sea. Deja de pensar que si lo hubieras amado más muchas cosas habrían sido diferentes. Ya has amado demasiado. Tu tarea es tomar distancia.

June, de cuarenta y ocho años, madre de tres hijos, estaría de acuerdo. "Susie estuvo en mil problemas distintas en la escuela secundaria. Dejó mi coche hecho una chatarra. Insultó a sus profesores y faltó a clase. Me mintió un día tras otro. Una tarde llego a casa y huelo marihuana. Pensé que eso era lo peor que podía hacer en casa, hasta la tarde en que llegué temprano del trabajo con gripe y la encontré en la cama —en mi propia cama ¿sabe?— con un hombre que yo nunca había visto antes. Susie me miró desafiante como si fuera a reprocharme por haberla interrumpido.

"¿Qué hice? La llevé al médico para que le recetara anticonceptivos. Le traje literatura sobre el abuso de drogas. Compré un coche nuevo. Pedí disculpas por ella en la escuela y escuché, rogué y recé. En dos años, gasté diez mil dólares en terapeutas, doctores y profesores particulares.

"Una mujer en mi trabajo fue la primera que me habló acerca de ser una "permitidora". Su esposo estaba en Alcohólicos Anónimos, ella concurría a las reuniones de otro grupo llamado "Al-Anon"; me habló sobre un dicho que ellos tienen: "Déjaselo a Dios y dile adiós". Pero parecía imposible de hacer. Susie era mi hija. El esposo de esta mujer era un hombre grande. En ese momento pensé que esto hacía una gran diferencia."

La creciente depresión e impotencia por el deterioro de Susie llevó a June a un terapeuta para ella misma; un profesional especializado en el tratamiento de codependientes. "Me llevó meses darme cuenta de que mi misión no era realmente encontrar soluciones a los problemas de Susie. Le había dado todo, me había vuelto loca con las preocupaciones y nada había servido. La terapeuta dijo: 'Abandona tanta fuerza de voluntad. No puedes controlar todo. Enfoca la atención sobre lo que tú necesitas'. Me dio el apoyo que necesitaba para tomar una postura con Susie."

June y su terapeuta escribieron juntas un contrato para que Susie lo firmara. Susie iría a la escuela todos los días. No llevaría sus novios a la casa cuando su madre no estuviera. No fumaría marihuana en la casa. Debía volver temprano a casa. Si quería ver a un terapeuta su madre pagaría, pero Susie pagaría todas aquellas entrevistas a las que faltara y arreglaría el modo de trasladarse a las sesiones

Cuando June se acercó a Susie con el contrato, fue más directa con sus sentimientos de lo que nunca había sido antes. Le dijo: "Tú puedes destruir tu vida pero no destruirás la mía. No quiero muchachos extraños en mi casa ni en mi cama porque me dan miedo y repugnancia. Quiero que vayas al colegio porque me siento humillada teniendo que enfrentarme con oficiales sinvergüenzas y rectores cuando estoy en el trabajo. Quiero que estés en casa temprano porque no quiero pasar la noche en vela preocupándome por ti y agotada todo el día siguiente. He renunciado a todo intento de decirte algo acerca de adónde te llevará lo que haces. Tienes diecisiete años. Haz tus propias elecciones, pero no me explotes".

Más importante que el contrato fue el cambio en la actitud de June. "Dejé de escuchar a hurtadillas las conversaciones telefónicas de Susie y de buscar en su dormitorio los indicios de que había consumido droga. Habría querido, pero me decía, 'Déjaselo a Dios y dile adiós' una y otra vez, como un mantra.

"Acostumbraba a pensar que Susie tenía estos problemas porque no era feliz y que yo era, de algún modo, la causa de su desgracia. En cierto modo, Susie sabía esto y lo utilizaba para su provecho. Hoy me doy cuenta de algo. Todos tenemos problemas. Susie no tiene más estrés en su vida que cualquiera de nosotros. Eligió modos autodestructivos de manejar sus problemas porque no le alcanzaba ninguna consecuencia por ellos y yo siempre fui muy paciente y me mostré dispuesta a pensar que todo era mi responsabilidad. Siempre estuve allí para levantar los trozos. Bueno, me forcé a mí misma a reconocer que los problemas de Susie estaban más allá de mi capacidad de ayudar. Ella necesitaba conocer las consecuencias. Dejé de hacer cualquier cosa por ella que yo supiera que podía hacer ella misma si quería, aunque eso significara que debía meterme en mi dormitorio, cerrar la puerta y llorar."

June hizo algo que se llama desprendimiento. En su libro *Codependent No More*, Melodie Beattie escribe: "El desprendimiento se apoya en la premisa de que cada persona es responsable de sí misma, que no podemos resolver los problemas que no está en nosotros resolver y que preocuparse no ayuda. Adoptamos la política de no hacernos cargo de las responsabilidades de los demás y nos dedicamos a las propias. Si las personas han creado sus propios desastres, les permitimos que se enfrenten con sus resultados. Dejamos que sean quienes son. Les damos la libertad de ser responsables y crecer. Y nos damos a nosotros mismos la misma libertad."

June aprendió esta lección con mucho esfuerzo e incluso más búsqueda de fortaleza. Recuerda aquellos días y llega a esta conclusión: "Susie no se convirtió en la hija perfecta después que tomé esta postura con ella. Sin embargo, tiene valores, moral y ambiciones propias y, lo que es más duro de aceptar, yo no puedo controlar lo que ella piensa y siente. No obstante, respeta nuestro contrato al pie de la letra. No tengo el tipo de relación con mi hija que alguna vez soñé tener, pero de vez en cuando tengo el atisbo de una joven que quizá no elige lo que yo habría elegido pero que realmente me gusta. Ha hecho algunas elecciones buenas como la más reciente de conseguir un trabajo a tiempo parcial. Tengo que estar feliz con pequeñas cosas como ésta. Y como sé que nadie cambia de un día para otro, tengo que morderme la lengua cuando quiero sugerir que haga todavía más."

Verdaderamente no puedes desprenderte hasta que abandones tus expectativas. Pero éstas pueden ser lo único que te permite aceptar que tus hijos te exploten. Si la idea del desprendimiento te paraliza, considera lo siguiente:

✤ Muchos de nosotros encontramos difícil el desprendimiento porque estamos convencidos de que nuestros "hijos problemas", drogadictos, presidiarios, desertores escolares, vagabundos de la calle, *nos necesitan*. En cambio necesitan responsabilizarse de su propia vida. Si tienes un hijo adulto cuyos problemas son graves y con quien todos tus esfuerzos por ayudar han sido en vano, reconoce una verdad esencial: tu amorosa preocupación, afecto o autoridad son armas muy exiguas, cuando estás luchando con un hijo que está en las garras de la droga, el alcohol, el gamberrismo, los valores de la calle y los problemas de la alimentación.

✤ Deja de buscar la causa en ti mismo. Deja de enumerar todo aquello que podrías haber hecho de una forma diferente. La clave de esto es permitir que la conducta en cuestión deje de ser tu problema y pase a ser el problema de tu hijo, aunque suene muy duro.

✤ Deja de echar un cable a tus hijos. Cuando tratas de forzar soluciones para ellos, que por otra parte son tus soluciones, estás practicando la codependencia; tarde o temprano recogerás los resultados de esto: un joven a quien se permite practicar conductas destructivas es alguien a quien más tarde se rescata de las consecuencias de éstas. En lugar de buscar nuevas fuentes de ayuda para tu hijo cuando todo ha fracasado, busca fuentes de ayuda para ti mismo.

¡Paso a paso!

Esta parte la hemos pedido prestada a Alcohólicos Anónimos, grupos de personas comprometidas en cambiar conductas enfermas y adictivas.

Habitualmente, se considera que cualquier clase de crecimiento personal se realiza dando dos pasos hacia delante y uno hacia atrás. Esperar el cambio de la noche a la mañana es la antesala del fracaso. Mirar el cambio de tu personalidad es como tratar de ver el crecimiento del pelo. No parece ocurrir nada hasta que un día tienes que ir a la peluquería. Si conservas esta idea tan sencilla en tu mente, te ahorrarás la angustia y la frustración de expectativas no realistas sobre ti mismo.

El camino al cambio está pavimentado de pequeños éxitos. Por ejemplo, si te encuentras involucrado en exceso en la vida académica de tu hija y preocupado porque no es todo lo que tú querrías que fuera, no esperes retirarte por completo. Manten la abstinencia en un aspecto. Si habitualmente le preguntas cada noche si ha hecho los trabajos escolares, fíjate como meta no hablar del tema durante una semana. Deja que ella tome el control de esta cuestión y felicítate por el éxito obtenido.

Si te encuentras obsesionado con la vida social de tu hijo, intenta una tarde no preguntarle sobre sus planes para el viernes o el sábado por la noche. Podría ser que él mismo quisiera contarte si tú no te adelantas. Aun cuando no lo haga, revolotear sobre él no garantizará una vida social estimulante y gratificante. Da un paso hoy, otro mañana.

Si estás intentando ser menos crítica con los amigos de tus hijos, no esperes cambiar súbitamente. Fíjate la razonable meta de contenerte diariamente y no mencionar dos de los comentarios críticos que te vienen a la mente. Probablemente ya has realizado estos mismos comentarios cientos de veces, sin ningún resultado.

Sé paciente contigo mismo. Cuando nos sentimos atascados, a menudo estamos a punto de derribar un muro. El simple hecho de que estés leyendo este libro significa que estás trabajando en ti mismo. Ten fe y da un paso primero, otro después.

Recuerda, podrías ser acusado de una cantidad de cosas peores que amar demasiado a tus hijos. Has abierto muchas puertas y les has brindado una cantidad de maravillosas oportunidades. Si a lo largo del camino tus hijos van a dar al zanjón de los problemas emocionales, no están solos. Deja de lado la culpa; no ayudará. Nunca es demasiado tarde para cambiar. La vida es un proceso, y los errores son una oportunidad para el crecimiento.

13

SOBREVIVIR A LOS PADRES QUE AMAN DEMASIADO

"¿QUÉ HAGO AHORA?"

"¿No sería más fácil ir a vivir a Australia o algo así?"
MARK, 25 AÑOS

Sobrevivir a los padres que aman demasiado no significa que tengas que perder la compasión o el amor por ellos. Podemos aflojar los lazos que nos atan a nuestros padres y aun así mantener una relación vital y afectuosa con ellos. Será necesario enfocar la atención sobre nuestro propio cambio, en lugar de esperar cambiarlos a ellos. Significará abrazar los desafíos y las posibilidades de independencia y separación.

Para cambiar, debes *ponerte en movimiento*. La clave es ponerse en acción. Aquí presentamos un plan de arranque de 12 puntos que puede ayudarte a comenzar a tomar la senda que lleva a una vida más libre y gratificadora.

Aprender a sentir nuevamente

Si quieres curarte, tienes que sentir. Considera los sentimientos como algo con lo que puedes contar para interpretar la vida y para obtener información precisa sobre ti, en vez de algo que tengas que esconder, reprimir o cambiar.

Los hijos adultos que han tenido exceso parental tienden a tener un modo habitual de manejar sus sentimientos. Simulan. Avergonzados por sus padres por tener sentimientos diferentes de los de ellos, besan y acarician a personas por las que sienten indiferencia, lanzan exclamaciones por regalos que detestan, ríen de los chistes que no son graciosos y sonríen desde su enfado.

Parte de esto se debe a una infancia donde tal deshonestidad era estimulada como "cortesía" y hacer "buena cara". En parte se debe a los padres, quienes modelaron la represión de los sentimientos. Tales personas no saben qué sienten, no tienen idea de cómo manejarse para expresar sus emociones o temen ser abrumados por sus propias emociones si las dejan salir de sus jaulas, aun momentáneamente.

El modo que uno tiene de manejarse con los sentimientos se puede cambiar. Se ha demostrado que la terapia grupal (personas trabajando juntas activamente y apoyándose mutuamente para un objetivo común) puede transformar a personas que han pasado su vida rígidamente controlando sus sentimientos en personas que se sienten cómodas con una gama completa de emociones.

Cuando Gail, profesora de educación especial, oyó a dos mujeres en su grupo que se gritaban una a la otra a voz en cuello, se refugió asustada en un rincón, sintiéndose azorada y ansiosa. Más tarde, cuando el grupo salió para tomar algo, como ocurría cada semana, vio a las dos mujeres charlando y riendo, como si nada serio hubiera pasado. "Aprendí algo esa noche. Habían mostrado sus sentimientos y se sentían satisfechas de haberlo hecho. Su relación había sobrevivido. De algún modo, pienso que se sentían más cercanas por haber sido tan honestas. En mi casa, un arranque de ese tipo habría sido suficiente para que mi madre estuviera malhumorada durante dos semanas, para recibir un severo sermón de mi padre, una semana de sentirme avergonzada y un mes de análisis general del motivo de lo ocurrido.

"Un día, una mujer en el grupo me provocó, y fui yo la que grité. Después, esta mujer me abrazó. Fue el momento más increíble de mi vida. Ahora que he dejado de ser esa especie de robot que acostumbraba a ser, con miedo de enfadarme y avergonzada por sentirme ofendida, miro mis sentimientos como una prueba de que estoy viva."

¿Por qué es tan eficaz la terapia de grupo para ayudar a las personas a aprender a ser emocionalmente honestas consigo mismas y con los demás? Mientras que la mayoría de las terapias traen a la conciencia las defensas del yo (racionalizaciones, intelectualizaciones, negación), para aprender de este modo a dejarlas a un lado, los grupos son muy activos en su tratamiento. En un grupo es posible encontrar a personas detestables y a otras controladoras, a la víctima y al complaciente; es decir; una gama completa de seres humanos que se convierten en tu "familia"; a veces hasta se trenzan en una pelea. La reacción se produce con esas personas. Quizá tu padre fuera de tipo defensivo y Joe, ése del grupo que se sienta en un rincón con los brazos cruzados sobre el pecho, también sea del tipo defensivo. Reaccionarás emocionalmente con él. Así comenzarás a conectarte.

Si reprimes tanto tus sentimientos que no reaccionas ante nadie, un buen terapeuta puede hacer que aquéllos afloren. "¿Qué sientes?" es la pregunta que comúnmente se formula en los grupos.

Elaborarás tus sentimientos. En un grupo eficaz, encontrarás apoyo y comprensión cuando expreses tus sentimientos con honestidad y aprenderás a conseguir que todo el mundo los exprese contigo.

Algo que es de suma importancia para el niño que fue demasiado amado, es que seas capaz de sentirte a gusto, aun siendo imperfecto. Elaborarás sentimientos generalizados de vergüenza que son consecuencia de pensar que eres "malo" porque nunca alcanzaste a ser tan bueno como para satisfacer las elevadas expectativas de tus padres. Aprenderás a transformar esta vergüenza generalizada en sentimientos específicos. Aprenderás que es posible amarte a ti mismo, aun sin amar todo lo que haces. Aprenderás a distinguir entre tu concepto del yo y tus acciones. Puedes cometer un error y aun así, ser una buena persona. Puedes enfadarte y sentirte ofendido sin miedo de que los demás te abandonen.

No creas que cuando comiences a sentir, todo lo que sientas será malo. Cuando nos negamos a sentir los momentos más "bajos" de la vida, evitamos sentir los más "altos". Los hijos adultos que fueron amados demasiado son personas que están constantemente bajo control. No pueden echar atrás la cabeza y lanzar una carcajada ni gritar a voz en cuello cuando se sienten heridos. En el amplio espectro de sentimientos posibles, se mueven dentro de una moderada mediocridad, renunciando a la alegría para evitar el dolor.

Una meta primordial de la terapia es conseguir que las personas experimenten sentimientos que han estado reprimidos durante demasiado tiempo; así pueden curarse y tener una vida emocional plena, libre de "materias pendientes". La alegría es uno de estos sentimientos. El dolor y el enfado son otros.

Otros pasos que ayudarán en este proceso incluyen lo siguiente:

💚 Enfoca tu atención en tratar de salir de tu "cabeza". Las personas que fueron demasiado amadas tienen una tendencia a ser excesivamente intelectuales. Deja de analizar todo. Aplicar demasiada lógica a las relaciones humanas es contraproducente. Las personas actúan en forma ilógica porque frecuentemente sus emociones son ambiguas. Realmente no podemos controlar lo que sentimos ni encontrar siempre su significado. Nuestros sentimientos no son buenos o malos; *son*, sencillamente.

💚 Corre el riesgo. Atrévete a ser honesto. Sé consecuente con tus sentimientos; no hagas una enorme pila con ellos hasta que un día explotas violentamente. No necesitas atacar a los demás. No necesitas hacer la "víctima" y culpar a todo el mundo por todo lo que has sufrido. Pero puedes aprender a decir honestamente lo que sientes y construir los cimientos para una vida emocional plena.

💚 Sé vulnerable con tus padres. Esto incluirá decirles cuándo estás enfadado u ofendido. Aprende a expresar eficazmente con ellos la ira y el dolor. La ira no tiene por qué ser hostil ni violenta. No necesita ser un ataque. El dolor no tiene por qué expresarse con un histérico arranque de llanto. Expresar tus sentimientos con eficacia significa expresar lo que sientes: por qué estás perturbado, por qué estás enfadado y qué necesitas. Recuerda, la cuestión no es cambiar a tus padres ni a nadie cuando expresas estos sentimientos. Se trata de dejarlos salir para tú puedas seguir adelante.

Dejar la imagen para los momentos que sea de alguna utilidad

Una fría autosuficiencia quizá sea justamente, lo que algún jefe esté buscando. Pero los amigos y amantes encuentran difícil estar cerca de nosotros si nuestras aristas son demasiado marcadas.

La habilidad para ser vulnerable con los demás es la piedra angular de una persona que no tiene miedo a la intimidad. La vulnerabilidad nos permite aceptar a los demás tal como son, de la misma manera que nos aceptamos a nosotros.

La aversión a aparecer vulnerable a los demás es una de las razones más comunes que los hijos adultos que tuvieron exceso parental tienen para construir una fachada atractiva para el mundo detrás de la cual hay soledad y vacío interior. Puede ser un hábito difícil de quitar, especialmente si la posibilidad de ser amado estaba relacionada con poner nuestros logros en el escaparate, allí donde nuestros padres pudieran verlos. Poner nuestra fortaleza y logros dentro de un "envase" perfecto con el objeto de impresionar a los demás y hacer que nos amen termina volviéndose un hábito.

Considera a Rosemary, que sedujo a Dan invitándolo a impecables cenas de *gourmet* en las que enumeraba sus logros y daba una letanía de consejos sobre cómo podría él dar un vuelco a su profesión con un título de vicepresidente en la próxima reunión de gerencia.

Una noche él le dijo: "Rose, ¿por qué no te relajas? No vengo para que me des orientación profesional".

Rosemary admite que al principio se ofendió y se enfadó. "Luego me di cuenta de lo que estaba haciendo. Estaba dando una audición para el papel de 'esposa'. Mostrándole que era muy inteligente y emprendedora 'dando a conocer mi mejor cara', como mi padre solía decir, creía que él abriría los ojos y querría que yo me quedara para siempre con él. Pero estaba tan desesperada con eso que llegué a fastidiar a Dan.

"Cuando dejé de tratar de impresionarlo y hablé honestamente sobre los momentos en que yo no estaba tan segura de mí misma o me sentía confundida y vacía, me di cuenta de que él no era mi padre. No se sintió decepcionado de mí; en realidad no necesitaba que yo fuera perfecta. No hacía falta parecer perfecta continuamente. De hecho, nos sentimos más cerca uno del otro."

Una buena imagen no es una exhibición de autoconfianza. Es una defensa, una máscara que oculta quiénes somos y qué sentimos de verdad creada a partir de las exigencias perfeccionistas de nuestros padres. Otros la ven como un reservado desapego o una ansiosa necesidad de impresionar.

¿Cómo cambiar el "buen aspecto" por algo más honesto? Algunos terapeutas han ayudado a las personas a encontrar la salida a la continua compulsión de la imagen, dándoles una "tarea escolar": pasar una semana cometiendo un error cada día. Llegar tarde a una reunión. Volcar el vaso de agua en un restaurante. Llevar una blusa arrugada al trabajo, o una corbata horrible. Quedarse dormido. En otras palabras, arruinar la propia imagen.

Después de una semana, la persona debe informar al terapeuta sobre sus desaguisados. Si éstos no fueran suficientemente arriesgados, debe volver y cometer algunos más.

Las personas que han experimentado exceso parental, se aterrorizan ante esta tarea. Va totalmente contra la esencia de todo lo que saben. La primera vez que lo intentan, perciben un enorme bloqueo, como un invisible muro de hormigón. ¿Qué ocurriría si se rieran de ellos, si fueran ridiculizados, rechazados o humillados? Como lo expresó un hombre: "Sería una MALA PERSONA. Toda mi vida he estado aterrorizado de ser una MALA PERSONA".

No existe nada tan liberador como ser alguien común y normal y desprenderse de la necesidad de ser perfecto. El propósito de esta tarea no es el de enseñar a las personas que cometer errores es maravilloso, sino que hay una gran variedad de formas de ser a elegir y aun así ser aceptado. Tener una buena imagen es sólo una de estas opciones. Las personas pueden ser imperfectas, cometer errores y sobrevivir sin ser abandonadas o humilladas. El miedo es mucho mayor que la realidad.

Superar el miedo de cometer errores frente a otras personas estimula la espontaneidad. El objetivo no es convencer a los demás de tu incapacidad. Se trata de ser capaz de correr riesgos, de bajar las defensas y reivindicar lo que sientes de verdad.

Si hace falta, siempre podemos quitarnos la máscara. Sin embargo, es tremendamente limitante —por más que sea impuesto por nosotros mismos—, estar gobernados por esquemas rígidos y perfeccionistas. Vigilar nuestra conducta de imagen y reemplazar esas respuestas por otras más abiertas y fáciles, nos permite experimentar la alegría de ser aceptados por lo que realmente somos.

¿Cómo poner fin a toda una vida de mostrar una "buena imagen"? George, un ejecutivo de publicidad, descubrió la libertad de dejar de necesitar ser siempre perfecto, durante una clase de navegación a bordo de un velero en Martinica. "El instructor, que apenas hablaba inglés, me dejó el timón después de unos cinco minutos. Yo no tenía idea de qué debía hacer. Enseguida, las velas empezaron a flamear y el barco a cabecear, luego la vela embolsó aire y todo lo que pude oír fue al instructor gritando algo que sonaba como '¡Zubu! ¡Zubu!'. Un segundo después estábamos en el agua. Podía oír a mis amigos en la costa, aullando como hienas.

"Seis meses atrás, habría querido morirme. Pero, mientras trataba de enderezar el barco, pensaba: 'Éstas son mis vacaciones. ¿A quién le importa si estoy ridículo? No soy un gran marinero. ¿Qué importancia tiene?'.

"Fui hacia la costa, agitando el brazo a mis amigos, y llegué a la playa riendo como un idiota. Nunca me había sentido tan bien. Mis amigos me regalaron una camiseta que ponía 'Capitán': me parecía fantástica."

Para abandonar toda una vida de dar una "buena imagen", como hizo George, tienes que abandonar la ilusión de que el único modo en que serás aceptado es si sales al ruedo a actuar, tener éxito y convencer a todos de que eres perfecto. Los tres pasos siguientes ayudarán:

⚘ Comete un pequeño error delante de alguien con quien tengas confianza. Observa cómo te sientes. Fíjate en qué hace la otra persona. ¿Te rechaza y abandona como temías? ¿O apenas ha advertido tu error? Comienza por mirar que otras personas están más pendientes de sí mismas que de tu conducta. Tu preocupación de ser rechazado si no eres perfecto es un miedo que has construido y que tiene poco asidero en la realidad. Aplica algún tipo de "prueba de realidad" sobre esas suposiciones, relajándote y advirtiendo que no ocurre nada terrible.

⚘ Confecciona una lista de cinco secretos que tú sientas que no podrías revelar nunca a nadie. A continuación, mira la lista y haz de cuenta que fue escrita por un compañero de trabajo o un amigo a quien admiras. ¿Estos secretos hacen que desprecies a esa persona? ¿O hacen que quieras encogerte de hombros y decir 'Bueno, y qué'?

⚘ Escribe una lista de cinco cuestiones que nunca has compartido con tus padres. ¿Qué esperas que suceda si lo haces? ¿Hasta qué punto estas respuestas son realistas? Para probarlas, trata de compartir con ellas alguna de esas cosas. Una mujer que pensó que su madre se espantaría si le hacía conocer su decisión de gastar 3.000 dólares en un abrigo de piel, se quedó atónita cuando su madre sonrió y le dijo: "Me alegro; eso es algo que siempre quise que tuvieras". Aunque no todos los hijos consiguen esos resultados, nuestro miedo a la desaprobación de los padres pierde su poder sobre nosotros cuando descubrimos que podemos sobrevivir a la situación.

Dejar de dar munición a los padres

Las personas que se reconcilian con sus padres excesivamente dedicados aprenden a pesar sus palabras. No comparten compulsivamente cada detalle de su vida con sus padres. Se permiten tener alguna vida privada.

Las personas ambivalentes con respecto a separarse del amor y el control sofocante de sus padres, inconscientemente los conectan a una nerviosa preocupación dejando caer cerca de ellos pequeñas "bombas" de información, como: "Estoy saliendo con un hombre casado" o "No he hecho el amor con mi esposo en todo el mes" o "Excedí mi límite de descubierto en mil dólares" o "No te preocupes; es que no he podido probar bocado en toda la semana".

Después de dejar caer una de estas "bombas" y de enganchar a sus padres en la desesperación y la ansiedad, se quejan: "Mis padres se preocupan demasiado por mí. Es ridículo. Hacen un jaleo por cada cosa que hago. ¿Por qué no me dejarán en paz?".

Cuando contamos estas cosas, debemos prestar atención a nuestra motivación. Por experiencia, ya sabemos exactamente qué dirán. Entonces, ¿por qué nos sentimos obligados a decirles cosas que sólo los perturbarán?

A veces, cuando decimos: "Quisiera que mis padres simplemente me aceptaran, que dejaran de decirme qué debo hacer y que no montaran un escándalo por cada cosa", realmente queremos decir: "¿Por qué no puedo decirles que consumo cocaína, que me acuesto con hombres que tienen diez años menos que yo, que cada día estoy más endeudada y, aun así, tener su aprobación?".

Queremos hacer las cosas a nuestra manera. Pero queremos hacerlas con el total consentimiento de nuestros padres porque todavía estamos atados a ellos.

Las personas que habitualmente abundan en relatos acerca de sus peligrosas andanzas en un mundo de descuido, irresponsabilidad y autodestrucción, generalmente están atemorizadas de sus propias decisiones. Inconscientemente, piensan que si sus padres aprueban su conducta o al menos no las castigan abiertamente por sus acciones ya no son totalmente responsables de sus acciones.

O quizá den a conocer los detalles más sórdidos para que sus padres puedan castigarlos. Esto ayudará a aliviar su culpa.

Si das continuamente munición a tus padres compartiendo tu vida mucho más allá de lo razonable para un adulto independiente, considera lo siguiente: contar todo a nuestros padres es como decirles "¡Cuídenme! No estoy pronto para ser independiente. No estoy listo para separarme de ustedes". No es asombroso que encuentren difícil creernos cuando les decimos que queremos ser libres.

Si no nos sentimos cómodos con lo que hacemos, no deberíamos hacerlo. La confidencia compulsiva acerca de aquello que nuestros padres preferirían no saber, sólo perpetúa la dependencia autoaniquiladora y la creencia de que las consecuencias negativas de nuestras acciones pueden ser arregladas por nuestros padres.

La honestidad no implica comprometer nuestra vida privada. Si nos quejamos de ser demasiado amados, a menudo es porque preferimos esto al riesgo de largarnos por nuestra cuenta y hacernos responsables de nuestras decisiones. El rechazo a mantener en privado los secretos de nuestra vida ante nuestros padres en nombre de la "honestidad" o la "cercanía", es una de las razones más comunes para permitir que continúe el exceso parental en la vida adulta. Relatos minuciosos de nuestra vida sexual, situaciones económicas problemáticas o conflictos en nuestro trabajo, enganchan a nuestros padres en los roles familiares de dar demasiado, cuidar demasiado, involucrarse en exceso y, finalmente, entrometerse.

Ser independiente es no aceptar este tipo de intromisión. Los siguientes pasos pueden ayudar:

🦋 Advierte tu participación en el exceso parental que tiene lugar en tu familia. ¿Con cuánta frecuencia haces una confidencia a tus padres, buscando secretamente su aprobación, y terminas sintiéndote castigado, controlado o incomprendido? ¿Con cuánta frecuencia podrías haber anticipado este resultado antes de abrir la boca para hablar?

Sólo tú puedes dar a tus padres esa munición. Date cuenta de que cuando les cuentas todo y esperas una comprensión sobrehumana y la sanción de tus peores vicios,

también les estás dando la idea de que no eres suficientemente responsable o maduro para manejar tu vida.

✥ Reduce la cantidad de confidencias que haces a tus
padres. ¿Conversas con ellos los detalles de las discusiones con tu esposo, su progreso en la terapia, su habilidad en la cama? Comienza a guardar los detalles
para ti. ¿Usas el teléfono para llamar a tus padres cuatro veces cada día? Intenta hacer sólo dos llamadas
diarias. ¿Sientes la compulsión de contar los detalles
de la noche loca del viernes cuando estuviste recorrien-
do bares? En cambio, cuéntalo a un amigo. Observa
cómo te sientes luego. Piensa que tu ansiedad es un
indicio de que estás librándote de la dependencia de
que tus padres aprueben lo que haces y que estás cada
día más cerca de empezar a aprobarte tú mismo.

✥ Cada vez que te encuentres ansiosamente volcando
todo sobre tus padres, detente y pregúntate: ¿Por qué
lo hago? ¿Acaso necesito ser castigado? ¿Me siento mal
con lo que he hecho? ¿Estoy buscando su aprobación
para aumentar mi confianza en lugar de tomar una
decisión que cambiaría mi conducta? ¿Espero que mis
padres arreglen el problema y me saquen del apuro?
¿Necesito que mis padres se preocupen por mí para sentir que me aman? ¿Existe algún camino más saludable
para reclamar su amor?

Limitar lo que cuentas a tus padres no es falta de honestidad o engaño. Es la aceptación madura del derecho del
adulto a una vida privada.

Ceder en la batalla acerca de quién tenía razón

Los hombres y las mujeres que están emocionalmente
separados de sus padres no intentan ganar la batalla acerca
de quién tiene razón. Declaran una tregua con sus padres en
la que ambas partes pueden acordar no estar de acuerdo y
dejar que cada uno viva su vida.

Las personas que todavía se aferran a la dependencia infantil, perpetúan inconscientemente la batalla, enredándose una y otra vez en las mismas frustrantes discusiones y juegos de poder.

La dolorosa ambición de convencer finalmente a nuestros padres controladores de que nosotros tenemos razón y que ellos están equivocados puede conducirnos a errores aún mayores. Cuando Roberta, la representante de un fabricante, renunció a su trabajo para viajar a Europa y reunirse con su novio, un hombre que sus padres rechazaban totalmente, supo desde el momento mismo que el avión aterrizaba que había cometido un error. Él no había ido a buscarla; esto ya era un anuncio del curso que tomaría la relación. Roberta, tratando de hacer más llevadera su espera caminando de un lado a otro en su estudio; él en algún otro sitio, dedicándole apenas algún pensamiento.

"Jack era justamente aquello que mis padres habían dicho que yo debía evitar. Desde luego, ahora lo sé, eso era lo que lo convertía en alguien tan atractivo para mí. Ahí estaba yo, en París, sin trabajo y sin futuro, sin permiso para tener un empleo, aburrida y sola, pero todavía aferrándome a la idea de que la vida con Jack sería estupenda, simplemente porque quería demostrar a mis padres que estaban equivocados en lo que respecta a él.

"Finalmente, les envíe un telegrama pidiéndoles dinero para regresar a casa. Durante meses tuve que escuchar mil veces sus humillantes 'yo te lo había dicho'."

Nuestros padres no siempre tienen razón. Tampoco están siempre equivocados; esto puede resultar difícil de aceptar. El problema no son sus opiniones sobre todas las cosas que hacemos, en tanto la situación no nos lleve a rebelarnos a cualquier precio contra su control, sólo para probarles algo.

Aunque puede ser difícil acabar con el improductivo ciclo control-rebelión, podemos comenzar por tratar el tema real: el doloroso y reprimido resentimiento. Cuando el terapeuta de Roberta le pidió que llevara una lista de los resentimientos que sentía en relación a sus padres, ella llenó seis páginas mecanografiadas. Juntos leyeron la lista; Roberta repetía frases como: "Piensan que saben todas las cosas" y

"Piensan que los demás son idiotas", de pronto empezó a reír con tanta fuerza que las lágrimas brotaron de sus ojos. "No soy muy hábil para hacer listas. Ahora que leo ésta veo que pinté a mis padres como dos ridículos Napoleones sacudiendo el dedo delante de mi nariz y diciéndome que no llego a la altura de los estándares que ellos plantearon para mí en cuanto a qué ser y cómo proceder.

"No siempre comprendes que tus padres a veces pueden ser inmaduros, y sientes rencor porque no son todo lo que necesitas que sean. Lo que era peor, me estaba volviendo cada vez más como ellos. Siempre quería tener razón. Yo tampoco quería escuchar a nadie."

Roberta comenzó a ver a sus padres tal como eran: dos personas desesperadamente aferradas a sus opiniones y juicios, atemorizadas de que si alguien iba contra ellos y triunfaba, de algún modo quedarían disminuídos. En la familia de Roberta, tener "razón" era equivalente a tener un valor propio. Roberta había heredado esta creencia que era el cimiento de una interminable batalla. Cuando empezó a ver las opiniones de sus padres por lo que eran —comentarios que ella podía aceptar o rechazar y no un análisis de su propio valor— dejó de tener la necesidad de convencerlos de que ella tenía razón y de rebelarse tontamente contra ellos.

Muchas personas luchan contra la necesidad de encarar su resentimiento con sus padres, a pesar de que éste se transforma en el cimiento de una vida de rebelión. Dicen: "No puedes culpar a tus padres por todo; tienes que ser responsable de tu propia vida". Esto sería muy bueno si lo creyeran honestamente así. Lamentablemente, la frase muchas veces proviene de personas que de vez en cuando tienen migrañas, úlceras, cutículas arrancadas o comidas y profundas ojeras provocadas por un doloroso y reprimido resentimiento. Aunque la máscara que llevan diga: "Todo está resuelto; las dificultades con mis padres no afectan mi vida", en realidad temen la represalia por el resentimiento que guardan.

El objetivo de encarar tu resentimiento es el de llegar al punto donde puedes perdonar el pasado. Sin embargo, muchos sentimos que deberíamos estar dispuestos a perdonar sin más trámite.

No se puede saltar hasta la línea de llegada. "Mis padres hicieron lo mejor que pudieron" puede ser cierto pero también puede ser una excusa para no elaborar nunca la relación con ellos. El resultado será el traslado del conflicto reprimido a otras relaciones, especialmente las que tienes con tus propios hijos, porque siempre necesitarás tener razón y tener la última palabra.

Podemos rebelarnos con el fin de mostrar algo. O podemos ver a nuestros padres como seres humanos, personas que tienen las mismas necesidades de valoración y reconocimiento que nosotros. Podemos comenzar a ver nuestra necesidad de tener razón por lo que ésta es: una necesidad de valoración y reconocimiento.

Para lograr esto hay caminos mucho más saludables que enredarse en interminables luchas por el poder con nuestros padres, simplemente por la necesidad de que nos digan que tenemos razón. No hay motivo para luchar con tus padres como si tu libertad de ser lo que eres y hacer tus propias elecciones fuera algo que sólo ellos te pueden conceder. Estos pasos te ayudarán a poner punto final a la batalla:

♳   Las personas que abandonan ese círculo vicioso se dan cuenta de algo: nadie —ni siquiera nuestros padres, cuya aprobación significa tanto— puede controlarnos si nosotros no lo permitimos. Echa una mirada objetiva a los resultados otenidos en el ciclo control-rebelión: te permite ser reactivo en vez de activo. Como decía una mujer: "Toda mi vida ha sido un gran 'me cago en ustedes' para mis padres. Aunque estaba desprendiéndome de ellos gracias a la rebelión, me hundía cada vez más profundamente en ella, porque sus opiniones todavía me estaban controlando".

La rebelión sin fundamento es una evidencia de nuestra capitulación ante el control de nuestros padres y de la sumisión irreflexiva ante cualquier cosa que merezca su aprobación o aceptación.

♳   Si te sometes al control de tus padres porque te sientes demasiado culpable de rebelarte contra ellos, considera que puedes tener una enorme participación en el hecho de ver tan poderosos a tus padres. Esto te hace sentir más seguro. Sin embargo, puedes volverte seguro de ti mismo; si controlas tu propia vida en vez de reaccionar ante los deseos de tus padres.

❦ Encara directamente tu resentimiento. Escribe una carta a tus padres sobre cuánto rencor te produce su constante control. No necesitas enviarla; permitir la salida de tus sentimientos puede liberarte emocionalmente para abandonar la vieja batalla.

❦ Si tus padres te dan órdenes constantemente hasta el punto de ponerte furioso, date cuenta de que puedes estar frente a dos personas bien entradas en la madurez que llevan dentro un niñito muy necesitado. No es el lado maduro de tus padres el que les lleva a tratar de regir tu conducta. No es su sabiduría de adultos lo que los hace incapaces de tolerar otra cosa que no sea tu aceptación de sus órdenes. Es un niño necesitado que quiere amor, respeto y reconocimiento, sólo que lo intenta de un modo que se transforma en enfado y falta de consideración. Apártate de esta gastada batalla con un firme "Somos diferentes; yo los respeto. Sólo quiero que ustedes también me respeten". Aún habrá silenciosas rabietas; tú no responderás a ellas del mismo modo. Date cuenta de que satisfacer las necesidades de tus padres no es tu única responsabilidad.

No tomar más de lo que uno está dispuesto a pagar

El exceso parental y la tremenda cantidad de regalos y atención que lo acompañaron tiene su precio. Olvidarse de que algún día la factura habrá de llegar puede conducirnos a problemas importantes.

Cuando los padres de Ray se separaron, éste se puso de parte del padre. Cuando le faltaba un semestre para completar la carrera de derecho, se sintió totalmente feliz de mudarse al piso de su padre en la ciudad; aquí podía disfrutar de

una enorme asignación, recibir comida y servicio de
mucama gratuitos, compartir su lista de antiguos reclamos
contra la madre y soñar con un eventual cargo en el estudio de su padre.

Cuando Ray se graduó, hizo un viaje a Hawaii con todos los gastos pagados por su padre. A su regreso, éste lo fue
a buscar al aeropuerto y le dijo: "Conseguí un gran primer
caso para ti, Ray. Quiero que me representes en el juicio de
divorcio contra tu madre".

Ray casi se cayó de espaldas de la impresión. Nunca
pensó que su padre le pediría semejante cosa. ¿Cómo podría
encarar a su madre en los tribunales? Su negativa terminó
con amenazas acerca de no ser admitido en el estudio de su
padre y en una cantidad de otras consecuencias igualmente
devastadoras.

No son muchas las personas que reciben una "factura
por servicios prestados" tan extrema como la de Ray. Pero,
nuestra "factura" puede contener los encargos de llamar cada
día a nuestros padres, no enfadarnos nunca, vivir en el mismo barrio, ir a cenar los domingos por la noche, llamar a los
hermanos a quienes poco tenemos para decir, casarnos con
alguien que nuestros padres aprueben, sentirnos culpables
cuando no hacemos lo que ellos quieren que hagamos, etc.
En otras palabras, podemos restringir y limitar nuestras elecciones porque "debemos".

Para ganar control sobre nuestra vida y separarla de la
de nuestros padres, tal vez tengamos que olvidarnos del dinero de nuestros padres. Renunciar a la asignación vitalicia
puede resultar difícil, pero nunca podremos ser verdaderamente independientes si tomamos más de lo que damos.

¿Cómo nos desenredamos, especialmente cuando lo
disfrutamos tanto? Ellen, secretaria ejecutiva de treinta y cuatro años, aceptaba el dinero que sus padres le daban todos
los meses y compraba ropa, maquillaje y entradas para el
teatro, algo que a ella le encantaba; no obstante empezó a sentirse cada vez más incómoda con esta asignación, a medida
que se hacía mayor. "Lo más difícil era ir a verlos para retirar
el cheque. Iba a la casa de mis padres y charlaba con ellos
durante una hora. Cuando me ponía de pie para marcharme,

mis padres intercambiaban una mirada; luego papá entraba a su estudio donde guardaba su chequera. Me acompañaban hasta la puerta; mi padre me daba unas palmaditas y luego me extendía el cheque. Me hubiera gustado decir: 'No vine a verlos sólo para esto', pero las palabras se me atragantaban en la garganta. Se trataba de algo que nunca había hablado; un acuerdo tácito de que continuarían dándome trescientos dólares cada mes.

"Me daba cuenta de que mi madre pensaba que aquello debería parar. Aunque podía ver que ambos se sentían orgullosos de poder hacer esto por mí. Representamos la misma escena muchas veces; mi madre, tratando de ocultar su decepción, mi padre defendiéndome silenciosamente, hasta que me di cuenta de que mi vergüenza por tener que retirar el dinero era peor que arreglármelas sin él.

"El hombre con quien estaba afectivamente ligada en ese momento se sorprendió cuando le dije que todavía recibía dinero de mis padres. Después de todo, mi sueldo no era poca cosa. Sentí que tenía que ponerme a la defensiva; ésa fue la señal de que yo no estaba realmente cómoda en aquella situación. Mi argumento más fuerte era que mis padres tenían más dinero del que necesitaban pero él repuso que eso era una racionalización. Interiormente, yo sabía que aquello tenía que acabar y que mis padres no harían nada en ese sentido.

"Me di un plazo de sesenta días. La vez siguiente que los vi, les dije: 'A partir del próximo mes no necesitaré más el cheque. Creo que puedo arreglármelas sin vuestra ayuda'."

Prescindir del dinero de sus padres fue mucho más duro de lo que Ellen había pensado. "Comencé a preocuparme compulsivamente por el dinero; cenaba sólo una manzana y una lata de atún cada noche, recortaba cupones en los periódicos y economizaba los centavos desaforadamente. Cuando recibía las facturas me deprimía y me angustiaba. Tuvo que pasar un año hasta pude relajarme y darme cuenta de que podía cubrir mis gastos, vivir dentro de mi presupuesto y hasta sentirme bien con eso. Es una lección que la mayoría de las personas aprenden cuando tienen veinte años, pero la dependencia de mis padres la hizo más dura."

El dinero que ellos nos dan puede significar más que los dólares y centavos para pagar nuestras facturas. Pero siempre significa la continuación de la infancia. Eso es lo que vuelve difícil renunciar a él.

Si dependes del dinero de tus padres, dependes de tus padres. Cuando delegas la responsabilidad de tus finanzas a otra persona, delegas una parte importante del control que tienes sobre tu vida. Cuando decimos que no podemos desprendernos del dinero de nuestros padres, en realidad queremos decir que no podemos hacernos cargo de nuestra independencia; algo bastante terrible.

Sólo tú puedes decidir el monto de la deuda que puedes mantener con tus padres. Ansiedad, culpa, vergüenza o resentimiento son indicios de que la deuda que tienes es demasiado alta. Prueba lo siguiente:

🕮 Fija un plazo para dejar de recibir dinero de tus padres. Con seis meses tendrás tiempo suficiente para prepararte para la reducción del ingreso y la independencia financiera. Informa sobre este plazo a alguien que merezca tu confianza, que pueda recordártelo.

🕮 Aprende tanto como puedas sobre la administración del dinero. La falta de sentido de la economía puede ser un indicio de que estamos esquivando las responsabilidades del adulto.

Cuando miras en este momento tu chequera, ¿qué ves; una lista precisa de los cheques y los saldos de la cuenta o un batiburrillo de cifras difícil de entender?

¿Ves el dinero en forma realista? ¿O te pones tan ansioso que tu reacción al respecto es siempre extrema, es decir, de autoprivación compulsiva y rígida, porque vives temiendo lo que pueda ocurrir a cada momento o eres tan atolondrado que no distingues la diferencia entre tus ingresos y tus gastos?

Tus respuestas a estas preguntas pueden significar que la independencia financiera te atemoriza. Pero esta independencia es el umbral de la adultez. Los padres que aman demasiado pueden usar el dinero para mantener a sus hijos en la dependencia. Es un gancho del que sacamos provecho.

🖤 Date cuenta de que existen deudas que adquirimos aun cuando no hayamos recibido un centavo de nuestros padres. Si contamos con sus relaciones, les confiamos el cuidado de nuestros hijos, les pedimos que nos dejen su casa de veraneo, les llevamos la ropa para lavar, nos endeudamos. Haz una lista de los diferentes tipos de deudas que adquieres. ¿Cómo las pagas? ¿Aquello que te exigen como pago, excede el valor de lo que has tomado? Tu independencia puede ser un precio demasiado alto para pagar.

Tus padres son más fuertes que lo que crees

La ilusión de que satisfacer las necesidades de nuestros padres es nuestra responsabilidad cuando no es así, puede ser desastrosa. Grace, analista de sistemas, se sintió muy apenada cuando su novio le dijo que tenía un gran ofrecimiento en una sociedad anónima establecida en Los Angeles y que iba a aceptarlo. Quería que Grace se fuera con él y aludió la posibilidad de casamiento.

"No podía hacerlo —dijo Grace—, yo era el único familiar que todavía vivía en la misma ciudad que mis padres. Se estaban poniendo viejos y mi padre pasaba mucho tiempo enfermo; aquél era el peor momento para dejarlos solos. Simplemente no podía ir a Los Ángeles y abandonarlos."

Un año más tarde, Grace no podía consolarse cuando oyó que su ex novio, de quien todavía estaba enamorada, estaba a punto de casarse. Pero eso no era lo peor. Cuando sus padres le anunciaron tranquilamente que se irían a vivir a una comunidad para ancianos en Arizona, sólo pudo mirarlos tan anonadada que se quedó sin habla.

Hoy, una Grace mucho más sabia reconoce que su sentido de responsabilidad por sus padres estaba disfrazado. "Amar a tus padres no significa que estás obligado a hipotecar tu vida. Mi error fue suponer que eso era lo que esperaban de mí. Ni siquiera hablé con ellos acerca de la posibilidad de ir a Los Angeles, porque temía herirlos. Ahora, pienso que si bien no habrían festejado el acontecimiento, habrían querido que yo hiciera mi vida."

Pensamos que si nos separamos de nuestros padres, esto los matará. Sentimos un equivocado sentido de responsabilidad que nos obliga a protegerlos o a recompensarlos por todo lo que no tuvieron.

Es interesante que los hijos que fueron amados demasiado, describen con convicción a sus padres como débiles, desamparados, solitarios, deprimidos, infelices y viviendo vidas vacías. A menudo, estos mismos padres son vitales, activos, administran sus casas, hacen negocios, planean vacaciones, manejan sus finanzas y además funcionan armoniosamente. Es cierto, a veces están deprimidos. También es cierto que de tanto en tanto se sienten solos. Tienen días malos. ¿Pero acaso no le ocurre esto a todo el mundo?

Nuestros padres son más fuertes de lo que creemos. La percepción distorsionada de su vigor, la que nos conduce a ser extremadamente protectores, toma dos direcciones. Nuestros padres nos ven como que estamos necesitando constantemente su consejo y protección, mientras que nosotros los vemos como necesitando desesperadamente de nosotros.

Si cada uno siente que el otro se está aprovechando, nuestra relación es amarga. En el peor de los casos está sembrada de resentimiento mutuo y dependencia. Salimos a salvarnos mutuamente, nos aconsejamos y ayudamos mutuamente en nuestros problemas. Perdemos de vista dónde comienzan y dónde terminan nuestros territorios individuales. Mientras cambiamos continuamente de dirección, hacia delante, hacia atrás, y por momentos somos quien da, por momentos quien recibe, apenas existen recursos emocionales entre nosotros para poder resolver algo. Los problemas persisten. Y así insistimos en seguir adelante, luchando unos con otros por el control y enfureciéndonos cuando no cambia nada de lo que nos disgusta en el otro.

Considera lo siguiente: si vemos que los demás son incapaces de vivir sin nosotros, nos sentimos importantes. Podemos sentirnos afortunados viendo que nuestros padres son muy vulnerables y dependientes de nosotros, porque eso nos da un sentimiento de poder. A ellos les puede ocurrir lo mismo.

Todos sentimos el miedo a la separación. Podemos sentirnos muy reacios a reconocer que nuestros padres realmente no nos necesitan tanto como pensamos, porque entonces nos enfrentamos con un miedo perturbador allí escondido: puede que seamos nosotros los que no podemos estar sin ellos.

Los siguientes comentarios pueden ayudar a hacer una evaluación más realista de tus padres y tu relación con ellos:

🐚 Comprende que todos, a veces, nos sentimos solos, deprimidos, asustados y desamparados. Todos tenemos problemas. No puedes "curar" a tus padres de estos sentimientos. Su felicidad no es tu responsabilidad, así como la tuya no es la de ellos.

🐚 Durante una semana, anota con cuánta frecuencia dices "mentiras piadosas" a tus padres porque sientes que la verdad podría herirlos. ¿Con cuánta frecuencia pones "buena cara" en su presencia, de modo que no se preocupen por ti? Si encuentras que constantemente interpretas tu conducta como algo de lo que debes proteger a tus padres, pon en cuestión tus suposiciones. Intenta verificar estas respuestas y reemplázalas por otras más honestas. Tus padres sobrevivirán.

🐚 Reconsidera tu culpa. Las personas que se sienten culpables continuamente porque no *hacen* lo suficiente por sus padres o porque no pueden hacerlos felices, a veces se sienten realmente decepcionadas por no ser capaces de decir o ser lo que sea necesario para que sus padres los amen del modo en que siempre fantasearon que serían amados. Si esto es lo que te ocurre, advierte que tus padres te aman todo lo que pueden, y como son capaces de hacerlo. Quizá nunca puedas conseguir exactamente lo que necesitas de ellos. Así como puede ser que tú nunca puedas llenar sus expectativas. Pueden estar siempre más preocupados con la cara que tienes que con lo que verdaderamente sientes. Sólo puedes cambiar tú mismo y el modo en que reaccionas.

Volver una y otra vez a la misma "fuente seca" esperando que finalmente puedas sacar agua, no tiene sentido y es doloroso. Acepta que tus padres tienen sus limitaciones.

🐚 La culpa persistente acerca del modo en que tratamos a nuestros padres puede ser una señal de que no estamos cómodos con nuestras acciones y que debemos cambiar. También puede ser un síntoma de intromisión. Algunas familias están regidas por la norma de que nadie tiene derecho a ser diferente o a tener opiniones o un estilo de vida que contraste con el orden vigente. Cada uno se siente culpable si ha violado estas reglas. Los familiares pueden mudarse a miles de kilómetros, pero en realidad nunca abandonan el hogar.

John Bradshaw, en su libro *On the Family*, escribe que "Dejar el hogar significa separarse del sistema familiar. Significa abandonar las idealizaciones y la fantasía de estar ligado a nuestros padres. Sólo al partir y separarnos podemos decidir si queremos mantener la relación con ellos. Una relación exige separación y objetividad".

En una relación saludable, existen fronteras entre los individuos. Echa una mirada más cuidadosa a la culpa que sientes y pregúntate: "¿Estoy realmente abandonando a mis padres por mis objetivos? ¿O me produce demasiado temor abandonar la parte de mí que todavía necesita de ellos para definir quién soy y cómo debo actuar?".

🐚 Deja de utilizar el hecho de que tus padres en algún momento habrán de morir, como excusa para no separar tus necesidades y objetivos de los de ellos. Un hombre dijo: "Discuto con mis padres, les grito y salgo de su casa. Pero aun cuando tenga razón, no puedo seguir enfadado con ellos mucho tiempo. Pienso que ahora están en los sesenta y tantos. ¡Podrían morir mañana! ¡Termino sintiendo una eterna culpa!".

Esta creencia de que tenemos que conceder todo a nuestros padres porque podrían morir en cualquier momento y así nuestras últimas palabras con ellos serían airadas, es verdaderamente desgastante. Refleja una creencia infantil de que existe alguna fuerza vengativa en el universo que nos atrapará si nos "portamos mal". También indica una creencia inconsciente y errónea de que nuestro enfado matará a nuestros padres.

Puedes estar enfadado con las personas, decepcionarlas, mostrarte incapaz delante de ellas, contradecir sus deseos y frustrarlas y, a pesar de todo, sobrevivir. No se trata de quedar enganchados al enfado con nuestros padres. Se trata de abandonar las excusas que no nos permiten ser lo que somos cuando estamos junto a ellos.

Aunque existen opiniones y detalles de nuestras vidas que es mejor guardar para nosotros, esto no significa que tengamos que convertirnos en una persona totalmente diferente de la que somos cada vez que nos encontremos con nuestros padres. Sólo cuando podamos sentir su ira y su decepción con nosotros, sin tener que reaccionar ante ellos aplacándolos, mintiendo o cambiando lo que somos, podemos darnos cuenta de que somos dueños de nuestro destino.

Correr riesgos

Las acciones tienen consecuencias. El único modo de ganar maestría en la vida es por medio de la experiencia.

El exceso parental afecta de manera espectacular nuestra capacidad para tomar la iniciativa. La iniciativa supone riesgos. Los riesgos nos hacen sentir vulnerables; nuestros padres trataron con fruición de protegernos de ellos.

La iniciativa de un niño es algo que puede ser amenazador para un padre que ama demasiado y tiene una profunda necesidad de controlar. La iniciativa significa "puedo pensar y hacer por mí mismo". Sin saberlo, un padre que ama demasiado bloquea estos pensamientos, reemplazándolos por otros como "me necesitas; fracasarás sin mí".

Una infancia de ese tipo crea adultos que se sienten con derechos especiales; personas que aceptan inconscientemente que otras tomen la iniciativa automáticamente y les den amor, afecto y bienes materiales sin esperar nada a cambio.

Ken, ilustrador comercial de veintiseis años, ríe cuando admite que terminó yendo a una terapia de pareja debido a un sanitario que perdía y a unas plantas que se secaron. "Estuve de acuerdo en ver a un terapeuta no porque quisiera cambiar, sino porque quería que Sue cambiara. Pensando en ella compré la casa de sus sueños; cada vez que la miro pienso 'nunca tuvo algo tan bueno'. Cuesta una fortuna, ¿y qué conseguí? Una mujer que me espera cada noche con una lista de cosas que hay que arreglar, provisiones que hay que comprar y faenas para hacer.

"La pelea que tuvimos cuando se rompió el inodoro fue muy desagradable. Yo pensaba que ella lo haría arreglar. Dijo que no había tenido tiempo de encontrar un fontanero, porque había estado ocupada. Me puse frenético pensando que tendríamos otra noche de aquéllas.

"Sue se puso quejosa y no era su culpa. Quería saber por qué yo no asumía ninguna responsabilidad. Dijo que a mí no me importaba la casa, que yo esperaba que ella me atendiera, que yo era tan torpe que ni siquiera era capaz de regar las plantas. Bueno, ¿qué se supone que debo saber sobre inodoros y plantas de interior?

"Estaba harto de ella y de sus listas. Admití que yo pensaba que la casa era su responsabilidad. Me dijo que yo era un malcriado y holgazán y yo le respondí que le había comprado la maldita casa que quería, que otras mujeres estarían agradecidas por eso."

Ken y su esposa comenzaron terapia con una larga lista de mutuos reclamos, cada uno esperando que el terapeuta abrazara su causa y enderezara al otro. En cambio, aprendieron que ellos hacían un "perfecto" encaje. Sue era controladora y dominante por haber sido criada por dos padres alcohólicos que dependían de ella para que se hiciera cargo de la situación, educara a un hermano y una hermana y quitara de en medio cualquier desastre que ellos hicieran. Pasó toda la vida atragantada secretamente con sus resentimientos, esperando que si daba lo suficiente, finalmente llegaría su día para necesitar y ser cuidada.

Ken estaba acostumbrado a que sus padres, que lo adoraban, se anticiparan a sus necesidades; él esperaba que lo cuidaran. Una historia de ser liberado de sus responsabilidades y de engañar a sus padres para que ellos las asumieran, hizo de él una persona temerosa de arriesgarse a arreglárselas solo. Tomar cualquier iniciativa en su relación con Sue era un riesgo. Adoptó el papel de "desvalido" y se incomodaba cuando ella reclamaba su ayuda.

Sue y Ken bailaban juntos un vals muy antiguo, cuyos pasos eran de mutua necesidad y rencor. En la terapia volcaron su resentimiento.

El terapeuta aconsejó que corrieran riesgos. Que abandonaran de los viejos moldes. Sue debía dar responsabilidad a Ken. Debía comenzar por permitir que él se hiciera cargo de algo tan sencillo como regar las plantas. Éstas se podrían secar, pero aquél era un riesgo que ella tendría que correr si quería dejar de controlar y liberar a Ken de sus responsabilidades mientras se quejaba de su irresponsabilidad.

Ken debía aprender a arreglar su inodoro roto. Debía dejar de pensar que lo haría mal, que lo rompería, lo arruinaría y que se sentiría un inútil. Debía intentarlo y, si no conseguía arreglarlo, llamar a un fontanero. Tenía que dejar de depender de Sue, que quizá tuviera la motivación para hacerlo arreglar pero no tenía más habilidades que él para la fontanería.

El inodoro quedó arreglado y las plantas regadas, y Sue y Ken dejaron de bailar la danza que hasta ese momento los ocupaba. Se arriesgaron a abandonar sus roles familiares porque sabían que aferrarse a los viejos roles significaba, de algún modo, el fin de su relación. Ken, que había sido amado tanto que nunca aprendió a bastarse por sí mismo, comenzó a arreglárselas por su cuenta. Sue, que había sido amada tan poco y que nunca había confiado verdaderamente en que nadie le diera algo, aprendió a tomar lo que le daban cuando evitó controlar a los demás.

Los cuidados excesivos por parte de los padres pueden producir un adulto aburrido incapaz de tomar la iniciativa y de arriesgarse. Si tú, como Ken, te vuelves pusilánime ante la idea de arriesgarte y te resulta más cómodo ser espectador que actor, trata de seguir los siguientes pasos:

🖤 Fíjate como objetivo correr un riesgo cada día. Intenta algo tan sencillo como comprar una nueva camisa sin preguntar a nadie cómo te queda; hazte el propósito de arreglar algún mueble roto o llamar a un amigo al que hace mucho que no llamas. Después de un tiempo, hacer estas tareas parecerá más simple.

🖤 La próxima vez que quieras decir: "No puedo hacer esto", reprímete. En lugar de abandonar, inténtalo dos o más veces.

🖤 Presta más atención a lo que quieres decir cuando dices que estás aburrido. Frecuentemente, el aburrimiento es una defensa contra la ansiedad. ¿Estás aburrido en una reunión? Pregúntate si en realidad no te sientes demasiado incapaz para participar o hacer valer tus derechos y poner las cosas en su sitio. ¿Tu amante te aburre? Pregúntate si realmente deseas tener una relación íntima. ¿Te sientes aburrido cuando hablan otras personas? Pregúntate si estás ansioso porque no controlas lo que se dice.

El antídoto para el aburrimiento es la participación. Dada tu historia, estar activo puede producirte mucha más ansiedad que arrellanarte en tu asiento y mirar de reojo. Si te propones aumentar en un 50 por ciento tu participación en los acontecimientos que ocurren a tu alrededor, verás que tu ansiedad disminuye.

Hace falta algo más que suerte

Las personas que fueron demasiado amadas, frecuentemente creen en la magia.

Jeff, treinta y dos años, ejecutivo de relaciones públicas, pidió ser recibido por su jefe después de estar tres meses en su nuevo cargo. Se quejó de estar aburrido, sin desafíos en su trabajo y de que lo apartaban de proyectos importantes y presentaciones de clientes. "Estoy desaprovechado —explicó—. Podría ser más valioso haciendo algo más importante que escribir noticias, algo que cualquiera puede hacer."

Su jefe lo escuchó con un glacial silencio, luego respondió: "Ahora mismo tienes una pila de noticias para publicar en tu escritorio; deberían haber salido ayer pero tú eres el primero en marcharte cuando llegan las cinco. ¿Cómo podría darte más responsabilidades cuando ni siquiera haces el trabajo que te encargo? Cuando revisé tu informe de un cliente y te pedí que hicieras algunos cambios, me lo devolviste exactamente igual que antes. Yo creo que quizá tienes demasiadas responsabilidades".

Jeff dejó pasmado y rencoroso la oficina de su jefe. En lugar de la promoción que esperaba, continuaba en período de prueba.

Años después, un Jeff más maduro reconoce su error. "Yo solía pensar que era más inteligente que mis compañeros de trabajo, mi jefe y hasta el presidente de la compañía. Pensaba que todo lo que tenía que hacer era hablar sobre mis 'dotes' y que eso me llevaría como un meteoro directamente a la cima. Pensaba que yo estaba por encima de esas cuestiones de ganarse un sitio y que mágicamente podría evitarlas. Bueno, créase o no, las personas no están tan interesadas en lo brillante que eres. Puedes ser más inteligente que todos los demás, pero eso en realidad no importa. Están más interesados en saber si has hecho o no lo que debías, si has aprendido a trabajar en equipo, si eres capaz de asumir para ganarte tu sitio tareas que nadie quiere hacer y hacerlas bien. He leído en las revistas lo que se dice sobre las personas que saltan de un día para otro directamente a la cima. Eso es suerte y magia. La realidad es que la gente te confía los asuntos importantes después que te has esmerado en las cuestiones pequeñas."

La aversión a tener que ganarse un sitio es una marca común a los hijos adultos que han recibido un amor excesivo de sus padres, existe una buena razón para ello. Jeff admite que escuchó durante toda su vida una verdadera letanía familiar, a su madre diciendo: "Eres tan especial, tan brillante, tan talentoso; mucho mejor que cualquier otro". Esta percepción de que él estaba especialmente dotado, magnificada por padres que lo amaban demasiado, lo condujo a la secreta convicción de que era superior y tenía derechos especiales. Debía comenzar en lo más alto. Todo lo que necesitaba era un despegue afortunado.

Superioridad e inferioridad son caras de la misma moneda. La necesidad de remontarnos proviene de la autoestima basada en la admiración de otras personas más que en la verdadera creencia en nosotros mismos. Los sentimientos de superioridad rara vez nos conducen a lo más alto.

Los investigadores han descubierto que la gente afortunada comparte ciertas características:

🜲 Realismo. Las personas que creen que nada terrible puede sucederles corren riesgos poco razonables. Aquellos que imaginan lo peor que puede ocurrir y no se ven a sí mismos como mágicamente protegidos, se preparan para esa eventualidad.

🜲 Confiabilidad. Las personas que tienen éxito se atienen a lo que dicen que van a hacer. Se puede contar con ellas. No sólo hablan sobre un buen juego; lo juegan.

🜲 Determinación. Las personas resueltas planean cuidadosamente, inician la acción y anticipan lo que se necesitará. Los "reactivos" son llevados por cualquier viento. Cuando ocurre algo, reaccionan demasiado rápida e impulsivamente, sin examinar todas las implicaciones de sus acciones. Rara vez provocan un suceso, sino que esperan a que otros lo hagan. Es así como permanecen dependientes de otras personas para que éstas den forma a su vida.

🜲 Perseverancia. Las personas afortunadas creen que pueden superar obstáculos y contratiempos, no mediante golpes de suerte, sino aplicando trabajo, dedicación y compromiso total. Consideran los contratiempos personales como hechos de la vida y los errores como algo modificable si se emplea un sólido plan de acción. Las personas que frecuentemente se sienten derrotadas son perfeccionistas en grado extremo y tienen la sensación de que han perdido todo después de la primera derrota.

🛡 Un saludable escepticismo en relación a la idea de que la suerte o alguna fuerza externa controla su destino. Las personas exitosas creen que ellas forjan su propio destino. Quienes creen que el destino está en manos de algo exterior a ellos sienten que pueden hacer muy poco para controlar lo que les ocurre y abandonan casi siempre.

Todo lo que aprendemos sobre el éxito a medida que crecemos puede contrastar notablemente con estas conductas. Nuestros padres creían que tendríamos éxito sólo porque para ellos éramos especiales.

Afortunadamente, estas cualidades son más adquiridas que heredadas. Aunque toda una vida de ser amado demasiado pudo haber atrofiado el desarrollo de estas conductas, puedes aprenderlas a cualquier edad. Los hábitos de pensamiento y acción se pueden cambiar. Comienza por hacer lo siguiente:

🛡 Articula tu impulso hacia el éxito con el tipo de acción que pueda propiciar tal éxito. Si nos fijamos metas altas pero hacemos pocos esfuerzos, si abandonamos los planes cuidadosamente trazados y nos amilanamos ante el primer obstáculo, si rehuimos nuestra parte de trabajo desagradable cada vez que podemos no alcanzaremos muchas de nuestras aspiraciones.

🛡 Suponer que nuestro trabajo está por debajo de nuestras posibilidades muestra que estamos demasiado preocupados por nuestra imagen. Quizás estemos más preocupados por conseguir prestigio y poder que por concretar cometidos reales.

No pongas el carro delante de las mulas. Controla tu impaciencia. En nuestras familias rara vez tenemos que esperar lo que queremos. Fuera de la familia posiblemente tengamos que respetar el paso del tiempo.

Pero si te esmeras y perseveras en tu empeño, se presentarán oportunidades de crecimiento y de mayor responsabilidad.

🐚 Considera el fracaso como una posibilidad para el crecimiento y el cambio. Si recibiste una pobre evaluación de tu trabajo o no conseguiste el aumento que creías merecer, tómalo como tema de reflexión. ¿Por qué los demás no llegan a reconocer tus aptitudes? En vez de reacionar emocionalmente o verte a ti mismo como "malo", mira tu empresa como lo hace un científico frente a un experimento. En otras palabras, toma distancia emocional y utiliza tu inteligencia. ¿Acaso ayude a alcanzar tu cometido modificar ligeramente tu conducta en vez de revisar la totalidad del "experimento"? ¿Has considerado todos los elementos de tu entorno que afectan el experimento? Una mujer que perdió un cliente y la comisión que le aportaba, culpó sucesivamente a sus compañeros de trabajo, a su jefe, a su secretaria, y quedó pasmada cuando leyó en una revista de negocios que la empresa del cliente estaba al borde de la quiebra y que había suspendido su servicio para recortar gastos.

🐚 Las personas exitosas se rehacen rápidamente. No pierden tiempo lamentando sus errores. En lugar de mantener la postura defensiva de "Ellos están equivocados; yo tengo razón", no quites los ojos de tu objetivo y considera qué puede hacerse todavía para conseguirlo. Deja de preocuparte porque has decepcionado a tus padres, a tu cónyuge o a tu propio yo idealizado. Aquello que hace que los fracasos parezcan tan horribles es el modo de percibirlos.

El modo de encarar el fracaso es algo que has aprendido, tal vez de unos padres que a su vez le temían. Tu respuesta ante la adversidad puede ser automática: "No sirvo para nada. He quedado como un tonto. ¿Para qué insistir?"

Los psicólogos utilizan una herramienta llamada reestructuración cognitiva para modificar estas respuestas con algún aspecto positivo. La reestructuración cognitiva implica considerar todos los elementos del entorno que influyen sobre los hechos. Si nuestra mente está entrenada para culparnos siempre o para no hacerlo nunca, consideraremos otras posibilidades para explicar lo ocurrido. Nos damos cuenta de que no cargamos con toda la responsabilidad aunque la compartamos. Nos abrimos a nuevos modos de contemplar las circunstancias en lugar de permitir que nuestra mente siga el recorrido lineal de las relaciones causa-efecto que en realidad nunca pusimos en duda.

Un hombre que aplicó la reestructuración cognitiva en su profesión de vendedor, en la que se enfrentaba diariamente con el rechazo, dijo: "Ahora tomo el 'no' como una oportunidad. No me atemoriza ni me siento avergonzado por preguntar. Me hace trabajar con más ahínco y me obliga a reevaluar lo ocurrido y sus causas. He aprendido a considerar el rechazo de un modo totalmente diferente; de una forma mucho menos personal".

No tomarse tan en serio

Si quieres sentirte más vivo debes dejar de tomarte tan en serio y de escrutar con tanta ansiedad las caras de las otras personas para detectar qué opinan de ti.

Si has vivido exceso parental, has sufrido el peso de las elevadas expectativas de tus padres durante tanto tiempo que incluso puede ser que no lo adviertas. Has internalizado estas expectativas. Te agotas tratando de alcanzarlas o abandonas, preguntándote: "¿Para qué continuar?"

Quizá desees más que nada en el mundo relajarte y ser quien eres. No obstante no puedes dejarte llevar por este deseo porque nunca te parece suficientemente bueno ser quien eres.

Los hijos adultos que han recibido cuidados excesivos pierden su infancia en el intento de ser un niño "bueno", silencioso, delgado, talentoso, inteligente y sensible, alguien de quien sus padres puedan estar orgullosos. En lugar de sentirse libres, están constantemente obsesionados por el control de si mismos.

Algunos terapeutas encomiendan una tarea a esas personas que han perdido su infancia: durante un par de semanas deberán ser como un niño y permitirse sentir la alegría de ser bobo e inmaduro en un entorno donde esto es posible.

Cuando Anita, treinta y cuatro años, gerente de almacén, tuvo que hacer esta tarea y recibió un libro para colorear y una caja de lápices de color, pensó que aquello era una imbecilidad. Pero, acostumbraba como estaba a hacer lo que le pedían, comenzó a trabajar. Miró los tontos dibujos de personajes de cómic y se echó a reír. Parecía tan loco —un adulto coloreando un librito—; sin embargo, se dio cuenta de que estaba disfrutando.

Después supo que estaba permitiéndose actuar como un niño. La semana siguiente pasó una tarde en el parque, en el columpio. Compró un par de cómics y un yoyó.

Al igual que Anita, todos llevamos un niño dentro de nosotros. Existen diferentes aspectos de ese niño que quizá nunca hemos permitido que se expresaran: el necesitado, el juguetón, el travieso y otros. Permitirnos ser este niño nos puede liberar.

Esto quizá suene contradictorio. A veces, somos tan "inmaduros" como un niño. No perseveramos en nuestros objetivos. Tenemos una creencia infantil de que todo resultará bien para nosotros. También tenemos una dependencia infantil en las personas que parecen más fuertes que nosotros. ¿Por qué regresar a la infancia, cuando parece que es precisamente eso lo que debemos superar?

A veces, el único modo de escapar de algo es metiéndose de lleno en ello. Si nunca se nos permitió una verdadera infancia, podríamos necesitar retroceder y vivirla.

La mayoría de nosotros tiene una visión defectuosa del significado de la conducta infantil. Nuestros padres nos llenaron de tantas reglas sobre lo que era "apropiado" que tenemos la errónea impresión de que los niños son "vistos pero no oídos"; adultos de tamaño pequeño.

Pero si observamos el juego de los niños pequeños podemos aprender mucho acerca de qué significa ser libres, no estar limitados por las opiniones de otras personas o las idealizaciones de cómo debemos ser. Los niños son arriesgados creadores, despreocupados por las reglas de la sociedad y los juicios de los demás. Son espontáneos y emocionalmente libres, abiertos a la aventura y la creatividad.

Cuando perdemos nuestra infancia, perdemos una parte muy importante de nosotros mismos. Para recuperar algo de ella, intenta lo siguiente:

🐚 Compra un juguete. Un dominó, un juego de construcción, un osito de peluche, un barco para montar, papel de dibujo, un libro para colorear; cualquiera de ellos servirá, en tanto sea nuevo y lo compres por propia iniciativa. (No vale tomar prestado de tus hijos.) Juega con ellos. Mejor aún, juega mal: no respetes las líneas cuando coloreas, haz un lío con el dominó. Construye algo que no se parezca a nada que se haya visto antes. Consiente al niño que llevas dentro.

🐚 Hazte cargo de que hay una diferencia entre ser niño y ser inmaduro. Hay una distinción entre ser desproporcionado y ser descuidado. Es inmaduro e infantil llegar tarde al trabajo por quinta vez en la semana y esperar que los demás crean tu última excusa. Sacarte de encima todas las responsabilidades y ponerlas sobre los hombros de otros es descuido. Cualquiera de estos caminos te tenderá una trampa en lugar de liberarte.

🐚 Los niños son honestos y trabajadores, hasta que aprenden que la deshonestidad puede manipular a los demás y que la irresponsabilidad lleva a que los demás los salven y los cuiden. Cultiva la capacidad de juego interior, no la falta de escrúpulos.

Ten cuidado de no canturrear la misma letra con diferente música

Los psiquiatras lo llaman transferencia: una expectativa inconsciente de que las personas se relacionarán con nosotros del mismo modo que nuestros padres u otras personas importantes lo hicieron en el pasado.

Cuando presuponemos el modo en que reaccionarán otras personas que no son —ni quieren ser— nuestros padres y tratamos con ellas, distorsionamos su imagen y recurrimos a viejos esquemas de comunicación y de conducta. Julie descubrió, en las primeras épocas de su matrimonio, el riesgo que suponía transferir las expectativas de su madre a su esposo. "Volqué toda la triste historia de mi matrimonio sobre un consejero matrimonial: que Alex nunca quería ir a los lugares que yo quería, que nunca me prestaba atención, que nunca me ayudaba cuando yo tenía un problema. Despotriqué y me enfurecí durante tres semanas, frustrada porque él nunca me contestaba cuando le preguntaba: '¿Qué tendría que hacer? ¿Piensa que tengo razón? ¿Qué haría usted?'

"En la tercera sesión le dije: 'Me voy. No pienso gastar sesenta dólares contándole todo esto, si ni siquiera puede proponer una solución. ¿Por qué no me contesta?'

"Dijo que le preocupaba que yo no tuviera una respuesta mía, que no le había presentado ninguna alternativa sobre la que hubiera pensado.

"Tomé mi chaqueta para marcharme, gritando que si supiera qué hacer, en primer lugar no habría ido allí. Me ponía furiosa que él ni siquiera tratara de detenerme. Cuando lo acusé de ser el hombre más indiferente que había conocido, me respondió: 'Te lo pasas preguntando qué deberías hacer y enfadándote porque yo no te lo digo. Pero mi respuesta no es la solución. El hecho de que continúes preguntando es parte del problema".

"Volví a sentarme y me explicó qué quería decir. 'Me has dicho que tu madre es comprensiva, tu padre percibe lo que sientes, pero tu esposo no es comprensivo ni capaz de ver qué necesitas. No quiere hacer las cosas que tú quieres hacer en el momento en que tú quieres hacerlas. No te ayuda cuando tú lo necesitas ni te comprende como lo hicieron tus padres cada vez que tuviste un problema. Tampoco lo hago yo y eso te pone furiosa. El tema parece ser que cuando quieres algo, te pones muy molesta. Y lo mismo ocurre con tu esposo. No me sorprendería que eso sucediera con muchas personas en tu vida. Pero quedarte o dejar la terapia es tu decisión. Yo no soy tu padre ni tu madre. No necesito curarte. No estoy para hacerte feliz. Estoy aquí para ayudarte a que te ayudes a ti misma'."

Julie se sentó y comenzó a recordar una vida completa de mirar a los demás para adivinar una respuesta; un esquema que había trabado seriamente la evolución de su autoestima y de su sentimiento de competencia que, por otra parte, la había hecho dependiente de los demás, al punto de sentirse frustrada cuando no acudían en su ayuda.

Muchos de nosotros nos identificamos con Julie. Esperamos que otros se transformen en nuestros padres. Esperamos que nos asfixien, que se decepcionen de nosotros, que nos controlen, nos alaben, que esperen mucho de nosotros, que hagan las cosas por nosotros, que nos cuiden; en fin, que nos amen demasiado.

Es muy humano tratar de recrear las situaciones que nos resultan cómodas, pero reproducir constantemente la misma escena puede provocar un desastre en nuestras relaciones, porque adjudica a los demás una doble obligación. Si se convierten en nuestros protectores, el resultado es que, como no hacemos las cosas por nosotros mismos, no adquirimos el sentimiento de competencia ni de autoestima. A la larga, aquellos con quienes estamos vinculados acaban por resentirse con nosotros. Esperan de nosotros reciprocidad en forma de amor y comprensión, pero ésta nunca llega.

Cuando los demás no se convierten en nuestros proveedores, se crea un desequilibrio entre nuestras expectativas y la realidad y sentimos rencor porque ellos no son "bastante buenos con nosotros"; no se dan cuenta de que tenemos derechos especiales. Frecuentemente, terminamos tristes, frustrados y llenos de rebeldía.

El primer paso para romper con las viejas rutinas es tomar conciencia de ellas. Esto no quiere decir culparnos y castigarnos. No somos responsables porque nuestros padres nos amaron demasiado. No somos responsables si ellos se anticiparon y atendieron a nuestras necesidades al extremo de impedirnos conocer realmente la frustración o, debido a ella, quedar paralizados hasta el presente. No hicimos nada para provocar el consentimiento excesivo y la intensa dedicación de nuestros padres. Simplemente *estábamos* allí y, para satisfacer sus propias necesidades, actuaron con nosotros como lo hicieron.

Podemos tomar una decisión para dejar de trasladar los viejos esquemas a nuestras nuevas relaciones; de hacerlo, se interpondrán en nuestro camino. Podemos aprender nuevas formas de compartir con los demás. Si queremos cambiar nuestras relaciones, necesitamos cambiar la forma de relacionarnos. Las siguientes recomendaciones pueden ser útiles:

🕮 Echa una mirada más atenta a los supuestos que tienes con respecto a tu relación con los demás. Considera que tus reacciones pueden basarse más en estas premisas que en lo que las personas hagan o digan. Por ejemplo, si temes que todas las mujeres sean manipuladoras y controladores porque ésta fue tu experiencia infantil, podrías proyectarlo sobre todas las mujeres de tu vida y no permitirte tener una intimidad suficiente con ellas para comprobar que esto no es cierto. O si crees que no puedes confiar tus secretos a los demás porque tus padres difundieron los detalles de tu vida por toda la ciudad, podrías estar con la persona más confiable del mundo y no fiarte de ella.

El único modo de combatir esto es estar abierto para conocer deverdad a los demás, sin prejuzgarlos. Pregúntate si no juzgas a los demás con demasiada rapidez, situándolos en un estereotipo y en categorías prefijadas en tu mente. Escucha con mayor apertura. Revisa tus premisas. Concede una segunda y una tercera oportunidad a las personas.

🕮 Piensa si tu experiencia pasada no te ha dejado una insaciable necesidad de afecto y atención. Cuando en la infancia se reciben en cantidad excesiva puedes convertirte en un adicto a la aprobación y sentir que nunca la obtienes en cantidad suficiente. Antes de acusar a los demás de ser fríos, negligentes o demasiado exigentes contigo, pregúntate si lo que tú reclamas no es más que lo que das. ¿Estás participando activamente en la relación, retribuyendo lo que obtienes? ¿O estás buscando otro progenitor que te ame demasiado?

🕮 Durante un par de semanas, adopta el papel de un sociólogo, estudiando cómo reaccionan las personas contigo y con los demás. Manténte abierto a todas las variables, con la objetividad propia de un observador científico. Esto requerirá que pases algún tiempo con grupos de personas y que te decidas a ir a diferentes lugares. Presta atención a las veces en que percibas las reacciones de los demás de un modo diferente, que no encajen en tus viejas expectativas. Como dijo un hombre: "La primera vez que vi a alguien manejar el conflicto de una forma saludable, sin lágrimas, sin recriminaciones ni manipulación, casi me estalla la cabeza."

🕮 Algunos de nosotros, para quienes recrear un viejo esquema es la dificultad número uno, nos beneficiaremos mucho con una terapia. Un buen terapeuta interpretará los esquemas de transferencia que rigieron a lo largo del tiempo. A medida que interpretemos los viejos roles con el terapeuta —una parte corriente del proceso terapéutico— y recibamos diferentes respuestas, volveremos a situar las expectativas que tenemos de los demás dentro de un marco más realista.

Blanquear la situación con los padres

Una ruptura puede ser un buen comienzo. Marie, treinta y dos años, supervisora de cuentas de clientes, estaba explicando por qué dejaba su empresa y se instalaba en forma independiente, cuando su padre la interrumpió: "Es muy arriesgado. Nunca conseguirás los clientes suficientes. ¿Cómo te arreglarás con el seguro de salud y la mutualidad? ¿Y la jubilación? Olvídate; no sea tonta".

"Me sentí perdida —admite Marie— y me enfadé de verdad con él. Traté de explicarle, pero no me escuchaba. Él levantó la voz, y yo levanté la mía. Le grité que estaba del trabajo hasta la coronilla y que haría lo que quisiera sin que me importara su opinión. Se puso de pie y agitando el dedo me dijo: '¡No vuelvas a hablarme de ese modo! Todavía soy tu padre!' Me marché dando un portazo."

Marie, que había pasado el último año y medio trabajando en relación a su afirmación y su autoconfianza, encontró que todavía se sentía como una niña, culpable de enfurecerse con su padre. "Había aprendido que no es de una relación saludable permitir que una persona diga lo que quiera mientras uno se reprime. Mi nueva seguridad era algo favorable en el resto de mis relaciones. Pero con mi padre, me condujo a la mayor pelea que habíamos tenido jamás."

El problema de Marie no era su afirmación. Se trataba de que ella nunca había blanqueado la situación con sus padres. La cuestión real no era que su padre no estuviera de acuerdo con su decisión de dejar su empleo, sino que percibía que su padre nunca había dado crédito a lo que ella quería ni la había apoyado cuando lo necesitó con todas sus fuerzas, tratándola, en cambio, como a una niña incapaz de medir las consecuencias de sus actos.

Para Marie, la discusión que podría haber terminado en una ruptura permanente con su padre, resultó ser una apertura. Fue a verlo, preparada para hablar sobre las cuestiones que le preocupaban. "Si él hubiera dado el portazo en mi cara, le hubiera escrito una carta. Para mí era muy importante explicar cómo me sentía; no sólo disculparme y continuar algún tipo de relación superficial en la que tendría que mentir o conceder.

"Quizá fuera porque nunca habíamos hablado antes con tanta franqueza, pero la verdad es que mi padre se impresionó al escucharme. Le expliqué la importancia que tenía para mí ser independiente y poder tomar mis propias decisiones. Le dije cuánto me hería cuando él hacía el papel de abogado del diablo cada vez que yo quería cambiar algo en mi vida. Toda mi vida lo había escuchado, y había hecho de mí alguien aterrorizada por el cambio. Ahora, yo tenía que trabajar arduamente contra mi propia tendencia a aferrarme a una cantidad de situaciones que me resultaban cómodas pero que no eran buenas para mí.

"No sé si esta honestidad funcionaría para todo el mundo pero, en mi caso, sé que mi padre y yo conversamos de verdad ese día. Y aunque no conseguí su visto bueno para dejar mi empleo, tuve la impresión de que comprendía por qué debía hacerlo."

Blanquear la situación con nuestros padres no significa que queden saldados todos los momentos y las formas en que nos han herido en el pasado, sobreprotegiéndonos, esperando demasiado, exigiendo castigo ejemplar. Significa poner en juego todas nuestras habilidades al comunicarnos con ellos. Esto requiere ser vulnerable, firme y honesto con respecto a nuestros sentimientos. Significa acabar con la búsqueda de aprobación y reemplazarla por la sinceridad.

No será fácil. Algunos nos encontraremos con muchas resistencias cuando adoptemos la posición de ser honestos con nuestros padres. Ellos pueden ponerse de mal humor y recordarnos todo lo que han hecho por nosotros. Pueden enfadarse y sentir rencor. Pero nuestro objetivo no es cambiarlos, sino cambiar la manera de relacionarnos con ellos y modificar las consecuencias de toda una vida de ser amados y haber recibido demasiado. El desafío es asumir nuestro propio poder y control personal sobre nuestra vida. Esto lo conseguimos, exigiendo menos y dando más de nosotros mismos. No podemos callar las voces de nuestros padres, pero podemos aprender a escucharlos de una forma más realista.

Puede ser que todo esto te suene bien, en general, pero que blanquear la situación con los padres nunca funcionará para ti. Romper con las ataduras emocionales es algo espeluznante y tu poca predisposición a modificar los esquemas de comunicación con tus padres es un síntoma de tu incomodidad para soltar esas ataduras. Las siguientes sugerencias podrán ayudarte:

🐚 Consigue el apoyo de quienes tengan problemas similares a los tuyos. Existen cientos de grupos que prestan apoyo emocional. En estos grupos, tendrás la oportunidad de practicar estrategias de comunicación más eficaces. Conseguirás aceptación y apoyo. Y más importante aún, aprenderás a compartir tus sentimientos y a dejar de ser una víctima de tus relaciones.

🐚 Acepta a tus padres tal como son. Ellos quizás intenten sobreprotegerte siempre. Quizá también esperen siempre de ti más que lo que es razonable. Quizá intenten controlarte siempre. La única persona a quien puedes cambiar es a ti mismo. Debes abandonar tus expectativas no realistas sobre tus padres y la esperanza de que cambiarán y te amarán, exactamente del modo en que quieres ser amado.

No necesitas cambiar a tus padres para controlar tu vida. Hoy, tu vida está bajo tu responsabilidad, independientemente de la contribución que tus padres hayan hecho a tus puntos de vista. Tú puedes decir: "Éste soy yo". Ya no eres impotente. Puedes crecer y cambiar. No necesitas apoyarte en los juicios o en la aprobación de tus padres. Puedes aprender a sentirte seguro y a confiar en ti mismo.

🐚 Escúchate atentamente la próxima vez que visites a tus padres. ¿Con cuánta frecuencia contienes delante de ellos lo que realmente sientes y piensas porque quieres su aprobación? ¿Qué te ocurriría si no la consiguieras?

Muchos hemos caído en la trampa de aquello que los psicólogos llaman "expectativas catastróficas". Pensamos que si somos honestos con nuestros padres, ellos censurarán lo que decimos o hacemos, nos rechazarán completamente o se sentirán tan heridos que nunca se recuperarán. Suponemos que si vivimos sin la aprobación de nuestros padres, ellos nos dejarán de amar.

¿Dejas de amar a tus padres cuando ellos actúan de un modo que tú no apruebas? Tampoco ellos te dejarán de amar. Existen pocos lazos en la vida tan fuertes como los que unen a padres y a hijos. Los hijos de padres que amaron demasiado, pueden estar seguros de que romper las ataduras les reportará mucho más que independencia de pensamiento y acción.

🐚 Blanquear la situación con tus padres no significa culparlos por todo lo que está mal en tu vida. Culpar a los demás, sitúa la responsabilidad de tus decisiones en ellos y no en ti. En lugar de decir: "Mi madre me hace sentir culpable" o "Mi padre me trata como a un niño", hazte responsable de tus propios sentimientos y di: "Me permito sentirme culpable" y "Me permito ser tratado como un niño".

🐚 Blanquear la situación con tus padres puede significar establecer límites con ellos. Tienes el derecho de no discutir ciertos temas. Tienes el derecho de pedir que te avisen antes de ir a visitarte. Tienes el derecho de elegir tu propio trabajo, tus amigos, tu casa, tus ocios, tu estilo de vida, etc., sin tener que escuchar sus constantes críticas. Tienes el derecho de decir: "He oído lo que querías decirme sobre esto. Sé que no te gusta; bueno, estamos de acuerdo en que pensamos diferente".

🐚 Blanquear la situación con tus padres puede significar abandonar viejos roles que ya no son adecuados. Amarlos no significa que tengas que ser su bebé. No significa que tengas que ser el ganador de medallas de la familia. Examina el papel que has desempeñado en tu familia. ¿Es el de "el necesitado", "el perfecto", "el rebelde", "la víctima", "el príncipe", "el agradecido"?

Mira si el papel que desempeñas te satisface y te hace sentir feliz. ¿Crea distancia en tus relaciones? ¿Sabotea tu autoestima? ¿Qué papel te gustaría desempeñar de verdad? Trata de decidir si vale la pena cambiar y, si ese fuera el caso, procura la ayuda y apoyo necesarios para su realización.

El cambio es algo que se decide fácilmente y resulta arduo llevarlo a cabo. Es el desafío diario el que desalienta a algunas personas.

No seas demasiado duro contigo si a veces las antiguas estrategias te parecen buenas. Es probable que eso ocurra. Preocúpate sólo si caes en ellas con demasiada frecuencia.

Nuestra experiencia infantil es importante pero no tiene por qué ser decisiva. Nosotros elegimos. Podemos reconocer nuestro pasado y continuarlo o comprenderlo y cambiar nuestro futuro. La decisión es nuestra.